改革开放与中国企业发展

（中 卷）

本书编写组

目录

CONTENTS

改革开放与中国企业发展

上卷

中　卷

下　卷

中国中车
CRRC

中国中车：弘扬新时代火车头精神 牢牢掌握大国重器

新华社国家高端智库

一、中车跻身世界轨道装备第一梯队，高速轨道构筑起新的竞争优势

时速达到350公里、运速储能时速达400公里以上，具有完全自主知识产权的中国标准动车组"复兴号"开跑，标志着我国已打破轨道装备行业长期垄断，掌握了关键核心技术，走上了自主化、标准化和系列化的发展道路；标志着中车已跻身世界轨道交通装备第一梯队，成为全球规模最大、品种最全、技术领先的供应商。从改革开放之初到20世纪末21世纪初的"跟跑"，到通过引进、消化、吸收实现"并跑"，再到近年来强化自主创新在先进轨道交通装备领域实现"领跑"，中车见证并参与了我国40年来改革开放的历史进程，成为中国制造从自力更生到享誉国际的典范。

（一）打破行业长期垄断，连续突破关键核心技术，中国高速列车实现从"并跑"到"领跑"

"复兴号"投运，破解"和谐号"杂症，我国高铁技术正在全面实现自主化、标准化和系列化。自2007年4月18日第一列"和谐号"动车组运营以来，十多年间，中车研制出两代、多种型号的"和谐号"动车组列车，基

本满足了不同地区、各种客观条件下的需求，既能驰骋冰天雪地，又能穿越沙漠风区，但仍存在型号多标准不一、制造维护成本高、特殊情况下“水土不服”的问题。中国铁道科学研究院首席研究员王悦明介绍，“和谐号”多个型号没有标准化统型，基于不同平台研发，不能互联互通，不仅司机操作台不同，甚至车厢连挂处的高度都不一样，如果某节车厢出现故障，需要组织乘客换乘，临时调来的车一旦车型不同，就会出现要么“挂不上”，要么“缺座位”的情况。“复兴号”的成功研制，破解了这些难题，更加符合中国国情。

2017 年 6 月，中车生产的具有完全自主知识产权的中国标准动车组“复兴号”投入使用，持续运行时速达到 350 公里，并具备时速 400 公里以上的运速储能，成为全球运行速度最快的动车组列车。不仅最快，“复兴号”还在降低全寿命周期成本、进一步提高安全冗余等方面加大创新力度，运用的考核标准高于欧洲，设计寿命从“和谐号”的 20 年提高到 30 年。同时，“复兴号”建立了强大的智能化感知安全监测系统，全车部署了 2500 余项监测点，对走行部状态、制动系统状态等方面实时监测，安全性和可靠性得到有效保障。从引进、消化、吸收到再创新，在竞争激烈的国际轨道装备行业，中国高铁形成了体系完整、结构合理、先进科学的高速动车组技术标准体系，重要的是关键核心技术自主可控，掌握了创新主动权和发展主动权。

不靠买、不靠讨，自主攻克关键核心技术。只有把关键核心技术掌握在自己手中，才能从根本上保障国家经济安全。世界轨道交通装备技术起源于欧洲，动车组总成、转向架、牵引变压器等关键核心技术及配套技术长期被西方国家封锁垄断，全球轨道交通装备高端市场历来为欧、美、日等的跨国公司独占。15 年前，我国轨道装备的牵引、制动等关键系统多为进口，单单一个制动响应时间的软件小改动都要受制于人，国外企业开出高价，完成时间还没保证。经十余年的研发淬炼，中国中车从引进、吸收、学习再到自主创新突破，包括牵引控制、牵引变流和网络控制等核心技术都已打破国外同行业长期垄断，中国人不仅能造整车，还能自主研发并不断升级这些高精尖装备的“心脏”、“大脑”和“运动器官”。

由跟随到引领，打破行业长期垄断。从2007年4月18日第一列“和谐号”动车组自上海站出发驶往苏州，10年间，中国高铁里程历经从无到有，已发展到2.5万公里，占全世界高铁总里程的66.3%。中国高铁从技术引进之初，就没有满足于“站在巨人的肩膀上”，而是不断攻关研究，始终坚持自我超越，把引进、消化、吸收国际先进技术和自力更生打造创新平台相结合，把突破关键核心技术与走自己的国产化、产业化之路相结合，不断增强创新自信，从而实现了在高铁领域的崛起并在新一代高速列车研制上弯道超车。目前中车正立足高端引领，搭建轨道交通全球研发高地，多种领先世界的轨道交通装备已经实现对欧美等地的出口，在“走出去”上同德国西门子、法国阿尔斯通等曾垄断核心技术的跨国企业处于同一水平线。

（二）南北合并强强联合，深化改革初显成效，全球配置资源能力增强

联合组建核心研发团队，降低研发成本、增强创新能力。中国北车和中国南车作为中国轨道交通技术的尖端代表，自主技术开发的能力强，汇聚了一大批专业人才，拥有大量国家级重大科研成果。中国北车拥有两个国际领先的动车技术平台和世界领先的三个产品系列大功率交流传动电机技术平台；中国南车拥有完整的铁路客车、机车、货车及动车组列车、城轨车辆的研发与制造体系，同时拥有世界上最大的机车研发与制造基地。课题组通过采访了解到，虽然南北车分别拥有较强的科研实力，但长期以来各自为战，两家企业合并后，极大地提高了中国轨道交通制造企业的制造力和创新力，有效地打破了技术壁垒，加速了“中国制造”向“中国创造”转变的步伐。中国标准高速动车组“复兴号”的成功研制并顺利“开跑”，正是南北车合并后强强联合、聚力研创的重要成果。

避免“同室操戈”，提高企业国际竞争力。面对国际巨头激烈竞争的轨道交通产业，两车合并后，在海内外市场形成了一个声音、一个品牌、一种利益的良性局面。

深化改革，增强全球配置资源能力，更好服务国家战略。合并后中车市

场份额占国内主场的95%以上，超越全球任何一家轨道装备制造企业，在全球行业资源配置中牢牢占据主导地位和话语权，迎来了更大的发展契机。同时，在技术、管理、资源及市场等多方面形成合力，助推了中国的高铁技术和高端装备品牌走向世界，为世界市场提供绿色、便捷、舒适的交通产品和技术解决方案。

（三）形成健全的人才梯队体系，后备力量储备雄厚，保障了创新发展主动权

中车坚持人才驱动、尊重人才成长规律、不断改善人才发展环境，激发了人才的创造活力，践行习近平总书记指示的“硬实力、软实力，归根到底要靠人才实力”的要求。同时，中车还积极解决人才队伍结构性矛盾，构建人才梯次结构，努力培养造就出一批具有国际水平的人才和创新团队。

搭建平台、提升待遇，建立人才培养激励制度。搭建关键技术创新平台、深入开展产学研合作、承担国家科技项目重大课题使青年科技工作者掌握核心技术，有效避免了关键技术受制于人。中车设立了首席专家、资深专家等，分别给予管理层待遇，以激发人才积极性。中车长客股份公司建立了技术研发队伍，其中不乏国务院特殊津贴、“茅以升铁道工程师奖”和“詹天佑工程师奖”获得者等。同时，通过新产品设计承包和创新奖励制度提升待遇，给予其可预见的收入预期、提供特殊津贴，以培养鼓励人才。

新老交替、高端育才，形成结构优质人才梯队。中车现有员工、高技能人才占比为64.8%。长期以来，中车围绕“高端育才”和“双师型”（技师和工程师）技能人才培养总体思路，形成结构优质的人才梯队，一批35岁左右的青年科研工作者成为行业顶级专家。

培育引进并举，打造国际化人才队伍。在中车株洲所，企业先后引进外籍员工10余人、海外留学归国人才20余人，选拔后备国际化人才60余人。同时，中车积极开办企业英语班，举办国际营销策略等针对性培训，大力推进国际人才的培育。

（四）全球业务布局渐成，将中国高铁红利带向世界

积极谋划全球布局，先进列车“出海”。中车大力实施国际化经营战略，做好“一带一路”倡议和高端装备“走出去”的排头兵，各类轨道交通装备保持全面出口态势。日前，“中车制造”已经遍及全球六大洲 104 个国家和地区，全球 83% 拥有铁路的国家都运行着中车的产品。

将中国铁路红利带向世界。一是带动当地经济发展、增加就业岗位。例如，安哥拉本格拉铁路竣工后，从首都罗安达至莫希科省，每吨货物的运费将从之前汽车运输的 500 美元降到 45～60 美元。同时，尼日利亚阿卡铁路建设期间共为当地提供了近 5 万个直接就业岗位、15 万个间接就业岗位，运营期间可提供 2 万～3 万个固定就业岗位。二是带动当地技术水平提升和产业升级。例如，中车进入南非市场后，面对南非本地工人技术不成熟、生产效率不高的问题，中国中车将自己的技术工人和本地工人整合成为一个团队，教授当地工人所需要的技术和工艺，也将国内的质量管理标准带入南非。三是延伸的轨道带来“蝴蝶效应”。随着中国标准铁路逐渐连接世界，未来经济版图也随之改变，这将为世界经济进一步发展注入新的活力。西南交通大学高铁战略研究中心主任高柏表示，高铁作为连接世界的革命性交通工具，对中国和世界都将产生深远影响。

二、“产业报国、协同创新、改革奋进、拥抱世界”——新时代火车头精神激励中车发展踏上新征程

2017 年，由我国自行设计研制、拥有完全自主知识产权的“复兴号”标准动车组具备商业运营资格，这标志着中国高速列车整车性能及关键系统技术达到国际领先水平。课题组在中车集团总部及旗下各子公司调研时感受到，在实现高速列车技术突破、走上自主创新之路过程中，一代代中车人探索出的“产业报国、协同创新、改革奋进、拥抱世界”的新时代火车头精神凝聚于中车每位员工心中，为艰苦奋斗、打破封锁提供了有力精神支持，实

现了企业竞争力的再次飞跃。

（一）产业报国——勇攀科技高峰、国家利益至上，直面挫折，执着奉献，推动中国速度不断攀升

在进行技术攻关和实现突破的过程中，中车集团的科研团队和人员打破单位、部门界限，寻求合作，研发中历经多次挫折反复，克服重重困难，发挥了国家利益大于一切的优良作风。这一产业报国的精神，是推动中国高速铁路技术实现跨越式发展的最大内生动力。

2017 年，中车一项关键技术专利，因在攻克复杂路况重载牵引等世界难题中的决定性贡献，获得年度“中国专利金奖”。10 多年前，这项技术仅被国外少数企业掌握，面对技术封锁，中车株洲所副总经理、总工程师冯江华带领技术团队奔赴全国数十个动车段调研，在兰州、西宁等地冒着风沙跟车添乘、测量。在夜以继日的文献查阅和长期反复的试验论证后，冯江华团队创造性地攻克了这项核心技术。目前，已成功批量应用于中国标准动车组“复兴号”、城际动车组、中低速磁悬浮等代表世界领先水平的轨道交通装备，相关产品已出口到世界多个国家和地区。

长期潜心于科研劳心劳力，2018 年，54 岁的冯江华已是满头白发。29 年前，冯江华从浙江大学电机系硕士毕业，他放弃众多选择毅然来到“小地方”株洲，一头扎进了轨道交通领域。29 年来，虽然位子变了，身份变了，但初心不改。

我国开始动车组技术引进时，国内技术研发和制造工艺水平制约着产品质量提升。日本的专家来中国考察时，常自信地说“日本的产品 No.1”，中车首席专家、株洲电机技术研究中心主任龙谷宗回忆，当时日本专家说话的神态、语调至今仍让人记忆犹新。此后每到国外考察培训，他都格外留心、认真学习思考，以使研究整改后的产品达到世界领先水平。

像冯江华、龙谷宗这样的研发团队，在中车并不鲜见，为国家争了光，为民族打了气。促使这些成果诞生的，正是艰苦奋斗、产业报国的拼搏精神。

（二）协同创新——整合研发资源、集成创新体系，从散到聚促中国高铁实现“三级跳”

走向自主研发是中国制造的关键，课题组在中车集团总部和旗下各子公司调研时感受到，中车集团通过整合旗下研发资源，制定完善的研发制度，使过去分散的人才资源有效整合，形成了高端研发人才梯队和基层员工创新组织并行互通的创新研发体系。

在每一项创新产品、成果、技术背后，都有着完备、充满活力的研发创新体系支撑，也使得在此前十余年时间内，中国高速列车实现了从“时速200～250公里动车组”到“时速350公里动车组”，再到完全自主知识产权的“‘复兴号’中国标准动车组”的速度与产品“三级跳”。

“当性能最优的‘飞龙’头型出炉时，海量的数据打印出的A4纸，足足堆了1米多高。”中车四方股份公司副总经理兼总工程师梁建英说，在“复兴号”车头的研发过程中，为实现最佳技术性能，中车四方研发团队最初设计了46个概念头型，这些都得益于中车各研发资源平台的协同运转。

在“复兴号”诞生的过去五年、1000多个日夜里，中车研发人员没有节假日是工作的常态。2015年6月，“复兴号”动车组样车下线并开始试验，直到最终定型，各研发团队协同作战，一共做了2300多项线路试验，试验里程达到61万公里。

像这样协同创新、艰苦攻关的故事体现在每一次研发中。课题组从调研中了解到，中车集团创新实践形成了一种独具特色的创新模式，即以“企业为主体、市场为导向”，产、学、研、用协同创新，从而使得企业创新能打出“组合拳”，发挥倍数效应。中车集团还在各地建成国家高速动车组总成工程技术研究中心、高速列车系统集成国家工程实验室等几十个国家级研发试验平台，并在高铁领域搭建了世界领先的仿真平台和试验验证平台。如今，自力更生、驰而不息的协同创新精神，已深深融入中车集团。

（三）改革奋进——全面深化改革、管理提质增效，去除陈旧体制“顽疾”，打通科学发展快车道

从老国有工厂到现代化企业，从一些子公司面临发展瓶颈到与时俱进驶入发展快车道，从僵化落后的管理体制到建立起能充分调动人员活力、能者上庸者下的现代化管理模式，改革开放以来，中车集团凝聚改革创新，突破传统计划经济思想束缚，积极与现代管理体制接轨，促使企业管理实现高质、高效，探索出一条符合企业发展方向的现代化管理之道。

一是从传统国有体制向现代企业制度转变，既实现企业管理水平现代化，又传承国有企业责任与使命。改革开放 40 年来，中车集团从原隶属于铁道部的机车车辆厂，到借助国有企业公司制改革、国家科技政策改革的强劲东风，转型为与国际接轨的大型现代化企业。中车集团深化科技体制改革与人才体制改革，形成了创新充满活力、发展充满张力的企业良好态势和发展格局。

课题组从调研中了解到，改革开放初期，中车集团旗下多家子公司事业单位属性鲜明、体制机制僵化、“吃大锅饭”、人员权责不清等情况一定程度上制约了科技创新。随着全面深化改革，包括中车旗下株洲所等事业单位性质的机构，开始尝试市场化、产业化、企业化运作体制，在坚持保质保量完成国家科研任务和坚持公有制性质底色不变的同时，鼓励技术人员带着科技成果“下海”“跑市场”。

在产业和市场的反哺下，如 LKJ 型安全监控装置、中国第一列交流传动原型电力机车等一系列早期国产动车组等高科技产品纷纷问世。2000 年后，中车集团和部分旗下子公司相继上市，成为轨道交通企业试水资本市场的先行者，也为企业科技创新奠定了雄厚的资本平台。

从计划经济体制时代依靠政府拨款，到成为国际化的大型上市公司，中车集团体制改革与创新，不仅在于释放了企业活力，更锤炼了员工打破习惯势力和主观偏见束缚的魄力，让改革创新成为企业最本质的底色和最强大的动能。

二是生产管理精细精益、传承高效模式。调研组在中车集团各子公司生产车间看到，精准、高效的自动化生产线成为产品保质保量的关键因素，这正得益于中车集团独有的生产管理模式。许多车间涌现出一大批工人技术能手，也促进了中车集团生产管理质量有效提升。

在中车长客的高速动车组生产车间，每道工序完工，所有操作者都要在相应位置郑重打上自己的工号或名字。一列动车，电线长度加起来有30多万米，接线点近10万个，却创造出了接线准确率99.99%以上的成绩；在轴承班，原件安装误差控制在0.01毫米以内，即不超过一根头发丝直径的1/8；在车头司机室作业时，五六平方米的狭小空间内需要六七个人共同协作，跪着、趴着工作几个小时是常有的事，完备的生产体系保证了列车的绝对安全。

精细工作是一种深藏在员工骨子里的认同，在中车的许多厂区、车间，由技工创新而提高的生产效率能够被充分考核量化，按比例给予奖励。一些技术工人一年的精细创新奖励有万元之多。在这里，奖金多寡不代表物质水平，而是一名员工精细程度的体现。

三是企业及其下属单位极其重视企业文化建设，尤其是老国企的优秀传统传承。中车集团旗下部分子公司生产车间都根据自身特色进行了卓有成效的文化建设，形成了独具特色、百花齐放的企业文化氛围。各生产单位还设立劳模、技能大师工作室，依托工作室发挥国有企业传帮带的示范作用，把技能传帮带作用上升为促进集体科技创新。受益于此，各车间发明、专利层出不穷，年青一代人才崭露头角，有力地促进了新一轮生产、研发。

2008年长客股份公司向时速350公里高速动车组技术攻关发起冲锋时，全厂只有李万君一人能焊接新转向架焊接片。面对公司要在短期内形成规模生产能力的要求，李万君苦苦思索，成功将复杂的工艺分解为具体的操作步骤，根据学员的体态、姿势和用焊枪习惯，分批示范教学。最终，400多名刚从技校毕业的“生瓜蛋子”全部提前半年拿到上岗所需的欧洲焊接证书。

（四）拥抱世界——实现从产品“出海”到服务“出海”

课题组从调研中发现，中车集团在“走出去”过程中，已经实现从产品“出海”到产品、服务“两条腿走路”的战略转型。企业所站高度更高，视野更为开阔，国际竞争力在近几年实现大幅提升，从而使高铁这张中国制造“金名片”在世界范围内更加闪耀。

一是提供个性化、定制化设计，改善当地市民出行。随着国际订单增多，中车集团近年来深化产品设计，力求产品与订单出口国实际相匹配，更为有效地解决当地市民出行难题，这一举措收获了海外用户的好评。中车集团为巴西提供的电动车组和地铁车辆，为在该国举办的世界杯和奥运会提供了交通运输保障；为马来西亚设计的动车组，专门设置了女性车厢；为埃塞俄比亚设计的轻轨列车，从内装到外貌，都有着浓郁的非洲特色……诸如此类的定制化设计，不仅让海外用户意识到中车集团强大的设计研发实力，还彰显了中车集团在海外打造精品项目、充满本地化特色的扎根战略。

二是悉心服务保障，彰显企业强大实力，收获客户点赞。在卖产品的同时，中车集团近年来更注重产品配套服务的重要性，追求不仅打造质量过硬的产品，还要把服务做到极致。在沙特，由中车长客建设的麦加轻轨，在朝觐期间要实现 7 天 168 小时的不间断运营，累计运送朝觐者 2200 万人次。此外，在巴西、阿根廷、悉尼，都有中车团队为当地提供细致服务的身影，“客户至上”如今已成世界各地客户对中车的共同印象。

三是积极履行社会责任，树立好口碑赢得各国赞赏。中车集团近年来在全球轨道装备行业内首创本地化采购、本地化制造、本地化用工、本地化营销、本地化管理的“五本”发展理念。企业中标的土耳其安卡拉地铁项目，实现与当地合资建厂，聘用当地员工，为当地提供 200 多个就业岗位，不仅销售了产品，更履行了企业的社会责任，得到土耳其各方好评。

通过“五本”策略，服务当地经济发展，中车集团树立了中国企业履行社会责任的良好形象，产生了较好的社会效益，赢得了各国民众的赞赏。更为中国企业树立起产品过硬、保障周到的良好口碑，实现了从“走出去”到

“立得住”的华丽转身。

三、大力弘扬新时代火车头精神，以时不我待紧迫感攻克“卡脖子”技术

当前，我国已经处在一个核心技术研发的关键历史时期。核心技术关键装备的研发所需时间更长、攻克更加艰难，斗争更加激烈，摆脱关键技术被“卡脖子”、受制于人的状况迫在眉睫。广大干部群众接受访问时表示，弘扬“产业报国、协同创新、改革奋进、拥抱世界”的新时代火车头精神，借鉴中车的研发道路，有利于我国尽快突破核心技术，形成自主掌控能力，打破国外技术垄断。

（一）坚持产业报国，发挥制度优势，促进产业提升，高度重视短板，集中力量突破核心技术封锁

产业报国，发挥集中力量办大事的体制优势，是中车集团关键核心技术研发突破的基础，这是我国这样一个工业化起步较晚的国家进行集中攻关动员的关键。在许多核心技术领域，我国基础装备制造、技术研发的短板还很多，“金字塔地基”不够强大，极大程度地制约了“金字塔尖”的闪耀，补足这一劣势迫在眉睫。随着我国发展逐步接近世界前沿，一些重大技术装备买不来、讨不来，必须发挥集中力量办大事的制度优势，让市场力量和政府行为相向而行，推动工业化迈上新水平。

放弃门第之争，拧成合力与国外巨头谈合作、谋发展。业界有这样的共识：我国汽车领域在吸引外资推进“市场换技术”的战略时，因我方主体众多形成巨大的内部竞争，合资后技术掌握速度不够快，导致国产车、自主品牌车起步较慢。

但这样的局面在高铁上没有出现，在高铁领域与国外巨头谈合作时，铁路部门充分运用“有形的手”进行调控，打破门第之争、放弃个体利益、形

成谈判共同体，有重点、有选择地引进国外先进技术平台，避免了单纯“市场换技术”有可能造成的恶性竞争，有效避免了被各个击破、付出高昂代价的局面。

聚沙成塔，聚焦关键领域、聚集优势力量持续突破。在CRH380A车型的研发中,50多家企业、330多个科研院所参与，近60名院士、500多名教授、近万名科研企业研发人员贡献智慧；在动车组车重降低课题中，中车青岛四方股份请来国内结构、流体、振动等方面几百名专家，多个科研院所集体攻关。这样的案例在高铁攻关中有太多太多，大家为了同一梦想汇聚，真正实现了资源利用效率最大化。

短时间内从无到有、短时间内实现世界最快速度、短时间内从学习到赶超再到领跑……中车凝聚研发主体、攻关主体群策群力，打破部门、行业、院校、企业的体制壁垒，整合全国的科技资源，打造战略性产业公共创新平台，并在上下游产业链不断延伸。

（二）坚持改革奋进，进一步完善治理结构，改善低效体制，推动大型国有企业进一步发挥核心技术攻坚中流砥柱作用

中车合并之举为改革提供了借鉴，积累了经验，创造了可借鉴模式，在核心技术研发掌握的过程中，大型国企、央企的作用极其重要，是可以委以重任的中坚力量。一些涉及国际民生领域的大型装备制造业领域，整合国企治理结构很有意义。

中车集团为央企重组整合提供了样本。大型央企的重组大都局限于资本、资源的重组，而南北车的合并重组以整体效益为追求，采取“对等合并”，形成“1+1>2”的效果。

从原南车、北车的经营实际来看，由于历史沿革，研发、资产大都分散于各个子公司手中，一些重头产品也都分别在长春、青岛、株洲等地的子公司研发制造，多数经营决策由子公司自行完成，造成一定的重复建设、过度竞争。整合后，中车集团总部的统筹能力得到加强，对原先的竞争态势

进行合理把控，进一步提升了企业发展效率。整合后依然有序保持各子公司间“天敌竞争”态势，保持研发能力不断提升。一些企业拿出销售收入5%～10%甚至更高比例的资金，集中顶尖人才等大量优势资源从事自主研发、技术引进与吸收。竞争促使新品迭出，直接刺激了高铁、城轨产品的国产化率大幅提升。调研组感受到，合并后大家并没有吃“大锅饭”“养懒汉”，还逐步完善优胜劣汰的内外部竞争机制，以“天敌竞争”激发活力。这样的做法，值得许多央企尤其是在关键技术、核心领域研发突破的央企借鉴。

高技术领域突破不易，想要保持领先地位更是难上加难。从中车集团看，保持领先地位还需要做到以下几点。

一是不断完善扩大产业链条，构建良好生态，给予技术用武之地。中车集团以株机、长客、青岛四方等主要轨道装备制造公司为主导，实现了“大轨道交通”领域的全谱系产品布局，有助于先进技术不断应用、演进。二是抓住研发不放松，不能有“歇口气”的心理，在前瞻性领域不断取得突破，积累技术储备。比如，超高速磁悬浮、中低速磁悬浮等面向未来的各项轨道交通产品“百花齐放”，进一步提升了中车集团核心竞争力，有望在下一轮全球轨道装备“军备竞赛”中抢得领先身位。

（三）坚持拥抱世界，从“走出去”到“立得住”，循序渐进抢占全球市场制高点

在掌握核心技术基础上，向海外拓展更能发挥核心技术的溢出效用，也是树立中国品牌形象的最好机遇。中车集团在“走出去”方面成效显著，紧紧盯住国外高端市场成为整个集团的共识，下属众多拳头企业从研发、生产、战略上向海外市场倾斜。

在海外市场的拼杀完全是市场行为，是真刀真枪的激烈竞争，中车集团在保证产品“自身硬”的同时，不是随便说说就能做到的。中车集团走出去的过程也并非一帆风顺，面临国外政治局势多变、国内金融支持不足等困难，但企业持续在投资、服务等多领域拓展，提供轨道交通“中国方案”，

这种由产品提供商向方案提供商的角色转变，是夺取全球市场制高点的必要环节。

要从卖产品向卖服务、提供标准转变，让国外客户认同中国标准、中国服务。“玩标准”“玩服务”是竞争中最具技术含量的方式，一旦形成优势，通过制定标准、提供标准服务模式将竞争者挡在市场之外，就能极大增强优势技术的竞争实力。随着装备制造逐步走出国门，我们决不能忽视标准之争，不重视“中国标准”建设将难以成为游戏规则的制定者。

在保持和竞争对手相同的水准的同时，具备创新亮点。大型装备投资周期长，成本高，海外客户需求严谨、多元。从中车集团海外项目的经验看，项目灵活性高，能及时根据客户要求调设计、生产；在保证生产质量的同时使效率更高、交货期更短；将客户视作伙伴，及时响应，相互促进……和一些竞争对手改一点东西就要求延期、讲条件相比，这样的优势让企业更受欢迎。

中国中铁：开路先锋
以传承创新筑造民族复兴路

中国工程院

引言　筚路蓝缕启山林，栉风沐雨砥砺行

1978年，在邓小平同志倡导下，中国开启了改革开放历史征程。从农村到城市，从试点到推广，从经济体制改革到全面深化改革，40年众志成城，40年砥砺奋进，40年春风化雨，中国人民用双手书写了国家和民族发展的壮丽史诗，从规模和内涵上不断改变着中国和世界历史进程。而中国铁路，正是其中的秀句雄篇！

1978年10月，邓小平同志第一次访问日本，在“光”号新干线上日方陪同人员问他有什么感觉，邓小平说：“就感觉到，有催人跑的意思，所以我们现在正适合坐这样的车。”那时，全球只有两条高速铁路，都在日本。那时的中国，绝大多数火车时速只有60公里。

40年过去了，中国铁路运营里程达到12.7万公里，其中高铁2.5万公里，占全球高铁总里程的60%以上，建成了“四纵四横”、全球最大的高铁网，有世界等级最高的京沪高铁、世界单条运营里程最长高铁京广高铁……从望尘莫及到跟跑、并跑再到领跑，40年间中国的高铁一路披荆斩棘直上世界顶端。中国铁路，是40年来，中国人民拼搏发展的写照，是中国人追赶时代的缩影！

40 年来，中国铁路人，以逢山开路、遇水架桥的开拓精神，破除 960 万平方公里国土上山河阻隔，联通 13 亿多人奋进脚步，书写中国人民伟大奋斗的历史新篇。

40 年来，中国铁路人，以敢闯敢干的勇气和自我革新的担当，铺设了一条条新路、好路，实现了从“赶上时代”到“引领时代”的伟大跨越。

40 年来，中国铁路人，铸就了“勇于跨越、追求卓越”“挑战极限、不辱使命”“勇于创新、赶超一流”的文化，激励了一代又一代的人。

跨入新时代，在 21 世纪中叶建成社会主义现代化强国、实现民族复兴的夙愿，需要继续坚定地深化改革、扩大开放，视野要更加宏阔，内涵要更加丰富，动力要更加磅礴。民族复兴的征程中，需要更多的“开路先锋”。

中国铁路取得的辉煌成就，是以中国铁路总公司（原铁道部）、中国中铁、中国铁建、中国中车、中国通号、中国铁路物资为代表的铁路人和全国人民齐心协力共同奋斗的结果，是改革开放这一伟大时代的成果，值得我们去总结、去致敬！按照中宣部“百城百县百企”调研活动相关安排，中国工程院对“百企”代表之一中国铁路工程集团有限公司（简称中国中铁）进行了调查研究。重点选取了“改革发展”、“创新引领”（管理创新、科技创新）、“红色传承”作为调研主题进行深入调研，了解中国中铁的改革史、发展史，了解中国铁路的伟大发展，透视波澜壮阔的改革开放 40 年。

一、中国中铁改革开放 40 年发展掠影

中国中铁是一家集勘察设计、施工安装、工业制造、房地产开发、金融信托及其他业务于一体的特大型国有企业集团。集团下有 46 个二级企业，共计 28 万名员工。经营范围覆盖基础设施建设的各个领域，工程项目遍布全球 80 多个国家和地区。中国中铁有悠久的历史，是我国铁路建设和基础设施建设主力军之一。

中国中铁脱胎于传统体制，成长于改革开放年代。40 年来，牢牢把握

改革发展的正确大方向，紧紧抓住了历史性战略机遇，大踏步地跟上时代，创造了辉煌成绩。党的十八大以来，中国中铁紧跟国有企业改革发展方向和经济转型步伐，扎实开展瘦身健体、提质增效、供给侧结构性改革等工作，企业改革发展呈现出新气象。中国中铁 40 年的发展可以归纳为三大转变。

（一）从行政性公司到现代化企业的转变

实行政企分开，中国中铁在改革路上迈出大步。1989 年以前，中国中铁是铁道部基本建设总局领导的工程队伍，只是铁道部下属的一个行政部门。1989 年 7 月 1 日，经国务院批准，铁道部撤销基本建设总局，成立铁道部建设司、工程管理中心及中国铁路工程总公司（即“中国中铁”），但当时中国铁路工程总公司企业主体地位并没有完全落实，管理机制不畅，管理手段单一，管理调控乏力，行政色彩浓厚。1997 年，党的十五大提出把建立现代企业制度作为国有企业改革的方向。1998 年 9 月，铁道部提出了下属的中国铁路工程总公司、中国铁建、中国中车、中国通号和中国铁路物资五大公司，以明晰产权为核心，实行政企分开，全面走向市场。2000 年 9 月 8 日，五大公司与铁道部“脱钩”，全面推向市场，自此走上改革发展的快车道。

在这一背景下，中国中铁以建立“资本化、集团化、多元化、国际化”的国有控股公司为目标，明确了“分层管理，下管一级，逐级负责”的原则，建立了总公司—工程局、设计院、工厂—工程处—项目部的四层管理架构。2006 年，全公司基本形成了总公司—集团公司—子公司三级法人构成的管理架构。2006 年 11 月 10 日，中国铁路工程总公司成为国务院国资委第一批董事会试点单位。总公司总部按照董事会试点要求，建立规范的法人治理结构，完成了对总部的公司制改造，建立了现代企业制度。2007 年 12 月，中国中铁成功在沪港两地上市，积极探索不断创新，形成了股东会、董事会、监事会、经理层、党委会、职工民主管理之间职责明确、协调运转、有效制衡的治理结构。

2017年6月28日，中国中铁召开年度股东大会，A股与H股股东合计以95%的赞成票高票通过了党建工作总体要求纳入公司章程的章程修正案，加强和完善了党对国有企业的领导。中国中铁成为第一家党建工作进公司章程的境内外整体上市的中央企业。经过40年的深化改革，中国中铁由行政性公司转变为党领导下的治理结构完善的现代化企业。

（二）从“找米下锅”到世界百强的转变

中国中铁经历了“从计划到市场”的剧烈蜕变。改革之初，怎么到市场“找米下锅”、解决“吃饭”问题是最大的挑战。中国中铁充分利用国家改革开放和宏观经济政策带来的良好外部环境，全力拥抱市场经济大潮，全面参与国内外市场竞争，在开放竞争中学习先进经验，转变经营方式，在跨越式发展中迅速扩大了生产经营规模。经过40年的努力，中国中铁已从一个向市场“找米下锅”的企业，成长为在行业极具竞争力的世界百强企业。

2017年，中国中铁完成新签合同额15568.6亿元，较1989年增长了502倍；完成施工产值6899.8亿元，较1989年增长了247倍；拥有固定资产8440.8亿元，较1989年增长了269倍。企业各项经济指标均实现了井喷式增长。中国中铁已连续13年进入世界企业500强，2017年排名第55位，较2006年首次入选时上升386位，位列中国企业500强第8名，在促进国民经济发展中发挥了行业脊梁的突出作用，在做强做优做大企业的同时实现了国有资产的保值增值。

（三）从追赶时代步伐到走在时代前列的转变

经过40年的积累，中国企业正在发生质的转变：中国制造在向中国创造转变，中国速度在向中国质量转变，中国产品在向中国品牌转变，中国中铁是其中的佼佼者。通过原始创新、集成创新和引进消化吸收再创新，中国中铁不仅打破了国外技术垄断，迅速缩小与国外同行的差距，大幅提升了企业核心竞争力，而且在高速铁路、高原铁路、重载铁路、大跨度桥梁、长大隧道、铁路道岔、盾构设计制造等方面取得了一大批具有自主知识产权的核心技术，在高速铁路建造成套技术、桥梁建造技术、隧道及地下工程建造技术、“四电”集成技术多个领域处于世界先进水平，正从一个跟随者迈入创新引领者行列。

近年来，中国中铁在京沪高速铁路、哈大高速铁路、京广高速铁路、兰新高速铁路，在沪通长江大桥、五峰山长江大桥、鹦鹉洲长江大桥、港珠澳大桥，在世界高海拔第一长隧关角隧道、高地应力区软岩大变形兰渝线木寨岭隧道、繁华城区京石客专地下六线大跨石家庄隧道、高压力高浓度瓦斯渝黔线天坪隧道、长大山岭隧道及铁路“穿城入地”隧道等一个个世界级的工程中，彰显了中国技术与中国速度。

二、深化改革是企业发展的根本出路

在对中国中铁的调研过程中，我们深刻体会到：改革是动力，改革出活力，只有坚定不移地全面深化改革，才能真正破解企业的深层次矛盾，破除企业发展的顽症痼疾，实现新旧动能的顺利转换，为企业发展提供必要条件。而中国中铁发展史，就是一部艰辛的改革史。

（一）坚持政治引领，牢牢把握发展方向

在深化改革的过程中，中国中铁党委始终把发挥政治优势作为国有企业的本质体现，并坚持与时俱进，积极探索发挥企业党委的领导作用。在战略决策上，坚持在每 5 年召开一次的公司党代会上提出企业中长期战略发展目标，为企业始终沿着正确的方向发展把关定向。在指导思想上，坚持“四变四不变”原则，即企业领导体制变化了，但党对国有企业的政治领导不能变；企业治理结构变化了，但企业党组织政治核心作用不能变；企业经营机制变化了，但发挥企业党组织政治优势、促进国有资产保值增值的职责不能变；企业产权结构变化了，但职工群众主人翁地位不能变。在决策机制上，坚持

“五必上”，即重要干部问题以及党建思想政治工作的重大问题必上党委会研究确定，企业改革发展重大问题必上董事会研究决策，涉及职工切身重要利益问题必上职代会审议通过，提请党委会、董事会、职代会通过的重要问题必须先上总经理办公会研究讨论，所有上党委会、董事会、职代会、总经理办公会的重大事项党政主要领导必须事先沟通，达成共识。在2016年全国国有企业党建工作会议后，中国中铁又通过落实“进章程”“前置程序”“一肩挑”等新要求，进一步完善了党委决策机制。在制度建设上，坚持党委常委会、全委（扩大）会、党委中心组学习会、民主生活会等各项会议制度，先后制定了《加强和改进新形势下党建思想政治工作的指导意见》《加强项目党建和现场思想政治工作的指导意见》《推进学习型党组织建设的指导意见》等一系列顶层设计文件。

（二）不断解放思想，广泛凝聚发展共识

改革未动，思想先行。在企业重要变革时期，中国中铁始终把解放思想放在首位，激发改革热情，推动企业奋勇前行。在重大改革关口，都会有解放思想的大讨论。每一次改革的成功，也都离不开解放思想大讨论。

1989年中国铁路工程总公司（即“中国中铁”）成立，中国中铁被推向市场，当时的首要任务是解决“吃饭”问题。面临严峻局面，中国中铁党委在全系统广泛开展了“十破十立”“融冰化雪”“推墙入海”“开源引流”等一系列思想解放工作，让广大干部职工深刻理解了市场经济的本质特性，转变了几十年计划经济形成的思维模式。1996年10月在邯郸召开的全公司政治工作会议上，开展了解放思想大讨论，为如何适应社会主义市场经济的发展要求统一思想、寻找出路，对企业发展产生了重大的推动作用。

进入21世纪，面对新的形势，中国中铁紧跟时代开展了多次关于改革发展的大讨论。例如，2003年党委结合公司发展实际深入研究了影响企业改革发展的重大问题，为企业实现跨越式发展提供了重要的理论武装。2007年面对公司整体上市的新形势，公司党委大规模开展了上市公司知识的“重

新学习”，开展了上市公司管理的大讨论，全面换思想、转观念、提素质，用现代企业的管理理念、方式和行为来经营管理企业。

特别是党的十八大以来，全公司各级党组织和广大干部职工，深入学习贯彻习近平总书记系列重要讲话精神，认真贯彻党中央和国资委党委的各项重大战略部署，认真贯彻从严治党方针，积极践行新发展理念。党的十九大召开后，公司党委又组织关于新时代高质量发展的大讨论，组织各单位领导班子成员围绕改革发展重大问题进行了深入研讨，以新发展理念推动企业实现高质量发展。

党组织始终走在思想解放的前沿，以组织优势解放全员的思想观念，使其更好地适应市场。中国中铁共有 16 万党员，在 80 多个国家和地区共计 490 多个海外项目上普遍建立党组织。这些基层党组织也是中国中铁党委统一发展思想、凝聚发展力量的重要堡垒。

（三）深化体制改革，大踏步赶上时代步伐

1997 年，党的十五大提出把深化国有企业改革作为“全党重要而艰巨的任务”，推进机构改革，推动政企分开和企业转换经营机制，并把建立现代企业制度作为国有企业改革的方向。当时国家改革开放已经进行了近 20 年。中国中铁深感不适应发展需要，必须对管理体制机制进行全面改革创新。一是明确职能定位。在建立现代企业制度，特别是整体上市后，中国中铁重新调整各管理层级的职能分工，明晰了“股份公司重在产业管理、集团公司重在市场经营、工程公司重在生产组织”的管理职能分工，以及“股份公司协调经营、集团公司主体经营、工程公司辅助经营”的经营职能分工，进一步理顺了管理关系。二是提高集团管控能力。根据实际管理需要，对总部管理部门进行了多次调整，再造企业管理流程，逐步建立健全了战略管理、投资管理、预算管理、财务管理、法律管理、项目管理、安全管理、内控管理、信息披露管理、投资者关系管理等方面的体系，推行“四个集中”管理（即“资金、物资、设备、劳务队伍集中管理”），优化资源配置，全面

加强风险管控，确保企业有序高效运行。三是加大企业战略重组力度。2003年以来，中国中铁先后实施了中铁海外及22家设计施工企业并入式重组；中铁广州工程局、中铁北京工程局、中铁上海工程局、中铁武汉电气化局、中铁六院等单位的优化式重组；中铁国际、中铁投资、中铁科研院等单位的整合式重组。每次重组都使企业集约化管理程度得到进一步提升，企业发展活力进一步增强，企业规模、经济效益等主要经济指标不断增长。特别是2017年3月2日，中铁高新工业股份有限公司(简称“中铁工业”）在沪上市，上市平台进一步促进了公司工业制造业务利用资本市场优势提高产品研发能力和专业装备制造水平。通过大刀阔斧、持续深化的改革，中国中铁由行政性公司转变为党领导下的治理结构完善的现代化企业。

（四）全面深化改革，探索高质量发展新路子

党的十八届三中全会以来，中国中铁认真贯彻落实中央和国资委深化企业改革的部署要求，坚持问题导向，不等不靠、主动作为，推出了包括16项改革工程、100项重点任务的重大战略举措。全面启动了规范性、调整性、提升性、管控性、约束性、激励性和创新性七个层面的改革，解决了许多长期困扰企业发展的重难点问题。

通过全面深化改革，中国中铁在继续保持传统领域领先优势的基础上，苦练内功，精细管理，使企业的发展更具活力、更有效率、更可持续。努力在提高效益上取得新突破，推进基建主业转型升级，全力以赴打赢提质增效攻坚战，打好效益提升“组合拳”，向开拓市场、降低成本要效益，向深化改革、加强管理要效益，向调整结构、协同发展要效益。努力在提高效率上取得新突破，压缩企业层级，解决长期存在的法人单位过多、管理链条过长的老大难问题，减少同质化经营、重复建设、无序竞争。努力在增强活力方面取得新突破，提高资源配置效率，有效控制企业杠杆率，全面提升净资产收益率、成本费用利润率，全面降低资产负债率，不断提升企业发展质量。

三、开放竞争是企业做大做强的重要途径

发展是解决国有企业改革一切问题的基础和关键。扩大开放，积极参与市场竞争，把市场经营作为企业发展的头等大事抓紧抓实，才能增加企业积累，提高核心竞争力，向着世界一流企业的目标迈进。

（一）全面参与国内外市场竞争，在跨越式发展中做大企业

中国中铁所取得的成就，得益于国家改革开放和宏观经济政策带来的良好外部环境，更需要企业的主动作为，全力拥抱市场经济大潮，在市场中一步步发展壮大。

1. 转变经营方式，主动走向市场“找米”，迅速扩大生产经营规模

1981年夏天，一支铁路建设队伍出现在深圳特区蛇口工业区的一片荒地上，在一人多高的荒草中搭建起临时工棚，用三块石头支起一口大锅做饭，拉开了浩浩荡荡闯市场的序幕。这支由原铁道部第二工程局（中铁二局前身）二处处长孙永福带领的被同行称为“野战部队”的精兵强将组成的队伍在下海弄潮的过程中，用精湛的工艺、吃苦的精神、优质的工程立住了脚跟，在深圳建设了首项工程——远东饼干厂，打响了中国中铁闯市场的第一枪。这是中国中铁人迫于当时铁路建设市场的生存危机压力的绝地奋起，也是改革开放大潮中，中铁二局“找米下锅”、探索市场的第一次成功尝试。接着，中铁建工等企业也进入深圳特区创业。

中国中铁紧紧抓住改革开放以来国家基础设施建设的机遇期，改变“两根钢轨一条路”的传统经营方式，努力构建“大经营”格局，全方位参与市场竞争。到21世纪初，中国中铁实现了从路内到路外、从单一到多元、从国内到海外的市场经营三大突破，初步奠定了“一业为主、多元发展”的经营格局。此后，中国中铁积极适应市场变化，开启了新的经营体制改革，明确了三级法人在经营工作中的职能定位，建立了以二级单位为主体的区域经营管理架构，明晰并规范了投资经营的责任分工及其管理体制机制；持续拓

宽经营领域，进入了地下综合管廊、海绵城市和单轨建设、养老地产开发等新兴市场；在特级资质、执业资格证书、企业业绩信誉等经营要素建设上均实现了长足进步，完成了从被动追随市场到主动适应市场再到经营创造市场的“三级跳”，促进了企业经营工作质量不断提高、生产经营规模迅速扩大。

2. 打造海外经营旗舰，积极开拓国际市场，提升国际市场的综合竞争实力

在国际市场方面，中国中铁是铁路系统最早“走出去”的企业之一。早在 20 世纪 70 年代，中国中铁就承担了新中国第一个援外项目坦赞铁路的建设任务。改革开放后，认真贯彻中央和国资委关于中央企业“走出去”的各项部署和要求，抢抓机遇，奋力拓展海外市场，海外业务逐步实现从“借船出海”到自主承包经营的转变，实现了快速发展。特别是 2001 年国家正式提出实施“走出去”战略，中国中铁紧紧抓住历史机遇，组建联合体进行强强联合，使公司真正成为跨国经营的企业。这一时期，以公司联合体的形式实施了蒙古第二公路、阿联酋棕榈岛、马来西亚铁路等多个重大海外项目。目前，公司海外业务遍及世界 83 个国家和地区，境外在建工程项目（含设计及工业制造）达到 490 个，境外机构 282 家。截至 2017 年，公司在境外 83 个国家和地区设有业务机构，正在实施的境外承包工程、设计和工业产品加工项目 493 个，海外营业收入 416.8 亿元，海外总资产超过 500 亿元。公司在 2017 年 ENR 全球最大承包商排第 2 位，国际承包商排第 21 位。

通过国内外全面参与市场竞争，中国中铁不断发展壮大，在促进国民经济发展中发挥了行业脊梁的突出作用。

（二）不断学习先进经验，改进管理，在开放竞争中踏上做强做优之路

中国中铁在开放竞争中，不断与国际先进建筑企业对标，学习先进经验，改进管理，踏上了做强做优之路。

1. 学习先进项目管理经验，推动项目管理模式的深刻变革

工程项目是建筑企业管理的基础、市场竞争的前沿、生产一线的指挥中

枢、经济效益的源头和企业形象的窗口。项目管理模式的变革，是建筑企业发展史上最关键、最重要、最深刻的变革，随后项目法施工在中国中铁全面推广。

20 世纪 80 年代末开始实行“项目法施工”。1987 年，中国中铁学习鲁布革工程管理经验，按照局直管项目部、局派出指挥部管理工程处组建项目部、工程处直管项目部等形式进行项目法施工试点。中铁一局在承建五星级的西安国安大酒店时，组建了中国中铁最早的“项目经理部”。这个项目经理部有 21 个人，全权负责从投标、签约开始到工程竣工验交全过程的管理工作。他们既按合同保质保量地完成了任务，又按照合同规定上缴了管理费，职工收入也有很大提高，还荣获了鲁班奖。这在当时是全新的探索，随后项目法施工在中国中铁全面推广。

20 世纪初探索创新形成了“杭州湾模式”。改革开放的不断深入也给我国建筑市场带来了许多新变化。中国中铁承接的工程市场化运作程度越来越高，投资运营管理模式都发生了变化；工程体量和技术难度越来越大，出现了工程项目大型化、集成化、复杂化的趋势。面对这些新的市场形势和要求，中国中铁以杭州湾跨海大桥的建设为试验场，从管理理念到管理方式进行了一系列探索和创新，形成了在当时符合中国中铁管理要求、具有鲜明特色的“杭州湾管理模式”。2003～2008 年，东海之滨，杭州湾畔，一座全长 36 公里的大桥由南北两岸向波涛万顷的大海延伸，成为中国继长江三峡、青藏铁路之后的又一重大标志性工程，被誉为当时“世界第一桥”。杭州湾风大、浪急，正常潮汐落潮 7 米以上，风速每秒 50 米以上，诸多不利因素给大桥的施工带来极大难度。工程招标时，美、德、日等国大型企业望而却步，中国中铁则全面参与了大桥的设计工作，并承担了大桥主体工程施工中难度最大、技术含量最高的施工任务。中国中铁除了在杭州湾创造了工程技术奇迹外，在杭州湾大桥更创造了项目管理的成功典范。概括起来就是坚持高起点、高水平、高标准“三高”理念，实施扁平化组织、精细化管理、全过程控制、资源集中管控，按生产工厂化、队伍专业化、手段机械化、控制数据化、管理规范化、环境园林化的“六化”方式生产。这一模式引起了当时国内外桥梁界的广泛关注。

2015年以来全面开展项目管理实验室活动。这是中国中铁夯实基础管理的又一重要举措。中国中铁以蒙华铁路为试点，全面开展了项目管理实验室活动。借用技术实验室的概念，依托具体项目有组织、有计划地对项目管理的各类制度办法进行总结提炼和实践检验，实现制度办法的从无到有和去伪存真，打造出项目管理的先进样板和标准模块。随着活动的不断深入，各施工企业已将项目管理实验成果及时凝练推广，基本完成了项目管理制度的全面更新。2018年中国中铁将对该活动进行全面总结，以项目管理水平的提升作为企业转型升级奠定坚实的基础。

2. 在开放学习中，积极创新经营模式，踏上做强做优之路

中国中铁在与国际先进建筑企业对标学习中发现，仅靠工程承包这种“打工式”的经营模式，仅靠国家内需政策拉动下的规模扩张式发展，很难提升企业发展质量，很难实现做强做优。为此，从21世纪初开始，中国中铁就坚持以市场为导向，根据建筑行业的新变化，积极创新经营模式，不断调整优化产品结构，推动产业转型升级，以经营创造市场。

特别是近年来，中国中铁提出并贯彻区域化经营、立体经营、泛金融化经营等新经营理念，建立并完善了建筑业上中下游一体化的全产业链经营格局。以EPC（“工程总承包”）模式实施了郑州、青岛、兰州、南宁等地铁项目，以BT（即“建设－移交”）模式实施了柳州三桥一路，桂林、衡阳、长沙等市政工程，深圳地铁5号线、11号线，成都地铁、昆明地铁、重庆地铁等一大批重点项目，以PPP（即“公私合营”）模式实施了呼和浩特市轨道交通1号线、陕西绥延高速公路、芜湖市轨道交通1号线和2号线等工程，以“增信＋施工总承包”模式实施了南昌市政基础设施、保障性住房建设项目，在内蒙古高速公路推进了“股权投资收购优质公路资产＋施工总承包＋股权收益”模式，在蚌埠、亳州等地采取了“土地一级开发＋二级连动＋施工总承包”模式，形成了新的经济增长点。目前，中国中铁已

经形成了基建上游、勘察设计、施工建造、工业制造、海外业务、房地产、矿产资源、金融信托“八大业务板块”。

通过开放学习，改进管理，中国中铁企业的发展质量不断提升。近年来，中国中铁的国有资本保值增值率和净资产收益率均处于中央企业前列，在2013年至2016年的中央企业经营业绩考核中，连续4年达到A级，并在2014年获得经济效益突出贡献奖。2014年4月，中国中铁H股纳入MSCI明晟中国指数；2015年6月，中国中铁A股重新进入上证50指数，成为中国股市的权重股。

（三）积极投身国家开放战略，在“走出去”中发挥骨干国企的担当

1. 在“一带一路”建设中勇当开路先锋

党的十八大以来，中国中铁认真贯彻落实中国铁路、中国高铁“走出去”的重大部署，全力实施“大战略、大平台、大旗舰、大布局、大政策”的海外经营方针，全面推进区域化布局、属地化经营、精细化管理，充分发挥企业在技术、人才、管理等方面的综合优势，努力争当“一带一路”建设的“开路先锋”，在实施国家“一带一路”倡议方面取得积极成果，承建了一大批标志性的重点项目。

中国中铁承建的中亚第一长隧乌兹别克斯坦安琶铁路卡姆奇克隧道，于2016年6月22日在习近平总书记和乌兹别克总统的共同见证下顺利开通。承建并运营服务的埃塞俄比亚亚的斯亚贝巴轻轨，既是非洲大陆第一条现代化城市轻轨，也是我国城市轨道交通全产业链“走出去”的首个典范。2014年5月李克强总理与埃塞俄比亚总理共同考察，给予高度评价。参建的亚吉铁路是我国铁路全产业链“走出去”的第一个示范项目。正在推动的匈塞铁路是中国企业进入欧盟实施的第一个铁路项目。参与设计的俄罗斯莫喀高铁是中国高铁技术标准走向欧洲的第一个项目。参建的印度尼西亚雅万高铁是中国高铁全方位整体“走出去”的第一个项目。参建的中老铁路是中国铁路网与周边国家互联互通的第一个新建铁路项目。承建的孟加拉国“梦想之

桥”——帕德玛大桥是目前中国企业在海外承建的最大单体桥梁工程，也是连接中国与“泛亚铁路”的重要通道之一。

特别是习近平总书记在“一带一路”国际合作高峰论坛主旨演讲中提到的雅万高铁、中老铁路、亚吉铁路、匈塞铁路四个“一带一路”合作重点项目，中国中铁都承担着主力军作用。同时，中国中铁自主研发设计和制造的盾构机、铁路道岔等工业产品先后出口美国、新加坡、以色列、沙特阿拉伯、澳大利亚等20多个国家和地区。

2. 在推动中国技术标准国际化中扛起央企责任

近年来，中国中铁依托埃塞俄比亚轻轨、亚吉铁路、德伊高铁、中老铁路、孟加拉国帕德玛大桥连接线等几十个国际项目，使我国轨道交通技术走出了国门。中国中铁承担了国家铁路局“中国铁路工程建设标准国际版体系研究”课题、国家科技部“中国标准海外适应性研究（铁路部分）”课题，依托项目开展了中国铁路技术标准与UIC国际标准、EN欧洲标准、BS英国标准等标准对比，推进中国标准国际化，形成了海外涵盖勘察设计、施工建造、装备制造、运营维护的完整铁路产业链的技术标准体系。中国中铁开展了俄罗斯高铁时速400公里高速铁路、委内瑞拉中国CTCS-2列控车载设备与欧洲ETCS-1地面设备兼容性、伊朗高铁盐湖地基、孟加拉国大跨钢桥重载铁路无砟轨道、埃塞火山熔岩地裂等创新科研，并成功应用于项目中，体现了中国标准的技术先进性与因地制宜解决困难的灵活性。

3. 在“走出去”中充分履行企业社会责任

中国中铁始终坚持“在国内代表央企、在海外代表中国”的理念，在出色完成各项工程建设任务的同时，充分履行央企海外的社会责任，全力打造“责任中国、责任央企、责任中铁”的国际形象。积极参与所在国公益事业，通过捐款、捐物、捐资助学等形式，为改善工程项目东道国的人民生活水平提供力所能及的物质帮助；通过义务修建道路、桥梁等基础设施和居民饮水、排污等利民工程，帮助东道国解决了许多重大民生问题；通过推进海外工程项目的属地化管理，加强对当地人才的培养、使用，每年为当地提供就业岗位4万多个，特别是在所在国家出现重大突发事件、自然灾害时，积极主动参加抢险救灾，有力促进了当地社会经济的发展，树立了中国企业的良好形象。

四、科技创新是引领企业发展的根本动力

作为拥有近30万员工的充分竞争性建筑企业，要真正实现“保增长、调结构、促转型、走出去”，就必须跳出外延式发展路径，走创新驱动发展之路。中国中铁坚持以科技创新为引擎，把自主创新作为实现企业可持续发展的重点工作，不断深化科技创新体制机制，搭建创新平台，优化创新环境，大力开展科技攻关，取得了一大批具有自主知识产权的核心技术，成为中国建筑行业获得国家级科技大奖最多、拥有专业技术人才最多的企业之一。科技创新已经成为中国中铁实现引领发展的根本动力。

（一）始终坚持市场需求导向，顶层设计、系统开展科技创新

中国中铁始终把市场需求作为企业技术进步的导向，围绕重大工程项目建设，以解决生产一线技术难题为出发点，顶层设计、系统部署，开展技术攻关。以技术创新引领支撑企业快速发展，以企业发展带动技术创新，实现技术创新与市场需求有机结合、与产业布局有机结合、与企业发展有机结合。有力提升企业的核心竞争力，支撑引领企业又好又快发展。

1. 制定支撑企业发展的科技创新战略

企业科技发展战略是引领科技创新的旗帜。1997年，中国中铁召开了企业首次科技大会，并坚持每五年召开一次科技大会，先后提出了构建“大科技”格局、实施“四大技术创新”、实现“三大目标、两大转变”等科技发展战略目标和规划，确定了不同时期的研发方向、重点领域和任务，并坚持每年制定科技开发指南，发布立项计划，指导各企业开展技术研发攻关。统一组织课题申报，确保课题质量，避免低水平开发和重复开发。“十二五”

期间，仅总公司层面就科研立项 1008 项，表彰科技成果 966 项，全面引领了企业的科技创新。

2. 确立领导挂帅的科技创新体制

加强领导是科技创新的首要条件。中国中铁制定出台了加快科学技术进步的决定，形成了党政一把手亲自抓、总工程师全面负责、以科技人员为骨干、全员广泛参与的领导体制和机制。建立了总经理挂帅的各级科技进步领导小组、以总工程师为首的技术创新管理小组，并把科技创新分解为 7 项具体指标，纳入各级领导人员业绩考核，直接与薪酬挂钩，确保了科技研发的常态化，促进了科技创新的持续开展。

3. 构建两级四层的科技创新体系

中国中铁建立完善了以企业为主体、以市场为导向、以项目为载体、以国家级实验室为依托、以技术中心为平台、以专业研发中心为骨干，联合搞攻关、开放搞科研的“两级四层”技术创新体系，明确了公司总部和各子公司两级主体与所属科技管理部门、技术中心四个层级的科技管理和科技研发分工。2012 年，又参加了中国工程院和国资委联合开展的“中央企业技术创新体系建设战略研究”，实施了“技术创新体系升级版工程”，荣获 2014 年度国家科学技术进步奖企业技术创新工程二等奖，成为唯一获奖的中央建筑企业。

4. 发挥优势搭建平台系统开发

中国中铁拥有科研、设计、施工和制造企业，具有“四位一体”的资源优势，通过联合攻关，可以开发成套修建技术，同时通过施工技术的开发又可延伸到产业链上下游进行施工装备和建筑材料的技术开发，大大提升企业的核心竞争力，支撑引领企业快速发展。中国中铁拥有 3 个国家实验室、11 个专业研发中心、13 个经国家认定的企业技术中心和 50 个省部认定的企业技术中心。国家实验室为前沿技术和理论研究提供了高层次技术研发平台，专业研发中心和企业技术中心为技术研发与成果应用提供了孵化平台。

（二）紧跟改革发展态势，持续深化创新

1. 科技成就企业，创新引领未来

科技创新必须要与企业创新发展和转型升级相配套，与国家经济发展的态势相适应。中国中铁密切跟踪国家发展大势，准确把握企业发展改革阶段，持续推进科技创新。

2. 企业改革为科技创新提供新动力

中国中铁通过深化改革为创新提供新动力。在体制机制创新上，建立和完善了人才引进、职业项目经理、项目绩效考核、安全生产奖惩、资产损失责任追究等制度办法，着力构建市场化的激励约束机制。在组织机构创新上，全面规范了企业各级机构定编、员工总量、层级管理、督查督办考核，健全了集团化管控体系；重组了一批投资、设计、科研和专业化公司，提高了专业化管理水平。在管理方式创新上，全面推行了以"法人管项目"为核心、以后台管理为特征、以成本管理为重点的工程项目精细化管理模式，推进了作业层队伍建设和作业层实体改革，构建了具有企业特点的精细化管理体系和施工管控机制。通过深化改革，为企业科技创新提供强大动力。

3. 企业经营创新为科技创新拓展新空间

中国中铁进一步构建了四大主业、八大板块、国内国际两大市场、上中下游一体化的"大经营"格局，积极探索了新的商业运作模式。通过探索推广 BT+ 设计施工总承包模式，成功实施了深圳、青岛、石家庄等城市轨道交通项目；通过加大产融结合，先后与多家金融保险机构开展了战略合作，创建了中铁建信、中铁民通等基金公司，以产业基金投融资模式，成功实施了成都地铁 1、3、7 号线等项目，以增信模式实施了南昌昌九快速路改造工程，进一步带动了企业全方位经营和一体化施工，为科技创新拓展了更大空间。

4. 推动企业研发机制创新，为科技创新开辟新途径

中国中铁进一步探索企业与院校、优秀企业合作的科技联合开发模式，先后与清华大学、西南交大、中国铁道科学研究院等开展联合攻关；与三一

集团、美国微软、法国科吉富等公司开展联合研发，进一步提升了企业科技创新的能力。探索成立了中铁创投基金，通过利用中央财政、地方出资、企业投入、社会地方融资，推动高端交通装备制造业科技研发，目前已形成3亿元基金规模，募集资金1.5亿元，为企业科技研发提供了有力支撑。结合适应国家经济发展的新形势，积极研究制定企业“十三五”科技发展规划，把新的五年科技创新的重点放在建筑前沿科学技术的研发运用、满足人民群众安全便捷绿色出行和生活需要、资源节约和生态文明等方向，更加注重知识产权保护和中国标准走出去，更加注重中央建筑企业协同创新，全面提升自主创新能力，营造企业创新驱动的新常态。

5. 完善投入机制促进持续长效创新

中国中铁坚持把科技投入与各级企业主营收入挂钩，每年按公司总部不低于投资收益的1%，通过高新技术认定的子公司不低于营业收入的3%，其他子公司不低于营业收入的2.5%纳入当年预算，强制性要求各级企业的科技投入增长幅度不得低于上年度营业收入的增长幅度。同时，还利用国家和地方奖励资金设立了“中国中铁科技奖励专项基金”，为开展科技研发提供了有力支持。

（三）坚持在实践中锻炼培养创新人才

人才是创新的关键。中国中铁是如何培养人才的？“铁路系统的经验，就是要在重点工程的关键岗位上培养干部。”孙永福院士说。各企业都强调“完成一个项目，锻炼一支队伍，形成一种能力”。依托重点工程，积极组织开展关键技术攻关，培养人才，是中国中铁创新成果层出不穷的原因之一。

在20世纪80年代末，中铁大桥勘测设计院承担武汉长江二桥的设计任务，时任设计院副总工程师秦顺全依托项目创立的“桥梁分阶段施工的无应力状态控制方法”，1993年首次在武汉长江二桥设计与施工中成功运用，为大桥顺利建成通车做出重大贡献。在多年的桥梁建设工程实践中，秦顺全院士获得了一连串闪光的成绩：国家科技进步特等奖1项、一等奖2项、二等奖3项，技术发明二等奖2项，发明专利50项……秦顺全谈及人才培养时说："桥梁是实践性比较强的专业，并不是在大学学了4年，读了博士，把桥的技术全学完了就会做桥了。"

如果说一座座技艺精湛、造型优美的大桥造就了秦顺全，那么，"大国重器"盾构装备则造就了2018年的"最美科技工作者"王杜娟。盾构机，又称为隧道掘进机。1997年，我国在修建的西安—安康铁路秦岭隧道时，从德国维尔特公司引进第一台隧道掘进设备。隧道施工机械化，不仅节省人工，而且改善企业环境，使工作效率大大提高。但是进口盾构机不仅价格昂贵，且制造周期长，关键技术也受制于人。

"'大国重器'必须掌握在自己手中。"2001年底，"关于隧道掘进机关键技术的研究"正式列入国家"863计划"，中铁隧道集团盾构机研发项目组成立，刚参加工作一年的王杜娟成为18位项目组成员之一。从参与研发我国第一台"国产盾构"到研制出多台"世界之最"，王杜娟把自己的芳华岁月都献给了她心爱的隧道掘进机设计事业。在她和同事们的努力下，国内最大断面硬岩掘进机、国内首台硬岩泥水顶管机、国内首批双护盾TBM、世界最小直径硬岩TBM、世界首台马蹄形盾构机下线……一系列新产品的问世，不断刷新中国创造的一项项纪录，实践着从"中国制造"向"中国创造"的跨越。诚如秦顺全院士所言：技术的核心竞争力是人。优秀的人才和技术，又反过来促进了企业的发展。

（四）练就绝活（核心技术）在发展中赢得主动

"没有金刚钻，不揽瓷器活。"中国中铁要在激烈的市场竞争中谋求生存发展，承揽到高质量的任务，必须有自己的"撒手锏"，才能够抢得市场先机，引领行业的发展。过去的40年里，中国中铁从推广一般技术到掌握"高大难新"的关键核心技术，从引进吸收到自主创新，形成了一批具有自主知识产权的国内领先、世界一流科技成果。不仅打破了国外技术垄断，迅速缩小与国外同行的差距，而且大幅提升了企业核心竞争力，支撑引领了企业的发展。其中铁路技术、桥梁隧道技术、装备制造科技三个方面最具代表性。

围绕高速铁路技术创新，中国中铁建设了中国首条无砟轨道遂渝铁路，形成了具有自主知识产权的无砟轨道成套技术，获国家科技进步一等奖。先后参建了京津城际、京沪、京广、郑西、哈大等高速铁路和客运专线，攻克了一大批关键技术难题，推动中国高速铁路修建技术达到世界一流水平。围绕高原铁路技术创新，中国中铁与其他建设者一起面对青藏铁路“多年冻土、高原缺氧、生态脆弱”三大世界建设难题，攻克了高原冻土路基、桥梁、隧道设计施工及生态环境保护等一系列关键技术难题，“青藏铁路工程”获国家科技进步特等奖。围绕重载铁路技术创新，中国中铁攻克了重载路基、桥梁加固、编组站扩能等重大科技难题，参与建成了我国第一条单元重载2万吨、年运输能力4亿吨的大秦铁路，获国家科技进步一等奖。围绕电气化铁路技术创新，中国中铁在建设了中国80%以上电气化铁路的基础上，近年来又全面掌握了高速铁路电气化设计、弓网受流、牵引供电等技术，自主研发了高强高导接触网导线及配套零部件，形成了中国高速铁路牵引供电系列化技术标准，始终保持了企业电气化铁路建造技术国内领先、世界一流水平。

在桥梁、隧道方面，中国中铁的桥梁和隧道建造技术始终代表着国家队水平，建设了武汉长江大桥、南京长江大桥、大瑶山隧道、秦岭隧道等里程碑工程。在桥梁建设领域，积极向深水基础、高墩大跨、重载多线桥梁拓展，先后参与建设了国内首座外海桥梁东海大桥、世界最长跨海大桥港珠澳跨海大桥、曾创四项世界第一的公铁两用斜拉桥武汉天兴洲长江大桥、中国首座六线铁路大跨钢桁拱桥南京大胜关长江大桥等重点工程，形成了一系列拥有自主知识产权的科技成果，天兴洲大桥、大胜关大桥分获国际桥梁协会最高奖“乔治·理查德森奖”，东海大桥获国家科技进步一等奖。中国中铁包揽了新中国成立60周年“百项经典暨精品工程”中全部7项桥梁工程。在隧道建设领域，积极推动由山岭隧道向穿江越海隧道、地下工程拓展，先后修建了穿越长江第一隧武汉长江隧道、国内最长海底隧道青岛胶州湾海底隧道、水下特长盾构隧道广深港狮子洋隧道等重大工程，还成功研发出针对一般风险和高危风险隧道施工的两个系列监控量测预报预警信息化系统，在各种复杂特殊地质条件下隧道和地下工程施工技术与工艺上达到了国内领先、世界先进水平。

装备制造科技创新方面。中国中铁的铁路道岔、大型施工装备制造技术在国内始终处于领先地位。近年来，中国中铁积极探索需求－研发－制造－应用的创新模式，推动装备制造产业转型升级。在高速铁路道岔研发制造方面，成功研制出系列高速道岔、提速道岔和工联道岔，以及具有自主知识产权的高锰钢与钢轨焊接中间介质，填补了国内多项空白。在桥梁施工装备研发制造方面，先后研制出亚洲第一世界第二的“天一号”海上运架起重船、国内最大的打桩吊装一体化海上打桩船、国际首创的起重能力 700 吨的专用架梁起重机、世界最大的水平臂上回转塔式起重机，获国家科技进步二等奖。在隧道施工专用装备研发制造方面，成功研制出了中国第一台具有自主知识产权的复合式土压平衡盾构机，整机性能达到国际先进水平，打破了隧道掘进设备被国外企业垄断的局面，“盾构装备自主设计制造关键技术及产业化”获国家科技进步一等奖。

实践证明，科技创新是企业生存发展的不竭动力源泉，也是企业核心竞争力的重要支撑。关键核心技术是要不来、买不来、讨不来的。只有努力实现关键核心技术自主可控，才能把创新主动权、发展主动权牢牢掌握在自己手中。

五、企业文化是基业长青的根本保障

红色是国有企业的“底色”与“本色”。红色基因是国有企业的根魂所系，也是促进国有企业诞生、发展、壮大的原动力。习近平总书记反复强调，坚持党的领导、加强党的建设，是我国国有企业的光荣传统和独特优势；光荣传统不能丢，丢了就丢了魂，红色基因不能变，变了就变了质；要发扬光荣传统、传承红色基因，不忘初心、继续前进。中国中铁的发展史，就是一部始终不渝地传承红色基因，坚持党对国有企业的领导，不断强化国有企业国民经济重要支柱作用的历史；就是一部充分发挥基层党组织战斗堡垒作用和党员先锋模范作用，不断巩固党执政的重要组织基础的历史；就是一部始终保持强大政治优势，为企业发展把方向、管大局、保落实的历史。

“不忘初心，牢记使命”，对红色基因的坚守与传承，为事业发展提供源源不断的原动力，是中国中铁事业长青的基石。

（一）不忘初心，牢记使命，传承红色基因固本强基

在中国中铁人身上我们看到始终跟党走的决心、信心和毅力，看到国企为国的使命、责任与担当。红色基因体现在一代又一代的中国中铁人身上，并随着他们的脚步踏遍祖国大地。

1. 加强党的建设，夯实发展根基

党建是确保党的路线方针政策和决策部署贯彻落实的基础。中国中铁始终高度重视党建，一直把项目党建和现场思想政治工作作为各级党组织的工作重点来抓。

一是努力做到“四坚持”。坚持“施工战线延伸到哪里，党的组织就建在哪里，活动就开展到哪里，党支部和党员的作用就发挥到哪里”；坚持党建工作“上桥头、进峒口、下班组、到宿舍”；坚持“五同步”，即“项目党组织与项目部同步组建、项目党组织书记与项目经理同步配备、项目党建工作制度与项目管理制度同步制定、项目党建工作与项目部管理工作同步部署、项目党建工作与项目部经营绩效同步考核”；坚持“双纳入”，即把项目党建工作纳入项目管理体系，纳入项目部领导班子业绩考核。

二是探索了项目党建“五化”，即融入中心同步化，在全公司生产一线全部建立了党支部；项目党建标准化，做到组织设置标准化、制度建设标准化、主题活动标准化、项目文化标准化、基础资料标准化，推行项目党建标

准化和项目管理标准化“双标共建”；主题活动特色化，坚持从生产一线的实际出发，积极开展了“青藏高原党旗红”“党旗飘扬杭州湾”等主题实践活动；党员作用主体化，引导广大党员勇于亮身份、敢于担责任，在日常工作中看出来、在关键时刻站出来、在危急关头豁出来；教育管理人文化，建立健全党内激励、关怀、帮扶机制，使广大党员在发挥作用的同时感受到党组织的关怀和温暖。

三是大力推进“三延伸”。推动党建工作由生产领域向生活领域延伸；开展企地共建，推动党建工作由企业内部向企业外部延伸；实行党群工作协理员制度，推动党建工作由员工队伍向农民工队伍延伸。

2. 全面从严，认真落实管党治党的责任

要履行好治党责任，重点是要敢抓敢管、动真碰硬。

一是完善从严治党机制。党的十八大以来，公司党委认真贯彻全面从严治党的要求，制定了落实“两个责任”、党建工作责任制、党建工作考核评价等一系列具体措施，每年定期召开党风廉政建设专题会议，实行了二级企业党委、纪委党风廉政建设月报告制度。公司领导班子成员连续 8 年坚持在职代会上述职述廉，并进行民主评议、民主测评，当场宣布测评结果，接受职工群众监督。

二是抓住“关键少数”。公司党委坚持党管干部原则，从严选拔干部、从严管理干部、从严监督干部，探索形成“五管、五关”的实践途径，即管原则把好导向关，管标准把好资格关，管程序把好规则关，管机制把好政策关，管监督把好调整关。同时深化干部人事制度改革，完善领导人员任期制、交流制、退出制，大力推进纪委书记、总会计师等重要岗位干部交流。2014 年建立了领导干部日常履职巡察制度，实现了二级企业领导班子成员全覆盖，对发现问题的领导人员分别做谈话提醒、诫勉、调整岗位等处理。

三是驰而不息纠正“四风”。公司党委以作风建设为切入点，坚持把纪律和规矩放在前面。认真落实中央八项规定精神、关于新形势下党内政治生活的若干准则等，紧盯重要节点和薄弱环节，组织开展“小金库”、年薪外收入、与协作队伍不干不净、干预物资招标采购等集中专项治理活动。积极配合国家审计署审计、国资委经济责任审计和国资委党委巡视、巡视“回头看”，深入开展内部巡视、干部巡察、管理咨询、片区督导四个“翻箱倒柜”，聚焦发现问题，开展集中专项整改。特别是高举巡视“利剑”，历时 3 年完成对所属二级企业巡视全覆盖。现在，又开展了新一轮巡视工作，督导二级企业对三级企业进行巡察，对发现问题坚决问责查处。

3. 积极履行社会责任，做到“央企姓党、国企为国”

习近平总书记强调，只有积极履行社会责任的企业才是最有竞争力和生命力的企业。中国中铁始终把履行社会责任作为对国家负责、对人民负责、对社会负责的直接体现。

（1）建立职工保障体系，让职工过上美好生活

出台相关政策制度，切实从制度上保障职工合法社保权益、加强职工生活保障，构建了覆盖广泛、运行有效的职工生活保障服务体系，年均救助困难职工超过 3 万人次；每年在施工生产一线投入“三工建设”（即“工地生活、工地文化、工地卫生建设”）专项资金 2 亿多元，改善基层员工生产生活条件；健全职工工资正常增长和支付保障机制，员工收入水平随着企业发展稳步提高，2017 年全公司职工人均工资比 2007 年上市时增长 3.4 倍，极大增强了广大职工的获得感、幸福感、归属感。

（2）完善社会责任规划，与相关方共同发展

中国中铁历来重视履行社会责任，在搞好工程质量、确保安全环保造福百姓、造福国家的基础上，还根据整体上市公司的要求，开始着手建立科学、规范、系统、有效的企业社会责任管理体系。梳理了债权人、客户、政府、投资者、合作伙伴、同业者、非政府组织、员工、公众、供应商十类利益相关方，建立顺畅、规范、富有特色的沟通机制。2015 年，中国中铁制定了履行企业社会责任指导意见，将社会责任规划扩展到依法治企、精准扶贫、公益事业、海外责任等 11 个方面，把社会责任管理向全产业链延伸，更好地指导各级企业全面开展社会责任管理实践活动，积极打造开放、诚

信、透明和负责任的央企形象。自 2008 年起，连续 10 年发布中英文版社会责任报告，获得资本市场、社会公众和新闻媒体的好评。每当国家出现重大险情时，中国中铁总会挺身而出、义无反顾地承担各类抢险救灾任务，先后圆满完成了汶川抗震救灾、玉树灾后重建、九寨沟地震救援抢险等急难险重任务。目前全公司有三支国家隧道专业救援队，成为国家抢险救援的重要专业力量。同时，广泛参与公益慈善事业和志愿服务活动，常设志愿服务队超过 900 支，年投入志愿服务 2 万多人次，支持教育机构及其他公益慈善事业资金上亿元，充分彰显了中央企业的脊梁本色。

（3）落实精准扶贫思想，坚决打赢脱贫攻坚战

中国中铁从 2002 年开始定点帮扶湖南省桂东县和汝城县，以干部扶贫、教育扶贫为主要抓手，先后派出挂职干部 30 人，投入资金 2600 多万元，援建项目 80 多个。2012 年，又增加了山西省保德县的定点扶贫任务。2015 年，制定了《中国中铁 2016～2020 年定点扶贫工作实施方案》。党的十九大后，中国中铁又迅速采取实际行动，联合中国志愿服务基金会，分别与三县签订精准扶贫援建项目协议。投入 3000 万元支持保德县中南部公路项目改建；投入 2250 万元支持桂东县大塘工业园一期工程项目建设，解决了异地搬迁 320 户共计约 1100 人的就业问题，脱贫带动成效明显。2017 年，全公司有 15 家单位参与了扶贫开发工作，共投入近 6500 万元助力扶贫开发，帮助近 6000 个建档立卡贫困家庭脱贫摘帽。

（二）强化顶层设计，建设企业文化肥沃土壤

企业是树，文化是根。把文化力量用好了，管理就变得轻松有序，困难就都会迎刃而解。因此，中国中铁非常重视企业文化的建设，从顶层加强企业文化设计。

2004 年，中国中铁在武汉召开企业文化建设工作会议，全面总结了半个多世纪发展历程中孕育的宝贵文化财富，形成了公司第一个企业文化建设实施纲要，凝练推出了“勇于跨越、追求卓越”的企业精神，提出了实施“铸

魂”“育人”“塑形”三大工程和分“两步走”的建设方针，开启了中国中铁企业文化统一建设的新纪元。2009 年，在狮子洋海底隧道施工现场召开项目文化建设现场会，形成了规范的项目文化建设体系和标准，大力推行形象识别系统、理念识别系统、行为识别系统“三大体系”建设，启动了项目文化建设示范点创建工作，推动企业文化落地生根。2012 年，公司党委提出了文化兴企、文化强企战略，制订了“十二五”企业文化发展战略，提出了“五增强、五提升”的战略目标，根据社会主义核心价值观规划了中国中铁核心价值体系，确定了 12 项企业文化建设的重点工程。2016 年，公司积极探索企业文化建设新模式，制定了“十三五”企业文化建设规划，进一步完善了以企业精神、核心价值观、企业宗旨、企业使命、企业愿景为核心要素的中国中铁价值理念体系，全面构建上下互动、内外兼修、点面结合、统分有序、建管并重的企业文化建设协同推进保障机制，努力提高文化软实力。

（三）弘扬先进典型，升华企业精神开拓进取

回顾中国中铁的历史，老一辈建设者有许多光荣传统和优秀精神。从共和国第一条铁路建设的成渝精神，到抗美援朝战火中淬炼出的钢铁大动脉精神；从 20 世纪六七十年代的宝成精神、成昆精神，到改革开放后的大瑶山精神、京九精神、南昆精神，这些精神已经积淀成为中国中铁的传统优势和宝贵财富。在历史的基础上，中国中铁反复提炼升华，形成了具有鲜明时代特点、突出企业特色的“勇于跨越、追求卓越”的企业精神。

为了能够把企业精神与工作实践结合起来，内化为职工的共同追求和自觉行动，中国中铁坚持“建一项工程、树一座丰碑、出一批人才、育一种精神”。在举世瞩目的青藏铁路建设中，与兄弟单位一道锻造出“艰苦不怕吃苦、缺氧不缺精神、风暴强意志更强、海拔高追求更高”的青藏铁路建设精神。胡锦涛同志在青藏铁路通车庆祝大会上，号召全党、全国各族人民学习和弘扬“挑战极限、勇闯一流”的青藏铁路精神。在连续十五次远征南极中，培育了“挑战极限、不辱使命”的南极建设精神。在国家高速铁路建设中，

形成了“勇于创新、赶超一流”的高铁建设精神。

伟大精神是一代一代中华儿女创造和积淀出来的，也需要一代一代传承下去。中国中铁一代一代的建设者，正是这种伟大精神的传承者、实践者、弘扬者，中国中铁也正是在对这些精神的不断继承丰富和发展中，实现了一次又一次的跨越。

（四）加强宣传推广，塑造企业品牌凝神聚力

企业要赢得社会和公众的普遍认同，全面参与全球经济竞争，就必须打造清晰、统一的品牌形象。为此，中国中铁先后下发企业文化手册和企业标志管理规定，统一规范使用“中国中铁”品牌标志，全面整合、全方位统一企业品牌形象。

同时，把对外宣传报道作为提升品牌影响力的重要抓手，连续多年“三重一外”对外宣传报道数量超过 10 万篇。近 5 年仅在中央电视台、新华社、《人民日报》刊播的中国中铁宣传报道就有 1200 多篇次。特别是从服务国家战略的高度，对高端装备制造、京张高铁、京新高速、卡姆奇克隧道、埃塞俄比亚轻轨、亚吉铁路等重点领域和重点工程的大规模集中宣传，取得了良好效果。中国中铁还不断规范和加强媒体建设，升级改版公司网站，开通企业微博微信，讲好企业故事，展示企业形象。中国中铁微信公众号年阅读量超过 1000 万次，获得“最具影响力央企新媒奖”“最具影响力 500 强企业新媒奖”荣誉。2018 年 5 月 10 日，中国中铁参加了首届中国自主品牌博览会，李长进董事长作为央企唯一代表参加了中国品牌发展国际论坛企业家对话活动，全方位展示了中国中铁的品牌建设成果。

正是在 40 年改革开放中对企业文化的不断丰富，使得中国中铁创造了一个又一个的建设丰碑，始终保持开拓进取、攻坚克难、一往无前，始终保持旺盛的斗志、严明的纪律和良好的作风，成就了企业的辉煌。

六、尾声

中国中铁过去40年所取得的成就，既得益于国家改革开放和宏观经济政策带来的良好外部环境，又得益于企业自身不断深化改革所形成的内生动力。通过调研，我们认为这些成绩的取得与企业始终坚持党的领导，将自身的发展与国家改革发展紧密结合；坚持深化改革，对经营管理全面创新；坚持自主创新，提升核心竞争力；以及通过传承红色基因，建设卓有成效的企业文化，打造一支坚定的高素质的队伍等方面原因密切相关。

当前，全面建成社会主义现代化强国的号角已经吹响，中国人民已经大踏步迈上民族复兴的征程。面对新征程需要总结经验、乘势而上，坚定不移深化各方面改革，坚定不移扩大开放，在深化改革开放的进程中实现中华民族的伟大复兴。

对理想信念最好的铭记就是不忘初心、牢记使命。对改革开放最好的纪念就是更全面、更深刻地推进改革开放。实现民族复兴的途中，我们需要更多的“开路先锋”，“不驰于空想、不骛于虚声”，一步一个脚印，踏踏实实干好工作，逢山开路，遇水架桥，把美好蓝图变为现实。

中交集团：以开放塑造全球竞争力全面建设世界一流企业

清华大学国情研究院

改革开放40年来，无论从宏观的国家、中观的产业还是微观的企业角度看，“不改革无法进步，不开放无以立足”，“改革”和“开放”成为中国发展的动力源。国有企业是中国特色社会主义的重要物质基础和政治基础，是我们党执政兴国的重要支柱和依靠力量。国有企业在40年的严峻考验中，不断开拓改革与开放之路、兴企与强企之路，经济实力、科技实力、国际竞争力显著增强，国有企业进入美国《财富》杂志全球最大500家公司排行榜（以下简称世界500强）的数量从1990年的1家，跃升至2017年的88家，数量大大超过排名世界第三的日本（51家），其中国资委监管的中央企业有48家。

党的十九大报告强调“开放带来进步，封闭必然落后”，提出我国要以“一带一路”建设为重点，推动形成陆海内外联动、东西双向互济的全面开放新格局。2018年博鳌亚洲论坛年会上，中国政府重申了对外开放的坚定立场，采取一系列新的重大举措打造更大范围、更宽领域、更高层次的对外开放升级版。国有企业迎来开放发展新契机，以“一带一路”建设为重点，在全球大布局，全速“走出去”。

中国交通建设集团有限公司（以下简称“中交集团”，或对外称“中国交建”）抓住了开放发展带来的重大历史机遇，从对国际同行业企业“仰视”

学习借鉴到加速追赶、后来居上，再到如今进入世界前列、引领潮流，已发展成为全球领先的特大型基础设施综合服务商，在建设具有全球竞争力的世界一流企业新时代、新征程中走在前列。

课题组围绕“开放发展”和“一带一路”，赴中交集团总部、二级公司（中国路桥、中国港湾、振华重工）、工程项目部（中国交通建设股份有限公司联合体港珠澳大桥岛隧工程项目总经理部）、标志性工程（港珠澳大桥、上海洋山深水港四期码头）、海外项目（南部非洲地区工作部）进行实地调研，召开专题座谈会 27 次，重点访谈 45 人（集团 10 人、二级公司 35 人），特邀赵忆宁（《21 世纪经济报道》首席记者）多次详细介绍中交集团在亚洲、非洲项目一线采访和报道，课题组内部讨论 20 余次，形成本报告。

40 年来国有企业改革始终伴随着各种争议和预测，如美国前总统克林顿曾预言的中国国企消亡论等。那么，如何评价国有企业开放的发展成效呢？采用的既不是西方企业标准，也不是随意的主观判断，最客观、最权威的标准就是习近平总书记提出的三个“有利于”标准：有利于国有资本保值增值，有利于提高国有经济竞争力，有利于放大国有资本功能。本报告以建设具有全球竞争力的世界一流企业为主题，以中交集团为案例对照以上标准进行客观判断与全面评价。

我们对中交集团调研的目的，就在于对国有企业发展中一直存在的重大争议命题做出明确回应。第一，国有企业能否在全球资源市场的大布局、大开放环境下成为具有国际竞争力的一流企业？第二，国有企业在开放发展的过程中能不能产生世界一流的企业家，又该具备怎样的企业家精神？第三，国有企业打造成为世界一流企业的核心机制与独特优势是什么，在新时代又当如何充分发挥？第四，国有企业在开放发展中实现了从“走出去”到“走上去”的跨越，这为中国企业闯出了一条什么样的国际化道路？第五，国有企业在“一带一路”建设中有哪些启示与经验性规律？怎样才能更好地培育具有全球竞争力的世界一流企业？为此我们通过调查研究，用事实说话，用企业自身开放发展的经历与实践，实事求是地回答上述问题。我们的调研证明，国有企业完全有能力应对全球化发展的新挑战，成为具有全球竞争力的世界一流企业。这就必须使企业以国家战略为中心、坚持党的领导，充分发挥体制优势、强化战略引领，积极融入世界经济发展大势。

一、坚决服务国家战略，大力培育全球竞争力

“开放带来进步，封闭必然落后。”开放发展是实现国家繁荣富强的根本出路，全面对外开放是推动中国经济新常态的外部动力，“一带一路”建设更是企业发展的重大机遇，特别是国有企业拓展对外发展空间、培育全球竞争力的重要途径。

中交集团成立以来的发展历程充分证明，“国家强、企业强，国家兴、企业兴”，企业服务国家战略与培育全球竞争力二者相辅相成、互相促进：一方面，企业越是对外开放，来自外部竞争压力越大，就会越有助于推动企业将其转化为巨大的自身变革动力和全球竞争能力；另一方面，国有企业只有坚决服务国家战略，抓住机遇、扩大开放才能顺应甚至引领经济全球化潮流，实现自身的跨越式发展和可持续发展，从“引进来”到“走出去”，从吸引外资“投资中国”到鼓励中资“投资世界”中形成新的经济增长点。

（一）建设五个“强国”，以世纪工程打造一流企业

中交集团积极响应国家“一带一路”倡议，着力打造五大“中国名片”——中国桥、中国路、中国港、中国岛、中国装备，为新时代中国建设交通强国、海洋强国、制造强国、科技强国和质量强国提供有力支撑。与此同时，企业在开放发展中推动自身优势产业“走出去”，带动中国装备制造、技术、标准和服务走向世界，充分利用国内国际两个市场、两种资源，全面实现全国全球两个布局，全力打造世界级中国品牌，成为在全球产业发展中具有话语权和影响力的国际企业。

1. 中国桥

中交集团是全球最大的桥梁设计建设企业，设计或建设了世界 10 大斜拉桥中的 5 座，世界 10 大悬索桥中的 6 座，世界 10 大高山峡谷桥中的 6 座，世界 10 大跨海大桥中的 7 座，承建的印度尼西亚马都拉大桥和塞尔维亚泽蒙－博尔察大桥都是中国桥梁建设标准“走出去”的标志性工程。港珠澳大桥是世界最长的跨海大桥，其中主体工程“海中桥隧”长 35.578 公里，海底隧道长约 6.75 公里，中交集团承建了港珠澳大桥 70% 以上的工程，建造了全球最长的公路沉管隧道和全球唯一的深埋沉管隧道。

2. 中国路

中交集团是全球领先的公路、铁路设计建设运营企业，承建了中国“五纵七横”高速路网的主要控制性路段和亚非拉美多条区域核心公路工程，设计建设的高速公路约 5 万公里，占全球存量的七分之一；承建了京沪高铁、蒙内铁路等世界著名铁路工程，推动了中国铁路建设标准走向世界。

3. 中国港

中交集团是全球最大的港口、航道设计建设企业，承建了世界 10 大港口中的 7 个，累计吹填造地近 3000 平方公里，耙吸挖泥船总仓容量和绞吸挖泥船总装机功率均排名世界第一，制定了 70% 以上的水运行业国家标准。从 2002 年开工至今共分四期建设的洋山深水港，是世界最大离岸深水港，也是全球现代化程度最高的集装箱枢纽港，其中洋山深水港四期码头是全球规模最大、最先进的全自动化码头。

4. 中国岛

中交集团是全球“岛礁建设独此一家”。在中国南海岛礁建设中，中交集团坚决执行国家战略，以爱国情怀，全力推进岛礁生态环境工程，维护了国家主权和领土完整。在港珠澳大桥岛隧工程建设中，中交集团建设了两个世界最大人工岛，创造了“当年开工，当年成岛”的奇迹，深插钢圆筒快速成岛的创新成果具有世界领先水平。

5. 中国装备

中交集团曾生产出中国第一台港口机械和第一台公路机械，是全球最大的港口装备设计制造服务商，全球知名的海上石油钻井平台、海工重型装备、大直径盾构机设计制造服务商，占据世界集装箱起重机市场份额的82%，具有120台套盾构机的年生产制造能力，自主设计建造的“天鲲号”绞吸挖泥船、“振华30”12000吨起重船被誉为“国之重器”。

中交集团打造的五大“中国名片”，正在成为“世界名片”，其建设的世界工程、世纪工程既反映了企业自身的创新能力，也显示了我国的经济实力、科技实力、综合国力。正如林鸣总指挥所言，一座港珠澳大桥既是中国工程创新的世纪工程，更是中国综合国力的世界工程。中交集团突出的自主研发能力、施工能力、项目管理能力和资源配置能力，为推进“一带一路”建设、打造更多“世界工程”奠定了坚实基础。

世界一流企业必须有标志性的代表性的一流世界工程。大国要有大的样子，必然要有大国工程、超级工程，尤其是超过100年生命周期的世纪工程。在中国超级工程中的5大类36个项目中，中交集团共参与了29项，其中世界级工程多达十几项。

（二）积极服务“一带一路”建设，提升国际化经营水平

中央企业在国际化经营中坚持服务国家战略，顾大局、谋发展，不断加快“走出去”步伐，已经成为“一带一路”建设的最大投资者、建设者、创新者。中交集团是国内较早实施“走出去”战略的央企，是积极响应国家“一带一路”倡议的践行者、领头羊，为增进基础设施互联互通、解决海外资源和能源输出问题、促进当地经济和社会发展做出重要贡献，自身也成长为具有全球竞争力的世界一流基础设施建设企业。2016年8月，习近平总书记在推进“一带一路”建设工作座谈会上强调，让“一带一路”建设造福沿线各国人民，重点支持基础设施互联互通等战略性优先项目。中交集团就是最好的践行者，为此刘起涛董事长应邀参会并作为国企唯一代表发言，以《全

面建设世界一流企业　勇做“一带一路”先锋》为题，介绍了中交集团践行“一带一路”倡议的实践与经验、贡献与成果。

积极落实“一带一路”倡议，率先进入全面务实合作新阶段。到目前为止，中交集团累计在“一带一路”相关国家和地区修建桥梁155座、公路10320公里、深水泊位95个、机场10座，提供集装箱桥吊754台，已签约及在实施铁路2980公里，投资和承建了中巴经济走廊系列工程、科伦坡港口城、蒙内铁路、中马友谊大桥等重大项目，这些都成为“一带一路”的标志性工程。到2017年底，在“一带一路”相关国家和地区新签合同额630亿美元。通过重点推进“连心桥”“致富路”“发展港”“幸福城”四大业务，为沿线国家基础设施互联互通建设提供了“中交方案”，充分体现和积极落实习近平总书记所提出的“设施联通”的构想：着力推动陆上、海上、天上、网上四位一体的联通，聚焦关键通道、关键城市、关键项目，联结陆上公路、铁路道路网络和海上港口网络。

不断加大国际化发展力度，“一带一路”建设取得显著成果。中交集团通过旗下中国交建、中国港湾、中国路桥、振华重工4个国际知名品牌，在全球布局设点，已在140多个国家和地区开展实质性业务，以负责任、受尊重的企业品牌赢得所在国的信任，中交集团与所在国共同发展、共创财富、共享价值，海外经营取得重大突破和成果：2013年至今，境外资产从100亿美元增长到300亿美元，海外合同额从150亿美元跃升为410亿美元，境外投资总规模从7000万美元暴涨到150亿美元，开展业务的国别总数从120个增加到148个。总体上看，对于整个集团而言，海外资产投入占比仅为15%，但对集团总体贡献比重占到了30%，其中利润贡献比重达35%，国际化经营指数已达到28%。

中交品牌就是中国名片，受到习近平总书记等中央领导人的首肯。据不完全统计，仅2016年至2018年，中交集团“一带一路”沿线各类项目接受国家领导人直接视察、调研，以及陪同领导人出访的次数就达到25次，企业的工程水平、施工质量、技术装备等受到领导人高度赞扬，企业自身的全球竞争力和国家战略支撑能力得到领导人充分肯定。

二、打造全球竞争力、建设世界一流企业的发展历程

回顾中交集团企业发展史，可以一直追溯到20世纪70年代初期企业为承担国家任务初涉海外业务，国际化经营自此成为中交集团的企业基因，“走出去”参与国际市场竞争自始至终成为中交集团的核心发展方向和核心发展能力。中交集团“走出去”发展历程大致可划分为四个阶段。

第一阶段：海外业务起步（1970～1990年）。早在1970年中交集团就成为中国企业走出去的先行者、探路者。这一阶段中交集团海外业务以劳务输出为主，承担国际承包商的分包工程，承建中国政府的对外援建项目，特点是境外机构零散，属地化程度和国际影响力比较低，国际业务活动主要在非洲、亚洲的20多个国家和地区，每年业务规模由初期的几百万、几千万美元逐步稳定在10亿美元规模，更重要的是，中交集团成为第一批“中国工程”的创造者。

第二阶段：局部参与海外竞争（1990～2000年）。这一阶段在工程承包领域是由过去的施工分包、单纯施工承包为主逐步向总承包或“交钥匙”项目发展，总体仍以劳动密集型业务为主，以成本优势参与国际竞争，经济附加值仍然比较低，业务范围也开始向中东、东南亚等地区拓展。这一时期，以在国际市场树立港口机械制造民族品牌为目标，中交集团所属上海振华重工（集团）股份有限公司在1992年成立，1998年后，振华重工的集装箱起重机常年保持全球市场占有率70%以上，份额高居全球第一，更重要的是成为第一批“中国制造”“中国品牌”的领先者和示范者。

第三阶段：布局全球产业链价值链（2000～2012年）。这一时期，中交集团紧抓国家“走出去”战略机遇，境外机构网络扩张较快，在全球各区域设立办事处和注册公司，属地化程度大幅度提升，业务范围逐步扩大到90多个国家和地区，每年新签合同规模突破100亿美元，国际化主业逐渐成

形，能够在海洋工程、道路桥梁、机场建设、房建工程、海洋重型装备与港口机械制造及系统集成等领域，提供包括项目规划、可研、设计、施工、维护及投资运营等在内的一体化服务，全方位满足用户需求，施工总承包、设计－施工总承包（EPC）、政府间框架合作（G2G）等项目模式得到普遍采用，从全球产业链、价值链、供应链等层次全面深化对国际化经营的实践认知，基本形成技术、装备、管理、服务全面走出去的局面，在国际市场享有较高知名度，培育打造了中国交建（CCCC）、中国港湾（CHEC）、中国路桥（CRBC）、振华重工（ZPMC）等国际知名品牌，成为众多“世界工程”“世纪工程”的创造者。

第四阶段：全面参与“一带一路”建设（2013 年至今）。这一阶段重点是基建、产能、服务、资本和软实力全面“走出去”。中交集团在已拥有的基础设施建设和港口机械领域国际竞争优势的基础上，通过境外投资并购培育竞争新优势，参与“一带一路”五通建设，为世界提供一系列的中国交通方案与工程，如“中国桥”“中国路”“中国港”“中国岛”“中国装备”。不仅获得世界同行的认同和尊重，更重要的是获得工程所在国政府和人民的赞扬，如同看得见、天天受益的“中国丰碑”。

1970 年至今，中交集团根据国家战略要求，先行一步，走向世界，敢于参与国际市场激烈竞争，敢于与国际工程承包巨头比武，历经几十年几代人的国际化过程，成为引领全球行业发展的标杆企业。2017 年，中交集团实现利润总额 13.1 亿美元，境外资产 1980 亿元人民币，海外整体贡献度为 29%，国际化经营指数 28%，为率先建成具有全球竞争力的世界一流企业发挥重要支撑作用。

可见，国有企业国际竞争力的形成并非一蹴而就，既离不开企业早期的艰难开拓与经验积淀，更要抓住扩大开放的重要机遇主动转变经营机制、拓展业务领域，充分利用两个市场、两种资源，进行两个布局，通过品牌建设逐步成长为在全球产业具有话语权和影响力的一流企业。

三、中交集团开放发展的基本经验

中交集团坚持党对国有企业的统筹领导，把党的领导贯穿到企业项目建设、生产管理、组织落实、团队建设等方方面面；坚持“做大、做优、做强”的国际化路径，实现后发者打造“世界一流企业”赶超优势；坚持以全产业链升级作为企业迈向“世界一流企业”发展路线图，为中国企业走出了一条典型的国际化市场发展道路；坚持以自主创新为根本，以科技创新为引擎，实现了价值创造、产品质量、生态环保“三位一体”的国际化经营目标；坚持以合作共赢为引领，以“构建人类命运共同体”为指引，践行正确义利观，打造“世界一流企业”的重要基因。

（一）始终坚持党对国有企业的统筹领导

中交集团始终坚持加强和改进党对国有企业的领导，充分发挥企业党委（党组）领导作用，把方向、管大局、保落实，把党的领导贯穿到企业项目建设、生产管理、组织落实、团队建设等方方面面中去。坚持以党的建设加强企业的组织建设、经营管理和文化塑造，这成为中交集团迈向世界一流企业的最大独特优势。董事长、党委书记刘起涛认为：“与海外跨国公司相比，我们之所以取得巨大的成就，不同的就是我们坚持和加强党的领导，这是我国国有企业的独特优势。”这种优势主要体现在以下几个方面。

第一，以党的领导“把方向、管大局、保落实”。从中交集团的实际情况来看，充分发挥党组织政治核心作用，努力把党的政治优势、组织优势厚植为企业竞争优势、发展优势，这是党组织在现代企业制度中的新作用、新机制、新优势。按照董事长刘起涛的话来说，“（党委）现在做的就是总书记说的‘把方向、管大局、保落实’这 9 个字。企业的发展，方向、大局、战略至关重要，这是硬杠杠；而围绕方向、大局、战略，就是思想认识的落实、思想解放的一致，这是软实力”。

第二，把党的领导建在海内外项目上。无论海内外，都是工程项目延伸到哪里，党的组织就建到哪里。目前中交集团在建项目近4000个，包括海外项目近700个，全部建立了党的组织。肯尼亚蒙内铁路建设过程中，26个工地“点”全部建立党支部。总项目部同步组建党工委，统筹资源，统一行动，保证项目一体化管理，高效率推进，使蒙内铁路成为中国建设的一张亮丽的名片。在南海岛礁建设中，从项目指挥部到一线施工点成立89个党组织，每到关键、危险时候总能看到党员干部冲在最前沿。

第三，把党的领导与生产过程有机融合。项目建设犹如攻坚战场，党组织就是领导全体指战员奋勇前进的核心。中交集团重视在每个工程上都要突出党组织在生产全过程的统一作用，确保党组织指挥不缺位、冲锋不缺位、保障不缺位。2010年11月，中交集团中标承建港珠澳大桥主体工程，这是一个超高难度的工程，对此，国际上没有成熟经验，国内没有相应的设计标准和施工规范。它又是一项全过程高风险工程，任何一个环节出现差错，都可能给整个工程带来巨大风险，工程本身和建设者都像“走钢丝”一样。全国优秀共产党员、项目总经理林鸣，带领200多名党员骨干集中攻关，攻克十多项世界级难题。在首节沉管安装中，现场总指挥林鸣带领党员干部鏖战96个小时，每名党员坚守岗位，迎难而上，顺利实现“海底初吻”。

第四，让党的关怀与人心同行。为打造一支工程“铁军”，中交集团在港珠澳项目上充分发挥党组织的凝聚作用，通过党建让一线员工切切实实充满归属感、成就感、幸福感，用党建塑造出企业独特的“岛隧文化”“岛隧精神”，使企业文化深入人心，员工在思想、战略、情感等方面的认同得到极大提高，整体利益在员工心中进一步强化，使得各级各类人才加快知识更新、观念转变、能力提升，成为改革发展的中坚。港珠澳大桥项目党组织努力打造“人心平台”“交流平台”“学习平台”，农民工管延安成为央视首批推出的“大国工匠”。

（二）以“做大”“做优”“做强”为战略　全面提升全球竞争力

从国际化发展的路径来说，企业必须从面对西方企业长期垄断的国际市场入手，先打破缺口，后站稳阵地，加快做大企业规模，进而在海外竞争市场中确立优势行业的龙头地位，最终形成企业强大的核心竞争力。作为我国首批从事对外承包业务的企业之一，中交集团在激烈的全球工程建筑市场竞争中，坚定不移地走高质量发展之路，逐步站稳脚跟，按照“做大”“做优”到“做强”的战略逻辑，全面提升全球竞争力。

企业战略上，中交集团始终保持与国家同发展，与国家同命运，与国家同兴盛，与国家发展战略同向同行同步。自 2005 年集团成立实现“基因重组”起，中交集团与国家三个“五年规划”同步发展，“十一五”期间，中交集团成为世界一流的建造企业；“十二五”期间，成为具有国际竞争力的世界一流企业；“十三五”期间，将进一步向着全面建设具有全球竞争力的世界一流企业迈进。

做大全球布局，进入世界市场中心。中交集团的海外发展战略不断调整升级，从“十一五”期间的“大海外”发展战略，到“十二五”时期的“五商中交”战略，再到二次党代会上提出的“国际化优先发展”战略和目前“海外优先、优质、协同发展”战略，每一次战略升级都将海外业务的发展带上了一个新的高度，推动集团实现“行业领先”“国内先进”“世界一流企业”的发展目标，引领“中国工程”“中国技术”“中国标准”“中国管理”完成“走出去”。

做优核心业务，进入世界同行前列。中交集团在海外市场的先行一步、稳扎稳打，从国际竞争中怯场的“后生”，逐渐成为全球工程领域的“优等生”，在 ENR（《美国工程新闻纪录》）全球最大国际承包商排名中连续两年保持在前 3 强行列，持续 11 年保持在国际承包商前 10 名，稳居亚洲企业第 1 名。

做强综合实力，进入世界 500 强第二阵营。企业改制上市以来，中交集团在世界 500 强排行榜的位次不断攀升，2012 年为 216 位，入围世界 500 强；2014 年为 187 位，进入世界 500 强第三阵营；2017 年上升至 103 位，进入世界 500 强第二阵营；同年也进入世界 500 强同行业第一阵营，在全球 13 家建筑类企业中排名第 5 位；进入的 115 家中国企业（包括香港、台湾地区）中排名第 22 位，在国务院国资委监管的 48 家中央企业中排名第 12 位。

（三）以全产业链升级为路径　扩大全球布局

中交集团历经 40 多年的发展积淀，由劳务输出起家的初步阶段，发展到目前以境外投资经营为标志的全产业链输出阶段，正由国际化的中级阶段向中高级阶段即世界一流国际化企业迈进。2010 年至今，中交集团开始发展到交通基础设施及相关领域的全产业链的服务输出，集团参与配置全球资源能力显著增强，参与所在领域的全球价值链竞争的条件更加成熟。以国际化为导向、以对外开放为动力、以“一带一路”为机遇，中交集团海外业务转型升级的路线图，为中国企业走出了一条典型的国际化市场发展道路。

以明晰的战略架构组织“两个市场、两种资源”，打造“两个格局”。国际一流企业一定具有全球业务布局，中交集团通过国际化经营组织变革来支撑国际业务的拓展，企业战略架构更加符合市场发展的需要，形成“产业集团面向市场，集团总部作为支撑”的经营模式：总部将向资本投资型、战略管控型、产业培育、产融结合发展，集中突出产业集团的国际竞争力。这一架构的顶层设计核心是“一体两翼”（集团为“体”，中国港湾、中国路桥为“翼”），按照“四位一体”（集团总部、平台公司、子企业、境外机构）的海外运行机制组织实施国际化经营战略。通过国际化经营整合，中交集团在短时间内完成了对业务的全面梳理，形成基建、设计、疏浚、装备制造、海外和投资六大板块，明确了各自的战略定位和发展方向，大大提升了利用和开发国内外两个市场的能力，以组合优势、整体优势参与全球价值链竞争，实现集团整体利益最大化、产业结构高端化，进一步突出中交集团的国际竞争力、国际影响力。

探索创新海外经营模式，助力企业加快从“走出去”到“走进去”、“走上去”。中交集团积极发挥全产业链优势，把具有三元结构特征的 PIC（港产城）和 PLC（港口物流城）当作两个眼睛，与“中交曲线”共同构成全新商业模式，即直接连通基建、流通、城市与园区的“笑脸模式”，达到了要素统筹集聚式滚动发展的目的。通过这个模式，集团实现从单一产品到产业链，从价值链到价值网络体系的商业模式升级，加速从“走出去”到“走进去”实现要素资源属地化，再到“走上去”进入当地主流市场、中高端市场的进程。短短5年时间，中交集团就通过极具特色的海外经营模式，有效提升了企业管控水平、大大推进企业国际化进程。按照董事长、党委书记刘起涛的话说，“自五商中交实施以来，我们5年再造一个中交还‘拐了个弯’，总资产上万亿，净资产翻一番。中交人均营业收入达到350万，人均利润贡献在世界主要同行中排名前三，已经进入世界一流梯队”。

（四）以自主创新为基础　实现国际化经营目标

企业国际竞争力的核心在于企业的创新能力，习近平总书记反复强调，“中国要强盛、要复兴，就一定要大力发展科学技术，努力成为世界主要科学中心和创新高地”。中交集团坚持自主创新，通过研发经费的持续投入，提升自主创新能力，焕发先进技术的实际应用效能，成为全球领先的工程建设企业。特别是在集团党委领导下，企业坚持自主创新的精神爆发出“物质原子弹”的惊人力量，自上而下、由内而外、从企业到个人、从思维到执行的创新思维革命和技术变革，助力中交集团完成了其长青路上的一次次关键蜕变。近5年来，中交集团获得国家科技进步奖9项，其中包括特等奖1项、一等奖2项、二等奖6项；中国土木工程詹天佑奖26项。

以中交集团建设并提供全部港口机械设备的洋山港四期码头为例，该码头是全球综合自动化程度最高的码头，在亚洲港口中首次采用我国自主研发的自动导引车自动换电系统，它不仅是国内唯一一个“中国芯”的自动化码头，也是国内唯一一个软件系统纯粹由“中国制造”的自动化码头。洋山港四期码头的建设，使得中国港口行业在运营模式和技术应用上实现了里程碑式的跨越，为上海港进一步巩固港口集装箱货物吞吐能力世界第一地位、加速跻身世界航运中心前列提供了全新动力。2017年上海港完成的集装箱吞吐量突破4023万TEU，相当于汉堡（900万）、洛杉矶（934万）、安特卫普（1045万）、鹿特丹（1360万）四大国际港口的总和，创下全球港口集装箱运输史上最高纪录，已连续八年位居世界第一。

更重要的是，以科技创新为引擎，中交集团实现了价值创造、产品质量、生态环保“三位一体”的国际化经营目标：(1) 集团的盈利能力和价值创造能力领先全球同行，在《财富》500强排名连年提升；(2) 集团落实质量强企战略，严格遵守安全质量健康环保管理体系，近5年来，中交集团全球承建项目一次验收合格率100%，参与评优的项目优良率100%，获鲁班奖29项、国家优质工程奖79项；(3) 集团发展在尊重自然、顺应自然、保护自然的前提下，积极推动绿色发展方式和生活方式。截至目前，中交集团已建成的所有国际工程全部通过环保验收。

（五）以合作共赢为引领　践行国际企业社会责任

世界一流企业必须是能够为世界提供国际化公共产品的企业。中交集团坚持以共赢思想为主导，致力于成为“三者结合”的新型国际化社会企业，即政府与经济社会发展的责任分担者、区域经济发展的深度参与者、政府购买公共服务的优质提供者。“我们并不以利益最大化为最终目的”，中交集团副总裁、总工程师孙子宇说，“习近平总书记曾经提出，要坚持和践行正确义利观，这也是中华民族优秀文化的体现。我们所奉行的即是‘利他为先，舍得为上，利他必利己，有舍必有得’。中国交建海外投资成功的秘诀就是4个字：利他、舍得”，这体现在以下几个方面。

第一，“交融天下，建者无疆”的社会发展成就。一是生态环保成就。中交集团在“一带一路”建设中全面推行绿色施工标准化管理，2015～2017年，海外环保投入累计2746万元，环保培训人次达到5.14万人次，公司承建的所有国际工程项目全部通过环保验收。二是人才培养成就。中交集团秉承“建成一个精品工程、树立一座友谊丰碑、培养一批专业人才”的理念，做所在国优秀的人才培养基地。2015～2017年员工培训投入累计3908万元，员工培训人数累计23.96万人次，实现了100%的员工培训覆盖率。过去5年，为项目所在国创造就业14万人次。三是参与应急救援。2015～2017年，中交集团海外应急救援12次，救援人员183人次，应急救援投入2.96亿元，成为所在国政府和人民在急难险重事件中可以信赖的伙伴。

第二，建设“让世界更畅通，让城市更宜居，让生活更美好”的民心工程。中交集团牢牢抓住“基础设施”这一发展瓶颈，为“一带一路”沿线国家提供全球一流工程，以当地人民为中心，贡献中国力量，通过打造优势主业，重点推进“连心桥”“致富路”“发展港”“幸福城”四大业务领域建设，真正实现“美美与共，天下大同”。到 2017 年底，共建造 215 项民心工程，其中完工 105 项，在建 107 项，投产 3 项；“连心桥”（12 项）、“致富路”（78 项）、“发展港”（92 项）、“幸福城”（33 项）。

连心桥。在“走出去”的历程中，中交集团在海外建设了一系列“连心”桥梁工程，均赢得了广泛赞誉。以中马友谊大桥为例，该项目被马尔代夫称为“整个国家未来发展的基石”。马尔代夫驻华大使费萨尔·穆罕默德评价道：“我认为这座桥梁代表了两国之间新的双赢合作关系。‘中马友谊大桥’名副其实。”

致富路。中交集团通过在“一带一路”沿线投资建设公路铁路，让当地人民发家致富。以蒙（巴萨）内（罗毕）铁路为例，铁路正线全长 472 公里，设计客运时速 120 公里、货运时速 80 公里，全部采用中国国铁一级技术标准和管理标准进行设计施工，是中国铁路全产业链“走出去”的首次实践。蒙内铁路通车后，蒙巴萨到内罗毕的时间从 10 余小时缩短为 4 个小时，带动肯尼亚国家 GDP 增长 1.5%，物流成本降低 40% 左右。肯尼亚总统肯雅塔表示：“肯尼亚蒙内铁路是友好的中国人民和肯尼亚人民用合作的汗水修建的。肯尼亚人民乃至整个东非人民都希望蒙内铁路早一天建成，东非人民将早一天从中获益。”

发展港。中交集团通过海港和空港投资建设促进所在国建设开放型经济，联通世界促进发展。以巴基斯坦瓜达尔深水港为例，瓜达尔港建成后，不仅带动了巴基斯坦的经济发展，而且成为阿富汗、哈萨克斯坦和乌兹别克斯坦等亚洲内陆国家最近的出海口，正在逐步成为这一地区物流与港口运输中心。

幸福城。中交集团通过投资建设一批新城新区产业园工业区，实现生活发展水平整体提升。以斯里兰卡科伦坡金融城为例，科伦坡金融城项目集围海造地、一级土地开发和城市综合开发为一体，将为科伦坡再造一个全新的中央商务区。项目建成后将为斯里兰卡民众创造多达约8.3万个就业机会。斯里兰卡西部大都市部城市规划局副局长费尔南多表示："与中交集团合作建设金融城，是斯里兰卡政府做出的一个正确选择，这将使斯里兰卡长期受益。"

四、国有企业参与"一带一路"面临的突出问题与对策

中交集团在"走出去"、参与"一带一路"建设中一样会面临诸多问题与挑战，在国有企业中具有共性和普遍性，这极大限制了国有企业迈向世界一流企业的步伐。通过对中交集团的调研，我们将这些问题与对策总结为以下五个方面。

（一）海外项目风险管控体系亟待加强

与国内投资相比，海外项目更易受到各种不确定或不可控因素的冲击和影响，包括政权更迭的政治风波，也包括恐怖袭击、战争、疫病、灾害等突发应急事件。作为国有企业，尤其是作为国家核心竞争力的中央企业，必须有更为强大的海外投资、建设风险管控能力，做好风险预估、风险应急工作。

对此，应当从内外两方面做好应急预备，内部统筹，外部合作，强化风险管控体系，不断完善基础管理和风险合规管控体系，加强与产业链相关方和利益相关方的合作，在形成全产业链供给优势的同时，既做到中国企业利益最大化，也要很好地融入当地经济发展、融入全球价值链，形成更广泛的利益共同体、责任共同体，在合作共赢、共同发展中与利益攸关方共同应对挑战、化解风险。

（二）“放管服”改革繁琐的项目审批流程

我国企业对外投资采用“逐级审批、限额管理”的投资许可证审批制度和外汇管制，审批环节上繁琐复杂，对外审批和备案时间较长、监督过多、保障机制不完善。这使得企业常常错失海外收购并购的良机，给企业的海外投资行为造成了阻碍。这一点在基础设施建设领域尤其明显，基础设施建设类央企往往在对外投资过程中面临着国内外政府更为严格的审批和监管政策。

对此，建议国家相关部门以“放管服”改革为抓手，进一步放宽央企决策自主权。尤其对于“一带一路”“走出去”的全球同行业优势央企，相关审批流程应设置“战略性”绿色通道，进一步解开管理束缚，发挥企业海外竞争的能动性，相信企业的能力与发展动力。

（三）重点解决大型基建项目融资难问题

基础设施建设项目的市场培育期长，面临境外投资前期投资大、建设周期长、投资回收期长的问题，更需要大量资金支持。而“一带一路”沿线欠发达国家有时难以筹集到全部资金，因此国内融资支持必不可少，但一方面，我国资本市场不够完善，金融体系不健全，企业融资资源有限，融资成本高；另一方面，扶持政策的缺乏使得企业海外项目面临很大的融资困难，尤其在需要大额资金支持的基建项目投资不能得到有效的金融支持，降低了基础设施类企业在海外的竞争力。

对此，建议国家相关部门对海外大型基建项目相关国有企业，尤其对“带资”国有企业给予相应政策倾斜，降低融资难度；加快中交集团等国有公司的国有资本运营公司试点工作，开创国有金融资本、行业一流国企集团出海的新态势。

（四）突出化解国有资产保值增值高风险问题

国有资产保值增值，是国有企业的根本责任。从国企“走出去”的整体态势来看，2017 年国有企业海外经营收入只有 4.7 万亿元，占全部企业海外营收的比例不到15%。因此，在“一带一路”倡议推进过程中，如何以互利共赢实现国有资产保值增值，是当前包括中交集团在内的国有企业海外发展的重大问题之一。

对此，建议规划和设计央企海外竞争的价值体系，以“经济账”——国有资产保值增值为核心，高度关注央企利润、所在国发展、项目本身的可持续性。另外，国有企业的海外发展不应仅算“经济账”，更要会算“政治账”“文化账”，既坚持企业的根本盈利目标，又要善于提高国家和企业的软实力和影响力。

（五）重视评价基建项目社会效益

基础设施项目具有很强的外部性，会给国家或地区发展带来明显的经济效益和社会效益。但社会发展效益很难量化，这就更需要东道国政府建立长远和长期的基础设施建设规划，而“一带一路”沿线部分发展中国家在这方面往往较为缺乏。与此同时，国有企业“走出去”服务“一带一路”国家基础设施建设时，对社会效益评估也重视不足，导致企业海外发展的持续影响力受限。

对此，建议国家相关部门和国有企业自身树立社会效益意识，重视与所在国家相关部门合作，对投资项目进行长期跟踪监管；同时，基建项目相关国有企业也要树立契约精神和责任意识，对项目运营、维护进行主动跟踪，特别是注意对覆盖人群、服务人口的统计核算，树立“以相关国家人民为中心”履行好百年工程、千年工程的责任。中交集团所公开发布的“一带一路”社会责任报告应当在国资系统乃至国有企业系统普遍推广和实行。

五、培育具有全球竞争力世界一流企业的开放发展启示

党的十九大报告指出，“中国开放的大门不会关闭，只会越开越大”，企业必须能够紧紧抓住国家开放与“一带一路”建设的时代机遇，加快培育国

际经济合作和全球竞争力。中交集团的开放发展成就充分证明，国有企业完全有能力应对全球化发展的新挑战，成为具有全球竞争力的世界一流企业，这就必须以国家战略为引领、坚持和创新党的领导体制，充分发挥体制优势、强化战略引领，积极融入世界经济发展大势。具体来说，这至少包括以下几个方面。

（一）加强和改进党的领导，确保国企发展方向

党的领导是国有企业制度的本质特色和最大优势，国有企业“走出去”中坚定党的领导这一本色与特质绝不能改变。只有坚定党的领导，才能保证企业开放发展始终与国家“两个一百年”的奋斗目标同频共振；只有坚定党的领导，才能保证推动企业发展积极融入国家开放战略，助力自身向国际化一流跨越；只有坚定党的领导，才能确保企业发展始终与人民群众对美好生活的向往同向共进，始终遵循“以人民为中心、以国家为己任”的方向。

具体来说，在新的历史条件下，加强和改进党的领导确保国企发展方向不动摇，就是要以提高质量效益和企业核心竞争力为中心，推进国有资本做强、做优、做大，努力让国有企业真正成为国家开放发展“走出去”最可信赖的“排头兵”；突出党委总揽全局的核心作用，把党的政治建设摆在首位，充分体现党委组织在企业组织经营管理中的领导作用；以党的领导打造忠诚可靠的领导集体、企业家团队、人才队伍，打造紧密围绕国家核心目标和国家发展战略、以实现国家战略目标作为最优先的“产业铁军”“产业尖兵”，确保国家在战略性、前瞻性领域的国际竞争中占据优势地位。

（二）构建现代国企制度，加快培育全球竞争力

国有企业开放发展的核心是提高效率、增强活力，根本途径是在党的领导下加快构建现代国有企业制度，充分发挥国企体制优势，积极完善企业市场化经营机制，不断提高国有企业的国际竞争能力。这就要做到：一是重塑党组织在市场经济体制中竞争力、凝聚力、和谐力的机制，使党的领导机制

和党员的模范带头作用更加彰显；二是发挥国有资本的集团优势，改革国有资本授权经营体制，创新国有资本运营模式，提高国有资本运营效率；三是充分发挥党委机制在协调企业内部生产关系、激发集团生产力方面的关键作用，推进有关业务领域的拓展，推动企业整体架构的转型升级。

在企业经营层面，就需要通过发挥党的领导体制优势，推动市场化经营制度改革，加强和改进董事会建设，提高企业发展的战略定力和战略决策能力；围绕国际化布局、战略性重组、专业化，稳步开展国际化经营，提升全球资源配置能力；建立以契约化管理为核心的市场化用人机制，推行市场化选聘、市场化薪酬的试点改革，研究制定关于高端紧缺人才的协议薪酬制度；严格执行薪酬与绩效挂钩办法，为企业内部打造素质高、业务硬的“铁打团队”。

（三）突出战略规划引领，实现企业可持续发展

推动国有企业国际化发展，必须时时从大局出发考虑问题，从全球发展大势进行规划。这是全球一流企业战略思维、辩证思维、底线思维、创新思维的集中体现，保证企业战略规划的系统性、协同性与有效性，使整个企业的思想认识行动落实一致，是决定成功迈向世界一流企业的关键。

首先，坚持以科学规划引领和推动企业转型发展，把企业成长的眼光移向高水平、移向国际化，在与国际顶尖公司的实战和全球化浪潮的搏击中不断提高战略思维与战略规划能力，带领企业在关键时点顺势而为、乘势而上，不断突破发展瓶颈；其次，要科学设定企业发展中长期目标，牢牢把握国家战略的脉搏和全球市场经济前行的大势，立足将来、面向海外、主动对标，构建更符合企业愿景、更符合国际市场发展需要的战略管控和产业整体布局；最后，要坚决贯彻和落实企业发展规划，努力把党的政治优势、组织优势厚植为企业执行优势、落实优势、发展优势，从而保证企业在激烈的市场竞争中不断按照既定战略前行、实现跨越发展。

（四）发扬国有企业家精神，应对国际竞争挑战

在市场经济条件下，企业家精神是企业发展恒久昌隆的根基。这种精神能够帮助企业克服重重阻碍，在国际竞争的激烈挑战中取得最终的胜利。中国企业已经走近世界舞台中心，这更需要培育和发挥新时代国有企业家精神。

概括来说，这种“新企业家精神”包括以下几点。第一，强烈的国家使命感与甘于奉献的民族精神。肩负国家命运和国家利益是国有企业的红色基因，始终坚持和依靠党的领导、全力践行国家战略是国有企业的历史使命，始终把思想意识提升统一到党的领导和国家前途命运的高度，把以国家兴旺为己任作为这一代国有企业家的精神与情怀。第二，勇于担当、勇闯难关的“新铁人”精神。国有企业在“走出去”的海外拓展中，应重新焕发国有企业不怕牺牲的拼搏精神，充分发挥“集中力量办大事”的体制优势，从而在全球竞争中赢取市场绩效的成功。第三，勇于探索和追求卓越的创新精神。国有企业必须肩负起掌握一批关键核心技术、培育一批高附加值尖端产品、打造一批国际知名高端品牌、形成一批引领全球行业领军企业的重任，这就必须具备勇于探索的“科学家 + 工程师”精神、“勇闯龙潭虎穴”的攻坚创新精神、“没有最好只有更好”的精益求精精神、“每一次都是第一次”的严谨求实精神。

（五）树立“合作共赢”文化，推动世界一流企业建设

成为一流的国际化企业必须打造“合作共赢”的企业文化，这是确保企业国际化成长“行稳致远”的灯塔与航标。中国企业走向世界打造一流国际企业的历程，就应当是一部中国企业文化“走出去”的壮丽发展篇章。

国有企业制胜海外的文化密码，就是将民心相通、平等互信、合规经营、互利共赢的原则摆在“走出去”的最前面：首先，在“一带一路”建设过程中，国有企业应始终秉持“计利当计天下之大利”的义利观，倡导共赢发展、积极履行企业“走出去”的社会责任，这是企业“走出去”实现快速质变跃迁的核心；其次，国有企业在“一带一路”建设过程中，应当始终以“构建人类命运共同体”为指引，坚持和践行正确义利观，积极传播丝路

精神，不仅致力于基础设施的“硬联通”，更应注重人文交流和民心相通的“软联通”，弘扬中国精神、企业精神，助力最不发达国家的经济发展与民生改善，帮助发展中国家特别是最不发达地区加快实现工业化和与现代化；最后，对企业来说，就是要通过搭建以利益共同体、生命共同体和命运共同体为内核的共赢发展模式，以互利共赢的合作之道为中国企业的国际化发展铺就坚实的物质之路、制度之路、文化之路。

六、结语：让更多国企成为国家开放发展的脊梁

首先，改革开放 40 年来，中国开放发展取得的成就，关键在于有一批敢于突破、勇于创新的国有企业；其次，传统国有企业完全有能力在开放经济条件下成为具有全球竞争力的一流企业，进而成为全球一流的创新企业；最后，后发国家的发展动力与竞争力来自于创新企业，但创新企业的产生更取决于一个企业是否具有现代企业制度和新型企业家精神，而这些，正是中国国有企业能够在开放发展中成长为世界一流企业的核心要素。

“一带一路”倡议为国有企业带来了极其难得的发展战略机遇，未来一段时间既是中国成为世界经济强国的重要时期，也是国企成为世界一流优秀企业的重要时期。作为中国国家利益的代表和国家竞争的主力军，国有企业的发展应当紧密围绕国家核心任务和国家战略，应当以实现国家战略目标作为最优先战略目标，以国家战略方向为自身优先发展方向。国有企业特别是央企不仅要争当“一带一路”建设中的“先行者”“主力军”，更要借此成为各自行业占据国际主导地位的领军企业，成为引领全球行业发展的标杆企业。

中国需要有越来越多的国有企业敢于到世界市场的汪洋大海中去中搏击，不断增强企业全球竞争力，使企业发展始终与国家实现“两个一百年”奋斗目标同频共振，始终与人民群众对美好生活的向往同向共进，始终“以人民为中心、以国家为己任”，成为新时代支撑国家开放发展的真正脊梁。

烽火科技

烽火科技集团：弘扬民族通信之光，演绎国企蝶变精彩

中国科学院科技战略咨询研究院

武汉烽火科技集团[①]是我国科研院所转企改制的实践者、亲历者和受益者。在国家改革开放的背景和历程中，武汉烽火科技集团（简称“烽火科技集团”）秉承“边改革、边探索、边创新”的思路，从相对封闭的通信类研究所成长为国内外通信设备市场的知名企业，体现了在国际竞争激烈的战略性领域，国有科研院所成功转型的路径选择和使命担当。对烽火科技集团发展经验的调研有助于总结改革开放40年来我国科技企业的发展经验，探索新时代面向创新型国家和科技强国建设的现代企业发展路径和治理方式。调研人员与企业重要管理部门人员深入讨论，重点围绕国企的角色定位、从跟踪到创新的技术路线、对颠覆性技术的识别以及企业发展动力机制等关键问题，不断深化和聚焦调研主题，获得了丰富的调研成果。

一、改革开放以来取得的卓越成就

烽火科技集团前身为武汉邮电科学研究院（以下简称武汉邮科院），成立于1974年，2000年转制为中央企业，直属于国务院国有资产监督管理委

① 武汉烽火科技集团已于2018年7月与电信科学技术研究院联合重组，成立中国信息通信科技集团。由于本次调研工作的时间节点和针对性，报告中仍称“烽火科技集团”。

员会。中国第一根实用化光纤、第一个实用化光纤通信系统工程、第一套密集波分复用系统等都诞生于此。以面向世界光通信发展前沿、面向宽带中国主战场、面向国家网络信息安全重大需求为战略定位，烽火科技集团形成了覆盖光纤通信技术、数据通信技术与无线通信技术三大产业的发展格局，是全球唯一集光电器件、光纤光缆、光通信系统和网络于一体的通信高技术企业，也是我国主要的通信领域产品和综合解决方案提供商，承载着我国光通信领域“大国重器”突破的使命。烽火科技集团连续11年获评“年度中国光通信最具竞争力企业十强”第一名。根据亚太光通信委员会与网络电信信息研究院（NTI）发布的数据，2017年烽火科技集团在全球十大光传输网络接入设备企业排名第六。2017年底完成公司制改制，企业总部由全民所有制企业变身为公司制国有独资公司，企业全面深化改革进入新阶段。烽火科技集团现有员工2.2万人，二级子公司9家，其中4家为国内上市公司。

2018年6月，国务院国有资产监督管理委员会正式公告，同意其与电信科学技术研究院有限公司实施联合重组，新设中国信息通信科技集团有限公司（以下简称“中国信科集团”），由国资委代表国务院履行出资人职责，将武汉邮科院与电信科研院整体无偿划入新公司，成为其全资子公司。这为烽火科技集团发展成为具有全球竞争力的世界一流企业提供了新的机遇。

以科技为先引领光通信行业强“芯”战略。转制以来，特别是近十年来，烽火科技集团加速信息领域核心技术突破，推动中国光通信技术实现了从“与发达国家差距最小的领域”向“部分领域实现全球领先”的转变，在超大容量、超高速率、超长距离光通信传输领域，连续三次成功冲击全球第一。同时，烽火科技集团主导制定并发布了13个ITU-T国际标准，不断为国际互联网（IP）通信做出自己的贡献。国家级制造业创新中心——国家信息光电子创新中心的正式落户，使烽火科技集团成为我国光通信行业强“芯”战略的引领者。

以“光”为核实现集团多元化、国际化发展。烽火科技集团以光通信领域技术创新为核心，积极开展产品创新、市场创新、服务创新、管理创新，形成了以光纤通信产业为主，与数据通信产业、无线通信产业等良性互动、优势互补的局面，发展成为跨地区、跨行业的大型企业集团。烽火科技集团在全球 20 多个国家和地区设立驻外机构，建立了覆盖各大洲和重点区域的国际市场营销网络，实现了全球重要目标市场的战略性布点，为国内外客户提供全天候的工程服务，成为我国唯一在国外拥有完备市场营销网络的光纤光缆企业。2017 年，集团实现合同额 380 亿元，同比增长 18%；实现销售额 360 亿元，同比增长 15%。相比 2012 年，集团总资产、销售收入均实现翻番。

以体制改革推动传统科研院所成功转企。烽火科技集团通过中央企业与地方国有企业的重组联合，改革和完善企业领导体制和组织管理制度，实现了各经营单元分工合作。作为国资委首批实施股权激励的央企控股上市公司之一，烽火科技集团下属烽火通信科技股份有限公司在 2000 年完成股权激励，公司自主创新能力从跟随走向领先，并逐步开拓了国际市场，成功从传统科研院所转制成为具有明晰产权关系的现代企业。

二、企业改革的路径选择

改革开放 40 年来，烽火科技集团始终站在科技体制改革的前线，瞄准国际光通信科技发展的前沿，牢记科技兴业的责任担当，成为世界光通信领域的一张中国名片，走出了一条从应用型科研院所成功转制为科技型企业的改革发展道路，走出了一条有中国特色的自主创新道路。

（一）抓住芯片发展战略机遇期

企业的战略机遇期可以划分为 5 个阶段。

第一阶段（1974～1985 年）：正确技术路线选择决定未来企业的引领地位。20 世纪 70 年代，根据世界科学技术迅速发展的形势，邓小平提出了“科学技术是生产力”的重要论断。在世界光纤通信技术尚在探索阶段时，武汉邮科院就将光纤通信确立为其发展的核心技术方向，并积极推进和承担首项国家光纤通信重点科研项目，在国内率先提出“用石英做光纤、半导体激光器做光源、数字编码做通信机”的技术路线。实践证明，这条技术路线的选择十分正确，使我国跻身全球发展光纤通信的第一梯队。1976 年研发出中国第一根光纤，1981 年开通中国第一个实用化光纤通信系统工程，1982 年在中国率先开发出光纤通信用长波长器件。多项“第一”奠定了武汉邮科院在我国光通信领域的开创性地位，更是奠定了未来烽火科技集团发展的技术前沿性和引领性地位。

第二阶段（1985～1998 年）：主动适应市场经济确立科技产业化的目标。1985 年中共中央发布《关于科学技术体制改革的决定》，提出在运行机制方面要改革拨款制度，开拓技术市场，运用经济杠杆和市场调节，使科学技术机构具有自我发展的能力和自觉为经济建设服务的活力。武汉邮科院积极推行内部体制改革，确立了科技产业化的目标，将科、工、贸融为一体，形成适应市场经济发展和科技自身规律的新型体制和运行机制。1988 年底和 1993 年初，先后进行了两次内部结构的重大调整，将原来院属 9 个单一型研究所级单位重新组合为光电端机、光纤光缆、光电器件、光源器件等 4 个复合型经济实体，各自将科研、开发、生产、经营有机地融为一体，形成了 4 条具有一定生产能力的高新技术生产线，大大加快了研究机构高新技术产业化的进程。

第三阶段（1998～2006 年）：积极拥抱转企改制逐步建立现代企业制度。1998 年，我国启动应用开发型科研院所转制工作，242 家原属于事业单位的科研院所开始转制为企业。科研院所转制实质是走社会化之路，重要的一步是对现有的产权制度作改革。武汉邮科院将其所有研究所改成公司，2000 年转制为烽火科技集团，成为我国最早进行科研院所转制的企业之一。面对通信领域激烈的人才市场竞争中事业单位体制越来越凸显的弊病，烽火科技集团以改革改制为应对策略，遵循“市场是第一驱动力”的理念，通过劳动用工、人事制度、分配制度三项制度改革，实行全员劳动合同制。此外，烽火科技集团彻底废除了干部职务终身制，全面推行干部聘任制，并逐渐建立了完善的现代组织结构，引进熟悉市场和管理的职业经理人，规范企业的整体运作流程。

第四阶段（2006～2015 年）：探索创新发展路径实现技术与产业跨越发展。2006 年，我国发布《国家中长期科学和技术发展规划纲要（2006～2020年）》，提出要将提高自主创新能力作为国家战略，贯彻到现代化建设的各个方面，贯彻到各个产业、行业和地区，大幅度提高国家竞争力。烽火科技集团抓住我国光通信事业发展的重要战略机遇期，探索创新发展路径：以市场为导向，积极构建有利于科技创新和成果转化的硬机制；以能力提升为核心，着力打造促进科技创新和成功转化的软环境；充分激发科技创新要素动力，持续保持创新驱动活力，不断推动科技成果成功转化。实现光通信领域技术从跟踪追随向不断逼近前沿的发展，推动中国光通信技术实现了从“与发达国家差距最小的领域”向“部分领域实现全球领先”的转变。

第五阶段（2015 年至今）：支撑科技强国目标向成为具有国际竞争力的创新型企业前行。2015 年，国务院印发《中国制造 2025》，提出加快建设制造强国，通过“三步走”实现制造强国的战略目标。2016 年《国家创新驱动发展战略纲要》实施，要求按照“四个全面”战略布局的要求，坚持走中国特色自主创新道路，其中最重要的是强调“若干重点产业进入全球价值链中高端，成长起一批具有国际竞争力的创新型企业和产业集群”。烽火科技集团不断厚植自主创新实力，不断提升全球行业影响力，被国资委评为 2016 年度中央企业负责人经营业绩考核科研院所中唯一的 A 级单位。站在新的历史起点，集团制定了《“十三五”发展规划》，编制了《智能制造2025 行动纲要》，努力实现由通信领域综合解决方案提供商向“国内一流、国际知名”的信息通信领域综合解决方案和专业服务提供商的转变。

（二）激发内生动力的人才制度改革

烽火科技集团成立以来，始终将人才作为第一资源，在不同的发展阶段，探索与之相适应的人才战略和人事管理模式，激发人员活力，为研发具有中国自主知识产权的光通信技术、推动企业发展壮大提供了强有力的人才保证和智力支撑。

自武汉邮科院成立至科技体制改革前（1974～1985 年），在计划经济条件下，以赵梓森院士为代表的第一代邮科院人在极其困难的条件下，自力更生，努力拼搏，没有依靠任何外国技术条件，取得了我国第一根通信光纤等重大突破，为后续发展培养了人才、奠定了基础。

1985 年科技体制改革后，国家财政稳定支持大幅减少，为了应对科研经费不足、科研人员收入低、科技人才工作积极性不高等问题，武汉邮科院不断深化改革、改进管理，逐步实现由封闭科研型单位向开放经营型企业的转变。1988 年实行了“分类管理、分类承包、三保一挂、综合考核”的技术经济承包责任制。改革内部收入分配和激励制度，使收入分配主要向科技攻关人员，特别是学科带头人倾斜。鼓励中青年科技人员在科研、生产岗位挑大梁，对有真才实学的青年人才破格晋升技术职务。

2000 年 10 月武汉邮科院转制为中央直属的科技型企业，进入新的发展阶段。武汉邮科院始终将人才强企摆在发展全局的核心位置，不断完善人才管理体系，优化人员结构，创新人才激励机制。这一阶段主要深化三项制度改革。一是转变用工方式，彻底打破事业单位“铁饭碗”，实行全员劳动合同制。二是深化人事制度改革，制定涵盖各类人员的任职资格体系，采用市场化的选聘方式，形成“以价值和贡献论英雄”“干部能上能下、员工能进能出、薪酬能高能低”的市场化运作模式。三是深化分配制度改革，构建局部薪酬高地吸引高端人才，探索限制性股票、员工持股、岗位分红权等中长期激励机制。随着国际化程度的不断加深，烽火科技集团非常重视在全球配置资源，在海外设立研发中心，吸纳国际智力资源。

作为全球唯一有能力对光纤通信领域三大战略技术进行综合研发的高技术企业，公司汇集了一批高端人才，构建了包括 2 名中国工程院院士在内的领军人才队伍，其中享受国务院政府特殊津贴人员 61 名、省市级各类专家数百名。目前，烽火科技集团 2.2 万在职员工中，专业技术人才占职工总数的 64.7%（1.3 万人），生产人员占约 30%。

（三）从核心技术到智能应用的市场扩展

光纤的发明开创了以光导纤维为传输媒介的光纤通信实用化新纪元。在全球光纤通信发展的启动阶段，武汉邮科院已开始商业应用的探索，为我国信息高速公路的建设和发展奠定了前期基础。历经 40 余年的发展，已形成覆盖光纤通信技术、数据通信技术与无线通信技术三大产业的发展格局，并开始向智能应用领域延伸，成为中国通信领域产品和综合解决方案的主要提供商。

武汉邮科院成立到 20 世纪 80 年代末：从封闭科研型单位向开放经营型企业转变。1978～1988 年，是我国光纤光缆自行研究开发的 10 年，武汉邮科院的大量探索和开拓工作，为我国光纤光缆产业的形成和发展奠定了坚实基础，并为其后企业化生产培养了人才、研究开发了产品及工程应用技术。

进入 20 世纪 80 年代，面对改革开放洪流对通信行业提出的挑战和机遇，武汉邮科院认真贯彻中央关于科技体制改革的决定，初步完成由封闭科研型单位向开放经营型企业的重大转变，充分发挥自身技术优势和行业地位优势，将大批从事应用技术的科研人员推向技术开发一线，走出了一条以科研为主导，开发、生产、经营和服务一体化的新型科研生产基地的道路，科研成果应用率由 50% 提高到 90%，开发出适应当时我国电信市场需求的产品，积累了一定的市场经验。

20 世纪 80 年代中后期，国家明确提出通信干线全部采用通信光缆，带动了光纤光缆行业的快速发展。由于国内市场的逐步放开，大量引进技术和进口光纤光缆冲击了国内的技术创新、制造设备的研制和开发，光纤市场被美国的康宁、日本的住友等公司垄断，设备市场被瑞士、英国、西德、芬兰等国家的公司垄断。1988 年，武汉邮科院采用与国外光纤生产企业合作的方式，与武汉市政府、荷兰飞利浦公司共同投资，在武汉东湖高新区创建了长飞光纤光缆有限公司，通过引进先进的生产设备流水线以及先进的生产和管理技术，走上了“以市场换技术”之路，逐步改变了我国在光通信建设中光缆依赖进口的局面，但这一阶段光纤预制棒和光纤生产尚属试制，光缆生产也仅仅是初级阶段。

20 世纪 90 年代初到 2000 年：从“技术和产品导向”向“用户需求导向”转变。进入 90 年代，信息业务和通信技术进入大发展时代，特别是光通信技术和国际互联网的发展，牵引了对光纤光缆的市场需求，一批光缆生产企业应运而生。原来的中国电信发展为移动、电信、网通、联通四个运营商，进一步扩大了光通信设备需求市场。国内光通信建设中，国产光缆的应用比例逐步提升，光纤光缆质量也不断提高。长飞光纤光缆公司脱颖而出，成为国内产销量最大的光纤光缆专业生产厂家，其生产的多模光纤远销美国。

20 世纪 90 年代后半期，国内市场需求环境发生变化，我国开始摆脱以往的短缺经济，市场出现结构性过剩，对技术密集型产品、高技术含量产品的需求明显增长。随着 1994 年对华技术禁运的巴黎统筹委员会解散，跨国公司大量进入。面对国外产品的涌入，我国产业政策的重点逐步转移到推动产业结构升级，加快包括高新技术产业在内的技术密集型产业的发展，推动我国工业由高加工化转向技术集约化发展。面对国内巨大的需求市场和技术先进国际企业的抢滩登陆，武汉邮科院一方面加强市场营销的力度，努力守住国内市场，同时，也加快了技术改造和升级的步伐，开始迈向国际市场。

2000 年以后：从以光通信为主的设备制造商向综合服务提供商转变。2001～2004 年，互联网泡沫的破裂缩减了对光网络的需求，与此同时，美国、日本、韩国、印度等单模光纤大量倾销中国市场，国内生产企业也不断“拔地而起”，光纤光缆产业迎来了“寒冬”。2004 年，国内光缆产能已经达到 4000 多万芯公里，约为全国市场需求的 3 倍。产能过剩等因素导致了市场的无序竞争，企业从原来的 200 多家到只剩下 70 多家。也正是在这一年，烽火科技集团从引进消化中起步，从跟踪模仿中追赶，走上了自主创新之路。2007 年后，市场逐渐回暖，迎来了 FTTX 和 3G 的大发展时期。国家实施“宽带中国”战略，依托光纤接入、4G 移动宽带市场的拉动等，光纤光缆行业实现大发展。烽火科技集团大力发展制棒技术，拉丝速度不断提高，光纤光缆产能、产量大幅提升。在努力攻克产品及工艺技术的同时，企业深刻认识到制造装备技术的重要性，瞄准高性能预制棒生产和高速光纤拉丝等开展重点攻关，在 2010 年取得突破，形成了拥有完全自主知识产权的制造装备体系，为中国由光纤大国向光纤强国转变打下了坚实基础，有力支撑了“宽带中国”“光进铜退”等国家战略的顺利实施。

2010 年后，传统电信业务领域需求接近增长饱和状态。国家层面大力推动三网融合、两化融合等信息化领域的发展，市场需求的巨变促使传统设备商纷纷向综合信息网络解决方案提供商转型。烽火科技集团在维持光通信专业品牌与市场领先地位的同时，不断开拓通信终端、信息化市场、应用软件、技术服务等关联领域，扩大生存空间。在做强做大三大主业的同时，面向企业、行业、家庭以及个人三类客户进行新业务布局，推进产业化转型，初步形成了多元化、集群化发展新格局。

（四）不断打造多层次创新技术平台

烽火科技集团见证了我国光通信事业从无到有、从弱到强的发展历程，是我国信息通信产业持续快速发展的一个缩影。烽火科技集团坚持科技创新立足“两个导向”（市场导向、技术导向），保持“两个水平”（国际商用水平、国际先进水平）的发展理念，打造由技术研究、中试、成果转化组成的多层次创新技术平台，近年在超高速率、超长距离、超大容量光通信传输领域连传捷报。

回顾烽火科技集团的技术创新历程，1976 年，武汉邮科院赵梓森及其研究团队拉出中国第一根实用光纤，拉开了中国光纤通信事业的序幕。1981 年，武汉邮科院主导的长江激光电子股份有限公司研制出我国第一个享有自主知识产权的长波长半导体激光器，摆脱了依赖美国技术的历史。1982 年 12 月 31 日，武汉邮科院等承建的中国光纤通信的第一个实用化系统——

“八二工程”按期全线开通，正式进入武汉市市话网，标志着中国进入光纤数字化通信时代。我国在1988年宣布长途通信不再使用电缆，改用光缆，并启动八纵八横通信干线光纤工程建设，历时十年，全国长途光缆达到20万公里，形成以光缆为主、卫星和数字微波为辅的长途骨干网络。2000年以来，原电信拆分带来多元竞争局面，各运营商纷纷加快光通信网络建设，在3G移动网络建设、骨干网和城域网升级、4G移动网络建设、数据中心建设等需求推动下，我国光通信产业蓬勃发展，未来4G/5G升级还将带来又一波发展。

在这样的发展契机下，烽火科技集团以面向世界光通信发展前沿、面向宽带中国主战场、面向国家网络信息安全重大需求为战略定位，以国家级研究机构为支撑，“产学研用”相结合，积极布局海外创新资源配置，加速推动信息领域核心技术突破，实现了光电子器件位列国内第一、全球前三，光纤接入位列国内第一、全球前四，光网络产品位列国内前二、全球前五，光纤光缆位列国内前二、全球前四的市场占有率。

烽火科技集团着力开展基础性、关键性技术研究，“三超”光传输和光芯片技术保持领先优势。在超高速率方面，2015年实现国内首个单光源3.2Tb/s 2087公里实时光传输；在超长距离方面，2013年实现1Tb/s传输12160公里，打破同期国际最高水平；在超大容量方面，2017年在国内首次成功完成560Tb/s超大容量波分空分复用光传输实验；在打造中国“芯”方面，突破超百G硅光芯片，率先实现单根硅光波导内的2.86T光传输，高速光芯片实现自主量产。

烽火科技集团近年来在知识产权保护和国际标准话语权方面持续增强。申请专利近5000件，其中80%以上为发明专利；主导研制并获ITU-T正式发布的智慧城市、物联网及SDN国际标准20项，主导完成国家、行业标准、协会标准、研究课题350余项；自2000年以来，获国家科技奖14项，其中国家技术发明二等奖4项、国家科技进步二等奖10项，中国专利金奖1项、中国专利优秀奖1项，省部级科技奖励145项。烽火科技集团承担了我国光纤通信领域的绝大部分重点课题。近期，以国家信息光电子创新中心在烽火科技集团正式挂牌成立为契机，烽火科技集团积极布局海外，在美国、法国、德国、丹麦、瑞典设立研发中心，打造尖端核心竞争力。

三、烽火科技集团发展经验总结

（一）集团领导层坚定改革决心，积极推进企业市场化转制

在1998年科研院所转制的大背景下，国外企业的进入和国内通信巨头的快速成长，使烽火科技集团处于完全竞争的信息技术行业。面对国内外激烈的市场竞争，没有更多国家划拨的资源，集团领导明确提出了以市场为导向、坚定走市场化道路的发展战略，以勇士断腕的决心推进改革，率先开展了企业化转制。烽火科技集团先后历经“破铁之旅”（打破铁饭碗）、“试水之痛”（走市场化道路）、“固本之法”（任职资格体系建设）、“健体之路”（以IPD为核心的创新工程建设）、“图强之梦”（管理信息化）等五大变革阶段，实现了企业跨越式规模发展。

在这样的历史变革中，历任集团领导先进的理念、坚定的意志和奉献精神起到了至关重要的作用。在发展理念上，集团领导强调面向市场竞争，把市场需求与科研优势结合起来，秉承“从市场中来到市场中去”的理念，将客户需求作为项目立项和产品规划的重要依据。在路径选择上，集团高层领导对企业发展有清晰的战略思考和定位，选择并坚持了市场化、资本化和国际化的发展路径。在改革进程中，集团领导率先垂范，带头签订劳动合同，率先转变身份，打破事业单位“铁饭碗”，实行全员劳动合同制，推动了改革。在现代组织结构完善中，集团总部率先实行中层干部一年一聘，子公司领导班子成员两年一聘，聘期结束重新竞聘上岗，干部轮岗率达20%以上，使竞争意识和“能上庸下”的理念逐渐被广大干部员工接受和认可。

通过集团领导的理念引领和带头垂范，转制近20年来，烽火科技集团从小到大，从弱变强，从计划走向市场，从封闭走向开放，抓住了改革开放

和信息技术发展的历史机遇，成功地走出了一条科研院所转制发展的道路，走出了一条依靠自主创新的高技术发展之路，成为我国科研院所转制和国有企业改革的成功典范。

（二）把握光纤通信产业发展脉搏，以清晰的战略目标引领企业发展

改革开放40年来，集团秉承“高”“精”“尖”“特”“齐”的底蕴，牢牢把握技术、人才、资本三大关键要素，坚持技术创新和产业化双轮驱动。在不同发展阶段，始终秉持信息通信领域“国家队”的使命感和责任感，站在国家科技体制改革的前沿。20世纪70年代，武汉邮科院在国内率先提出正确的技术路线，将光纤通信确立为其发展的核心技术方向，使我国跻身世界发展光纤通信的第一梯队，奠定了后来烽火科技集团发展的技术前沿性和引领性地位的基础。80年代，积极推进科研院所的内部体制改革，确立了推进科技产业化的目标，将科、工、贸融为一体，也为未来企业的全产业链布局奠定了重要基础。2000年完成转企改制，成为我国最早进行科研院所转制的机构之一，打破了“铁饭碗”，逐渐建立了完善的现代企业组织结构。2006年以后，烽火科技集团抓住我国光通信事业发展的重要战略机遇期，探索创新发展路径，努力实现产业规模、核心竞争力、产业结构和管理能力的新跨越，实现由通信领域综合解决方案提供商向信息通信领域综合解决方案和专业服务提供商的转变。

立足全局，着眼未来，烽火科技集团形成了引领企业发展的创新、人才、资本、国际化四大战略。创新战略：坚持面向世界光通信前沿、面向宽带中国主战场、面向国家网络信息安全重大需求的“三个面向”；坚持创新项目对接市场需求、创新成果对接现实生产力、创新资源对接产业战略的“三个对接”。人才战略：在创新实践中发现人才，在创新事业中凝聚人才，在创新活动中培育人才。资本战略：通过资产证券化，形成了目前4家上市公司的资本市场规模；积极打造促进科技创新和成果转化的投融资平台，集团设立控股子公司——武汉光谷烽火科技创业投资有限公司（以下

简称烽火创投）作为引入社会资本投资新兴产业的运营和管理平台。国际化战略：一方面，聚焦以客户关系管理和销售项目管理为中心的核心能力和以全球物流管理、海外财务管理、商务及融资管理和本地化管理为代表的差异化能力；另一方面，在全球建立多个创新中心，不断开拓产品及服务的国际市场。

（三）推进全产业链技术创新，打造企业核心技术能力

作为集光通信领域三大战略技术（光通信系统、光纤光缆、光电子器件）于一体的科研与产业实体，烽火科技集团积极推进光通信全产业链的技术创新，坚持“构想一代、研究一代、储备一代、开发一代、生产一代”的发展理念，着眼技术发展趋势和产业变革规律，强化引进消化吸收、系统集成和原始创新能力，打造企业核心技术竞争力，坚持市场导向技术创新、前瞻布局前沿领域、加强科技规划管理，建立和营造促进科技创新与成果转化的机制和环境。

着力提升引进消化吸收、系统集成和原始创新能力，强化“三超”光通信核心竞争力。保持技术领先是烽火科技集团长期立于不败之地的根本，烽火科技集团坚持科技创新的高标准、高投入，每年销售收入的 10% 用于研发，产品和方案研发人员超过 35%，拥有“中国光纤之父”之称的赵梓森院士和中国首个国际通信标准开创人余少华院士。烽火着力开展基础性、关键性技术研究，承担了我国从“六五”计划到“十二五”规划及“863 计划”等光纤通信领域的绝大部分重点课题，绝大多数成果已转化为产品。基于全产业链布局优势，全面推进光通信领域系统集成创新能力，拥有光纤通信技术和网络国家重点实验室、光纤通信技术国家工程研究中心、国家光电子工艺中心武汉分部、国家高技术研究发展计划成果产业化基地、国家宽带网络产品质量监督检验中心等创新平台。2018 年 4 月，第三家国家级制造业创新中心、承载着解决我国信息光电子制造业“关键和共性技术协同研发，实现首次商业化”战略任务的国家信息光电子创新中心在烽火科技集团正式挂

牌成立，我国光通信行业强“芯”之旅已然起航。同时，积极强化国际研发平台建设，打造尖端核心竞争力，共建联合实验室、创新中心、生产基地，通过收购、重组、技术转让等多种方式在全球范围有效配置创新资源，并积极参与各类标准的制定工作和相关国际标准组织和论坛活动。科技创新带来丰硕成果，烽火科技集团近年在超高速率、超长距离、超大容量光通信传输以及光芯片技术领域连传捷报，核心技术竞争力不断增强。

坚持市场导向技术创新，前瞻布局前沿领域，加强科技规划管理，营造促进科技创新的机制环境。转制以来，烽火科技集团坚持走市场化道路，在高度竞合的行业现状下，引进集成产品开发（IPD）模式，构建“研发 + 市场”的紧密合作框架，将市场需求作为项目立项和产品规划的重要依据，将市场占有率和盈利能力作为产品成功与否的关键评判标准，充分发挥市场在资源配置中的决定作用，保证快速响应市场需求开展技术创新和成果转化，科研成果转化率保持在 90% 以上。着眼技术和产业的发展趋势，前瞻布局前沿技术领域，通过科技发展五年规划，明确未来创新发展方向，借助科技发展三年滚动规划，及时总结与调整研发布局，保证技术水平的引领性和与市场需求的匹配度。加强科技规划管理，构建“战略管控型母公司”模式，把握企业发展的主业方向，集团和下属公司上下贯通、共同制定科技发展计划，设计指标体系，细化科研管理，通过不同的考核权重设置对下属公司产生强牵引力。

（四）精准对接客户市场需求，巩固扩大市场竞争优势

面向市场需求的研发是烽火科技集团成长的关键，精准对接用户需求、提高市场占有率是集团生存与可持续发展的现实选择。自科研院所转制以来，烽火科技集团始终坚持市场导向意识，积极开拓国内国际两个市场，不断提升企业的市场化能力和水平，实现了国内国际市场的双丰收。

面对国内需求充分挖掘潜力，始终坚持“四个牵引”，着力加强营销协同和服务保障，市场竞争能力进一步增强。以客户需求为牵引，强化协同共

享，国内电信运营商市场在巩固中不断扩大竞争优势；以能力建设为牵引，强化资源投入，实现国际市场快速增长；以专业应用为牵引，强化业务聚焦，行业市场取得新进展；以客户满意度为牵引，强化项目保障，服务对烽火科技集团制造品牌支持力度不断增强。基于丰富的市场经验和"客户感知"服务理念，烽火科技集团从技术、市场、成本、管理等多个维度为客户提供全业务、全周期、业界领先的管理服务解决方案，帮助客户提升效率和降低成本、改善用户体验和增加黏度、提升运营收益和市场竞争力，并逐步向综合信息服务商转型。

面对国际市场整合优势资源，以优质服务赢得国际声誉。面对国内传统业务需求饱和、国际市场需求旺盛的局面，烽火科技集团持续投入大量资源，在全球 20 多个国家和地区设立驻外机构，建立了覆盖各大洲和重点区域的国际市场营销网络，实现了全球重要目标市场的战略性布点，成为我国唯一在国外拥有完备市场营销网络的光纤光缆企业。通过设立和完善独立的客户服务机构以及 24 小时全天候的工程服务制度，为国内外客户提供及时、量身定做的个性化"贴身"服务，建立了以客户为导向的服务反馈跟踪体系。在市场意识的牵引和市场体系的不断完善下，烽火科技集团获得越来越多客户的认可。

面对新技术推动下的新兴市场，实现传统行业转型升级与多元化发展。2000 年转制后，在保持原有传统光通信产业优势的基础上，烽火科技集团深化产品转型升级，积极推动产业结构调整，大力发展数据通信、无线通信，形成覆盖光纤通信技术、数据通信技术与无线通信技术的发展格局。烽火科技集团围绕信息产业链上下游整合以及运营商对全业务综合信息服务网络架构的需求，在保持光通信传统优势的基础上，不断完善和丰富产品线，积极切入智能化应用、物联网和新能源等战略性新兴产业，形成固网通信、光电器件、无线通信、智能化应用四大业务方向，为烽火科技集团新增长点的形成奠定了基础。

（五）推进管理和制度创新，提升企业治理能力和运行效率

烽火科技集团进行企业化转制后，原有的科研院所管理模式不能适应发展需求，迫切需要探索新型治理结构和产权制度，建立现代企业制度。在借鉴国内外先进经验的基础上，烽火科技集团结合自身实际，不断深化治理结构、产权制度和管理制度变革，实现了从事业体制科研院所向现代企业制度公司的重要转变，企业的治理能力和运行效率得到有效提升。

深化产权制度改革，实现股权多元化。通过将武汉邮科院主业公司股权无偿划转至烽火科技集团，烽火科技集团核心经营平台实现了公司化，通过股权置换，烽火科技集团实现了股权多元化，产权结构不断完善。武汉邮科院持有烽火科技集团 92.69% 的股份，武汉金融控股（集团）有限公司持有 4.62% 的股份，武汉高科国有控股集团有限公司持有烽火科技集团 2.69% 的股份。

深化治理结构变革，建立现代企业制度。在产权结构不断完善的基础上，烽火科技集团对原来事业单位的管理模式进行了改革，不断完善公司法人治理结构。设立了董事会、经理层和监事会，实现决策、执行和监督相分离。在落实监督机制方面，引进外部董事。同时，切实有效发挥国资委派驻监事会的监督作用。在集团公司和子公司方面，改变原来集中统一的管理方式，充分下放经营权。烽火科技集团还积极推动优质资源上市，已有 4 家国内上市公司。

深化企业管理制度改革，形成市场化的运行机制。一是改革用工制度。废除旧身份，打破“铁饭碗”，实行全员劳动合同制；同时废除干部职务终身制，推行聘任制。二是改革人事制度。构建了基于任职资格体系的多通道职业发展路径，为研发、市场、生产和管理各类员工规划出清晰的职业通道。三是改革分配制度。通过限制性股票、员工持股、岗位分红权等中长期激励方式，有效激发人才的活力和创造力，增强企业核心竞争力。

（六）深化人才发展体制机制改革，为企业创新提供智力支撑

烽火科技集团始终将人才作为第一资源，确立了人才在集团发展中的优

先战略地位。烽火科技集团通过体制机制的改革创新，不断完善人才队伍建设，激发人才创新创造活力，把国内外优秀人才集聚到企业发展的事业中来，为企业发展提供了强有力的人才保证和智力支撑。

转变人事管理制度，建立市场化的用人制度。烽火科技集团企业化转制后，迫切需要转变人员身份、建立与企业制度相适应的市场化用人机制。转制伊始，通过开展“三定”（定岗、定编、定员）工作，实行全员劳动合同制，2005 年劳动合同签订率即实现 100%。同时废除干部职务终身制，全面推行干部聘仕制。烽火科技集团围绕发展目标、发展定位和发展方向，制定科学的人才发展规划，开发出包括研发、市场、生产和管理等不同人才发展序列的任职资格体系，并为不同岗位构建了多通道职业发展路径，设计了任职标准，从岗位胜任角度出发，为各类员工规划出清晰的职业通道。烽火科技集团建立了科研和市场双向人才流动机制，每年有 15% 以上的科研人员和市场人员进行双向流动，解决了科研和市场“两张皮”的问题。烽火科技集团通过“五上”（上学、上架、上位、上岗、上薪）流程对培训培养、人员任用、考核评价、薪酬激励等过程实现规范闭环管理，不断优化人才发展的制度环境。

创新人才激励机制，激发员工动力和创造力。烽火科技集团在整体薪酬水平缺乏竞争力的不利条件下，集中资源重点突破，按照“一人一议”的方式，针对极少数特别优秀的技术人才，突破内部收入分配结构限制，给予与市场水平相当的待遇。局部薪酬高的吸引高端人才的策略不仅起到良好的示范效应，也为企业带来可观的经济效益，取得较好的效果。近年来，烽火科技集团积极探索以股权激励为代表的中长期激励模式，有效激发了人才的内生动力，使企业核心竞争力不断增强。

建立开放的人才体系，集聚国内外优秀人才。烽火科技集团充分开发利用国内国际人才资源，完善更加开放、灵活的人才吸引和使用机制，不唯地域引进人才，不求所有开发人才，确保人才引得进、留得住、流得动、用得好。烽火科技集团率先采用柔性引才模式，充分尊重专家的个人意愿，工作方式是柔性的，但任务目标是刚性的，设定明确可量化的阶段性工作目标、任务考核的时间节点和技术指标要求等，做到“刚柔并济”，实现人才“为我所用”，提高人才使用的效能。

（七）布局全球研发资源，稳步推进“走出去”进程

烽火科技集团的国际化过程，注重国际标准的话语权和国外研发力量的布局，通过风险可控原则下的投资策略，最小化烽火科技集团的走出去风险，保证了国际化进程的稳步推进。

坚持国际化发展战略，整合全球技术研发资源。积极参与国际标准的制定，重视核心知识产权的保护，为进军国际市场保驾护航。积极采取对外合作、兼并收购等措施，运用资本运作手段，在全球范围内、行业内、产业链上下游发力，优化产品结构，提升产品竞争力，拓展市场空间，实现快速发展。在美国硅谷、德国、丹麦、法国、印度、新加坡独资或合资建立研发平台，并先后与马来西亚电信、印尼电信等共建联合实验室、创新中心，聚焦未来通信系统和光通信技术，提升战略合作层次，重点攻关高端芯片制造。通过多年培育，烽火科技集团下属海外公司或办事处已基本覆盖亚洲、欧洲、美洲和非洲等国家，建立了遍布各大洲和重点区域的国际市场营销网络，实现了全球重要目标市场的战略性布点，海外销售占比不断提升。

推进海外市场“本地化”，以本地合作促全球发展。烽火科技集团聚焦以跨国运营商和主流运营商为主的国际“正面市场”，通过营销、销售和服务平台的本地化、人力资源本地化以及技术与生产的海外延伸，完善“营销服”市场体系，巩固与海外各重点运营商的合作关系，探索优化长期合作形式。烽火科技集团已在海外注册几十家本地子公司或代表处，“营销服”人员本地化率已超过 30%；在印度、厄瓜多尔建立光缆生产线，同时通过技术输出与合作，推动光网络、宽带等产品的本地化生产。

采用稳健的市场投资策略，稳步开拓国际通信产品市场。烽火科技集团的国际市场开拓坚持“成熟市场、成熟产品、有服务支撑、风险可控”的原则，

建立以烽火国际为销售平台的业务体系，集中资源突破顶尖运营商与主流运营商，在各产品线设立专门负责国际市场的负责人，依托基站天线、网优设备及 LTE 业务拓展国际市场，稳健的投资和布局原则降低了国际市场的风险。

（八）强调组织感召力和影响力，形成凝心聚力的文化氛围

充分发挥党的政治核心作用，强调组织感召力和影响力。烽火科技集团坚定不移地强化政治意识、大局意识、核心意识、看齐意识，始终同党中央保持高度一致，坚持问题导向，加强党建工作顶层设计，使之与企业改革同部署、同安排。烽火科技集团紧紧围绕科研院所转制、国企改革总体部署，把党的政治优势、组织优势和群众工作优势转化为企业的竞争优势、发展优势和创新优势，为做强、做优、做大企业，培育“国内一流、国际知名”企业集团提供坚强的政治和组织保障。

以“光棒精神”为主线，推动企业文化“聚力行动”落地。烽火科技集团提出以“六大聚力行动”为内核的特色企业文化，包括聚力打造“光棒精神”文化品牌、聚力强化“增量文化”实施效果、聚力提升管理者的文化领导力等。“光棒精神”作为企业文化建设的主线，是烽火科技集团在光通信生产经营实践中，逐步形成的带有企业发展特点的精神、价值观和经营理念的总和。“光棒”是光通信的基础，具有专业、抗压、执着、纯洁、单纯等特性，其拉丝成光纤后还具有“博大宽广”的特质，以服务于人类社会的信息沟通。“光棒精神”与烽火科技集团敬业、诚信、创新、和谐的企业文化相匹配。烽火科技集团始终坚持以“光棒精神”作为企业文化建设的主线，推动核心价值观践行在部门、在岗位，结合企业文化传承和特点，进行文化建设规划，以感染人、凝聚人、激励人的企业文化工作，丰富企业“光棒精神”的文化内涵。

构筑多元融合的企业文化，凝心聚力促发展。烽火科技集团强调企业文化融合发展，通过推动企业文化模块与业务部门、党工团战线联动，打造系列“有实效、叫得响”的专项文化，如质量文化、安全文化、项目文化等。

烽火科技集团按照“本质一致、和而不同”的原则，推动集团文化与下属公司子文化建设相融合，促进优秀企业文化建设经验在院属各公司之间的快速交流，助力优秀经验的传播和升华，实现全集团企业文化整体能力提升。

四、烽火科技集团面临的挑战

烽火科技集团在发展过程中闯出了科研机构转型发展的新路，积累了成功经验。面对新形势下的国际国内市场竞争，烽火科技集团在创新能力培育、企业自主权实施以及产业生态环境适应等方面遇到的挑战，反映了我国力争掌握核心技术的科技型国有企业的共性问题。

（一）技术变革与国际形势带来严峻挑战

新一代信息技术快速发展并广泛渗透，推动各领域技术持续突破、不断融合、加速应用，引发各行各业发展理念、技术体系、制造模式和价值链重大变革。在迎接变革机遇的同时，技术、产品、业态、模式的不断创新和加速更迭，也给相关行业和企业带来更多的不确定性和挑战。信息产业是具有高度产业关联的知识密集型产业，也是技术创新速度较快的高投入、高风险和高收益产业。信息产业技术变革对一国综合科技水平和基础研究水平等具有较高要求，也对企业资金实力与融资能力，以及下游市场规模等具有很高要求。相比美国、日本等科技发达国家，我国相关领域的基础研究以及综合科技水平与国际先进水平相比尚处于紧跟状态，难以支撑信息产业的快速崛起和在关键核心技术上的迅速赶超。

伴随中国技术追赶策略的有效实施，国际形势与环境正发生剧烈变化。技术领先国家对中国技术崛起的防范意识开始增强，在技术转移、市场竞争和人才流动等多方面对中国合规的技术创新活动设置障碍。以往单纯依靠企业或市场机制实现技术引进消化吸收再创新的策略难以见效。从企业自身发展来看，烽火科技集团发展战略尚未充分重视新科技和产业革命未来发展情景及其将会产生的影响，更未充分考虑颠覆性技术的动态变化，这就导致企业对现阶段如何破解通信行业部分高端产品和关键领域核心技术受制于人的格局缺乏有针对性的对策。

（二）前瞻技术方向需强化系统性战略布局

光通信产业已经发展成为战略性竞争领域，需要政府在产业、技术等方面发挥扶持和引导作用。作为光通信产业的上游，光器件市场的发展关系着我国电信基础设施的前途。作为20世纪70年代通信领域的“颠覆性”技术，武汉邮科院当时在无法获得国外技术信息的条件下艰苦研发，基本实现了光通信技术与国际同步。但由于工业基础薄弱，光器件生产设备技术能力的不足使我国无法实现光纤的高精度生产，在很大程度上阻碍了后续技术的进一步国产化研发。实现光器件的技术突破，不仅需要像烽火科技集团这样的龙头企业的技术突破，也需要光器件配套生产设施设备等产业的协同发展，形成系统布局，以光器件产品为点带动光通信设备产业整体装备技术水平的提升。这就需要进一步发挥政府“看得见的手”的力量，在前瞻技术方向上系统布局和设计领域技术路线图，探索关键路径，引导企业在“看不见的手”的力量下形成具有国际竞争力的产业。

同时，烽火科技集团的发展战略也存在前瞻不足的问题，对长远技术储备乃至颠覆性技术的考虑不足。集团“十三五”规划提出实施高端突破战略，其着力点集中在进军产业高端领域、掌握高端技术两个方面，但并未给出具体的执行主体、时间表和实现方案。为确保“十三五”规划目标的如期实现，仅提出“加强监测评估和滚动规划”的要求，但并未给出具体的评估周期和责任部门。此外，国家“宽带中国”战略、“大数据”战略、“互联网 +”行动计划等重大战略，均要求烽火科技集团不断评估和调整其“十三五”发展规划，提前进行系统性战略布局，防止出现企业发展战略漂移问题。

（三）国有资产管理需更加规范、灵活

全面理解国有资产保值增值的目标，需要做到既能调动管理者积极性，又能保证科技型国有企业的竞争活力。国有资本管理要求审慎原则下的投资管理，但竞争性市场的资源配置方式要求企业在投资决策上充分利用市场的资源信息，依据市场变化做出自主决策，如何进一步落实企业自主权，需要更为切实地理解国有资产保值增值的目标和实现路径之间的关系。

适用于战略科技型企业负责人的考核方式需要综合考虑短期激励与中长期激励。国资委对央企负责人的经营业绩实行年度考核与任期考核相结合的方式，其中年度考核的主要指标为利润总额和经济增加值指标，任期考核的主要指标为国有资产保值增值率和主营业务收入平均增长率。但是，对于科技型企业，研发投入的利润化需要一定的时间，短期报表的“不好看”一定程度上影响了企业的决策，使得企业必须在发展的短期利润与长远竞争实力间进行权衡取舍。

（四）产业生态环境需保障公平公正竞争

由于技术的不可替代性较差，烽火科技集团不仅面临与全球领先企业的激烈竞争（在特定技术领域还依赖于国外企业），而且与同业企业的竞争也日趋白热化。在上下游企业双重挤压以及同业激烈竞争的产业环境下，烽火科技集团企业盈利空间下降限制了其进行大规模研发投入的能力和积极性，研发投入增长受限会进一步弱化其市场竞争力，由此形成恶性循环。通信领域的技术复杂性与较快更新换代率决定了企业只有专业化发展才能立足于激烈的市场竞争环境。但从产业链角度，企业不仅在关键核心技术方面，而且在一般技术上也受到其他企业的制约。在面临国外政治和市场不确定性风险的情况下，企业的生存发展都存在困难。

五、关于烽火科技集团发展的对策建议

（一）加强战略性竞争领域的国家统筹考虑

面对高技术领域国际竞争环境出现的新变化，以及单纯依靠市场竞争难以取得技术突破的问题，将关键核心技术领域的市场竞争提升到国家战略竞争的高度，从国家层面系统布局核心技术突破路线图，重视颠覆性技术和跨界技术融合，探索新的技术创新路径，制定具体实施方案，加强政府的统筹作用，提高国家核心竞争力，保证国家安全。支持烽火科技集团等大型骨干高新科技企业加快关键技术突破、加强系统集成、培育原创能力。加强政府在核心技术等战略竞争领域的统筹作用，对行业共性的战略性关键核心技术提供资助。

（二）支持战略性科技企业培育原创能力

落实《关于进一步推进中央企业创新发展的意见》，强化科研的整体化和系统化布局，提升关键核心技术自主创新研发能力，提升技术装备自主化水平，促进快速和可持续发展。正确处理企业追求专业化和国家在关键核心技术上要求自主可控的关系。在关键核心技术的突破上，组织以企业为主体、科研院所参与的科研团队，以科技专项形式提供相应资助，对面向行业的共性关键核心技术进行联合攻克，提高我国在关键核心技术上的自主研发能力；构建有效的技术成果转移转化机制，提高我国在关键核心技术上的产业化应用水平。结合我国在市场规模上的优势，形成对国外技术封锁的有效制约与反制机制，降低我国应对国外技术垄断的政治风险和企业经营风险。

（三）实行国有资产的分级分类监管

进一步改革国有资本授权经营体制，科学界定国有资本所有权和经营权的边界，调整国资监管机构的权责事项，变全面监管为资本监管为主，真正

落实企业的法人财产权和经营自主权。坚持十八届三中全会提出的从“管企业为主”向“管资本为主”的改革思路，克服改革过程中观念、路径和制度上的盲点和障碍，以管资本为主加强国有资产监管，设立国有资本合理收益率阈值，盈余部分允许企业自留自用，实现国有资产价值的理性回归。

探索试行分类分级的国有资产监管。对于关系国家安全的行业、自然垄断的行业、提供公共产品和服务的行业，以及支柱产业和高新技术产业等，根据其服务特点区别对待。对于特定产业和领域的国有资本，应集中投向特定产业链中市场机制难以发挥作用或需要重点控制的基础产业、基础原料、关键技术、关键工艺和关键零部件等，引导国有资本进一步向具有竞争优势的行业和未来可能形成主导产业的领域集中。

落实科研转制企业领导人的监管考核模式。进一步落实《关于完善中央企业功能分类考核的实施方案》。对科研转制央企的考核应与其他大型央企有所差异，要充分考虑科研转制企业的发展历史、行业竞争特点以及科技创新的国家使命，充分考虑科技创新能力建设的投入对企业经营业绩的影响，平衡经营指标和企业创新类指标考核之间的关系。

实行与市场接轨的员工激励机制。进一步落实《关于改革国有企业工资决定机制的意见》，建立健全与劳动力市场基本适应、与国有企业经济效益和劳动生产率挂钩的工资决定和正常增长机制，重视科研人员和职业经理人的市场价值，充分调动国有企业职工的积极性、主动性和创造性。对于领导和管理层，应权责利对等。对于中高端人才，要允许其获得较高的收入，同时，尽可能提供更好的事业发展平台。充分发挥和利用好资本、事业发展平台、企业文化的作用，多方位激发人的动力和活力。

（四）培育企业良性竞争生态

探索建立“工研院 + 基金”的研发—产业化循环模式，支持应用型关键核心技术研发，将科研成果转化的产业化收益以及产业壮大后的税收收益作为基金来源，用于补偿研发成本与资助新一轮技术创新，形成可持续的研发—产业化—基金的良性研发生态。鼓励企业加大研发投入，研究制定切合高科技企业研发活动特点的金融和财税政策，在社会融资、税收优惠和培育市场等方面对企业的研发活动提供支持，利用市场机制实现差异化发展和有序充分竞争，改善企业整体竞合关系，提高企业核心技术研发能力和产业链国产化水平，降低进口依赖度。同时发挥国有企业在提高国家自主创新能力中的重要作用，提高国企自主决策水平。通过营造政策环境、加强顶层设计、加强技术与资本结合等措施，引导企业差异化发展和有序竞争。加大中央企业科技创新力度，为建设世界科技强国做出更大贡献。

中林集团："生态优先、绿色引领"的林业产业高质量发展之路

中国财政科学研究院

生态兴则文明兴，生态衰则文明衰。要实现中华民族伟大复兴的中国梦，就必须建设生态文明、建设美丽中国。林业是生态文明建设的主力军和主战场，也是国民经济不可缺少的基础产业。林业能否实现高质量发展，直接关系到国家生态文明建设战略的成败。

作为我国林业行业的唯一一家中央企业，中国林业集团有限公司（以下简称"中林集团"）敢于担当、主动作为、锐意改革、创新发展，用40年时间探索出了一条以生态优先、绿色引领为准则，以生态效益、社会效益与经济效益高度统一为追求，以保障国家木材安全、生态安全、种子安全为目标的林业产业高质量发展之路，成为新时代新发展理念的生动实践。

一、辉煌成就：林业产业高质量发展已现雏形

要经济发展还是要生态环境？要绿水青山还是要金山银山？要绿色发展就不能要经济效益？作为绿色的天然代言人，中林集团以实践给出了响亮的回答：我们既要金山银山，也要绿水青山，林业产业的高质量发展就是要实现生态效益、社会效益与经济效益的高度统一。中林集团秉承"承担生态责任，关爱全球森林，合理利用资源，引领行业发展"的经营理念，坚持在国

家生态文明建设战略中找定位，自觉践行五大发展理念、创新转变发展方式，统筹国际、国内资源，走出了一条独具特色的林业产业绿色生态高质量发展之路。

（一）名副其实的行业领头羊

做优做强，是每一家企业的梦想。林业产业的经济效益和技术含量都很低，做优做强对于林业企业来说似乎只是奢望。中林人就是不信邪！在"做行业领袖、创一流企业"这一目标指引下，中林集团茁壮成长为现代化企业以及林业产业的"带头大哥"。

资产规模大。林业产业虽然涉及人们生活的方方面面，但在荧屏或报纸上却几乎看不到林业企业的身影。中林集团打破了我们的偏见。2017 年，中林集团有总资产 801.22 亿元，净资产 284.7 亿元。同时，当年营业收入 938 亿元，实现利润总额和净利润分别为 4.90 亿元、3.47 亿元。在经济效益极低的林业产业中，中林集团无疑是个"巨无霸"。

市场份额大。围绕"资源向主业集中，贸易向实业转型"的发展思路，中林集团将森林资源培育与开发利用等林业主业做大做强。如今，中林集团的市场规模持续扩大，实力不断增强。截至 2017 年，中林集团可控森林资源面积达 690 万亩；全年进口木材 2100 多万平方米，占全国木材进口总量的 20%，高居全国第一；进口雪松种子、湿地松等造林绿化树种占全国市场的份额超过 70%；等等。

经营范围大。中林集团积极开拓国内国外两个市场、两种资源，通过纵向和横向发展成为庞大而高效的跨国集团。中林集团在国内 20 多个省市开展木材和种子种苗经营，生态旅游产业遍及北京、天津等 25 个省市。同时，在新西兰、澳大利亚、俄罗斯、加蓬等 21 个国家建有木材生产基地和经营网点，在新西兰、澳大利亚、俄罗斯等 5 个国家设立了林业港口物流。放眼世界，到处都有中林人的身影。

行业影响大。中林集团不仅做出了高质量产品，而且在创新经营模式和树立行业标准上也建树颇多。中林集团打造了实现“绿水青山”向“金山银山”高质量转化的“千岛湖模式”，开创了“园区 + 孵化器 + 加速器 + 众创空间”的“国林模式”，建立了以“嵌入式开发、融入生态”为特征的“森林康养”模式。同时，中林集团积极加入和开展森林认证，建立和倡导符合林业产业特征与要求的绿色发展标准。

（二）国家木材安全的保护者

林业是国民经济的基础产业，木材则是与石油、粮食等同等重要、不可缺少的战略物资。作为全球第二大木材消耗国和第一大木材进口国，我国用占全球 5% 的森林面积和 3% 的森林蓄积支撑占全球 20% 人口之日益增长的木材消费需求，木材安全形势十分严峻（见表 1）。时任国家林业局速生丰产林办公室副主任的石敏指出：“考虑到 2020 年‘三个 1 亿人’和城镇化率达 60% 等因素，木材缺口将达 2 亿立方米。”我们靠什么来保障木材安全？

表 1　2011～2017 年我国原木商品材年产量、进口量和消耗量

（单位：万立方米，%）

项目	2011 年	2012 年	2013 年	2014 年	2015 年	2016 年	2017 年
国内原木商品材产量	8146	8148	8439	8233	7200	7776	7682
进口木材折算原木量估算	7544	6954	8211	9067	8546	9719	9719
年消耗量估算	15690	15101	16650	17300	15746	17495	17401
进口木材占国内木材年消耗量比例	48.08	46.05	49.32	52.41	54.27	55.55	55.85

资料来源：中国林业数据库。

中林集团总经理林展提出：“在我国实施天然林全面禁伐以后，我国木材对外依存度将超过 80%，木材安全形势远比石油和粮食严峻。”面对这一困难局面，中林集团主动实施“走出去”发展战略，积极融入“一带一路”建设，致力于实现国际与国内森林资源相协调，通过经营全球森林资源来保护国家木材安全。当被问到“作为一家以贸易为主的企业，中林集团如何能够履行国家木材安全使命”时，林展自豪地告诉我们：“2005 年之前国内市场由北美、俄罗斯木材占据主要份额，2006 年以后新西兰木材也进入中国市场。2013 年，中林集团在新西兰购买林地，逐步在国际木材市场上掌握了主动权和议价权，有效保护了我国木材安全与林业企业的权益。”

扩大森林资源控制面积。中林集团在新西兰、俄罗斯、加蓬、加拿大、美国等多个国家设有分支机构，通过收购、并购、参股等多种资本运作方式在北美洲、非洲、大洋洲等森林资源丰富地区拓展市场，以扩大全球森林资源控制规模。到 2017 年底，中林集团的可控森林资源面积达到 690 万亩，木材进口总量位居全国首位，在维护木材安全方面发挥了关键作用。同时，中林集团持续扩大和稳定木材进口量，有力保障了木材市场供给。

提高木材交易议价能力。由于森林资源稀缺，很长一段时间里我国木材市场和林业行业在很大程度上都受制于国外木材贸易商。福建莆田人虽曾垄断了全国 90% 的木材交易，但是在进口木材的定价上却甚少有发言权。中林集团的进入和发展，使得这一不利局面大为改观。在新西兰，中林集团拥有 50 万亩林地资源，并且取得了香港绿森公司在新西兰所属林地的独家包销权，成为新西兰最有影响力的外国企业。2016 年，中林集团进口新西兰木材 350 多万立方米，约占我国进口新西兰木材总量的 25%。基于规模优势和影响力，中林集团打破了新西兰 TPT 集团等主要木材经销商的市场垄断，辐射松每吨价格同比下降了 20 美元。同时，作为主要的木材进口商，中林集团可以集中代表中小企业进行对外木材贸易谈判，增强了我国企业在木材定价中的话语权。

中林集团不仅为保障国内木材供给、弥补全面禁伐造成的供需缺口做出了重要贡献，而且在平抑木材市场价格、打破对外过度依赖、维持国内木材市场稳定方面起到了关键性作用。

（三）产业转型升级的助推器

在全面禁止天然林商业性采伐之后，随着我国环境保护力度的进一步加强，以粗加工为主、技术含量低的林业企业更加难以生存，大量中小企业纷纷倒闭。林业产业亟须实现转型升级，这既关乎国民经济，又关乎日常生活。作为行业领导者，中林集团迎难而上，通过打造“共建、共享、共赢”型产业服务平台助推中小企业驶入发展快车道，成为林业产业转型升级的动力源泉。

2014 年，中林集团与绥芬河友谊木业集团合作建设国林木业城，“央企 + 民企”的配置发挥了央企行业精专、资金雄厚和示范引领的优势，借助民企的自主活力和工作效率，以混合所有制经济模式推动中小企业发展。国林木业城打造生产服务、融资服务、集约利用、资源共享 4 个平台，完善物业管理、木材贸易、木材干燥生产、物流监管和供应链融资 5 大服务，帮助林业企业向集约化、精深化、品牌化方向升级发展。

助企业专注于事。在座谈时，一家入驻企业的总经理说：“在进驻国林木业城之前，安保、消防、环保，各方面我们都要自己操心，消防车警笛一响，就担心自己的厂子出事了，觉都睡不踏实。现在这些都由园区统一管理，我们专心抓生产，在园区里坐等客户和订单上门就行了，别提多省心了。”另一家企业的总经理信心满满地说：“入驻国林木业城，我们可以专心创品牌，全身心投入到生产中。”

破企业发展困境。中小企业连资金运转都十分困难，更何谈转型升级？2016 年，国林木业城成立国林小额贷款股份有限公司，为入驻企业提供融资服务，解决企业流动资金不足问题。某位企业总经理强调：“在园区内，木料就可以进行抵押融资，审批放款当天基本就能搞定，这在银行是不可能的事，而且资金随用随还，特别方便。”园区作为银行信贷风险管理的“安全港”，帮助银行控制中小企业的贷款去向，保证贷款资金的安全，使得园区、入园企业、银行三方均实现利益最大化。国林木业城已成为更多林业中小企业的孵化器、加速器、助力器和众创空间，在仅仅 3 年时间里，已经有多家企业成长为黑龙江规模以上企业。

目前，中林集团积极进行模式复制和创新推广，在全国共建成或规划筹建江苏镇江生态产业城、新民洲港进口木材储备加工交易服务园区等10余个林业产业园区，林业产业的全面绿色、高质量发展指日可待！

（四）生态绿色效应的放大器

林业具有巨大的生态功能，在实现生态良好、维护生态安全中发挥着决定性作用。中林集团积极主动作为，通过多种方式产生了巨大的生态绿色效应。

进口木材，保护生态。生态安全和木材安全似乎是一个矛盾统一体：生态安全需要多种树、少采伐，保护森林资源；而木材安全需要产出足够多的木材，以满足经济社会日益增长的木材需求。通过合理地开发利用全球森林资源，中林集团有效缓解了这一矛盾。中林集团的木材进口量逐年提升，从2015年的736万立方米，到2016年的1600万立方米，再到2017年的2100万立方米。中林集团进口规模的不断扩大，为我国实施天然林全面禁伐、实施生态文明建设战略提供了根本保障。中林集团所属上海胜握胜林业有限公司（以下简称"胜握胜"）开展了将木材运上青藏高原的"绿色生态行动"。截至2017年底，该公司共向西藏输送约9万立方米板材，帮助西藏保护天然林共1400多公顷。

培育森林，美化环境。中林集团借鉴新西兰的有效经验，大幅提升了人造林营造和天然林保护的水平。近20年来，中林集团与国内13个省市合作建设了30大片共计30多万公顷的人工丰产林基地，为美丽中国增添了不可缺少的绿色。雷州半岛曾是一片荒凉，黄土、风沙肆虐，人烟稀少。中林集团所属雷州林业局有限公司经过几十年的垦荒，营造了105万亩桉树人工林，把雷州半岛变成了一片林海、一片绿洲，美化了大地，保护了环境，为国家创造了财富，为人类做出了贡献。造林和护林水平的提升，必然会带来更多的绿色。2016年中林集团所属中林林业发展有限公司的森林蓄积量消耗仅为 6.31 万立方米，远小于实施造林而增长的林木资源量。

绿色发展，融入生态。就绿色发展而言，林业无疑是“近水楼台”，但如何才能“先得月”呢？中林人多方探索，走出了与青山绿水和谐共处的绿色发展之路。20 世纪末，杭州千岛湖出现了大面积蓝藻暴发的水华事件，当地生态环境遭到严重破坏。中林集团所属杭州千岛湖发展集团有限公司（以下简称“千发集团”）依托千岛湖的资源禀赋，经过 20 年的深耕发展出了以水养鱼、以鱼护水的“保水渔业”，在产生经济效益的同时也达到净化水体的作用。生态系统逐渐自然修复，千岛湖从一个备受污染的水库蜕变成名满天下的旅游胜景。同时，中林集团积极打造生态旅游产业链，不仅直接促进了国家生态文明建设，而且产生了引领绿色发展的巨大示范效应。目前，“千岛湖模式”已成为全国湖泊、水库生态渔业、生态旅游综合经营与开发的典范。

中林集团不仅壮大了自身、保护了环境，而且产生了促进地方经济发展的极大社会效益。例如，国林木业城项目实现了 2000 人左右的林区工人再就业，同时通过改善生态环境和投资环境促进了绥芬河市的产业升级与转型发展。千岛湖的绿色发展带动了淳安县餐饮业和旅游业的发展，使得淳安人从绿水青山中挖掘出可持续的金山银山。中林集团在镜泊湖、西双版纳等地建设的生态旅游项目，已经在精准扶贫、服务地方经济等方面发挥了积极作用。

中林集团引领我国林业走向高质量发展，实现了生态效益、社会效益与经济效益的有机统一，也实现了企业、地方政府与从业人员 / 当地居民的多方共赢，充分彰显了高质量发展道路的作用与活力。

二、艰难历程：守得云开见月明

高楼万丈平地起，古树千年幼苗成！中林集团所取得的巨大成就，显然不是一蹴而就的。改革开放的 40 年，也是中林集团发展壮大的 40 年。顺应时势、把握机遇、攻坚克难，中林集团从一家资金短缺、历史包袱沉重、经营困难的传统国企稳步成长为理念先进、治理规范、引领行业的现代新型企业。

（一）应需而生，逐步成型（1979～1999）

国有企业是中国特色社会主义的重要物质基础和政治基础，是经济体制改革的中心环节和对外开放的重要力量。中林集团等国有企业是根据国家经济社会发展需要而产生的，同时也随着改革开放进程的推进而不断演变。

在对外开放中产生。1979 年 11 月 7 日，原国家农委根据林业部申请，批复批准成立中国林业进出口总公司，这是中林集团最早的历史追溯。1982 年 10 月，原经贸部、林业部商量组建中国林业对外工程公司，以承担利比亚的绿色长城项目（沿地中海营造长 320 公里宽 5 公里的森林带）。1983 年 2 月，国务院批复同意申请，1984 年 2 月中国林业对外工程公司正式登记，这是中林集团在"血缘"上的真正前身。1984 年，原国家计委、外经贸部批准成立巴西华西木材工商股份有限公司（隶属于中国林业对外工程公司），收购了巴西最大的木材企业之一——马纳萨公司出售的两个工厂。1985 年，为了更好地适应对外开放的形势与需求，国内承担对外工程的公司纷纷更名。当年 1 月，经原外经贸部批准，中国林业对外工程公司更名为中国林业国际合作公司。1995 年 10 月，时任国务院副总理李岚清访问加蓬共和国，并与之签订援助框架协议。其中，原林业部将其负责的森林开发项目交由中林集团承担。1997 年 4 月，中林集团在加蓬首都与加蓬成立合资公司——华嘉木业股份公司，我方占股 75%、加方占股 25%。这是我国在非洲最大的森林资源开发项目，为中林集团扩大实施"走出去"战略奠定了坚实基础。

在对内改革中成型。1978 年十一届三中全会的召开，拉开了我国国有企业改革的宏大序幕。经历了 1978～1992 年的探索阶段后，国企改革进入了制度创新阶段。1993 年 11 月，《中共中央关于建立社会主义市场经济体制若干问题的决定》将建立现代企业制度作为改革方向。这一时期，党和国家启动公司制、股份制试点，同时推动国有企业战略性改组与国有经济布局调整。在这种形势下，1996 年 10 月，经原经贸委批准，以中国林业国际合作公司为核心企业，连同中国林业物资供销总公司、中国林产品经销公司、中国林木种子公司、中林进出口有限公司、森林国际旅行社、中林食品药材开发公司、北京（国家）木材交易市场共同组建“中林实业开发集团”。同年 11 月，经原国家工商局同意，企业名称变更为“中国林业国际合作集团公司”。1999 年 1 月，遵照党中央、国务院关于党政机关与所办经济实体脱钩的战略部署，原国家林业局将中国林业国际合作集团公司交由中央管理，同时将中国林产工业公司、中国国营林场开发总公司、中国金龙松杏集团公司并入中国林业国际合作集团公司。[①] 自此，集林产品生产、加工和贸易于一体的综合性林业企业正式成型。

（二）拥抱市场，路在何方（1999～2012）

1999 年初，中林集团脱离部委怀抱，迈开了搏击市场风浪的步伐。初出“襁褓”的中林集团底子薄、基础弱、自有资金不足，总资产和净资产分别只有 21.37 亿元、6.23 亿元。9 家成员企业分布于不同的产业链，发展水平参差不齐。除了少数几家之外，其余企业经营非常困难，长期处于原地踏步状态。同时，林业产业面临着多重挑战。

缺乏核心竞争力。林业产业是典型的劳动密集型产业，技术含量非常之低，主要为市场提供木材、板材等粗加工产品。产业准入门槛很低，市场竞争异常激烈。在这种情况下，林业产业处于生态恶劣的粗放式发展阶段。林业企业大多属于“小散乱污”型企业，较少提供精深加工产品，缺乏维持长期生存和发展壮大的核心竞争力。

所受约束趋紧。1998 年，长江流域和东北地区发生两次特大洪灾。洪灾与沙尘暴等恶劣气候一道，让人们品尝到了生态破坏的恶果。洪水退去

---

① 2007 年 1 月，经国资委批准，中国林业国际合作集团公司更名为“中国林业集团公司”。2017 年 12 月，集团完成公司制改制，更名为“中国林业集团有限公司”。

后，党中央和国务院提出全面停止长江、黄河流域中上游的天然林采伐，天然林资源保护试点工程正式启动。随后，我国通过采取"停、减、管、造"以及政策扶持、财政补助等措施，逐步加强对天然林的保护与生态环境的修复，林业产业所受到的规制和约束不断增强。

这一时期，国家对林业的战略定位并不明确，内外交困的林业企业何去何从？市场中的风险与机遇无处不在，谁能独占鳌头而不倒？身为中央企业，中林集团自然不甘坐以待毙，奋发勇为凸显中林本色！

中林集团主动调整业务结构与布局，以积极适应和响应国家发展战略：一是加大以森林资源培育为主体的基础资源建设力度，通过管好现有林、扩大人造林等方式建设速生丰产林基地；二是坚持"走出去"战略，积极拓展新西兰、加蓬、巴西、缅甸、俄罗斯等境外森林资源开发项目，扩大对国外森林资源的占有规模和影响力；三是探索"绿水青山就是金山银山"的发展模式，开发生态、康养、狩猎等特色旅游项目，大力发展森林旅游产业；四是做大种子种苗、林化产品、木片、木材、花卉等林产品的加工与贸易，保障国家"林业种子安全"。

通过这些举措，中林集团向市场要效益，且取得了突出成绩。2001～2012年，中林集团营业收入从13.13亿元增加到212.16亿元，增长15.16倍；利润总额由767万元增加到4431万元，增长4.78倍。同时，集团总资产增加到

图1　中林集团经营状况(2001～2012年)

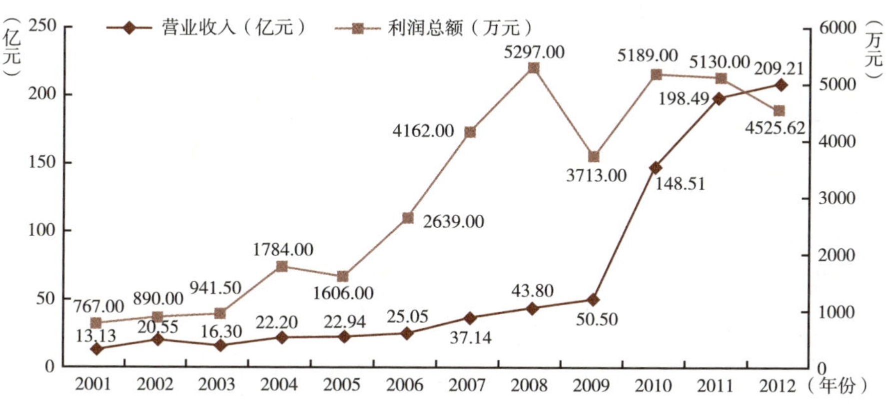

65.15 亿元，是成立之初的 3.05 倍。乍一看，中林集团是一幅“鸿基始创，骏业日新”的美好景象。然而，事实却是：中林集团仍然处于粗放式、低端化发展阶段，集团规模偏小、主营业务实力不强，尚未形成真正的核心竞争力；部分传统主营业务面临严峻挑战，市场适应能力不强，管理信息化、现代化程度低等问题极为突出。同时受国际国内经济形势、环境规制加强等因素的影响，中林集团的发展受到了巨大威胁。在中央企业财务数据排名上，中林集团一直“稳居”倒数几位。在座谈会上，几位高管回忆道：“连续 6 年里，中林集团时不时就听到即将被并入其他央企的消息。家都快没了，谁能全心全意去谋发展？”

中林，前路在何方？

（三）扬帆起航，乘风破浪（2012～2018）

进入 21 世纪后，绿色发展逐渐成为全球共识，党中央和国务院先后做出贯彻落实科学发展观、加快转变经济发展方式、建设生态文明等重大战略决策，并赋予了林业“四个地位”、“四大使命”与“五大功能”。党的十八大将生态文明建设纳入中国特色社会主义事业五位一体总体布局，党的十九大报告首次将生态文明建设从理念到思路、从目标到制度进行全面论述和系统规划，国家对林业的重视程度前所未有。新时代，新机遇与新挑战迎面而来。扬帆起航，就在今朝！

生态文明建设新时代。党的十八大以来，“生态文明建设”是中央主抓的重点任务之一。2016 年，中央全面深化改革领导小组会议审议通过的生态文明建设相关文件超过 20 个。党的十九大报告 12 次提到“生态文明”，“美丽”和“绿色”分别有 8 次和 15 次。我国已经进入了生态文明建设的新时代，建设富强民主文明和谐美丽的社会主义现代化强国成为我们努力奋斗的目标。生态文明理念深入人心，建设美丽中国已经成为全面共识。林业产业发展面临的制度环境、政策环境和社会环境空前好转！

天然林全面禁伐。随着保护生态环境的重要性不断提高，环境规制和环境保护的力度与日提升。2014 年 4 月，黑龙江大小兴安岭天然林全面停止商业性采伐。2017 年，全国全面停止天然林商业性采伐。对此，千发集团总经理何光喜形容道：林业从"砍林"转向"看林"、从"开发利用"转向"全面保护"。天然林全面禁伐，导致国内木材安全形势极度严峻，如何保障国内日益扩大的木材市场需求成为一大难题。

新时代，林业产业的供需矛盾日益突出。一方面，国内木材供给能力严重不足，对外依存度不断攀升。另一方面，林业高精尖产品和生态产品供给不足，无法满足人民对身边增绿、社区休憩、森林康养等美好生活的需要。新时代，需要林业产业加快实现高质量发展。凭借生态文明建设这股好风，中林集团积极应对挑战，将核心战略调整为"投资境外森林资源，满足国内木材需求，维护国家生态安全和木材安全，在林业产业发展和国际合作方面发挥引领、示范作用"，积极"走出去"开发俄罗斯、北美、东南亚等境外森林，特别是新西兰木材进口取得巨大成效。2014 年习近平主席访问新西兰期间，在习近平主席和新西兰总理的共同见证下，集团公司与国家开发银行同 PF 欧森管理公司签署了战略合作协议，把新西兰投资发展提升到中新两国战略合作层面。中林集团成为国家木材安全和生态安全的维护者和国家生态文明建设的主力军。

不积跬步无以至千里，在新的战略引导下，集团实现了前所未有的快速发展。与 2012 年末相比，2013 年的资产总额由 65.15 亿元增加到 108.12 亿元，增长了 0.66 倍；净利润由 13.385 亿元增加到 22.3372 亿元，增长了 0.67 倍。与 2013 年末相比较，2017 年集团利润总额增长了 4.57 倍；集团净利润增长了 5.13 倍。此外，从 2013 年开始，至 2017 年以来，包括销售毛利率、EBIT Margin、ROP 和经营活动净收益比利润总额在内的重要盈利指标整体呈上升趋势，集团整体盈利能力和收益质量不断提高（如表 2 所示）。2017 年与 2013 年末相比较，集团资产总额由 108.12 亿元增加到 801.22 亿元，增加了 693.1 亿元，增长了 6.41 倍；净资产由 22.3372 亿元增加到 284.7 亿元，增加了 262.36 亿元，增加了 11.75 倍。集团资产规模显著提升，资产负债率由2013年的79.34%下降至2017年的64.44%（如表3所示）。近5年来，中林集团资产结构日趋合理，抗风险能力大幅提升，无疑是打了一场漂亮的翻身仗。

如今，中林人可以大声吟唱：雄关漫道真如铁，而今迈步从头越！

表2　中林集团盈利能力情况（2013～2017年）

指标	2013年	2014年	2015年	2016年	2017年
销售毛利率(%)	2.36	2.6	3.28	3.71	3.84
EBIT Margin	1.15	1.37	1.74	2.02	2.26
ROP	149.18	249.26	386.03	451.73	443.4
经营活动净收益/利润总额	–20.29	20.84	19.96	75.5	62.39

表3　中林集团资产结构和偿还能力指标（2013～2017年）

指标	12/31/2013	12/31/2014	12/31/2015	12/31/2016	12/31/2017
资产负债率（%）	79.34	79.18	78.34	72.44	64.44
流动比率	1.17	1.27	1.61	1.51	1.62
速动比率	1.03	1.09	1.35	1.32	1.43

图2　中林集团经营状况（2012～2016年）

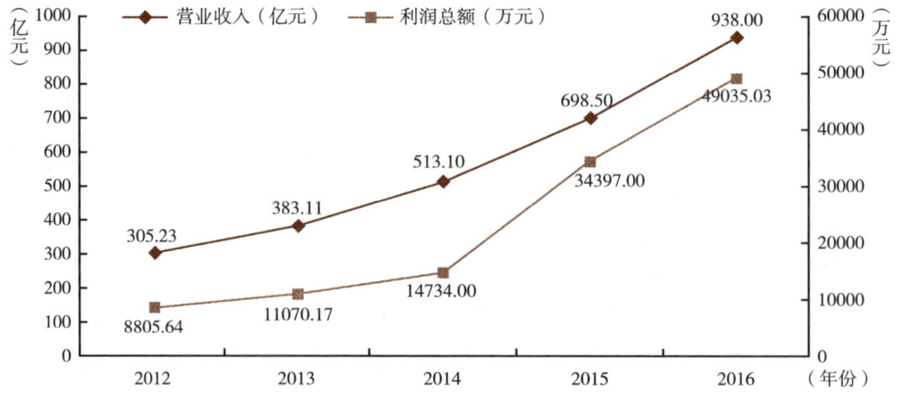

图 3　中林集团资产变动情况（2012～2017 年）

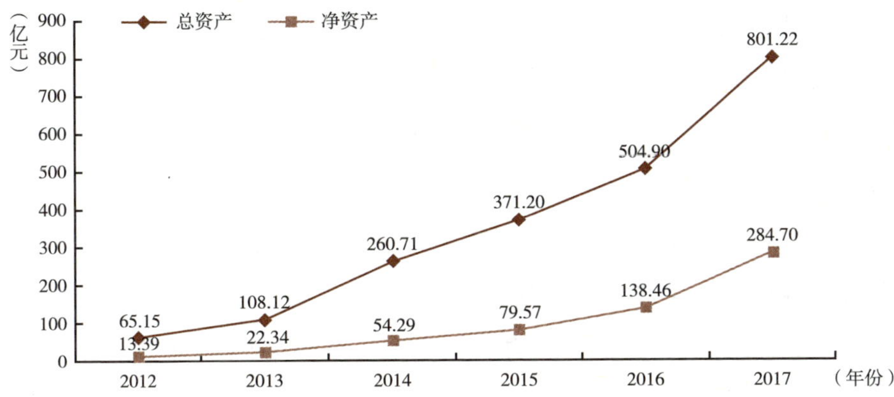

三、思想先行：高质量发展的基石

创新发展，思想先行。正如伏尔泰所说：不是事业为了思想，而是思想为了事业。要开创一番伟大事业，首先要做好相应的思想准备。正是在先进思想和新发展理念的指引下，中林集团方能从迷茫走向从容，从低效益、粗放型发展转为高质量、集约型发展。

（一）加强党建，为企业综合改革"增活力"

党的领导和党建工作是国有企业不可缺少的一部分，也是国有企业最大的政治优势。尤其是党的十八大以来，中林集团党委始终把坚持党的领导贯穿到企业生产经营的全方位、全过程，努力发挥党组织的领导核心和政治核心作用，实现了企业党建和生产经营"两手抓、两不误、两促进"。中林集团落实全国国有企业党建工作会议精神和重点任务措施均见效。中林集团董事长宋权礼表示："在中林集团，党建工作不只是纯粹的党的建设，而是必须与企业经营相结合，参与企业重大决策、执行、监督各项工作，全面发挥党委在中林集团的核心领导作用，这一点是与以前党建工作的最大不同。"

一是抓好思想建设，注重深入学习和领会党的相关精神和新发展理念，通过对学习的“全覆盖”，为集团做优做强汲取新思路、凝聚新共识。二是抓好制度建设，通过制定《党建工作责任制实施办法》、签订党建目标责任书等方式，全面推开二级企业党组织向集团党委报告年度党建、党组织书记抓党建“述、评、考”制度。三是抓好机制建设，以建立董事会为契机，规范党委和董事会、经理层各自的权责边界，落实党组织研究讨论作为董事会、经理层决策重大问题的前置程序，完成集团总部、二级企业和部分重点三级企业党建工作总体要求进章程。四是抓好组织建设，按照“应建必建、应换必换、应配必备”的原则，集团总部配备专职党委副书记，增设了党委办公室、党委组织部、纪检监察部和巡视工作办公室等4个党委职能部门。将党建与生产经营融为一体，不仅提升了集团的凝聚力，而且有效提升了领导班子的执政力、基层组织和企业员工的执行力。同时，二级企业全部建立党务工作部门，配备专兼职党务工作人员。中林集团在混合所有制企业中加强党建的做法在现阶段更加具有推广价值。

中林集团近五年的跨越式发展，离不开党委的正确领导以及党支部战斗堡垒作用和党员先锋模范作用的发挥。中林集团是进驻绥芬河的第一家央企，国林木业城项目承载着黑龙江林业人多年的希望，也寄托着中林人的梦想。国林木业城将党组织建到项目上，领导干部率先垂范，年龄不足30岁的团队，在项目建设中取得了一项又一项骄人成绩。绥芬河位于黑龙江省东南部，与俄罗斯远东最发达的滨海边疆区接壤，属大陆季风气候，三月份气温为-11℃～1℃。2014年3月，绥芬河土建工程开始施工，创造了绥芬河有史以来工程最早施工的奇迹。办公条件十分简陋，再加上气温低，为确保施工顺利、安全开展，工程部全体人员每天坚持8小时不离开工地现场，一天喝不上一口热水，几乎没有休息日。在极端艰苦的办公环境下，时任总经理李留彬率先垂范，坚持每天在工地与工人同吃同住，一同劳动，感染重感冒连续半个月打吊瓶，每次都是手背上血迹未干又回到工作岗位。绥芬河国林木业城项目创造了当年开工、当年运营、当年盈利的奇迹，被各界称为“中林速度”。

在杭州千岛湖，护渔就是护水。鱼儿就是千岛湖的精灵，千岛湖 80 万亩水面，地形复杂，护渔任务异常繁重。护渔工作人员为了查获案件需要连续蹲点守候，有时还需要在黑夜中翻山越岭，躲在草丛中不能说话、不能打灯；夏夜忍受着蚊虫的叮咬，甚至还有毒蛇的威胁，冬夜忍受着刺骨的寒风，工作环境异常艰辛。有些当地渔民对护渔工作不理解，暴力抗法时有发生。千发集团负责人说，每一个护渔员身上都有过委屈和受伤害的故事。

财科院问卷调查结果反映，97% 的受访者认为加强党建工作提升了集团企业的凝聚力，55% 的受访者认为加强党建工作提升了集团工作执行力，67% 的受访者认为加强党建工作有利于保持良好作风，61% 的受访者认为党建工作提升和完善了集团制定战略与经营决策的能力。

（二）思想创新，为产业转型发展"提质量"

中林集团成立前后，国内外经济社会形势风云变化，转变发展方式、调整产业结构等成为必然趋势。特别地，为保护生态环境所实行的禁止天然林商业性采伐政策对林业形成了直接冲击。中林集团从思想层面着手应对挑战，为实现跨越发展奠定了扎实基础。

1978 年 12 月 13 日，邓小平同志在中央工作会议闭幕会上发表主题为"解放思想，开动脑筋，实事求是，团结一致向前看"的讲话，他强调改革开放首先要"解放思想"。解放思想和思想创新，是推动创新的基础。在与原主管行政部门脱钩后，中林集团面临"底子薄、资源少、林业产品附加值不高、林业从业人员素质低"等多种困难，首先就要在思想上解决"为谁干"和"怎么干"的问题。

35 年后的 2013 年 9 月，以党的群众路线教育实践活动为契机，围绕集团发展战略和总目标，中林集团领导层在全集团范围内开展为期一个月的"解放思想、推动发展大讨论"，发动全体成员为落实"经营翻番、收入倍增"总目标建言献策。这种集团式的头脑风暴活动效果显著，整个集团就自身战略定位、实施资源扩张战略、占有资源理念、发展主业与经营多元化、资源配置等问题有了更高水平的认识，并且就今后的战略发展达成很多共识，逐步形成了以“一个目标”、“两个定位”、“三大产业链”、“四个经营理念”、“五个战略支撑”为主要内容的“一二三四五”系统战略思维。各级领导干部战略思维、战略决策能力显著提升，战略引领作用不断加强。

中林集团总经理林展认为，“解放思想大讨论”不仅最终形成集团总体战略和发展目标，而且统一了全集团所有人的思想和目标，为集团创新发展起到了关键促进作用。通过此次思想大解放和集体大讨论，中林集团在“服从国家战略、维护国家生态安全和木材安全、推进资源合理开发的国际一流林业企业”这一战略定位上达成共识。同时，在具体的实践上也有了很多理念方面的创新。例如，在进行混合所有制改革时，中林人认识到：混合所有制企业并不必须由国有资本绝对控股；建立混合所有制经济的合作伙伴并不局限于竞争对手，还可以包括上下游关联产业的其他企业。

根据财科院问卷调查结果，95%的受访者认为这次思想大解放活动效果非常好，这充分说明思想解放和思想创新在中林集团内部获得了普遍认同。

（三）传承精神，为弘扬生态文化“凝共识”

发展混合所有制经济，不仅有利于深化国有企业改革，也有利于各种所有制资本公平参与市场竞争、实现共同发展。但是，由于投资主体的多元化，混合所有制企业不可避免会存在思想观念和价值取向上的多样化和差异化，这可能成为国有企业落实国家战略的障碍。尤其是，如何让“生态优先、绿色引领”成为所有子公司的共同理念呢？作为混合所有制经济占比很高的中央企业，中林集团通过传承精神很好地解决了这一问题，实现了价值取向和发展方向的统一。

林业产业生产经营的环境和条件较差，但这也让中林人一直持有吃苦耐劳、乐于奉献、艰苦创业的优良作风。中林集团董事长宋权礼从2012年起到集团任职，其所使用的配车是前任领导已用12年的旧车。办公用房也是10多年前的装修，前任领导搬走后只做了简单粉刷和家具替换。同时，他坚持深入每一个项目进行走访、调研和指导工作。同样，中林集团总经理林展一年大约有 200 天在外跑业务、谋项目，以至于经常在机场与集团业务部门及子公司的相关同志商讨工作。2018 年 4 月，林展在医院做肠胃镜检查，醒来后第一句话竟是：是不是要开会了？

中林集团主要领导以身作则，充分体现了中林人应有的风范，这也为中林精神——"诚信、进取、务实、创新"的传承奠定了坚实基础。以充分尊重各投资方文化基因为前提，中林集团借助党工团组织，通过"我是中林人"、"追梦中林人"等活动将中林精神传递到了混合所有制企业的所有员工，让其不仅认可和继承了中林精神，同时也形成了推动生态绿色发展的高度共识。

在这种精神传承下，所有差异化的企业及员工凝聚成了一个协同奋进的团队。中林集团绥芬河国林木业城项目仅用 8 个月的时间，就实现了当年开工、当年建成、当年投产运营并实现盈利的"中林速度"，创造了黑龙江省重大投资项目建设的新纪录。经过四年多的发展，一、二、三期项目共入住企业 60 多家，全部为生产地板、表板、装饰板、家具部件及成品家具的木材加工型企业。2017 年，国林木业城实现营业总收入 66 亿元，工业产值 25 亿元，创利税 8500 万元，为绥芬河转型发展提供了坚实基础。

在 2016 年的一次班子例会上，中林集团所属上海胜握胜有人提出开发西藏市场、将木材运上青藏高原的想法。该建议一经提出，立刻遭到不少质疑。有人认为西藏地处偏远，项目人力物力成本太高，收益回报并不乐观。胜握胜总经理王利伟表示："我们考量一个项目的标尺不仅仅是效益，还有作为中央企业的社会责任，落实党中央政策、保护西藏生态文明，是我们肩上不可推卸的重责。我们运一根木材，当地就少砍伐一颗树木。我们运一车木材，就能保护西藏一片森林。"大家统一了思想，一群年轻人的"绿色生态行动"开始了。胜握胜团队经过不懈努力，终于在 2017 年 3 月底开出了从东北驶向青藏高原的"一带一路"国际化木材专列。

2017 年 6 月，中林集团董事长宋权礼在看望胜握胜一线员工时说道："每一个中林人，不论何处何方，内心都怀揣着一份不灭的责任与情怀，正是这种‘使命担当、无私奉献’的中林精神，支撑着我们中林的年轻人坚守在条件艰苦的业务一线，保障西藏地区的木材供给。你们用实际行动践行了集团公司‘关爱全球森林，承担生态责任，合理利用资源，引领行业发展’的发展理念，做出了可喜的成绩，中林集团为你们感到骄傲！”

四、改革创新：生态中林在探索中前行

我国经济进入新常态，这要求我们践行新思路、新理念。在中林集团董事长宋权礼看来，中林集团的“新常态”就是要进一步加快发展，走发展速度与质量效益并重的路子；就是要更加注重创新驱动发展，全面提速技术创新、产品创新、组织创新、市场创新；引领新常态，就要使创新驱动成为企业发展的新引擎。基于思想建设所凝聚的高度共识，中林集团不等不靠、主动作为，通过全面创新来践行“生态优先、绿色引领”的发展理念。

（一）以体制机制创新壮大绿色发展队伍

正如中林集团董事长宋权礼所说，林业在生态文明建设中有着巨大优势和发展潜力：从消费需求看，生态已成为社会的主导需求之一，林产品种类繁多、绿色环保，符合个性化、生态化的消费趋势；从市场空间看，无论是国内还是国外，林产品的市场需求都十分强劲；从产业结构看，林业产业是生态产业、生物产业、碳汇产业，是国家鼓励发展的“朝阳产业”，不仅可以为我国二氧化碳减排提供战略支撑，还可以为发展生物质能源、生物制药和新材料提供重要基础。

然而，林业产业自身面临大而不强等问题，如何才能成功转化这些难以估量的优势和潜力呢？中林集团通过开展以混合所有制改革为核心的体制机制创新，将更多的市场和社会力量凝聚在一起，形成了以实现林业产业绿色发展为共同目标的宏大队伍。

中林集团广泛开展与地方国有企业、民营企业、外资企业、机构投资者

的合作，探索发展混合所有制经济，吸引更多社会资本投向集团战略领域，突破了制约企业发展的关键瓶颈，提升了企业核心竞争力和市场影响力。通过大力发展混合所有制经济，集团公司的规模效益得到飞速提高，行业影响力、竞争力以及实施生态绿色发展的能力进一步增强。

着眼做大做强主业，优选战略合作伙伴。中林集团在三大产业链上瞄准市场声誉好、资产状况好、经营业绩好、发展前景好的民营企业，采取收购重组、投资入股、收购股权等多种方式开展合资合作。

着眼优化治理结构，建立健全治理机制。中林集团对所属混合所有制企业按照《中华人民共和国公司法》规范企业制度，建立健全股东会、董事会、经理层、监事会等法人治理结构。对新入股企业，会商制订适合中央企业管理规范的《公司章程》，形成相互制约平衡的权责关系，保护各类股东合法权益。

着眼提质增效，提升企业经营管理水平。中林集团大力开展管理提升活动，对标先进企业，促进混合所有制企业实现治理规范化、法制化。同时，完善生产经营业绩考核体系，落实全面风险防控措施，建立监督制约机制，确保与中央企业步调一致。

自 2013 年以来，中林集团先后设立或重组混合所有制企业 78 家，引入民营和其他社会资本 94 亿元，国有资本投入混合所有制企业共计 147 亿元，混合所有制企业已占集团所属企业的六成以上。通过混合所有制改革，中林集团聚集了一大批国内林业产业优质民营企业，不仅实现了林业产业整合，还把以前的竞争对手变为"共享、共赢、共发展"的合作伙伴，参与国家生态文明建设战略的实力空前加强。未来，中林集团将继续推进混合所有制经济发展，以实现"产业生态化——污水荒山变绿水青山"、"生态产业化——绿水青山变金山银山"两大战略，让林业产业成为生态文明建设的核心支撑。

（二）以模式创新促进产业绿色发展

实现经济效益与生态效益的协调，是走生态绿色发展之路的最大挑战。

在确保生态效益的同时，必须着力提升经济效益，最好是实现生态效益与经济效益的相互转化。中林集团通过模式创新引领林业产业绿色发展，为我们提供了好的发展思路。

建于2014年的绥芬河国林木业城，是国家木材储备、加工与交易示范基地项目之一。时任黑龙江省委副书记、省长陆昊曾说：国林木业城是我见过的黑龙江省最好的标准化产业园区，国林木业城的发展融“产供销平台”、“上下游衔接”、“境内外联动”和“金融服务”于一体，这种新的发展模式可以称之为“国林模式”。

以“绥芬河口岸”深化开放，保障国内木材供给。位于东北亚经济圈核心地带的绥芬河是我国东北地区参与国际分工的重要窗口，也是我国“一带一路”建设规划中的重要节点城市。作为中俄边境重要口岸，区位优势使这座边陲小城成为远近闻名的“木业之都”，成为我国最大的进口俄罗斯木材的集散地，曾创下木材全年过货量超600万立方米的历史纪录。绥芬河口岸每年进口木材约500万立方米，极大地弥补了国内天然林全面禁伐造成的市场缺口。

以“保姆式服务”引领带动，实现企业高效发展。国林木业城为入驻企业提供全方位服务，包括原料供应、木材干燥、配套加工、物流仓储、金融服务、电子交易、法律咨询、品牌推广等。此举为企业节省了大量时间、精力和资金，大大提高了产量和效率，减轻了企业成本，使其能够专注于业务发展和技术创新。例如，企业可以更高效地利用园区内集中供应的木材原料，规模经济和范围经济不断凸显。短短几年内，就有多家中小企业成长为规模以上企业。其中，2014年入驻的奥润木业和君辉木业更是成为我国单板行业的龙头企业。

以“产业集聚”助力地方发展，发挥巨大富民效应。国林木业城通过将原来分散在各地、技术含量低、对环境污染严重的“小散乱脏污”企业集中到园区，园区提供集中供热和木材干燥服务，不仅有效减轻了入园企业的人员与成本负担，而且大规模减少了环境污染。2017年，绥芬河木材加工业增加值增长14.6%，高于全市国民生产总值的7.5%。国林木业城为林区林业工人提供了近2000个再就业岗位，第四期建成投产后还可增加500个就业岗位。

以"央企优势"带动产业突围，实现提档升级。央企带动中小企业合作共赢，这是"国林模式"的基本内核。中林集团拥有大量的海外林业资源，年进口木材占全国进口总量的比重长期维持在20%左右，拥有成熟的市场营销网络以及相对较强的资本实力。将中央企业的行业优势、资金优势和带动力与民营企业的活力和管理效率有效结合，国林木业城加快实现了绥芬河林木加工业的升级换代。入园企业积极进行生产设备更新换代，木材加工的效率、原材料利用率大幅提升，木材加工朝精深化、品牌化、集约化方向发展。同时，市场竞争力显著提高，产品远销日本、荷兰、英国、加拿大、新加坡、意大利等国家。

通过"共建、共享"，国林木业城实现了多方"共赢"。2017年，绥芬河国林木业城投资有限公司实现经营收入43.29亿元，同比增长4.7%；实现利润总额3980.45万元，同比增长23.62%。可见，"国林模式"真正做到了经济效益、社会效益与生态效益的高度统一，成为林业产业高质量发展的典范。

（三）以品牌创新引领产业转型升级

要真正实现绿色发展，必须使绿色发展理念以及好的发展模式形成一种业界标准和文化。中林集团以模式创新及其成果为基础进行品牌创新，给我们提供了良好示范。中林集团坚持走品牌化道路，通过品牌效应带动绿色产业的发展。

千岛湖"淳"牌。1999年，在千岛湖周边山林相继被划归生态公益林管理后，中林集团所属千发集团的木材采伐指标大幅缩减，相关收入急剧下降。为此，千发集团做出了转型发展的战略部署。依托千岛湖一流的生态环境及独家拥有水面经营权的资源优势，千发集团积极探索以水养鱼、以鱼护水的“保水渔业”（“千岛湖模式”），实现了从传统渔业向有机渔业的转变。2000 年，千发集团注册“淳”牌商标，在我国淡水渔业中率先推出了“有机鱼”概念和品牌。2009 年，“淳”牌（有机鱼）商标被原国家工商总局认定为中国驰名商标，成为我国第一个活鱼类驰名商标。另外，中林集团还在美国、新西兰、新加坡等多个国家注册商标，其千岛湖“淳”牌已经成为享誉国内外的有机鱼品牌。千岛湖模式实现了“绿水青山”向“金山银山”的高水平转化，产生了深远的社会影响力。中林集团积极推广千岛湖模式，将其打造为湖泊、水库生态渔业综合经营与开发的品牌与标准。中林集团通过参股等方式在富水湖、易水湖、镜泊湖等湖区开展保水渔业或生态旅游等经营活动，力争带动全国 100 个湖泊实施绿色发展。

中林品牌。品牌化是企业走高质量发展之路的必要内容，也是提升市场竞争力的重要途径。然而，林业企业 80% 以上都是中小企业，这些企业不仅经济效益低，而且非常缺少品牌意识。以国林木业城的入驻企业为例，67.57% 的企业没有注册工商商标，将近 90% 的企业在品牌打造和市场营销方面的投入不足 20 万元。为此，中林集团将自身的发展理念、管理方式等融入中林品牌之中，并将中林品牌与民营企业合作，通过集中推广和展示促进其发展。如今，国林木业城正在积极筹划园区统一品牌，且得到了入驻企业的广泛支持（94.59% 的企业都有意愿加入）。

通过充分发挥知名品牌的增值作用和优秀商业模式的示范效应，中林集团的品牌创新引领更多企业走上生态绿色发展之路，为我国林业产业转型升级提供了明确指向。

（四）以全产业链经营助力美丽中国建设

当前，我国面临沉重的生态修复压力和林业资源保护压力。为实施国家生态文明建设战略，我国的环境规制力度也只会不断提高，这些都要求林业产业更好更快地实现高质量发展。中林集团重点通过纵向和横向拓展产业链，以响应生态文明建设和美丽中国建设的要求。

一根木头的"三链融合"。有效利用国内外两个市场、两种资源，是确保林业产业高质量发展和践行生态文明建设战略的基本前提。中林集团根据"海外森林资源控制 + 进口渠道控制 + 国内平台建设 + 服务保障配套"这一思路，依托境外上游木材资源，以国内销售网络和加工物流基地为支撑，打造涵盖森林资源开发、木材及林产品加工贸易、现代物流服务、协作配套加工的木材经营产业链。例如，中林集团在新西兰、澳大利亚、俄罗斯等21个国家建有木材生产基地和经营网点。在东北老工业基地，依托百年"中东铁路"和俄罗斯木材贸易模式，建立了绥芬河国林木业城和满洲里伊利托物流有限公司，实现一根原木从进口到成品出口，产业链、供应链和资金链的"三链融合"。木材全产业链经营既解决了森林禁伐与木材需求之间的矛盾，也有效降低了生产经营成本、提高了经济效益。

图 4　基于"国林模式"的产城融合

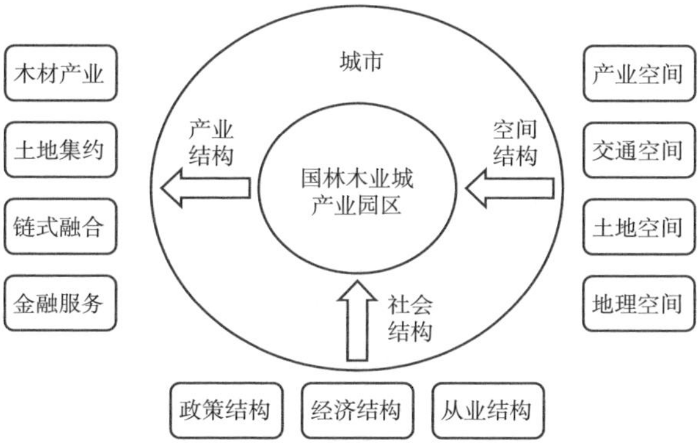

产城融合"一城又一城"。产业是城市发展的基础，城市是产业发展的载体，产城融合是国民经济可持续发展的必然要求。中林集团以国林模式为基础，在全国范围内积极打造以林业为核心的产业城。在江苏镇江，中林集团建立了中林镇江生态产业城，紧扣"木"的元素、发挥"港"的优势、做强"产"的规模、促进"城"的兴旺，打造集贸易、仓储、物流、加工、金融服务于一体的林业全产业链集群。目前，产业园一期基本竣工。其中，物流园区的新民洲港自 2017 年 3 月份开港以来，全年完成货物吞吐量 230.3 万吨，其中木材到货量 139.4 万立方米，实现营业收入 7119.6 万元，名列全国木材进口港第 9 位，一年多时间走过了太仓港 5 年和大丰港 10 年的发展历程。另外，按照“沿边、沿江、沿海”的发展思路，中林集团积极推进港口、口岸、园区等综合性服务平台建设，收购控股山东日照临港国际物流有限公司，增资重组如皋港务集团，进一步完善了林业全产业链布局。

一条淳鱼的“九链融合”。一条鱼能值多少钱？单靠养鱼、卖鱼能够既保护生态环境又实现经济效益吗？中林集团所属千发集团通过“一条鱼的供给侧结构性改革”打造“一条价值链最完整的鱼”，给出了积极肯定的回答。千发集团以最普通的鲢鳙鱼为基础，打造了实现经济发展与环境保护相统一的保水渔业。在此基础上，千发集团围绕一条淳鱼做文章，从各个方面挖掘鱼的价值，最终形成了以保水为前提、以生态为依托、以文化为统领的集“养殖、管护、捕捞、销售、加工、烹饪、旅游、科研、文创”于一体的完整产业链，被誉为我国湖泊（水库）生态渔业经营的典范。产业链的拓

图 5　一条淳鱼的价值链与产业链

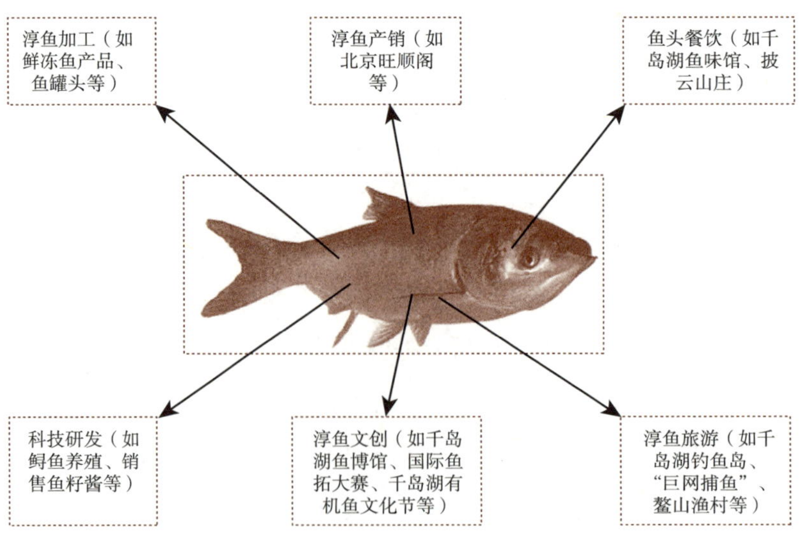

展，带来了极大的经济社会价值。1999 年，千岛湖鲢鳙鱼产量不足 25 万公斤。而到 2017 年，千发集团销售有机鱼近 350 万公斤，实现销售收入 8600 余万元。同时，千发集团的营业收入和净利润分别从 1999 年的 985 万元、–424 万元增加到 2017 年的 21.84 亿元、1.59 亿元。另外，千发集团成功带动了淳安县餐饮业、旅游业的发展。例如，千发集团所开创的"巨网捕鱼"等旅游项目成为淳安县旅游业的亮点，2017 年共接待游客超过 10 万人次。光是千发集团自身，就取得了 1.5 亿元的生态旅游营业收入。

生态发展"一村又一村"。新时代，人民已经由"求生存"、"盼温饱"、"要硬化"转为"求生态"、"盼环保"、"要绿化"，保护生态环境、提供优质生态产品、增加生态福祉成为林业的重要使命。积极发展生态旅游产业，正是中林集团履行新时代新使命的重要举措。中林集团打造以"嵌入式开发、融入生态"为特征的集林业、旅游业、健康产业为一体的"森林康养"模式，构建中林"生态旅游、生态产品"品牌的重大布局，开发涵盖千岛湖风景区、徽州国家森林公园和云南西双版纳雅德秘侬旅游度假区等在内的合作景区旅游项目，充分满足人民日益提高的美好生活需要。中林集团围绕森林资源，打造了杭州市鳌山村等以村庄为基础的一系列特色生态旅游项目，在实施精准扶贫、带动地区经济发展方面也发挥了重要作用。2017 年，中林集团生态旅游板块实现营业总收入 3.96 亿元、利润总额 0.94 亿元。

中林集团不断优化资源配置、培育核心优势业务，实现了林业、生态旅游等多个产业的全产业链布局，更好地实现了生态效益、社会效益与经济效益的高度融合。在提升林业经济效益、促进地区经济发展、保护木材安全和生态安全等方面，全产业布局战略都发挥了不可估量的作用。财科院针对中林集团的问卷调查表明，分别有 50%、86%、86%、60% 的受访者认为，全产业链布局在降低物流成本、提升资源控制能力、增强市场影响力、实现经济社会生态融合发展方面作用显著。

五、做生态绿色发展的倡导者与引领者

在着重建设生态文明的新时代，中林集团正站在新起点、肩负新使命、面临新机遇、迎接新挑战。中林集团将继续深入贯彻党的十九大精神，在习近平生态文明思想指引下，坚定不移践行“绿水青山就是金山银山”理念，做好生态绿色发展的倡导者与引领者，力争为谱写强盛中国美丽的绿色画卷做出更大贡献。

当然，中林集团以及我国林业产业仍存在很多不足，需要国家和社会提供更多的支持。

中林集团大而不强。与生态文明建设的重任相比，中林集团依然不够强大。一是整体实力不强，业务结构尚不合理。与其他中央企业相比，中林集团的资产体量无疑很小。同时，集团业务结构比较分散，主业板块缺乏核心竞争力，所控制的国外森林资源仍然不足。二是资本金不足，财务压力日益加大。近些年来，为发展林业主业，中林集团融资规模不断扩大，资金成本和财务压力迅速提高。资本金不足且缺乏国家政策支持的中林集团在“走出去”时极其乏力，无法继续竞拍新西兰林地以扩大国外森林资源控制规模。三是职工待遇偏低，专业人才缺口较大。即使过去几年有所提升，但中林集团干部职工的收入仍然无法匹配其艰苦的工作条件。受制于待遇水平，中林集团在人才培养方面存有较大欠缺，领军型人才、高水平专业技术人才和高层次国际化人才缺口较大，人才队伍专业结构难以满足集团快速转型发展的需要。

外部制约仍然较多。中林集团等企业的绿色发展，仍然受到多方面因素的制约。一是体制机制仍有不足，企业活力难以发挥。国有企业管理、对外投资管理、外汇管理等方面的不完善，使得中林集团等企业缺乏足够的经营决策自主权，难以及时适应和应对市场的快速变化。二是林业准入门槛较低，投资回报周期较长。当前，我国林业产业仍然存在资源基础不牢、产业集聚度低、创新能力不强、竞争力较弱等问题。技术含量不高所造成的准入

门槛低和市场竞争激烈，导致林业产业经营利润率低、投资回报周期偏长。例如，中林集团 2017 年的利润率仅为 0.52%，这无疑降低了其他市场主体投资林业的激励。三是国际政治动荡不安，生产经营缺乏保障。国际政治形势不稳定、政策不连续等，使得我国林业企业在走出去时往往因为无法控制的政策风险、汇率风险等而遭遇失败。

政策支持不可或缺。林业产业的生态效益与社会效益远大于经济效益，国家理应为其发展创造更好的政策环境。一是深化体制机制改革，以制度创新释放企业发展活力。重点是消除对国有企业的一刀切管理，并根据行业特征赋予林业企业更多的经营自主权。二是加大政策支持力度，激励林业企业走绿色发展道路。除给予税收优惠之外，还应向企业提供信息、融资、资产评估等多项服务。同时适度增加工资、社保等补贴，降低林业企业的用人成本。三是完善碳汇交易制度，提升企业经济效益与投资热情。在完善森林碳汇交易管理机制的同时，要加大宣传和引导力度，积极培育碳汇交易市场需求，并允许中林集团等自发探索碳汇交易和开发利用模式。四是推动企业合并重组，以整合资源保障林业稳步发展。支持主要企业通过投资入股等多种方式兼并中小企业，鼓励企业间加强合作、实现优势互补。进一步优化调整国有经济结构和布局，将其他国有企业所拥有的森林资源划转给中林集团等林业企业进行专业化经营。五是引导社会资本参与，全面扩大国外森林资源控制规模。除了加大财政支持力度外，应当通过宣传、政策激励等方式引导社会资本积极支持和参与国外森林资源开发。可以引导资本雄厚的基金借鉴哈佛大学基金会等的做法，将购买国外林地作为投资保值的重要方式。六是，国家要加强国际交流合作，降低林业企业对外投资的风险，为其更好地利用国际森林资源保驾护航。

自我突破必不可少。作为中央企业，中林集团应当继续发扬中林精神，通过主动作为实现突破发展。一是坚持走品牌化战略，以高端品牌引领业务结构调整。中林集团可以通过打造品牌产品、推广品牌文化，来实现业务结构的调整与落后板块的迅速发展。例如，以国林木业城等产业平台为依托，通过中林出品牌、园区企业出产品的形式开展合作，推动林业产品向高端化、品牌化方向发展。同时，也可以将千岛湖模式打造为品牌商业模式，通过复制和推广助推生态旅游业务发展。二是创新推广商业模式，靠模式融资获取发展所需资金。中林集团可以参照肯德基、麦当劳等企业的做法，将千岛湖模式作为融资的重要支持，以解决自身资本金不足和政策支持不力的问题。三是健全人才引进机制，用产业平台培养造就专业人才。在提升待遇的同时，应通过加大宣传和完善人才引进及培养机制来吸引专业化人才的加入。例如，更多地向外界宣传企业在国家生态文明建设战略中的重要地位，通过使命感召社会人才的加入。同时，以林业产业平台为依托健全人才培养机制，在平台运营、模式创新、对外投资等业务中培养复合型、高精尖人才。另外，可以通过继续发展混合所有制经济来打破现有体制对社会人才引进的制约，让更多有能力、有担当、有意愿的人才加入到生态文明建设这一国家战略之中。

中影：坚守主旋律“主阵地”共筑新时代“强影梦”

新华社国家高端智库

思想走在行动之前，就像闪电走在雷鸣之前一样。40年前，一场关于真理标准的大讨论为即将开始的改革开放凝聚了广泛的思想共识。文化体制改革同步纵深，取得了一系列开拓性、引领性、标志性的成果。中国电影的改革发展是其中的典型代表。

从事业到产业，从计划到市场，“中影”一直都挺立在我国文化体制改革的潮头，见证了中国社会波澜壮阔的变迁，在改革开放历程中留下了不可磨灭的足迹，在进一步促进社会主义文化大发展大繁荣，满足人民对美好生活的向往，增强群众文化获得感、幸福感方面发挥了显著作用。

一、实现“两效统一”，推动社会主义文化繁荣兴盛

中影作为中国电影行业的“领头羊”和“国家队”，坚定文化自信，推出一系列电影精品，持续推进国有电影企业机制改革，不断激发电影生产活力，在文化意识形态领域充分发挥了“国家队”的龙头压阵作用，满足了人民群众对美好生活的精神需求，推动了文化体制改革，走出了一条市场经济条件下文艺作品“两效统一”之路。

（一）40 年磨一剑，精心打造大批优秀主旋律影片

陡峭的山崖上，翠姑肩勒担架，跪着用双膝拾级而上运送解放军伤员，膝盖磨出了斑斑血迹……1979 年上映的《小花》中的这段镜头，还原了解放战争那段艰苦斗争的历史，承载了整整一代人的青春记忆。

时光流转，岁月如梭。

“我留下！我留下！……”三河坝战役中，在朱德艰难做出 200 人留下断后的决定之际，战士们纷纷主动请缨……2017 年上映的《建军大业》生动地诠释了革命先辈为实现理想不怕牺牲的革命精神，让无数观众“哭到停不下来”。

从《小花》到《建军大业》，中影在改革开放 40 年来一直坚持打磨好“主旋律电影”这把剑，当好主旋律电影市场“主力军”，不断挖掘阐释中华优秀传统文化，精心打造了一大批弘扬民族精神和时代精神的优秀主旋律影片，凝聚了全国人民团结奋进的强大力量。

综观中影的主旋律电影，有弘扬中华优秀传统文化的《穆桂英挂帅》《大唐玄奘》等，有表现革命文化的《建国大业》《建党伟业》等，还有宣介社会主义先进文化的《横空出世》《南哥》等，都获得了广泛好评，引发了青年人“吾辈当自强”的感慨，积聚了人们为美好生活继续奋斗的激情。

新华社国家高端智库基于大数据技术对党的十八大以来所有上映主旋律电影评价的分析结果显示，中影主投或参投的主旋律电影，评价总体得分的平均值为 18.09 分，比整个电影市场总体得分平均值 11.39 分高出 6.70 分，是整个电影市场总体得分的 1.59 倍。在社会效益方面得分的平均值为 11.83 分，显著高于整个主旋律电影市场平均值 7.94 分的得分。在艺术品质方面得分的平均值为 22.04 分，是整个主旋律电影市场得分平均值的 1.6 倍多。

表 1 2013～2018 年主旋律电影得分

总体				
	得分	社会效益	艺术品质	市场反应
平均值	11.39	7.94	13.33	1.77
中位数	9.13	6.67	10.23	0
中影				
	得分	社会效益	艺术品质	市场反应
平均值	18.09	11.83	22.04	1.82
中位数	14.86	8.81	17.92	2.39

（二）低谷中崛起，打破主旋律赔钱魔咒，实现“两效统一”

弘扬主流价值、积极向上的电影一直是中国电影的主流。自 20 世纪 80 年代原国家广电部提出“突出主旋律，坚持多样化”的要求后，一批弘扬主流意识形态的电影大量涌现。《孔繁森》《横空出世》等优秀影片，均获得了观众和市场的双重认可。

然而，短暂的辉煌过后，主旋律电影步入低谷。尤其是在世纪之交，在以大场面、大制作为特征的好莱坞大片的映衬下，主旋律电影因内容表达存在概念化、公式化、模式化等问题，陷入“没人看”的尴尬境地，甚至与“赔钱”画上了等号，2002 年的影片《周恩来万隆之行》就出现了亏本。

“一听‘主旋律’这个词，自然而然把你划归到宣传的、教育的、团体票的、下红头文件的、不商业的、不好看的范畴里。”《张思德》等主旋律电影的导演尹力，对此感受颇为深切，“有些主旋律影片，即便送票，也没多少观众愿意看”。

带有明显标签的主旋律影片怎么拍，成为当时中国电影人面对的最大难题。

2004 年初，接到拍摄《张思德》任务的尹力，可谓“临危受命”。为了打动观众，《张思德》在表现手法和叙事方式等方面做了许多创新和探索。尹力回忆，为拍出延安时期年轻人朝气蓬勃的劲头，他未沿袭以往影片的表现手法，而是通过比武、纺线、识字比赛等观众未曾见过的片段，衬托出延安的朝气与活力。最终，《张思德》获得3800万元的票房，扭转了主旋律影片门庭冷落的局面。

“想打动观众，就要尊重艺术、尊重观众和市场。唯此，‘主旋律’影片才能离观众更近。”尹力的这一观点，与时任中影集团副董事长韩三平不谋而合。在韩三平看来，主旋律影片难以为继的根本原因是没有处理好市场与价值导向的关系，只要能把商业电影的一些手段恰当地借鉴过来，做主流意识形态的影片也可以取得成功。

为此，中影开始大胆进行主旋律电影商业化的探索。在题材创作、故事选择上更加贴近生活、贴近实际，创新叙事表达方式，提升技术表现力，持续推出了一系列叫好又叫座的主旋律影片，打破了萦绕在主旋律电影头上的赔钱魔咒，真正实现了“两效统一”。

2006年上映的《云水谣》，票房累计约3600万元，成为主旋律影片中票房、口碑、影响力均十分出色的作品；2009年的《建国大业》则以4.3亿元总票房的成绩，创下了当时国产电影的最高票房纪录；而2017年的《战狼2》，更是凭借56.84亿元票房，成为国内电影票房最高纪录的保持者，并跻身全球票房榜前100名。

如今，曾被边缘化的主旋律电影，又重新回到了中国电影舞台的中央。

同时，为更好地实现“两效统一”，中影还推出了一批劝人向善、催人奋进、讴歌时代的优秀商业大片，赢得了口碑和票房双丰收。

商业励志影片《中国合伙人》在斩获5.37亿元票房之际，摘得了第29届中国电影金鸡奖最佳故事片、最佳导演等17项大奖。集美好爱情、环保等元素为一身的《美人鱼》，则以33.93亿元的票房成为2016年票房冠军，并获得了第五届“十大华语电影”殊荣。

（三）突破外企百年围困，“中国巨幕”等电影技术走向全球

2015年4月，“中国巨幕”登陆美国拉斯维加斯布兰登影院，标志着中

国自主研发的电影放映技术系统，成功跻身全球电影技术研发最前沿、放映设备最先进的美国市场，开启了我国电影产业发展道路的新里程。

电影是艺术与技术的融合，技术是电影进行艺术表达的重要手段和发展基础。然而，“电影进入中国110多年来，几乎所有的关键技术都来自国外。”中影股份董事长喇培康说，在放映领域，国内电影院的数字电影放映机基本由比利时巴可公司、美国科视公司和日本NEC公司3家外资企业控制；在巨幕市场，IMAX公司更是一家独大。

巨幕放映是电影放映技术领域的最前沿，而IMAX公司在国内外巨幕市场都处于垄断地位，在“只此一家，别无分店”的市场环境下，IMAX的商业条件非常苛刻。

“制作一部IMAX版影片、建设一个IMAX影厅的成本非常高。”喇培康介绍，IMAX的整套放映系统包括以IMAX规格摄制的影片拷贝、放映机、音响系统、银幕等，为保证放映清晰度，IMAX版影片在拍摄时须采用专门的70毫米胶片，这比一般电影摄制用的35毫米胶片要贵很多；每台IMAX氙灯放映机的售价在1100万元人民币以上，而氙灯的寿命一般只有3～4个月；整套系统无论是否出故障，影院每年都须缴纳25万元的维修费，且IMAX影厅只能播放IMAX版影片。更主要的是，IMAX公司要与影城进行票房分成，每部IMAX影片从放映方分得票房的12%左右。

“在这种模式下，制片方和影院都赚不到钱，钱都进了IMAX的腰包。”喇培康直言，一般国家很难接受如此高昂的价格，像法国这样经济发达的电影大国，也只有2个IMAX影厅。

赚不到钱，但还是陆续有IMAX影厅在中国落地。这其实是影院在我国电影消费市场飞速发展环境下的无奈之选，喇培康认为，“除了IMAX基本没有其他品牌，而且经过多年积累，IMAX品牌的知名度高，影院可借此树立‘高大上’的形象，吸引更多观众，所在购物中心的地产价值也会相应得到提升”。

面对这种被动局面，“如果我们不研发属于自己的巨幕技术，IMAX在中国的垄断会日益加强，价格可能会越来越高，”喇培康说，“所以，中影必须承担起中国电影人的历史责任，不能袖手旁观！”

为此，中影牵头，联手中国电影科学技术研究所等单位，开始加紧研发“中国巨幕”。终于，2011 年 11 月，拥有自主知识产权的“中国巨幕”系统研发成功，并于 2012 年正式投入商业运营，打破了海外巨幕品牌在国内的垄断。

不过，“中国巨幕”随后的发展并非一马平川。诞生之初，很多人对“中国巨幕”不屑一顾。“觉得如果说 IMAX 是 LV，中国巨幕就是一个编织袋”，喇培康对当初“中国巨幕”推开面临的市场窘境毫不讳言。更艰难的是，由于第一代产品的核心硬件外形与国外品牌相似，都是用大铁箱锁起来，曾一度被质疑是山寨货，甚至遭到 IMAX 的起诉。

“其实我们的技术都是原创，符合 DCI 标准，放映效果也与 IMAX 影厅不相上下”，中影股份副总工程师林民杰介绍，尤其是随着软硬件技术研发的不断突破，产品核心硬件从大到小，最终被嵌入服务器内部，质疑声也随之消散。目前，“中国巨幕”系统已升级至第四代，拥有 48 项专利、12 项软件著作权。

为了迅速打开市场，更为了“给中国人争口气”，“中国巨幕”系统决定让利影院，采取了与 IMAX 截然不同的盈利模式。据了解，“中国巨幕”版本影片的摄制，从一开始就是使用数字化技术，无需使用胶片；放映机的价格低至 300 万元人民币左右，相当于 IMAX 的 1/3，且全部采用激光放映，激光光源寿命为 5 年以上；不干涉院线选片；维修保养费根据实际情况缴纳；最重要的是，不参与影片的票房分成。

这一盈利模式大大降低了影院安装“中国巨幕”系统的成本，“中国巨幕”由此在国内迅速扩张。截至 2018 年 5 月，落地的“中国巨幕”银幕数量已超过 300 块，占中国内地巨幕总数的 36%。

同时，为打造极致的观影体验，中影还整合当今最新的电影技术，创新性地推出了“中国巨幕头等舱”影厅，经全球知名的世界级影院和消费电子产品认证机构THX权威认证，将中国电影放映技术和放映厅建设水平向世界先进水平再推进一步。

在全球第一个“观影头等舱”影厅——中影国际影城北京小西天店的中国巨幕1号厅入口的广告栏里，可以清晰地看到该影厅所融合的主要技术元素：装设“中国巨幕”系统，4K双机、ALPD激光放映，采用“中国多维声”技术，配置杜比全景声，兼容美国DTS：X临境音等。

在对该影厅观影感受的采访中，“屏幕大，看起来很爽”“画面亮”“声音很震撼”“座椅舒适”是观众口中的高频词。而对影院而言，巨幕影厅的开设让影院观影人次和票房同步提升。2017年，只有1个巨幕厅、2个普通厅的中影国际影城北京小西天店，取得了1400万元的票房收入，其中1号巨幕厅的票房高达784万元，占据了整个影院收入的半壁江山。

更重要的是，中影一直在积极推动“中国巨幕”系统“走出去”。尤其是随着美国洛杉矶独立制版实验室的建立，“中国巨幕”获得了国内外电影业界越来越广泛的认可，在全球树立了中国电影技术的民族品牌，赢得了中国电影企业在全球电影放映市场的话语权。

目前，“中国巨幕”和ALPD激光放映系统已成功出口美国、印度尼西亚、印度、阿联酋等国家和地区，“中国多维声”音响技术也已成功出口到美国和新加坡等国家。

（四）促进中外文化交流，满足群众日益多层次的精神需求

“无论是男孩拿到，还是女孩拿到，金牌就是金牌！”进口片《摔跤吧！爸爸》2017年在国内市场创下非好莱坞进口片票房的最高纪录。在清华大学新闻与传播学院教授尹鸿看来，这不仅增加了中国人对印度文化的了解，也让中国电影人学习了国外优秀影片的制作和叙事方式。

实际上，从1994年首部引进大片《亡命天涯》上映伊始，中影就注重抓好“引进来”和“走出去”两个关键，一边引进优秀境外片，一边推动中国电影“走出去”，在促进中外文化交流的同时，倒逼国产片不断提高质量

和水平，满足了人民群众日益多元化的精神需求，提升了中华文化的国际传播力和影响力。

在“一家进口、两家发行”的进口片管理政策下，中影凭借其在进口片引进、发行和电影放映市场的主导与优势地位，一直在努力扮演好进口片进入中国电影市场的重要“把关人”角色。

近年来，随着引进片配额政策放宽，我国进口片的数量、题材和国别不断增加。2017 年，我国共引进 98 部国外电影，创历史新高；电影市场进口片数量占比从 2015 年的 19% 提升至 2017 年的 23%。除欧美常见的动作冒险类影片，更多的剧情、励志、惊悚类题材影片被引进，《小萝莉的猴神大叔》《看不见的客人》等来自印度、西班牙等国的优秀电影也在中国上映。

不过，“中国电影市场不能被进口片充斥，否则，作为电影国企的中影难辞其咎”，喇培康认为，国产影片市场份额要努力占到 50% 以上。正因为如此，中影充分发挥其在进口片发行和放映市场占据主导和领先地位的优势，灵活制定影片宣发策略，做好排片工作，保持了进口片票房和国产片票房的平衡。近 10 年来，进口片票房占比基本维持在 40%～55% 的区间内。

同时，中影积极参与温哥华金熊猫电影节、中加电影高端论坛等活动，选送多部优秀影片参加各类国际电影节和电影展，推动中国电影加快走向世界舞台，展示中国文化和中国精神。仅 2017 年，中影出品的影片就参加了

图 1　2005～2017 年进口片票房占比

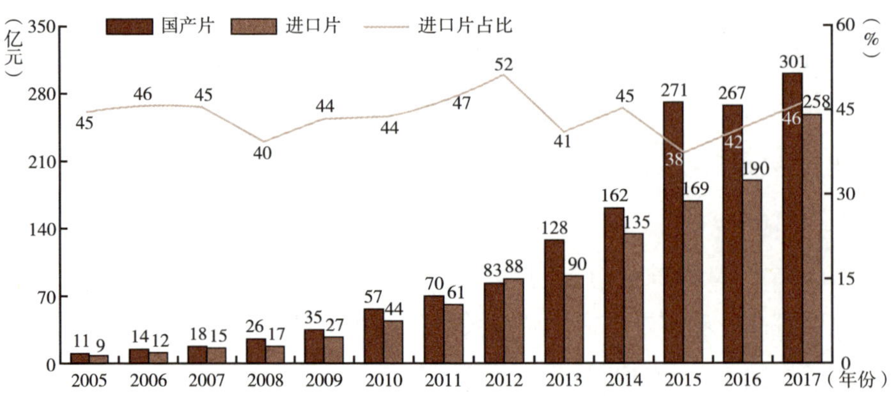

29个国际电影节。2018年，在美国电影市场展（AFM）上，表现“一带一路”、兼收并蓄中外优秀文化的电影《中国推销员》，与60多个国家和地区签订了放映协议。

二、不断探索打造中国电影核心竞争力的有效途径

优秀主旋律影片偏少、一流人才匮乏等问题，一直困扰着中国电影，行业陷入数量与质量、主旋律与市场票房等怪圈中难以自拔，中国电影人对中国电影将走向何处一度感到迷茫。尽管如此，中影始终牢记做大做强中国电影的使命，在不断探索和创新中取得辉煌成就。

（一）不忘初心：牢记国字头电影企业使命，市场经济大潮中不浮躁

中国电影股份有限公司股票简称“中国电影”，这四个字彰显了这家国有控股企业的使命与担当，也让其在改革中不迷失，在市场化转型中不浮躁，实现了一次次超越。

1. 坚持将社会效益放首位，把创作发行主旋律影片摆在突出位置

“资本像条疯狗，追的电影人无处可躲。”在市场经济大潮的裹挟下，一些电影企业盲目追求利润，中国电影一度被“票房”绑架。面对复杂的电影市场环境，中影仍保持定力，坚持将社会效益放在首位。“中影一定要坚持两个统一，即把社会效益放在首位，实现社会效益和经济效益相统一、思想精神艺术情感与制作精良相统一，保证出精品”，喇培康牢记中影的使命，并将这些要求落实到企业管理和影片创作中。

在经营管理中，中影明确将“坚持把社会效益放在首位”写进公司章程，明确领导干部业绩考核中“社会效益权重占60%，经济效益权重占40%”，强调制片分公司考核“不唯票房、不唯利润”。制定社会责任管理制度，将“社会效益优先”原则具体落实到企业管理的每个环节。

十八大以来，中影投入大量人力、物力、财力创作和参与创作了《建军

大业》等主旋律电影。《建军大业》创作团队规模大、调用资源多，有 108 位演员参演，超过 2.5 万人次的群众演员参拍，剧组常规工作人员 600 余人。而且，对于国产重点影片，中影会为其量身订制发行方案，并实行部分发行费用减免政策。

2. 把创作人才培养置于战略地位，为中国电影提供人才储备

"电影的未来和希望寄托在青年人身上"，曾任中影集团董事长的韩三平认为，扶持青年导演等创作人才是为中国电影的高速发展奠定基础。为此，中影将培养、挖掘、吸纳和扶持优秀电影艺术创作人才置于战略高度，有计划、有步骤地培养青年导演和制片人、青年电影专业技术人才与具有创新能力的后备队伍。陆川、宁浩、刘江等一批青年导演脱颖而出，成为中国电影行业的中坚力量。

此外，中影还成立人才培训中心，将人才培养从电影创作类人才拓展到产业链各环节，引导电影从业人员成为繁荣社会主义文艺的有生力量，为中国电影产业可持续发展奠定专业人才基础。

3. 注重满足农村、少数民族地区群众观影需求

为保障农民和少数民族群众看电影这一基本文化需求，中影专门成立"新农村数字设备部"，持续多年为农村数字电影流动放映提供设备支持，并免费提供技术支持。

同时，中影启动"少数民族语公益电影数字化译制"项目，已为西藏、新疆、内蒙古等 11 个少数民族地区提供了 6450 多部译制影片，覆盖群众约 4500 万人，受到了当地群众的欢迎，丰富了少数民族群众的精神生活。

（二）立足中国：题材选自中国，创作扎根人民，展现中国魅力

在电影创作中，选取中国传统故事，体现中国价值观念、彰显中华文化精神，是中影吸引中国观众、打动外国影迷的重要手段。

1. 以时代精神为创作引领，用中国文化感动观众

中影不断加强选题规划，推动生产优秀作品创作预生产。建立了原创项

目规划会的机制，确保选题精当，迈好实现影片“两效统一”的第一步。在影片创作中，中影重视对中华民族思想理念、道德规范的展现。坚持从中国优秀文化和历史中取材，《赤壁》等影片以历史典故为背景，《梅兰芳》等影片中都凸显中国戏曲元素。

中影用电影弘扬中国精神，树立“影以载道”的价值立场，展现中国时代风貌，使中国的影视艺术真正为中国观众乃至全世界观众服务。《战狼2》体现了英雄主义和人道主义时代精神，《南哥》中的忘我扶贫情节也体现了时代精神，不同领域的题材凸显时代精神的各个侧面，展现了中国人的内心世界和道德情操。

2. 古为今用，洋为中用，创造性展现中国魅力

中影的创作聚焦中华文化，不是简单复古，而是古为今用，融入了时代内涵，创新了对传统文化的解读，再生经典。

中影与境外公司合作一直坚持“以我为主”“为我所用”的原则。中法合拍片《狼图腾》采用“深度合作”模式，使用了大量欧美先进技术，尤其是电脑特效，但剧本是中国原创，拍摄也在中国进行，讲述的是中国人与自然和谐相处的故事。中美合拍片《功夫熊猫3》借助好莱坞的电影工业，展现了中国人对家的理解，实现了“通过电影把中国文化带出去，让世界的观众懂得中国传统和价值观”的目标。中影拥有兼收并蓄的开放心态，其立足点是发展自身、推介自身，而非迎合他者。基于此，中影在与海外合作时，始终坚持保证影片里中国文化的独立性与民族性，所拍摄的故事首先是中国故事。

3. 坚持扎根人民，扎根生活丰富创作

中影创作扎根人民、扎根生活，用电影表现人民群众的情感，回应人民的关切，满足人民的期盼。中影出品的成功电影，多数直接或间接来源于创作者的亲身体验。

中影时刻牢记以人民为中心的创作理念，支持、鼓励电影的编剧、演员等主创人员深入到人民生活中去。中影发起作家生产计划，出资组织聘请部分优秀的编剧深入生活，捕捉热点，以求创作出贴近人民大众内心世界的现

实题材影片。《你若安好》的编剧为了创作，在北京医院体验生活一年多时间，深入了解病患的喜怒哀乐。

（三）顺应改革：排除万难，推动体制机制改革，做大做强企业

电影是文化产业中市场化、产业化程度最高的行业。面对从制片到发行不断开放的产业政策变革，探索电影企业在市场经济体制下的出路，成为中影生存发展的“主旋律”。随着电影产业化进程提速，中影顺势而为，排除万难，大力推动集团化改革、股份制改造，最终实现成功上市。

1. 集团化改革，进一步整合资源，提高企业整体竞争实力

20 世纪 90 年代末，正值中国电影的持续低迷期，观众不足 3 亿，票房收入连续数年都在 10 亿元以下裹足不前。在这一背景下，1999 年 2 月组建成立的中影集团，担负着整合中国电影市场人才、资源，激活市场的重任。

可是，如何在平衡内外利益关系的同时，稳健地推动企业发展，并有效应对国内外电影业同行的挑战，成为当时摆在中影领导班子面前的一道难题。韩三平曾感叹：“改造一个企业比新建一个企业还要难，一张白纸好画画，改造则必须付出更多的努力。”

为有效整合资源，中影以“产业链”概念为核心，按照产业功能进行资源重组。通过组建制片分公司，以投资、参股、租赁、承包经营等形式推进院线建设，成立后电影开发分公司等，整合分散的业务和资源，实现集约化经营，初步形成了专业化的电影生产链条。

然而，改革很难一步到位。2002 年，中影耗资 1500 万元打造的重点商业影片《致命的一击》惨遭滑铁卢，仅收获了 200 万元的票房。中影在制片、宣传、发行等环节还存在较大“鸿沟”等问题逐步暴露，相关机制有待进一步完善。

2. 股份制改造，建立现代企业制度，激发电影创作生产力

2003 年，《中共中央宣传部、文化部、国家广电总局、新闻出版总署关于文化体制改革试点工作的意见》下发，中影集团被列为文化体制改革试点

单位。也正是在这时，经过 3 年重组的中影意识到，制片分公司产权结构和管理机制仍未发生本质变化，要真正做强做大，必须建立现代产权制度和现代企业制度，解决深层次的问题和矛盾。

由此，中影毅然决定进行股份制改造。中影吸引不同性质的资金进入制片环节，组建了中影集团联合影视有限公司、中影华纳横店影视有限公司等，同时还在影院建设、数字技术、后电影开发等领域进行股份制改革的尝试，大胆吸纳来自海内外的投资与先进理念，并在资本合作中牢牢掌握控股权，既积极推动资本发展，又相对规避了行业风险。

伴随股份制改造的实施，一系列适应市场经济、充满生机活力的运营机制在中影实施开来。例如，实行主创收益跟票房挂钩的责任制片人制度，既要求主创人员具有强烈的市场意识，承担必要的经济责任和制作义务，又激发主创人员的创作热情，使其享受票房收益。

股份制改造后，中影在以公司为主体的自负盈亏、自我发展和自我约束中，提高了资产的运营效率，实现了国有资产的保值和增值。

3. 完善全产业链，实现上市融资，探索资本运营之路

大刀阔斧的改革过后，中影开始精修细补，填补此前在制片、宣传、发行等环节暴露出的断链问题，继续完善全产业链，做强做优企业。

2007 年，中影明确提出构建“全产业经营”的发展思路，通过组建营销宣传中心，成立中国电影集团公司制片分公司、中影电影数字制作基地有限公司等，形成了从制片制作、宣传发行，到影院投资、放映，再到电影后产品开发全面发展的全产业格局。

近年来，中影进行了上游优化制片制作业务、中游整合宣发资源、下游规模化扩张的资源整合。其中，中影光峰和中影巴可的成立，加快了中影在产业下游设备销售领域的扩张，企业的融资能力明显增强，掌握全球电影项目的能力和主导权也变得更强。

“集团第一个十年是由小变大，集团第二个十年要由大变强。上市是集团做强的关键。”韩三平认为，上市能促进中影进一步提升市场竞争力，加

快发展，成为行业的领军企业和具有国际竞争力的大型电影企业。为此，2004 年中影就组建了上市工作领导小组，为上市做准备。

然而，“IPO 关闸”、内部领导班子换届等多种因素，都曾在一定程度上延缓了中影上市的节奏。好在历经 12 年长跑，2016 年中影终于成功上市。中影将上市募集的资金补充到了影视剧业务营运资金、数字影院投资、数字放映推广、购买影院片前广告运营权等项目，这些项目的落地保证了公司良好的发展态势，进一步提高了公司的市场占有率，并带动国内电影行业的稳步前进和持续发展。

同时，中影继续布局中影院线全国产业链，以资本运营的方式进一步优化现有全产业链，巩固自身在电影产业中的地位和话语权。

（四）加强研发：走“产学研用”之路，攻坚克难大胆创新

核心技术是国之重器。对中国电影而言，电影技术是产业快速发展中不可或缺的一翼。中影在“中国巨幕”系统相关技术研发过程中，走出了一条“产学研用”相结合的路子，由中影牵头、中国电影科研所配合，联合其他科研机构共同攻关。同时，中影制作、发行等产业链上的公司给予了“中国巨幕”系统相关技术研发很大的支持，从影片的制作到影院播放，从画面到声音再到影院工艺，新产品、新技术不断在产业链上试用、更新、迭代。

在技术方面，中影攻坚克难，解决了物理防盗存在的安全隐患问题，攻克了高能量激光对荧光材料烧灼等多种难题。

在商业模式上，中影同样大胆创新，“中国巨幕”系统采用了与国外巨幕品牌要求的同影城进行票房分成完全不同的盈利模式。其中，为促进激光放映技术的应用落地，中影在以采用替代氙灯光源方式的基础上，推出了新的盈利模式，按小时收费，避免了影院进行整体激光放映设备采购的巨额投资，破解了 ALPD 激光放映技术的落地难题，极大地加速了该项技术在国内外的推广。

更可贵的是，“中国巨幕” 系统相关技术一直在不断升级。“如今我们正

在研发第五代产品，”林民杰说，“中影的技术创新从未止步，也不会止步。”

未来，在消费不断升级的背景下，中影将依托其持续升级的“中国巨幕”系统、ALPD 激光放映技术和“中国多维声”音响技术等多项核心技术，提供“全球高端影院解决方案”，全面提升观影体验，抢占全球电影高端市场。

三、对推动新一轮文化体制改革的突出价值

改革开放 40 年来，中国迅速成长为世界电影大国。但是，快速发展的中国电影行业也暴露出不少问题。这些问题在中影身上也有体现。

一是“两效统一”影片数量偏少，主旋律电影题材突破较难。中影虽然生产了大量影片，但各类型影片个别突围，有高峰无高原现象依然存在，较难满足人民日益增长的精神文化需求。同时，中影推出的主旋律电影题材仍以革命、模范人物等为主，少部分主旋律电影与票房脱节，观众不容易买账。

二是一流电影人才缺乏。受制于体制等多种因素，中影较难培养、吸引、留住从事电影创作的优秀编剧、制片人、导演等一流人才，优秀电影供应不容易顺利接档。

三是电影对国家文化“软实力”贡献不足。中影生产的电影在特色、故事吸引性方面有待提升，国内市场还有红利可挖，导致中影“走出去”意愿不是很强，国际化程度不是很高，一些影片出现“国内热门，海外遇冷”的问题。

四是核心技术“走出去”困难重重。中国电影工业起步晚，相关技术正在奋力直追，中影拥有自主知识产权的技术“走出去”还面临多重困难，需要更多的扶持。

中影是中国电影改革开放的缩影，面对上述问题，中国电影未来的发展，可从改革开放和中影的发展历程中汲取经验。

改革开放 40 年的经验表明，只有通过文化体制改革，破除制约文化事业和文化产业发展的体制机制障碍，才能激发文化创新创造活力，实现社会主义文化又好又快有序发展。中影的实践则表明，无论文化体制改革改什

么、怎么改、何时改，意识形态工作领导权不能放，导向不能变，阵地不能丢，核心技术不能缺，文化自信不能失，中国电影改革永远在路上。

（一）牢牢掌握意识形态工作领导权，才能确保国有文化企业的社会效益和经济效益有机统一

中影的实践表明，只有坚持党对意识形态工作的领导，才能确保意识形态导向正确。国有文化企业只有把牢导向，不断推出主旋律精品力作，才能让主流意识形态获得受众认同和商业价值。

意识形态决定文化的前进方向和发展道路，电影的意识形态属性和产业属性相融共生，在宣传思想和文化娱乐方面有特殊重要作用。这决定了中影等国有文化企业只有在党的坚强领导下，才能确保国家文化利益不受损害、意识形态不受侵袭，才能达到高质量发展要求，才能实现既活得好又走得正。

中影主导和参与的主旋律影片不断刷新票房纪录，实现了“叫好又叫座”，表明国有文化企业面向市场配置资源，通过产业化路径、商业化渠道、多元化表达传达主流价值观，不断进行体裁、题材、展示手段的创新，创作生产思想性、艺术性、观赏性相统一的优秀作品，为人民过上美好生活提供更为丰富的精神食粮，是实现文化产品既有市场又有口碑的不二法门。

（二）坚持内容和技术“两翼齐飞”，才能为人民物质消费和文化消费升级提供强劲动力

中影的实践表明，生动的内容是王道，先进的技术是引擎。只有优质的内容生产，才能保证文艺作品引人入胜；只有高超的技术支撑，才能保障文艺作品内容顺畅表达。

电影本身就是内容和科技的结合体，是观念和手段相结合、内容和形式相融合的创新，是各种艺术要素和技术要素的集成。中影等国有文化企业只有加强关键技术攻关，以先进技术支撑文化内容、文化创意、文化装备的自主研发，创新文艺创作、生产表达和呈现手段，才能让内容表现形式更加多

姿多彩，优化文化产品体验，推动文化产品和服务提质增效，增强人民的获得感、幸福感。

文化科技创新、技术突破是文化繁荣发展的重要引擎，也是消费升级的重要保障。只有加强文化与科技相互融合、相互促进，利用科技创新提升文化产品的创作力、表现力和传播力，增强文化产品和服务的供给能力，才能更好地满足新时代人民日益增长的消费升级需求，推动人民物质和精神文化生活不断迈上新台阶，促进国民素质和社会文明达到新高度。

（三）坚定文化自信，才能处理好彰显特色和引进吸收的关系，在中外文化交流中保持定力

中影的实践表明，文化自信是唤起中华民族自信心的不竭创作动力。只有坚定文化自信，才能在继承和发展中守护中华文明根脉，在碰撞和交融中保持中华文明基因，为中华文化“强根固魂”。

坚定文化自信，要保有对中华优秀传统文化的崇敬与自豪，保有对中国共产党创造的革命文化的敬畏与礼赞，保持对中国特色社会主义先进文化的希冀与信心。要有古今视角，继往开来，使中华优秀传统文化与时代精神相承接；要有中西视角，西为中用，以开放姿态大胆吸收人类社会创造的一切文明成果。

中国文化市场越来越开放，多元文化思潮相互激荡，多样文化主张竞相争鸣。只有坚持文化自信，根植于中华民族最基本的文化基因，在战略上保持定力，在战术上互鉴互动，才能使中华民族精神大厦巍然耸立，在世界文化激荡中站稳脚跟。

（四）深化文化体制改革，推动社会主义文化繁荣兴盛，开创社会主义文化建设新局面

中影的实践表明，在市场经济条件下，推动文化体制改革，可以实现社会效益和经济效益“两效统一”。需要继续总结改革的得与失，提炼可复制、

可推广的经验，为党领导和深化改革储备政治资源。

40年的文化体制改革，使文化事业和文化产业得到区分，文化的创造力和活力得到释放，但改革前后，中国电影导向始终没有变，阵地始终没有丢。当前，我国文化体制改革进入深水区，电影等文化产业还存在不少突出问题，需要进一步强化改革。统筹好文化事业和文化产业发展，建设社会主义文化强国，还需要进一步提炼文化体制改革经验。

要确保党始终掌握文化体制改革的领导权，坚持以人民为中心的工作导向，处理好文化体制改革一般性要求和特殊性要求、意识形态属性和产业属性、政府引导发展和市场培育成长、文化安全和文化开放的关系，使文化体制改革成为强盛国家民族、兴盛中华文化、支撑伟大复兴的价值引导力、文化凝聚力和精神推动力。

附件：中影改革开放发展成就大数据报告

改革开放40年来，作为中国电影产业的“国家队”，中国电影股份有限公司及其母公司中国电影集团公司（下称“中影”），坚定文化自信，推出一系列电影精品，持续推进国有电影企业机制改革，为推动文化体制改革，走出一条市场经济条件下文艺作品实现“两效统一”之路。

为全面反映中影改革开放40年来，尤其是党的十八大以来的发展成就，课题组基于新华社国家高端智库公共政策研究中心承接建设、由中宣部批复的媒体融合发展重点项目——新华社大数据新型智库云项目，对中影相关的数据进行分析研究，形成了本报告。

一、精心打造大批优秀主旋律影片，满足人民群众多元精神需求

（一）主旋律电影广受赞誉

根据课题组统计，从2013年到2018年6月，我国电影市场共上映了161部主旋律电影，其中，中影主投或参投的有14部，占整个市场的8.7%。

基于大数据技术，课题组对党的十八大以来所有上映的主旋律电影评价进行了分析研究（见表1）。

表1　2013年到2018年6月主旋律电影得分一览

总体				
	得分	社会效益	艺术品质	市场反应
平均值	11.39	7.94	13.33	1.77
中位数	9.13	6.67	10.23	0
中影				
	得分	社会效益	艺术品质	市场反应
平均值	18.09	11.83	22.04	1.82
中位数	14.86	8.81	17.92	2.39

从表1可看出，中影推出的主旋律电影得分平均值和中位数均高于总体得分，约为后者的1.6倍。其中，观众对电影的艺术品质和社会效益两方面更为关注，得分值均较高（见图1、图2）。

综合来看，观众对中影推出的主旋律电影评价总体较高，认为其作品具有较高的艺术品质和良好的社会效益。

图1　2013～2017年主旋律电影社会效益得分分布

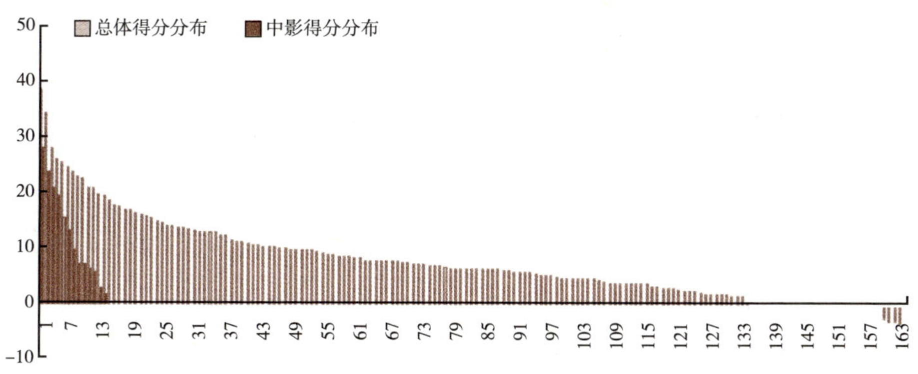

图 2　2013～2017 年主旋律电影艺术品质得分分布

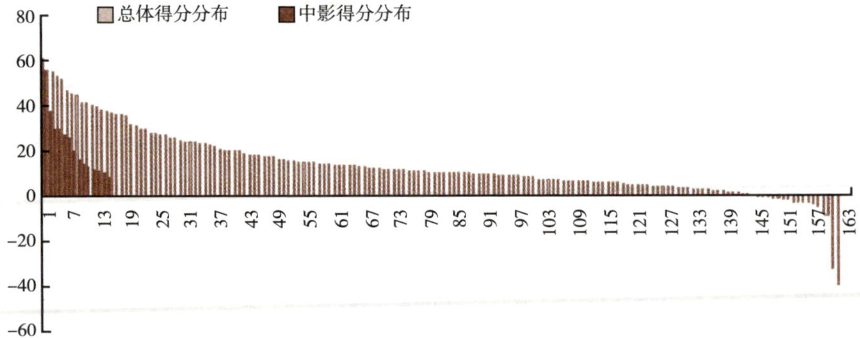

（二）故事片数量居多

根据国家电影局对影片的分类，课题组对中影从 2011～2017 年制作并上映的电影进行了分类和统计，见图 3。

图 3　2011～2017 年中影股份制作电影分类

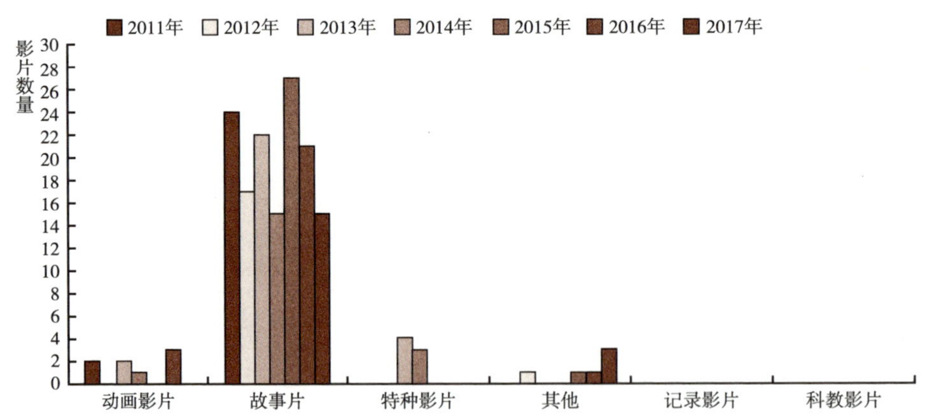

可以看出，2011～2017 年，故事片是中影最主要的电影制作类型，其次是少量动画影片。同时，中影也参与制作了不少特种电影。

（三）坚持推出农村和少数民族题材及公益类电影

在中影每年制作发行的众多影片中，还有不少农村和少数民族题材及公益类电影。据课题组统计，2000 年以来，中影参与制作的上述电影总计 26 部，发行 30 部（见图 4）。

图 4　中影制作发行农村、公益、少数民族电影总量

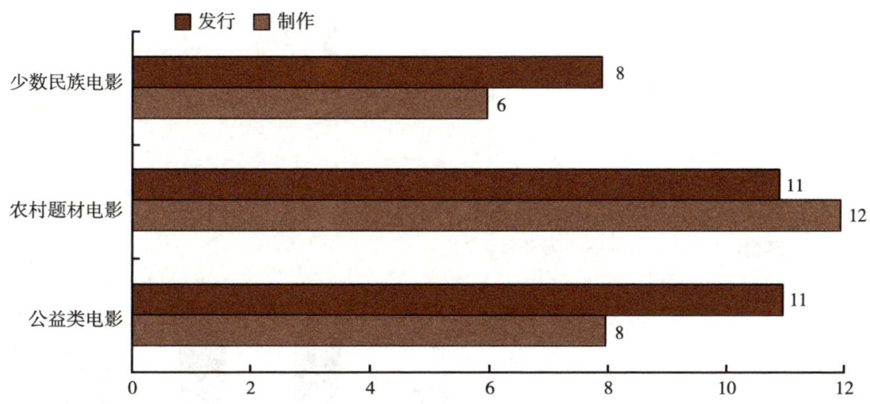

二、行业竞争日趋激烈，营业利润稳步增长

（一）营收数据分析

近年来，越来越多的民企涉足电影行业。面对日趋激烈的市场竞争环境，中影仍保持了稳步发展。从 2015～2017 年的营收情况看，其总资产、营业收入以及归属于上市公司股东净利润均呈上升趋势（见图 5）。

图 5　2015～2017 年中影股份经营性指标一览

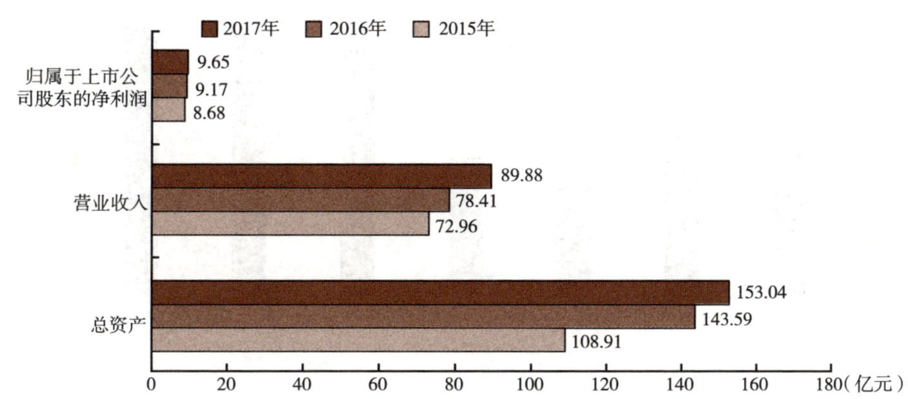

从图 6、图 7 可看出，2011～2017 年中影股份营业收入及归母净利润持续增长，但营业收入及归母净利润复合增长率（CAGR）波动较大，其中 2014 年、2015 年达到 7 年中的峰值。

分析各业务板块收入、利润情况可发现，电影发行是中影股份的收入及利润的主要来源，其次是电影放映。如图 8 所示，2017 年，中影股份营业收入中电影发行占 61%。

图 6　2011～2017 年中影股份营业收入及其复合增长率（CAGR）

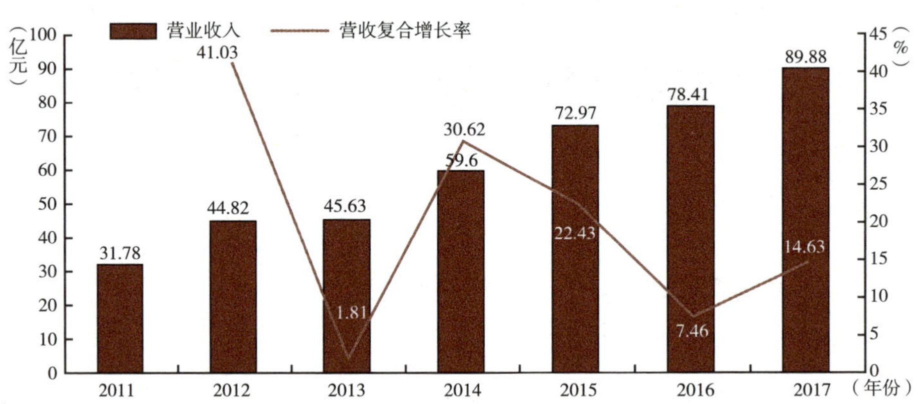

图 7　2011～2017 年中影股份归母净利润及其复合增长率（CAGR）

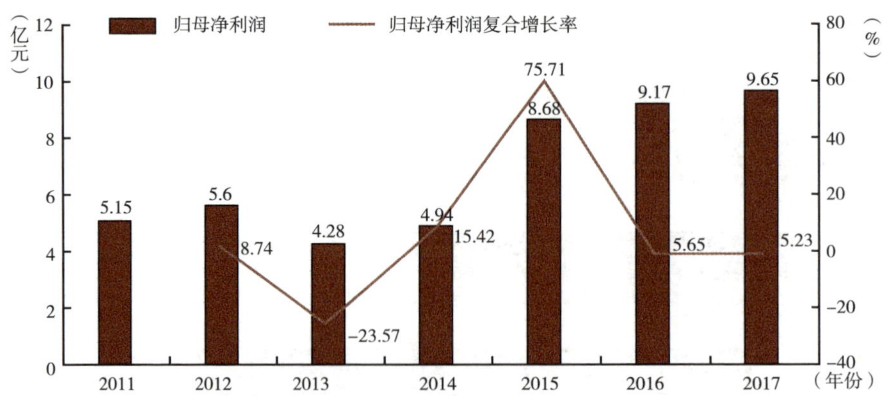

图 8　2017 年中影股份各项营业收入占比

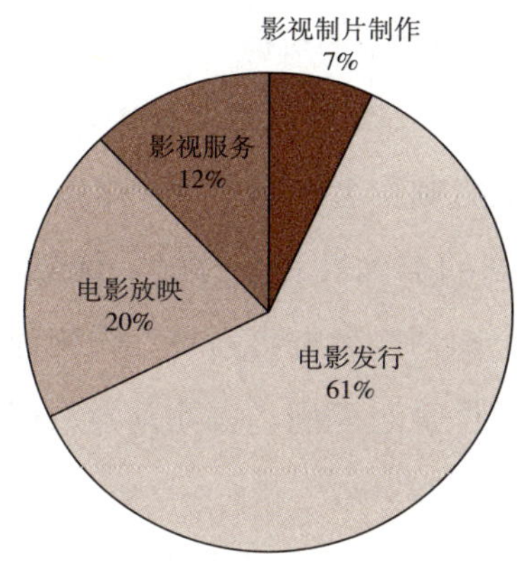

（二）主要竞争对手情况

中影的主要竞争对手为上海电影、万达电影、华谊兄弟、光线传媒和博纳影业集团。从图 9 可看出，总资产方面，中影在行业内位居第三，仅次于万达和华谊；营业收入和归属于上市公司股东的净利润，中影均排名第二，仅次于万达。

图 9　2017 年五大影视公司经营性指标一览

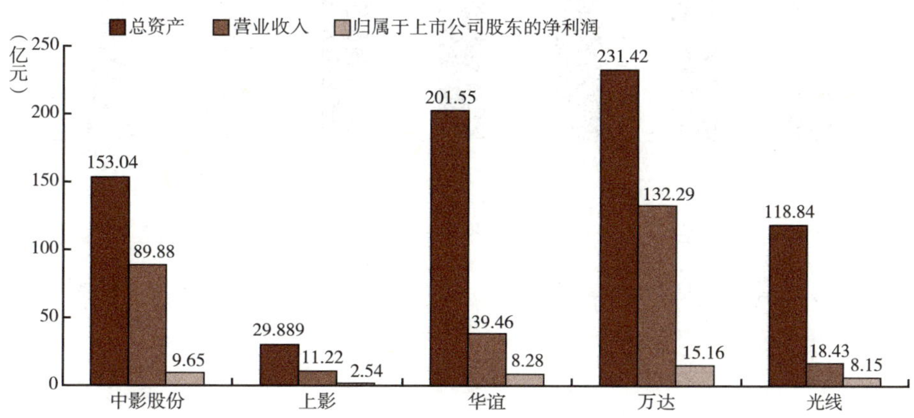

（三）中影的电影制作及市场表现

1. 电影制作上映率、票房与市场份额

由于各大影视公司每年计划制作的电影中，只有少部分电影能最终上映，因此课题组引入了电影制作上映率①这个客观指标并进行了计算。关于票房的计算，为保证数据的准确性和合理性，课题组选择了CBO、中国电影网、时光网和猫眼四个国内知名电影网站，先统计各公司近几年制作电影的票房，然后构建一个数据筛选模型，去除差异数据后取平均值，得到各电影的票房值及总票房。

从图10可以看出，中影和华夏的影片上映率较高，两者都超过了90%，表明两家公司的影片制作和转化效率较高。

图10　七大电影公司制作总数及影片上映率

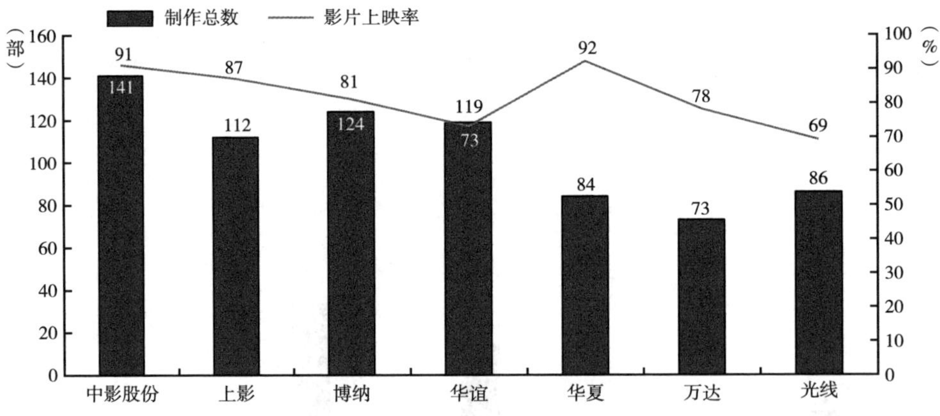

从七大影视公司票房情况（见图11）可看到，2011～2017年，中影推出影片的总票房位居榜首，高达338.85亿元，2017年总票房位居第三，达到76.85亿元。

① 电影制作上映率 =（上映电影数 / 计划制作电影数）× 100%。

图 11 七大影视公司票房指标

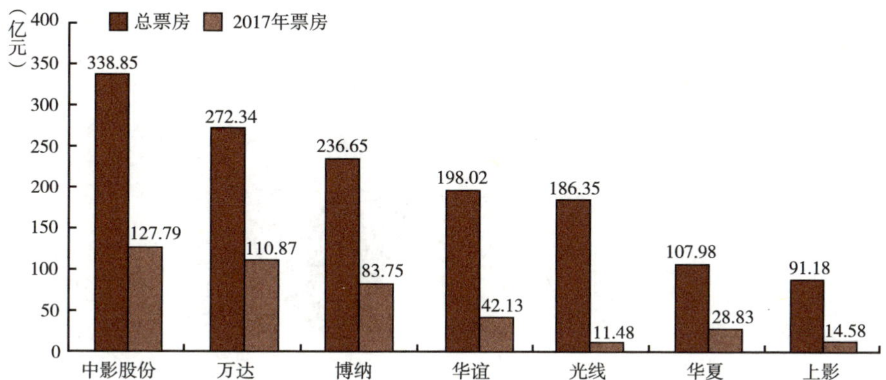

2. 院线数、银幕数与观影人次

课题组对中影参、控股院线旗下影院数、银幕数、座位数、票房及观影人次进行了统计，并计算这些指标占全国前十院线的百分比。

从表 2 可看出，在座位数占比、票房占比、人次占比等指标方面，中影占全国前十院线比重都超过 40%。从图 12、图 13 则可看出，中影参、控股院线旗下影院数占全国前十院线比重高达 48.52%，旗下银幕数占全国前十院线比重为 44.59%。

图 12 中影参、控股院线旗下影院数占全国前十院线比重

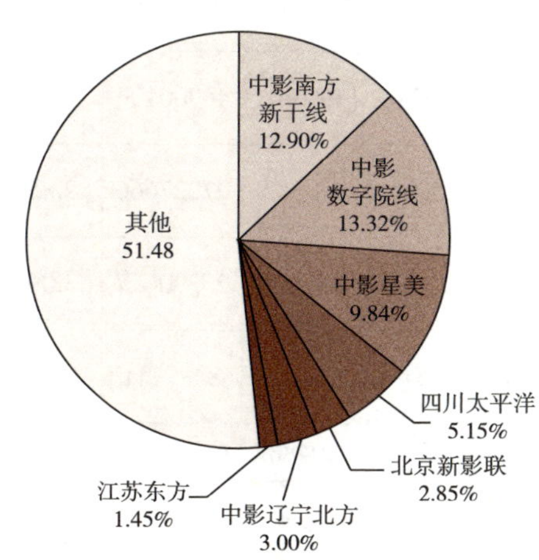

图 13　中影参、控股院线旗下银幕数占全国前十院线比重

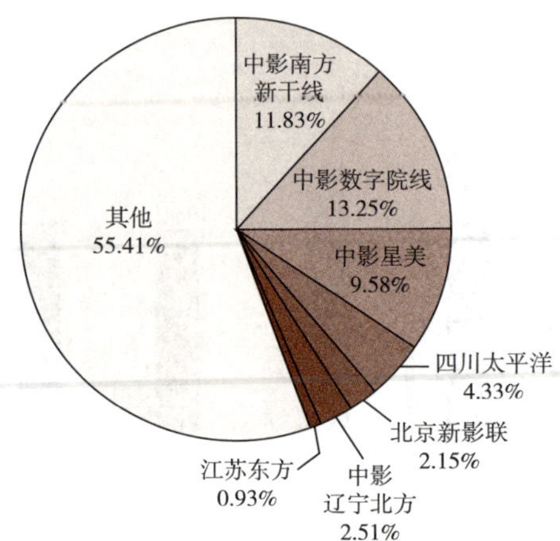

表 2　中影参、控股院线基本指标及其占前十院线比重

2018/6/6	影院数（个）	座位数（个）	银幕数（个）	票房（万元）	人次	影院数占比（%）	座位数占比（%）	银幕数占比（%）	票房占比（%）	人次占比（%）
中影南方新干线	800	568741	4453	408015.8	117722906	12.90	10.91	11.83	10.34	10.42
中影数字院线	826	682489	4985	407845.4	122191686	13.32	13.09	13.25	10.33	10.82
中影星美	610	492250	3607	398161.6	112915032	9.84	9.44	9.58	10.09	9.99
四川太平洋	319	202565	1631	159954.1	46900196	5.15	3.88	4.33	4.05	4.15
北京新影联	177	124143	809	104556.8	27227666	2.85	2.38	2.15	2.65	2.41
中影辽宁北方	186	124881	945	76101.3	25390627	3.00	2.39	2.51	1.93	2.25
江苏东方	90	60195	351	25853.6	8489711	1.45	1.15	0.93	0.65	0.75
合计	3008	2255264	16781	1580488.6	460837824	48.52	43.25	44.59	40.04	40.79

资料来源：艺恩数据，http://www.entgroup.com.cn。

3. 制作电影效率值[①]

为了解各电影公司每年制作和上映电影的效率（即平均每部电影能带来多少万元票房），课题组还引入了单部电影效率值[②]这一指标。

从表 3 可看出，除华夏发行公司外，各大电影公司的单部电影效率值均超过 3 亿元，其中，中影位列第四。

表 3 2012～2017 年各公司制作电影的效率值

单位：万元

公司 \ 年份	2012 年	2013 年	2014 年	2015 年	2016 年	2017 年	平均值
中影股份	13879.14	15979.44	13643.62	14214.97	49736.46	85389.11	32140.46
上影	17696.02	6960.633	7994.584	38762.68	106808.6	24295.96	33753.07
博纳	6002.571	7144.052	34877.21	28504.85	35378.72	69792.65	30283.34
华谊	24888.6	38127.46	1587.122	37046.58	22278.72	56358.69	30047.86
华夏	2926.921	2555.004	11584.24	7873.819	22337.76	36038.58	13886.05
万达	10192.13	12867.67	37129.19	58710.67	20547.59	58354.83	32967.01
光线	20250.83	27767.56	33266.93	44486.92	71362.44	28690.57	37637.54
行业均值	13690.89	15914.55	20011.84	32800.07	46921.46	51274.34	30102.19

从图 14 可发现，中影除 2014 年、2015 年外，制作电影效率值均与行业均值持平或高于行业均值。

4. 热门电影参与度

课题组通过统计分析 2013～2017 年票房排名前十的影片（见图 15）发现，在七大影视公司中，中影参与制作的热门电影最多。5 年来，中影参与制作年度票房前十电影的数量高达 10 部，占总体的 20%。

① 效率值 = 该公司制作并上映的电影票房贡献 / 制作并上映的影片数量。

② 单部电影效率值 = 票房贡献 / 影片数量。

图 14　2012～2017 年各公司制作电影效率值变化趋势

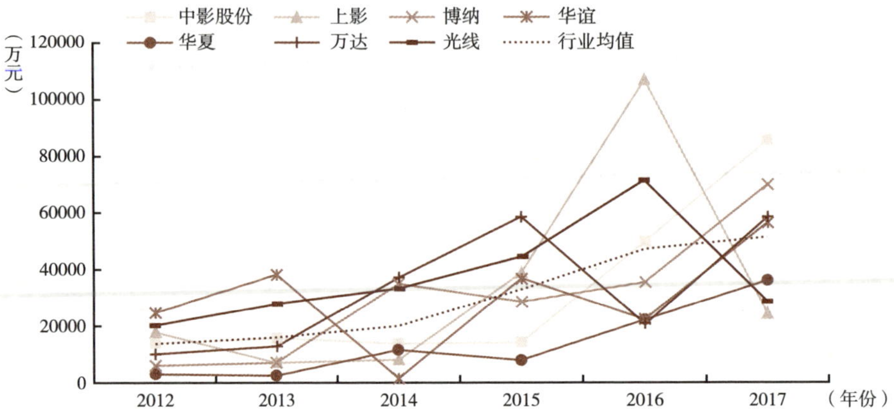

图 15　2013～2017 年票房前十电影中各公司参与制作的数量总计

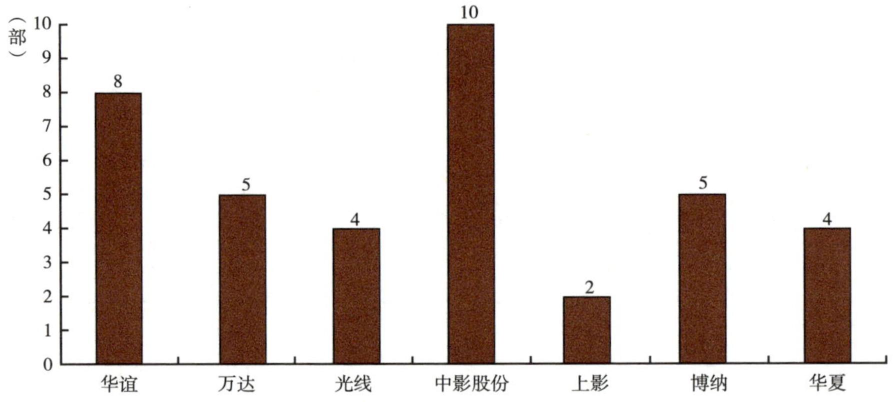

5. 国产与合作拍摄影片数量

课题组对中影、上影、博纳、华谊①等几家公司 2011～2018 年制作电影中的国产片和合拍片数量进行了统计和分析（见图 16）。可见，华夏在制作合拍片方面有着绝对的话语权，其次是中影和华谊。

① 华谊公司分为华谊传媒和华谊电影两个子公司进行统计。

图 16　2011～2018 年各公司制作国产与合作拍摄影片数量

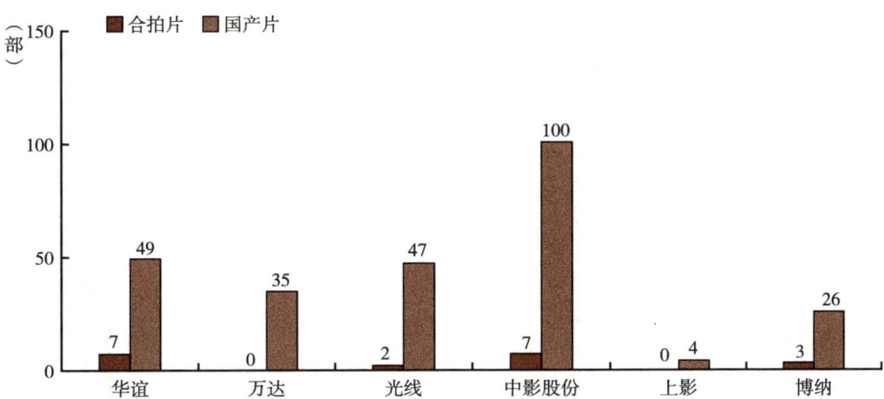

三、加强中外文化交流，推动中国电影“走出去”

2006 年至今，中影在海外发行的影片共 36 部（见图 17），海外发行总票房达 23.58 亿美元。

图 17　中影海外发行数量（2006 年至今）

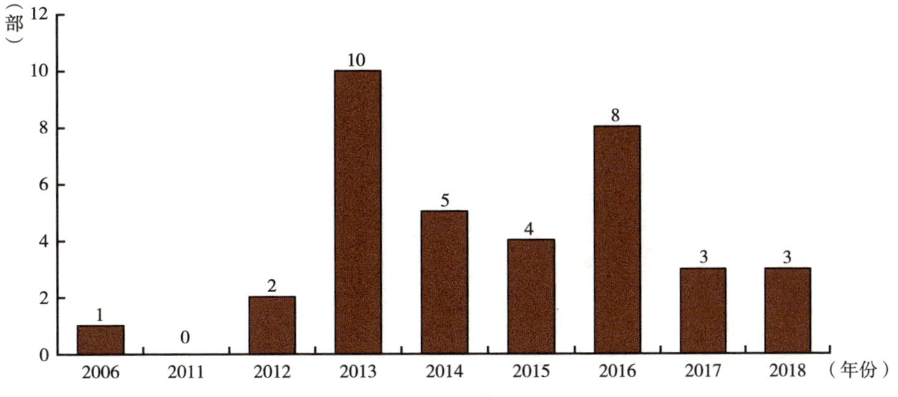

课题组通过 BOM 和 hk.dorama.info① 统计了中影 2006 年至 2018 年 6 月

① BOM，即 Box Office Mojo，是亚马逊公司旗下一个系统性计算电影票房的网站，用于统计除大中华地区外的票房。hk.dorama.info，即“香港偶像剧场”，用于统计香港和台湾地区的电影票房。

海外发行票房情况（见图 18）。目前，中影已达到历史上海外发行电影票房的最高峰。这得益于 2018 年《捉妖记 2》《西游记女儿国》《唐人街探案 2》这 3 部重量级影片在海外取得的可观票房收入。

图 18　2006年至2018 年 6 月中影海外发行电影总票房

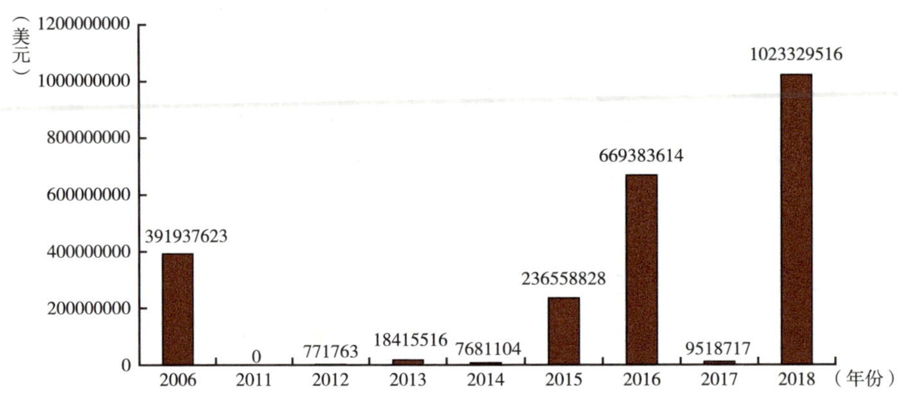

目前，中影拥有自主知识产权的“中国巨幕”和 ALPD 激光放映系统已成功出口到美国、印度尼西亚、印度、阿联酋等国家和地区。

同仁堂：传承创新的百年老店

国务院发展研究中心企业研究所

北京同仁堂始创于1669年，至今已有349年的历史，是中药行业的知名老字号。历史上，同仁堂曾供应清宫御药，历经八代皇帝188年。新中国成立后，同仁堂积极响应政府号召，1954年率先实现公私合营。党的十一届三中全会之后，传续300多年的同仁堂老字号得以恢复。作为一家老字号的国企，改革开放40年来，同仁堂继承了300余年丰厚的历史文化遗产，弘扬了敢为人先的创新精神，续写了百年老字号的新辉煌，为国企的改革和发展提供了许多有益的经验。

一、改革开放，成就同仁堂从百年老字号发展为国际化企业

20世纪90年代初期，随着我国社会主义市场经济的逐步建立，计划管理体制的弊端日益显露，改革迫在眉睫。当时，对如何改革的看法并不统一。最时髦的改革口号是“承包制”，认为中国企业的弊病在于“大”，应该化整为零、“船小好调头”的看法很普遍。药材公司的领导没有盲目跟风，认为旧的体制已经不适应今天的形势，必须改革，但承包制行为短期化、管理原始粗放等的弊端不适合同仁堂这样的大型国企；片面强调“船小好调头”是对市场风险的认识不足。中药行业需要规模化经营。一服药方中，可能用

到南方的杭菊、北方的党参、中部的川贝、西部的云苓，甚至进口的牛黄等，缺一味药就会影响疗效。规模化、集团化经营更有利于中药业的发展，“船大才能经风浪”。

“好风凭借力，送我上青云。”邓小平南方谈话的劲风吹遍了大江南北，同仁堂集团化发展的改革方案也落到了实处。1992 年 7 月，以北京药材公司以及同仁堂制药厂和同仁堂药店等 21 个核心单位组成的“中国北京同仁堂（集团）有限责任公司”正式成立了，这是同仁堂乘改革春风、“老树绽新花”的起点。

（一）猛药治急症，大胆试水资本市场创造“同仁堂模式”（1995～2001 年）

旧的体制打碎了，新的体制还没有建立起来，新同仁堂的发展并不是一帆风顺。20 世纪 90 年代中期，和大多数较早进入市场的国有企业一样，同仁堂饱受着市场不规范、资金匮乏、内部管理不规范等问题的困扰。特别是大规模的三角债使同仁堂有钱收不回，“打开账本黄金万两、合上账本分文皆无”；靠欠原料款维持再生产，企业负责人逢年过节必外出躲债；举债过多，银行信用等级 3B，想贷到款比登天还难；手上没钱，半截子工程一大堆……此时的同仁堂集团更像是一艘刚刚拼凑起来的大船准备起航，不仅四处漏水，内部零件的运转也并不顺畅。

1995 年，新一届领导班子诞生了。他们认为，同仁堂刚刚在市场经济的道路上探索，正在寻觅方向、探索规律，加上生产混乱、供销断流、资金匮乏的现实，集团必须坚决贯彻党中央“发展才是硬道理”的精神，尽快走出发展困境，在发展中解决问题。

1.“三个坚决”和“三个划分”，解决了三角债和销售渠道混乱的燃眉之急

三角债的大环境下，加速回款是关系生死存亡的重要任务。领导班子提出了“三个坚决”的紧急措施：没有订单的产品坚决不生产，不能回款的单位坚决不给货，应收的账款坚决收回来。“三个坚决”如同止住了重伤员的

出血点，企业现金流情况逐步好转，为转型调整赢得了时间与空间。但下这样的决心的确不容易，因为“产值”还是当时考核企业领导人业绩的重要标准，“产值”下降有可能影响到“乌纱帽”。针对内部销售乱局，强力推动产销分开（销售由销售公司负责，工厂不再自产自销）、市场分开（本地、外埠和海外）和渠道分开的“三个划分”策略，理顺销售渠道，避免内部竞争，为加速生产运转和资金回流创造了条件。由于决策正确，执行得力，短短几年时间，同仁堂走出了最困难的时期。

2. 在上海和香港两地上市，解决发展的资金瓶颈

“三个坚决”和“三个划分”在很大程度上解决了企业的燃眉之急，但并未从根本上解决企业的发展问题。着眼于长远发展，领导层又提出了“四个突破”：建立一个完善的、集团自己能控制的销售体系；建立一个多制剂的企业群；整合科研资源，整顿科研力量，研究新产品、新工艺；建立一个多法人制的、符合同仁堂集团实际的现代企业管理制度。“四个突破”点燃了同仁堂人心中的希望，但此时却还“力不从心”，最缺乏的“力”就是资金。经过反复调研、分析、研讨，领导班子深刻地认识到，要使同仁堂彻底摆脱困境，必须从体制机制上进行创新，不但要解决企业发展的资金问题，更要解决从传统企业向现代企业的转型问题。1992 年，邓小平发表了证券和股市可以试一试的讲话，国内股市开始起步。同仁堂领导班子意识到必须抓住资本市场发展的难得机遇，1996 年下半年，同仁堂集团选择背水一战，经过谨慎研究启动了上市融资计划。经过半年多的艰苦努力，由北京同仁堂集团独家发起，北京同仁堂制药厂、北京同仁堂制药二厂、北京同仁堂中药提炼厂、北京同仁堂药店等 7 家绩优企业组建成立北京同仁堂股份有限公司，并于 1997 年 6 月 25 日在上海证券交易所挂牌上市，募集资金 3.4 亿元。募集资金主要用于符合“四个突破”方向的 9 个项目：生产项目 6 个，研发 2 个，销售网络 1 个。同仁堂股份成功上市，让老字号企业以公众公司的形象出现在市场上，其公开、公正、透明的规范运作方式还提高了企业管理水平，这让同仁堂领导班子更加确信，作为竞争性领域的大型国有企业，走资本运作

之路，是实现彻底“脱困”的好渠道。2000 年，同仁堂集团又把科技含量比较高的北京同仁堂制药二厂、北京同仁堂中药提炼厂和进出口公司，从北京同仁堂股份有限公司中分离出来，成立北京同仁堂科技发展股份有限公司，在香港联合交易所创业板上市，募集资金 2.39 亿元，实现了一笔资产两次上市，这也被称为“同仁堂模式”。同仁堂科技在香港上市，打通了同仁堂产品、中医服务、品牌走向国际市场的通道，也让同仁堂人认识到了传统中医药市场的海阔天空。

3.“三分开”，不断推进现代企业制度建设

公司上市后，一些管理者还不适应上市公司的管理制度，仍然习惯于工厂管理模式，出了不少问题。同时，在资产管理、品牌管理、财务管理上也有重叠、交叉等情况，这些都不利于集团整体的发展。2000 年 7 月，同仁堂提出“三分开”，即集团公司和两个上市公司采取经济分开、生产经营分开和人员分开。“三分开”模式比同仁堂过去的管理方式更加合理、细致、严格，不仅符合上市公司规则的要求，也有利于同仁堂集团的长远发展。

（二）由表及里夯实本源，分工明确实施“1032”工程（2001～2010 年）

从 2001 年开始，同仁堂集团的工作重点是内部体系梳理。集团以优质资产组成了两大上市公司，但下属企业多达几十家，不仅实力参差不齐，业务更是五花八门。通过深入研究，集团依次采取了厘清核心主业、撤并周边三产、重组同类资源、托管互补资产的手段，组建了十大公司（后期整合为六大二级集团）。

1. 术业有专攻，撤小并大

同仁堂集团有许多体制落后、设备陈旧、又小又杂的“杂八凑”小企业，它们源自 20 世纪 80 年代开办的劳动服务公司，俗称“三产”。它们经营的项目不仅与主业没有任何关系，还要分散同仁堂的财力、人力、精力。为了坚持“术业有专攻”，领导团队一举撤销了 43 家“三产”小企业。

2. 化腐朽为神奇，重组资源、托管资产

同仁堂还有一些“老大难”企业，大都有几百号人，设备落后，人员老化。这些企业就像一群偎在母亲身边迟迟不能断奶的孩子，不仅会让母亲的乳汁枯竭，也不利于孩子的成长。领导层经过充分的市场调研，决定撤销北城批发部，成立北京同仁堂参茸药材公司。这并不是单纯换块牌子，而是既换“面子”又换“里子”的实干，公司一成立就狠抓产品开发，并利用电脑网络平台等新技术改造、扩大仓储设施。同仁堂还创新了托管方式，将南城批发部托管给股份公司，把供应储运站托管给科技公司，让这些“老”公司和上市公司在资源与人员等方面取长补短。通过多种方式，同仁堂不仅让这些企业脱离母体，化消极因素为积极因素，也让母体从重负中解脱出来。

同仁堂集团在撤销“三产”小企业和托管“老大难”企业时，两千多名员工安置是一个躲不过、绕不开的难题。当时，减员增效一度被认为是国企改革的通用模式。但同仁堂并没有让这些员工“买断工龄”，更没有“一卖了之”，而是创新“转岗不下岗”的方式，拨巨款进行培训，让需要转岗的员工都能胜任自己的新工作。同仁堂没有让一位员工下岗，没有把一位职工推向社会。工人们都说：在同仁堂，只要努力，就可以踏踏实实地干一辈子。

3. 落实发展定位，实施“1032”工程

2001 年，同仁堂邀请国务院发展研究中心的专家为企业今后十年的发展做了定位，明确为“以现代中药为核心，发展生命健康产业，使同仁堂成为国际知名的现代中医药集团”。围绕这个定位，同仁堂集团从 2002 年 10 月开始实施“1032”工程，即一个“10”，三组“2”。一个“10”就是建设十大公司，三组“2”就是两个基地（股份公司和科技公司的亦庄生产基地）、两个中心（培训中心和信息中心）、两个院（同仁堂研究院和同仁堂中医院）。

至此，同仁堂形成了股份公司继承传统产品、科技公司开发新药新品、国际和国药公司主打海外市场、参茸公司主攻中药饮片、健康药业瞄准保健市场、商业集团构建零售网络的差异化布局。通过推动十大公司独立运行、各有侧重、资源共享、整体发展的策略，同仁堂集团真正理顺和盘活了自身

的资产，打造了跨地区、跨国界和跨所有制的新经营格局，将同仁堂这家百年老店带入了全新的时代。

（三）依法治企，推进现代企业制度建设（2011年至今）

党的十八届三中全会提出，推动国有企业完善现代企业制度，健全协调运转、有效制衡的公司法人治理结构，进一步为同仁堂指明了依法治企、建设现代企业制度的方向。

同仁堂“1032”工程取得巨大成功，但随着企业发展到新的阶段，也出现了新问题。一是同业竞争。一些企业出现了产品同质化严重的问题，造成新的“内耗”。二是存在“诸侯经济”的危险。随着二级集团实力增强，有的企业只顾追求自己企业的利益最大化，如果不适时转型、改进管理，就有可能出现“诸侯经济”。三是存在“大而全”“小而全”的问题，既浪费人力、物力，也容易引起混乱。为此，同仁堂制订了新的发展计划，并适时建立了相应的管控和协调机制。

1. 制订“123456”计划

同仁堂集团与时俱进，积极转型，制订了“十二五”规划。“12345”是目标，“1”是实现主要经济指标翻一番，“2”是零售及医疗网点突破两千家，“3”是三百种新产品研发上市，“4”是抓好四个重点项目的建设，“5”是保持和发展五个全国同行业第一，“6”是六大二级集团是载体。同仁堂集团犹如远航的船队，六大二级集团是满载的航船，“12345”是目标的港口。

2012年，同仁堂集团成立了经济运行与资本运作管理委员会、财务运行与管理委员会等八个委员会。委员会成员由一级集团和六大二级集团、三个院的专业领导组成。委员会制是部门之间横向的管理和协调机构，执行合议制，这是同仁堂前瞻性的创新和探索，针对的是处于萌芽期的或潜在的风险。通过提高专业水平，共同解决生产经营中的难点问题，使母子公司以及子公司之间协调发展。

2013年，同仁堂集团制定了《进一步规范法人治理结构，明确母子公司管理权限的意见》和《集团公司建立并实施的四项联动机制》两个文件，这标志着同仁堂集团进一步“完善法人治理结构，推进现代企业制度”进入实操阶段。

2013 年 5 月 7 日，同仁堂将境外资产进行重组，成立了集境外工业、商业、科研为一体，并由北京同仁堂科技发展股份有限公司控股，专营境外市场的北京同仁堂国药（香港）有限公司，其在香港创业板成功上市，实现了第二次“分拆”，募集资金约 7 亿港元，全部用于境外发展，包括扩展零售和分销网络、建立香港中医保健中心、扩产安宫牛黄丸等项目，以形成由科研、采购、生产、销售组成的一条龙式的闭环实体。同仁堂国药的成功上市，创造了同仁堂境外资产、境外企业、境外上市的典范，并于 2018 年 5 月 29 日将其转入主板。

改革开放 40 年来，北京同仁堂在传承与创新理念的引导下，从一个基础较差的老牌国企，成长为了一个拥有现代制药业、零售业和医疗服务三大板块，总资产超过 270 亿元，年销售额超过 180 亿元，年利润超过 25 亿元，年出口创汇超过 1 亿美元的国际化中医药企业集团，实现了四个突破、创造了五个第一。

2. 实现了四个突破

一是所有制上实现重大历史突破。1991 年全部是国有制，现在还有中外合资、社会资本合资、纯民营经济等多种所有制形式，在体制机制上发生了深刻的变化。二是开辟了许多新的领域，不单纯制药卖药，还开辟了医疗、保健新领域；不单纯经营产品，还经营文化。三是地域上有了大的突破。走出四合院，走向全国；跨出国门，走向世界。四是企业模式突破。按照客观经济规律，除集团一级法人外，还设立了多级法人，从工厂制到公司制，再到集团化。

3. 创造了五个第一

“五个第一”包括：销售收入居全国同行业第一；海外终端零售网点及出口创汇居全国同行业第一；销售额超亿元的大型零售旗舰店数量居全国同行

业第一；拥有产品品种数居全国同行业第一；拥有中医医院、中医医馆、中医诊所数量居全国同行业第一。

同仁堂集团先后荣获中国质量奖（国家质检总局颁发）、首批中宣部“诚信之星”、全国创建和谐劳动关系模范企业、全国医药行业思想文化建设先进单位、最具价值中国品牌50强企业等诸多荣誉称号。同仁堂商标获得了“中国商标金奖－商标运用奖”和“马德里商标国际注册特别奖”。作为首批“中华老字号”企业，“同仁堂中医药文化”“传统中药材炮制技艺”“安宫牛黄丸制作技艺”相继被列入国家级非物质文化遗产名录。

二、传承文化、坚守品质是同仁堂长期高质量发展的奥秘

同仁堂300多年的发展史，积淀了厚重的文化，这是同仁堂得以基业长青的基础。改革开放以来，同仁堂集团既是文化传承的代表，也是企业创新的先锋。

（一）秉承文化与经济双轮驱动的发展理念

同仁堂始终秉承“同修仁德，济世养生”的企业精神，恪守“炮制虽繁必不敢省人工，品味虽贵必不敢减物力”的古训，坚持“修合无人见，存心有天知”的自律意识，生产放心药、良心药。改革开放以来，同仁堂文化被赋予了新的意义，提升到新的高度，充实了新的内容。

十大文化构筑了同仁堂的文化大厦：善待文化（以仁为根，善与人同）、诚信文化（以义为上，义利共生）、自律文化（以“天”为敬，不负良知）、服务文化（以世为怀，润泽全球）是同仁堂的道德根基；质量文化（以质为先，至优至精）、人本文化（以人为本，人业共兴）、整合文化（以和为贵，兼容并蓄）是同仁堂的经营智慧；经营文化（以药为基，高效集约）、创新文化（以变为径，追求卓越）、发展文化（以稳为重，速效统一）是同仁堂的发展理念。

集团成立专门机构，负责同仁堂文化的挖掘与普及；制定了《同仁堂文化发展战略》和《“十二五”文化与教育工作规划》；编辑出版了《国宝同仁堂》《传承与发展——同仁堂改革发展二十年记》《同仁堂文化手册》等企业文化宣传普及教材，推出了电视剧《戊子风雪同仁堂》、京剧《风雨同仁堂》、评剧《风起同仁堂》等文艺作品宣传推广同仁堂文化；成立了同仁堂教育学院和同仁堂博物馆，定期对干部职工进行业务技术与文化教育普及。

同仁堂把文化和经济当作鸟之两翼、车之两轮；把文化当作血液、灵魂，当作企业生生不息的源泉和传承优良基因的载体。2011 年，提出了“既是经济实体，又是文化载体”的双轮驱动发展理念，将企业的经济主体属性和文化传承载体属性有机地统一在“同仁堂”品牌之中，统一在同仁堂质量文化之中。双轮驱动理念脱胎于同仁堂的发展历史，它的创建是文化先于企业产生。中央大力支持中药产业等具有中国传统文化要素的产业、行业发展，将文化作为驱动经济发展、道德提升、社会前进的重要因素予以强化和重视。同仁堂作为延续 349 年的中华老字号企业，既是经济实体，也是中医药文化、中华优秀传统文化的传承载体。

（二）长期践行高质量发展观：做长、做强、做优、做大

“做大、做强”和“做长、做强、做优、做大”的区别，并不是字数的增减、排序的先后，最根本的区别是如何理解“科学发展”这个大题目。“做长、做强、做优、做大”既折射着同仁堂文化的光彩，也坚持了科学发展观中可持续发展的理念。凡事不能急于求成，要为发展提供最充分的条件，量变才能质变，实际上就是正确处理发展中速度和质量的关系。同仁堂稳健的作风，也继承了老同仁堂的遗风，只不过其根据时代的需要，摒弃了“只此一家，别无分号”的方式，在做长、做强、做优的前提下做大。

因为把“做长”放在第一位，同仁堂特别重视质量。在制药环节，虽然大部分工序已采用机械化生产，但在中药生产的最关键环节——前处理工序，仍然沿用同仁堂传统的加工炮制方法，保持着人工挑拣、去毛、去刺等

传统手工操作，去除非药用部位。2011 年，同仁堂对系统内工业单位 500 多个物料供应商和生产商，1000 多个品种的辅料、包材以及上万种经营商品的供应商资质开展了全面质量审计，终止了同 21 家资质不健全、存在质量隐患的供应商的供应合同，确保了物料质量和采购渠道资质符合标准；对 46 家商业加盟店逐一进行了认真分析，其中 7 家不符合同仁堂品牌和诚信要求的药店被终止了加盟合同。

同仁堂集团不追求某种药的市场占有率。因为中药是资源型产业，中药材要占用土地，有生长周期，产量要根据药材的资源情况而定。

“做长、做强、做优、做大”的发展观，不仅着眼于本企业，更是着眼于整个中药业的长远发展。为了做长、做强、做优、做大，同仁堂绝不透支未来、绝不拼价格、不搞短期行为，坚持“发展要服从速度”的原则。

（三）文化与制度相结合的双重约束

“修合无人见，存心有天知”等堂训从道德层面约束员工的行为，使他们能够慎独，严格按工艺流程操作。一方面，集团一直保持着传统的师带徒制度，并不断赋予新的内容。建立了大师工作室、首席技师工作室和劳模创新工作室，在传承技艺的同时，传承文化，传承人品。

另一方面，同仁堂用刚性制度约束行为。同仁堂建立健全了以“法人治理结构”为核心的现代企业管理制度，形成了以法管控、依法治企的管理格局。集团通过贯彻实施内部控制，填补了 4 大类 28 项制度空缺，实现了制度不缺席；同时，注重原则与灵活的有机统一，确定了重大、复杂事项的部门联动机制，保障了企业运行发展的稳定和问题的快速处理解决；此外，还设立职工民主接待日制度，使企业领导层与基层的沟通顺畅。

（四）加大研发力度，科技护航发展

同仁堂作为首都生物医药的龙头企业，着力在开发开展企业和行业空白领域及重大疾病领域的创新药研制、解决中药行业共性技术问题推动中药创

新产业发展、建立高于国标和地方标准的企业内控标准体系以及对众多名优品种进行深入的挖掘等方面进行研究。目前集团拥有一个国家工程中心和博士后科研工作站。1992 年至今，已累积开发新产品近千个。北京同仁堂先后于 2015 年和 2017 年两次获得北京市科学技术一等奖。

“中药抗抑郁的物质基础与神经生物学机制研究”项目积极探索并找到了中药巴戟天中抗抑郁的有效成分，进行系统评价，历经 14 年的时间开发出国内首个具有自主知识产权的中药 5 类抗抑郁现代中药巴戟天寡糖胶囊，上市当年被评为“新药重大专项标志性成果”“十大重磅处方新药”。

“中药生产过程控制可靠性工程理论与关键技术应用”项目突破传统中药质量控制理念，率先提出基于功效成分的中药生产过程质量控制模式，针对中药成分复杂、药味多、工艺独特和生产流程长等特点，由事后检测前移至生产过程控制，由化学指标检测提升为功效成分控制，引领中药生产过程控制学术发展，推动中药行业生产过程控制技术升级换代，为同仁堂的品牌保护提供了坚实的技术保证。

（五）融入科技管理，打造全链条质量保障体系

同仁堂传承以质量和诚信为核心的中医药文化，将传统经验、技艺和现代管理、技术进行有效地融合，对药材种植、原料筛选、生产加工、检验把关、售后追踪实行全链条的质量控制，让老百姓能够用上放心药。

同仁堂在源头把关环节，针对药材植物多样性特点，建立了 12 个自有中药材种植基地，通过质量审计筛选稳定了几十家有资质的原料供应商，采取专家经验鉴别和仪器检测相结合的“双保险形式”，对原料进行“双重把关”，确保原料质量。

在生产控制环节，同仁堂针对中药生产特点，坚持工艺技术改造与创新相结合，自主研制标准化生产线，在传统炮制工艺、制剂、包装等关键工序融入现代生产技术，规范了生产流程。通过实施 GAP、GMP、GSP 等现代质量控制体系，改善传统工艺，规避安全风险。

在产品检验环节，同仁堂在感官经验判断的基础上，加大质谱仪、色谱仪等先进科技检测仪器采用力度，强化对产品理化指标以及农残、药残等有害成分的检验，确保了药品出厂质量。

在售后服务环节，同仁堂使用电子监管码，建立药品追溯体系，用信息化手段加强对原料、产品、流通全过程监控，实现了防伪与溯源的双重功能。制定零售店、医院工作守则，加大了对连锁店、医疗机构等服务终端的规范管理。同时，立足行业整体发展，自主研制相关标准，率先在中医药行业实行药物警戒制度，收集分析各类用药效果信息，指导消费者合理用药，推动药品、医疗服务质量的双重提升。

将质量理念延伸拓展，创新“四个善待”价值理念。同仁堂秉持“同修仁德，济世养生”使命，结合现代经营理念，将仁德诚信、科学严谨的产品质量管理体系延伸至服务、经营、资产质量管理领域，以善待社会、善待员工、善待经营伙伴、善待投资者的四个“善待”为价值理念，关注员工成长和权益保障，制订职工职业发展规划，增强企业凝聚力；关注合作伙伴和投资者利益，稳定合作关系，努力提高质量经济效益，确保资产安全增值，实现互利双赢；关注消费者和客户感受，坚持提供优良产品和优质服务，体现仁德、济世价值，赢得赞誉和口碑，实现了产品质量、服务质量、经营质量、资产质量的协同、全面、可持续发展。

（六）走向世界，有健康需求的地方就有同仁堂

同仁堂一向注重向境外发展，认为这不仅是自己企业发展的需要，也是中医药走向世界的需要，更是中国软实力的体现。在清代初期，同仁堂的药品就已远销境外。同仁堂贯彻“走出去”战略，从 1993 年到香港开办药店开始，20 多年来，探索出了一条以产品、医疗、文化、科研四位一体的境外发展之路。

同仁堂的境外发展可分为三个阶段：第一阶段始于 1993 年，以第一家药店在香港开业为标志，借道香港，打开通往世界之窗；第二阶段始于 2003

年，以在香港成立同仁堂国际公司为标志，重点着力，初步实现了有华人的地方就有同仁堂的目标；第三阶段始于2013年，以同仁堂国药在香港上市为标志，同时进军欧美，实现西方主流市场的突破。

整体布局，分步实施。同仁堂把“有健康需求的地方就有同仁堂”作为最高目标。在各个国家和地区的发展由浅入深，分四步走：“走出去”是第一步，同仁堂的产品和服务走出国门，带动品牌走出去；“走进去”是第二步，在各国和地区投资开设门店，实现品牌本地化；“走下去”是第三步，各境外门店通过宣传推广活动，培育民众健康的生活方式；“走上去”是目的，让中医药在境外市场得到政府层面的认可，促进中医立法。同仁堂在东南亚部分国家、澳大利亚、捷克已成功践行了“四步走”，为其他境外国家和地区的拓展提供了经验。

采取灵活的进入形式。由于世界各国对中医药引进有不同程度的限制，同仁堂只能因地制宜，突破发展瓶颈。东南亚市场政策较为宽松，同仁堂的药品以正式注册的形式进入；澳大利亚允许以补充药物形式对中成药进行注册，同仁堂成功将60种中成药打入其市场；欧美市场对中医中药有严格的准入要求，同仁堂选择了20多种产品，以食品补充剂的形式进入。

文化先行，普惠民众。同仁堂境外门店既是经济实体，又是文化载体。一是门店都设有中医药特色文化展示，同仁堂电视频道滚动播出中医药节目，当地媒体连载以同仁堂历史故事为背景的文艺作品；二是消费者来到同仁堂，不仅感受到了中医药的神奇疗效和同仁堂的诚信服务，还爱上了太极拳、八段锦等传统养生方法；三是定期举办健康讲座，通过多层次、多类别、多频次的宣传讲座、义诊等活动推广中医药文化。同时，利用重大国际活动的契机，举办文化、学术以及中医义诊等活动，让外国朋友亲身感受中国的传统文化和中医药文化。

立足科研，品质为先。首先，同仁堂生产线通过了中国香港、日本、澳大利亚的GMP认证，以及部分国家、地区的穆斯林哈拉里（HALAL）认证和以色列洁净认证。2016年8月，生产线通过欧盟GMP认证，成为国内为数不多的获得欧盟权威认可的单位，产品愈风宁心片即将在欧盟注册。香港生产研发基地还通过了国际最高标准的ISO22000认证以及HACCP（危害分析重要管制点）认证，为打造境外制造的健康产品创造了条件。其次，同仁堂注重产品开发。一方面，自主研发具有国际市场竞争力的养生保健产品，除了在中国香港制造，还在日本、韩国等地利用优势资源开发制造了系列健康产品；另一方面，与境外知名院校及科研机构如香港大学、澳洲西悉尼大学、美国斯坦福大学等合作，开展重点品种的安全性和作用机理研究，为中药产品进入西方主流市场积累数据。

转型升级，不断创新。一是从传统的“以医带药”向全方位养生保健转型。2014年，在中国香港设立了“同心同乐·同仁堂”养生中心，此后相继在波兰、荷兰等欧盟国家设立了养生中心，使中医药和养生保健融入当地人的生活，实现了从以医带药的传统经营方式向全方位养生保健的转型。二是从传统营销渠道向互联网转型。2015年10月，同仁堂国际——一家聚焦中医特色的全球健康领域的互联网公司成立。2016年12月，同仁堂国际中医药“走出去”平台正式上线，从传统的医药“走出去”模式转向“互联网＋”的新布局。三是从单一的经营模式向全产业链转型。同仁堂在境外积极探索推进覆盖全产业链的发展模式，将同仁堂在境外打造成一个集种植、采购、研发、生产、销售、服务、文化、教育为一体的国际化、专业化中医药集团。

内聘外引，凝聚人才。同仁堂通过内聘与外引相结合的方式，培养建立了一支本土化海外工作团队，900余名员工中90%以上是本地员工。通过师徒传承、创建海外医师进修工作室、与外国医学院合作等方式，全方位、多角度培养人才，为境外发展提供人才保障。

20多年来，同仁堂在境外立足香港、辐射全球，完成了世界五大洲布局，在境外27个国家和地区开设140家包括零售终端、中医诊所、养生中心、医疗中心和文化中心在内的网点，并在香港建成了同仁堂境外第一家生产研发基地和当地最大的中医养生中心。年出口创汇额超过1亿美元。同仁堂商标在境外100个国家和地区合法注册，在境外累计诊疗的患者超过

3000 万人次，让数以亿计的境外人士认识了同仁堂。

“一带一路”倡议的提出和实施，为中医药“走出去”提供了难得的契机。在新的时代机遇和政策背景下，北京同仁堂继续加大对外投资力度，逐步深化与“一带一路”沿线国家在各个领域的合作，践行中医外交，打造文化名片，为世界人民健康做出更大的贡献，在推动中医药文化走向世界、助力实现中国梦的伟大征程中谱写新的篇章。

三、同仁堂的三大精神是中国企业的精神法宝

同仁堂历经 349 年的坎坷风雨，在市场经济的大潮中依然豪气不减当年。“同仁堂”的金字招牌，不但没有随着岁月的洗刷而暗淡，反而日益辉煌，得益于改革开放，得益于文化传承，更得益于同仁堂的三大精神，即创新精神、质量精神和为人民服务的精神。

（一）“尊古不泥古，创新不离宗”的创新精神

同仁堂的创新是全方位的，产品创新、设备创新只是一个方面，体制、机制、制度上的创新更是引人注目。

由于中药生产有许多独特的工艺和要求，因此，有些设备国外不生产，国内也买不到。那就只能发扬创新精神，与相关厂家联合试制。其中最突出的例子，就是蜜丸蘸蜡机的试制和推广。蘸蜡是中药蜜丸包装的重要工序。药丸制成后，通常被用玻璃纸包好，再装进塑料壳中，然后在塑料壳上蘸一层蜡，目的是密封、防腐、防污染。过去是人工蘸蜡，劳动条件差，工人要在高温高湿环境中工作，原材料的消耗也大，还容易出事故。因此，实现蘸蜡机机械化、自动化是制药员工的梦想。为了实现这个梦想，同仁堂人配合厂家自主开发蘸蜡机。他们克服重重困难，以坚韧不拔的精神先后开发了三代蘸蜡机，每一代都比上一代有进步。2009 年第三代蘸蜡机最终试车成功，可替代三台半手工蘸蜡锅的产量或总和五台手工蘸蜡锅的产量，而且产品质

量更加稳定。

同仁堂在各个发展阶段，都有前无古人的机制、体制创新。用“三个坚决”引领同仁堂走出“打开账本黄金万两，合上账本分文皆无”的困境；用“四大突破方向”，引导员工走出“有今儿没明儿”的无望；用“三个分开”杜绝了内耗和诸侯经济的发生。同一笔资产在上海和香港两地上市的创新模式，是同仁堂改革的重要篇章。在“撤小并大”“母体脱困”的过程中，创新性地推出托管、转岗不下岗等举措，用最小的代价取得了改革的丰硕成果。“1032”工程，不仅是生产力的提升，更重要的是将传统的中药业引入高科技领域，还创造了多种形式、多种体制的合资企业。

进入“十二五”后，同仁堂又创新推出了“123456”计划，尤其是六个二级集团的建立，不仅是规模的扩大，更是质的提高。同仁堂实行的委员会制，是企业管理的一个重要转型，避免当前企业决策过程中的独断专行、盲目决策，同时也为不再出现改革开放初期的诸侯经济现象提供保障。

（二）“以质为命、至优至精”的质量精神

同仁堂的堂训“炮制虽繁必不敢省人工，品味虽贵必不敢减物力”，造就了百年老字号精益求精的严谨作风。同仁堂高度重视质量工作，针对中医药行业特点，成立文化传承中心，整理归纳中华文化精髓，把仁德诚信纳入企业发展战略，将同仁堂历代古训内化为企业质量信仰，并固化为十多项职工岗位守则，达到了传统与现代质量理念的高度统一。

在同仁堂流传着这样一个故事。2013 年，制药公司引进了一台新型小袋包装机，在设备验收期间，生产车间员工每天上班前都会对设备进行检查。一天中午，生产车间监控员对设备进行每 2 小时巡检时，发现设备上有 1 颗螺丝脱落了，监控员和班组领班及时叫停。因只能推测出螺丝脱落的大概时间，生产车间领导当即决定，将此时间段内包装的所有成品，共 94 箱，全部拆箱检查。因螺丝细小且为不锈钢材料，所以用手捏、用强磁吸都无法将其找出，只有将其内包装复合膜袋剪开，逐一查找，94 箱成品共计 67680

袋，所用复合膜约为60kg，公司不惜将其全部废弃，安排员工加班将其找出，费时7.5小时，终于将脱落的螺丝找到。

一颗螺丝钉，67680袋复合膜袋；为了仅仅40多克的小耗材，毅然舍弃了是其重量1500倍的包材辅料。和67680比起来，1是个小数字，但这样的产品一旦流入消费者手中，1就等于100%。在同仁堂人看来，质量诚信的1比天大。

同仁堂始终牢记“两个必不敢”古训，恪守选料上乘、工艺求精、严格标准、诚信为本，确保了产品品质和药品疗效。通过延续敬匾、拜师、开市、宣誓等传统仪式，以及创作影视作品等，弘扬和传播企业质量文化，引导全员敬畏生命，追求质量。通过师傅带徒弟、技师工作室、中医大师工作室等多种形式，弘扬仁德、诚信价值观，促进了质量文化的代代传承。

（三）“养生、济世”为人民服务的精神

同仁堂的创业者尊崇“可以养生、可以济世者，惟医药为最”。同仁堂的历代继业者始终以“养生、济世”为己任，对求医购药的八方来客，无论是达官贵人，还是平民百姓，一律以诚相待，对症用药，一视同仁。300多年间，社会发生着翻天覆地的变化，同仁堂“养生、济世”的宗旨却始终未变。

在同仁堂药店，至今保持着十多项深受人们欢迎的便民活动，如咨询服务，坐堂问诊，代客加工饮片及成药，代客寄药、煎药、送药、登记短缺药品等，特别是一些本小利微的饮片，既占资金又占库房，很多药店不愿经营，但同仁堂一直坚持不懈。

“非典”期间，在药材涨价的情况下，同仁堂不但坚持药价不涨，而且暂停了效益很好的国公酒和生脉饮的生产线，改产抗“非典”的“八味方”代煎液。在抗“非典”的战斗中，北京市“八味方”的供应量是800万服，同仁堂占了三分之一，而且自始至终保证供货，没有涨价。为了人民群众的健康，同仁堂非但没有趁机大赚一笔，反而净赔了600万元，如果加上停产

的损失还远不止这个数。

“养生、济世”的精神，与中国共产党一直坚持的为人民服务的精神有共通之处。这种精神，也是一个老字号企业的社会责任。其善举会唤起群众对同仁堂品牌的认同，一时的亏损会因为赢得信任而确立更牢固的信誉、更深远的影响。

四、为实现中国梦，继续探索中国道路

随着我国进入新的发展时代，中医药健康产业正在迎来新的发展机遇。国家高度重视并大力支持中医药事业的健康发展，医药卫生体制改革、药品价格放开、互联网售药等政策，为中医药行业提供了发展空间。中医药在防病、治病、健康、养生等方面体现出独特优势，市场前景广阔。中医药的国际影响力日益提升，“一带一路”倡议助推中医药事业走向世界。保健品行业、中医健康服务行业、中药材种（养）植行业、中药日化行业也都有良好的发展前景，空间巨大。

站在新的历史起点，同仁堂又提出了新的发展目标。一个保持：主要经济指标在“十三五”期间年均增速保持在 7% 以上。三个推进：推进工业基地建设、推进商业网络建设、推进发展平台建设。五个突破：市场营销取得新突破、产能建设取得新突破、终端建设取得新突破、科技研发取得新突破、品牌文化人才建设取得新突破。同仁堂将始终以现代中药、功能食品、终端零售为主业，以药材饮片、批发物流、医疗服务为增长点，坚持内涵与外延发展相结合，坚持经济实体与文化载体双轮驱动，进一步实现做长、做强、做优、做大。

为此，同仁堂集团将主动适应经济新常态，切实转变发展方式，着力深化改革创新，加强在企业体制机制、新业务发展等方面的探索。

探索创新体制机制，全面深化国企改革。贯彻落实党中央关于全面深化改革的战略部署，探索与发展混合所有制经济。在引入社会资本、资产保值

增值、提高企业效率、承担社会责任等方面，积极适应市场化、国际化新形势，进一步创新体制机制，放大国有资本功能，提高企业竞争力。

探索创新激励机制，激发企业内生动力。健全协调运转、有效制衡的公司法人治理结构，积极探索建立长效激励约束机制，坚持责权利统一、收入与贡献挂钩、共享企业发展成果，适时建立员工持股、股权激励制度，全面激发企业活力。探索创新发展方式，积蓄企业后生力量。

探索进军新的业务，适应我国医药健康产业的发展。同仁堂将设立专业化投资公司、文化运营公司，进军中医药健康养老、文化产业，拓展服务范围，健全产业链条，充分释放中医药产业发展的潜力和活力，积蓄企业发展后劲。

鉴往知来，我们相信同仁堂所体现的传承与创新将带动中国企业弘扬工匠精神，让追求卓越崇尚质量成为全社会全民族的价值导向和时代精神。在中国共产党的领导下，在科学发展观的指导下，在一代又一代同仁堂人的努力和拼搏下，同仁堂会发展得更快、更好。

中关村科技园区：连接政府与市场，推动改革和创新

北京大学国家发展研究院

在经济发展初期，利用有限的资源在一定空间范围内进行较完备的基础设施投资和产业政策配套，进而吸引企业集聚的开发区模式，是中国经济40年高速增长的宝贵经验之一，也逐渐成为非洲、东南亚等低收入国家发展经济的主要战略。作为位于北京市行政区内、拥有两万多家高科技企业的开发区，中关村科技园区是我国诸多开发区中的佼佼者。与其他多数开发区先建园区再招商引资的发展模式不同，中关村科技园区走的是先有企业再在城市建成区范围内建立园区并为之服务的发展历程。从最初的“中关村电子一条街”到当前“一区十六园”，过去40年中关村科技园区内成长出一大批具有国际影响力的高新技术企业。

作为市区政府的派出机构，中关村科技园区的各级管理委员会无行政审批权，这使得管委会在成立之初便天然带有服务市场、协调政府和企业的基因。园区管委会在加强政府与市场联系、降低体制机制成本、扶持高科技企业发展、协调产学研合作等方面都发挥了重要作用，也走出一条富有中国特色的自主创新发展高新技术产业的道路。

习近平总书记多次强调“坚持走中国特色自主创新道路”。北京大学国家发展研究院中关村科技园区课题组以中关村科技园区为调查研究案例，在回顾其发展历程的基础上，剖析其成功发展的经验、研究可以改进的空间，并试图从案例中提炼出可一般化的社会主义市场经济理论元素，为探索中国特色自主创新道路提供参考。

一、园区的发展历程

（一）中关村电子一条街：1980～1988 年

中关村科技园诞生于“中关村电子一条街”。在20世纪70年代的中关村，高校和科研院所之内拥有大量的人才和科技成果，但科研机构周边的产业发展和技术水平却十分落后。1980 年，从美国考察归来的中国科学院物理所研究员陈春先和一批科研人员率先成立了“北京等离子学会先进技术发展服务部”，采用“自筹资金、自由组合、自主经营、自负盈亏”的模式发展民营科技企业。陈春先的科技成果“扩散”试验生产供科研单位试验用的仪器设备，在创造就业机会的同时，也遭遇了诸多体制机制的束缚和阻力。

1983 年，新华社内参《研究员陈春先搞“新技术扩散”实验初见成效》（潘善棠）先后获得方毅、胡启立和胡耀邦的批示，他们都对陈春先给予肯定。在各级领导的支持下，中关村地区出现科技创业高潮，以“两通两海”（四通、信通、科海、京海）为代表的一批民营公司相继成立。到 1987 年，中关村地区已成立 148 家民营科技公司，企业实现技工贸收入 9 亿元，占海淀区社会总收入的 37%。中关村成为全国较大的微机与电子元件和信息产业技术市场，逐渐形成了著名的“中关村电子一条街”。联想集团、方正集团等著名公司的前身均诞生于这个时期。

中关村电子一条街的形成，与小岗村联产承包责任制改革、深圳特区建设等改革开放的逻辑基本一致，都走了一条“自下而上”的探索之路。这种大胆试验体现了人民追求幸福生活的愿望，代表着改革的方向，展现出强大的生命力。

（二）北京市新技术产业开发试验区：1988～1999年

中关村电子一条街的实践经验得到了中央的重视和支持。1988年5月，党中央、国务院正式批准实施“火炬计划”，明确指出建立和发展高新区是“火炬计划”的重要内容。同年，国务院批准了《北京市新技术产业开发试验区暂行条例》，以中关村为中心，在海淀区划出100平方公里左右的区域作为开发试验政策区。北京市新技术产业开发试验区办公室（简称试验区办公室）作为海淀区人民政府的派出机构，负责有关试验区各项管理规定实施中的具体工作，1997年11月经中央编制办批准正式成立试验区管理委员会。在区内注册的高新技术企业可以享受一系列的税收和金融优惠政策，如减免企业所得税和进口关税、提供贷款支持等。

开发试验区陆续推出多项支持科技创业的政策。例如，1996年试验区以财政返还200万元及部分国有企业资金，建立担保互助会，并与中国经济技术投资担保公司合作，为试验区内科技企业提供担保服务。1997年北京市留学人员海淀创业园成立，为留学人员创业提供孵化器服务，可享受多项优惠政策。1998年试验区管委会组建“北京市新技术产业发展服务中心”，帮助企业获得金融支持。

截至1999年，北京市高技术产业开发试验区内的高新技术企业达到6690家，企业从业人数达到24.3万人。实现技工贸总收入1049亿元，其中总收入超亿元的企业有121家。试验区企业取得了一批重要的科技创新成果，如大型计算机系统、无线通信系统、中文办公软件、财务软件等。

（三）中关村科技园区：1999～2009年

在20世纪90年代以来，以信息产业为代表的“新经济”崛起。面对“新经济”形势，1999年6月5日，国务院印发《关于建设中关村科技园区有关问题的批复》，原则上同意北京市政府和科技部关于加快建设中关村科技园区的意见和关于中关村科技园区的发展规划。同年8月10日，北京市政府决定将北京市新技术产业开发试验区管理委员会更名为“中关村科技园区管理委员会”，并设为北京市政府的派出机构。2003年，市政府办公厅印发《中关村科技园区管理体制改革方案》，明确中关村管委会的职责是：完成中关村科技园区的规划和服务工作，促进中关村科技园区的发展，建立“小机构、大服务”的园区管理体制。

作为一个没有行政审批权的政府派出机构，中关村科技园区管理委员会在推动改革、降低企业成本、提升信息交流效率方面做了大量工作。1999年，中关村科技园成立专业科技园区——中关村软件园，为大量的初创软件企业提供孵化和全方位、专业化的服务。此后，管委会分别在2000年和2003年成立中关村科技园区顾问委员会和企业家咨询委员会，并在2000年设立我国高新技术产业开发区的第一个驻外机构——中关村驻美国硅谷联络处。中关村开放式实验室成立于2006年，由北京市科委、中关村管委会和海淀区政府与高校及研究院联合建立，通过财政补贴的方式将分散于各院校、研究所的实验室资源向科技企业开放，探索产学研结合的新方式。为做好人才引进工作，中关村科技园相继于2000年和2002年成立北京双高人才中心和中关村人才市场，2008年设立中关村海归创业驿站和北京海外学人中心。前者为留学人员归国创业提供套餐式服务，并帮助留学人员办理相关政策手续；后者负责海外人才的寻访和引进，是国内首个省级海外引才机构。

这一时期，科技金融及信用体系建设均实现重要突破。早在2001年，园区便进行了企业信用制度试点，强调“以信用促融资，以融资促发展”。在此期间，管委会试点设立创业投资引导资金，采用参股投资、跟进投资等方式促进园区内的高新技术企业发展。2003年，为了解决高科技中小企业融资难的问题，管委会通过实施“瞪羚计划”为高成长高科技企业开设担保贷款绿色通道。同年，又推出高新技术企业信托计划，由管委会募集资金并贷款给优秀企业，开创了高新技术企业运用信托融资方式直接融资的新模式。2006年，中关村科技园区进行了科技金融领域的重大创新——中关村非上市股份有限公司进入证券公司代办转让系统试点，即创立“新三板”。

中关村科技园在1999～2009年的发展成就令人瞩目。2000年底，中关村科技园区内开展生产经营活动的企业有6186家，技工贸总收入达1679亿元。截至2008年底，园区入驻企业达到18437家，上市公司总数达到112家，总收入突破万亿元大关，达到10222.4亿元，科技经费支出达到557.9亿元，其中电子信息领域企业占园区内全部企业数量的58.97%，其收入占总收入的56.47%。园区内每万人专利申请量高达165件，是北京市平均水平的8倍。在此期间，中关村科技园区实现了从硬件向软件和互联网的成功转型。

（四）中关村国家自主创新示范区：2009年至今

2007年以来，随着移动网络、大数据、云计算、人工智能等新技术的发展，社会生产和生活方式发生巨大变化。为应对新技术革命的战略机遇，2009年3月13日，中关村科技园区被国务院确定为国家自主创新示范区，旨在建设具有全球影响力的科技创新中心。在建设国家自主创新示范区期间，中关村管委会发起成立北京中关村科技创业金融服务集团有限公司、中关村发展集团、中关村科技创新和产业化促进中心等创新平台组织，尝试依托各类平台来保障政府和企业的沟通并推进体制机制改革创新，试行决策、实施、监督相分离的服务模式。

在园区管委会的协调下，中关村示范区分别在2010～2011年和2013年推出“1+6”政策和“新四条”政策。前者重点涉及股权激励、税收优惠、中央级事业单位科技成果处置权和收益权改革、高新技术企业认定、科研经费管理改革、建设全国场外交易市场六个方面的制度改革；后者包括高新技术企业认定中文化产业支撑技术等领域范围试点、有限合伙制创业投资企业法人合伙人企业所得税试点、技术转让企业所得税试点和企业转增股本个人所得税试点。2011年发改委等15个国家部委和北京市政府在中关村启动全国第一个国家级人才特区建设工作，实施了“千人计划”、“海聚工程”、“高聚工程”、中关村国际人才创新创业生态系统建设工程。

中关村管委会构建了多层次的科技金融服务体系。随着中关村创新创业活动的持续活跃，以天使投资和创业投资为代表的股权市场在这一阶段得到了迅速的发展。政府引导基金以市场的运作方式，设立了创新基金、投资基金、产业引导基金、科技发展基金等多个专项基金，撬动大量社会投资共同投入，从而加大了对创新创业型企业的支持力度。在政策上，通过境外并购外汇管理改革试点，中关村企业可以在获得发展改革部门和商务部门核准之前申请并购款项预先支付。为缓解中小科技型企业“轻资产、高风险”而导致的信贷困难，以“投贷联动”为试点，将“信贷投放”与“股权投资”相结合，通过相关制度安排，尝试采用由投资收益抵补信贷风险的融资模式；成立由用友网络、碧水源等11家中关村知名上市公司共同发起、以服务“三创”（即创客、创投和创新型企业）为宗旨的北京市首家民营科技银行——中关村银行；2012年9月，中关村管委会还发布《中关村国家自主创新示范区融资租赁支持资金管理办法》，对融资租赁的支持对象、支持措施、支持资金的申请和受理等做出规定。

建立国家自主创新示范区以来，不但多项在中关村先行先试的政策被复制推广到其他地区，而且科技成果转化成效显著。2011～2014年，中关村高校、科研机构技术转让、成果处置项目达1756项，收入116.5亿元。园区商事制度环境持续优化，激发了创新主体的创新创业活力：中关村企业专利申请量、获专利授权和全年企业PCT国际专利申请量分别从2009年的1.7万件、1.1万件和690件增长到2017年的7.4万件、4.3万件和3652件。目前，中关村地区发生的创业投资案例和投资金额均占全国的1/3左右，活跃在中关村的天使创投机构数量达900余家，占全国的40%。截至2015年，中关村投资引导基金发起组建基金72支，引导基金共出资18.64亿元，基金总规模为376亿元，引导资金放大超过20倍。这些非营利的引导基金进入北京高精尖产业，在尽可能减少行政干预的情况下，有力地推动和支持了科技成果转化和产业化，成为首都经济转型跨越的重要推手。金融科技全国领先，根据毕马威会计师事务所与澳大利亚投资公司H2 Ventures联合发布的2016全球金融科技100强榜单，中国共有8家金融科技公司上榜，北京地区有 4 家企业上榜，全部为中关村示范区企业。

从中关村科技园区的发展历程可以看出，园区的治理方式随着改革开放和经济发展不同阶段而不断走向成熟，尤其是在扶持企业成长方面。早期的扶持方式主要体现为政策松绑、税收优惠以及直接财政补贴。后来，随着市场机制逐步确立，政府逐渐转向建设各类交流交易平台，将有限的政府资源向有活跃创新创业行为的企业倾斜，提高了扶持高科技产业发展的效率。

二、推动体制改革和机制创新

改革开放以来的中国经济脱胎于中央计划经济，改革开放是激发经济发展活力的重要源泉。但改革者不能照搬西方经济理论和经验，而必须立足于中国国情，充分了解社会主义市场经济发展规律和企业对营商环境的需求。中关村科技园区的各级管理委员会承担了连接政府与市场，为各级政府推动体制改革和机制创新提供建议、设计方案的重要任务。

在“中关村电子一条街”时期，一批“敢为天下先”的科技人员下海创业，遇到的最大阻力来自僵硬的旧体制和旧思想。在尚没有建立园区管委会的情况下，海淀区委区政府和有关部门实际承担了支持和扶植科技企业的工作，在工商管理、税务、信贷、劳动与人事管理等方面采取了许多灵活变通措施。在当时的政策限度之内，实行“一事一议，特事特办”制度，通过机制创新为科技企业提供了最大可能的支持。通过海淀区委书记“碰头会”，打破旧体制的禁锢，支持中央改革开放的大政方针。例如其中一个重要举措是参照知青企业为科技企业减免税。当时中国民营科技企业面临较高的税负成本，区政府通过变通政策，把科技企业往知青企业上靠，既解决了知识青年就业难的问题，也使企业免交了三年所得税。对科技企业的免税政策挽救了一批企业、吸引了一批企业，也支持一批企业快速成长。为了鼓励科技人员“下海”创办企业，区政府发明和制定了不少新政策，突破了传统人事制度的制约。如为应聘进入民营科技企业的国有单位科技人才保留干部身份，将档案放在区人事局或原单位，使得海淀区人才流动的渠道基本畅通无阻。一些著名的专家、学者因此得以走进中关村，为科技成果转移和科技创新做出贡献。

在新技术产业开发试验区时期，北京市为科技企业提供了更为优惠的政策。设立全国第一个高新技术产业开发区内的海关，在开发区内设立保税仓库、保税工厂。新技术企业用于新技术开发而进口国内不能生产的仪器和设备，5 年内免征进口关税。银行对试验区内的新技术企业予以贷款支持，对外向型的新技术开发项目有限提供外汇贷款等。这些优惠政策在当时都是难能可贵的机制突破。试验区办公室大力度推动产权改革。1994 年，试验区办公室在“谁投资谁所有”的前提下，兼顾科技创业人员在资产积累过程中贡献的产权界定原则，实行了园区企业的股份制改革。在《公司法》的指导下，大批新办公司、校办企业和国有企业都实行股份制改造，建立了现代企业制度，成为园区市场化发展的重要基础。这些制度最后都在全国推广，为国家改革实践做出了重要贡献，试验区办公室功不可没。

1999 年中关村科技园区建立后，园区又出现了许多引人注目的组织体制机制创新。1999 年 6 月 23 日，中关村科技园区领导小组成立，由北京市市长任组长，科技部、教育部以及中国科学院的有关领导任副组长，清华大学和北京大学的校长及市政府相关职能部门领导、区政府相关职能部门领导、企业家代表等为小组成员。中关村科技园区管理委员会和领导小组办公室为“同一套人马”。

2000 年 12 月 8 日，北京市第十一届人民代表大会常务委员会通过了《中关村科技园区条例》（以下简称《园区条例》），对中关村科技园的定位、政策功能区范围、市场主体、竞争秩序、国际合作、政府行为、知识产权等一系列内容进行规范化表述，做出了多个全国第一的创新性规定。尤其是总则中“组织和个人在中关村科技园区可以从事法律、法规和规章没有明文禁止的活动”这一表述，遵循市场经济分权、竞争、自由的特点，确定了法无禁止即可尝试的原则，是我国法律体系的一大突破，为创新创业文化的形成和发展提供了良好的制度基础。在当时的社会条件下，提出这样的开明思想十分难能可贵。

《园区条例》率先打破了北京“户口”坚冰，规定留学人员、外省科技和管理人才、高校及科研机构的应届毕业生等园区发展急需的人才可以办理本市常住户口，极大地降低了科技人才集聚的体制成本。此外，以高新技术成果出资注册资本比例突破了 35% 的限制，园区企业在进行工商登记时突破了必须写明并被核准经营范围的限制，这些政策的出台给予科技企业更加广阔的创新空间，有利于科技成果的实用化，显著降低了创新成本。此外，《园区条例》还提出政府不作为需承担法律责任，强化了管委会及相关职能部门的服务型角色。

中关村科技园区管理委员会在 2000 年设立中关村驻美国硅谷联络处。这是我国高新技术产业开发区的第一个驻外机构，也成为诸多留学生回国创业投资的服务窗口。2001～2002 年，美国互联网经济泡沫破灭，大量硅谷互联网公司破产清算，一批在海外受过良好教育、拥有丰富经验以及拥有一定创业资本的互联网留学人才回到国内，尤其是来到北京中关村地区。这一批互联网人才和资金的归国潮大幅度提升了中关村的创业水平和产业结构，也进一步加强了中关村对本地高校人才的吸引力。而且，半官方的驻外联络处为了解国际科技发展前沿和加强国内外高科技企业的信息交流起到了民间机构难以取代的作用。

中关村科技园区管理委员会分别在 2000 年和 2003 年成立中关村科技园区顾问委员会和企业家咨询委员会。前者是首个为中关村科技园区服务的高层次咨询组织，吸纳了 17 名国内外经济、科技专家为顾问委员；后者则成为中关村科技园领导小组及其职能机构的咨询参谋机构。企业家咨询委员会的设立突破了传统的体制限制，企业家可以直接参与到园区的监督、管理和决策之中。两个委员会的设置有效打通了学术和企业、政府和企业的信息通道，能够广泛吸收和听取科技学术界和企业的意见，对中关村科技园的发展起到了重要作用。

中关村科技园区时期，科技金融及信用体系建设实现了重要突破。2001年11月，中关村科技园区推出企业信用制度试点，强调“以信用促融资，以融资促发展”。中关村企业信用促进会作为企业信用自律组织构成了园区企业信用体系的基础。管委会认定的信用中介开发了深度征信报告、普通征信报告等一系列信用产品和信用服务。管委会及相关职能部门通过补贴政策及信用产品纳入审批条件等方式引导企业进行信用管理，从而打通企业信用—融资—发展的路径，构建了一套企业信用与金融资源良好互动的机制。

2003年，市政府办公厅印发《中关村科技园区管理体制改革方案》，明确中关村管委会要通过调研、协调、规划、督办等方式完成中关村科技园区的规划和服务工作，促进中关村科技园区的发展，建立“小机构、大服务”的中关村科技园区管理体制。园区管委会这种跨部门且连接政、商、学三界的设置，有效保障了管委会不仅有足够宽的视野了解前沿科技的发展动态，而且能及时了解政府和市场双方的最新诉求，为服务企业、促进高科技企业集聚提供了机制保障。

2010年2月，中关村科技园在财政部、科技部及市政府的支持下进行了企业股权激励的探索，以联想控股公司等十家企业为试点，尝试建立市场化激励手段。产权激励是对人力资本重要且高效的激励方式。理论和实践都表明，企业的创业、研发和管理人员获取以产权激励形式为代表的企业剩余索取权，是一种有效的激励机制，能较大程度地激发企业经营者的工作积极性，实现企业良性发展。这一改革试点为高新技术企业的技术要素参与收入分配提供了思路，进而为全国的高新技术企业产权激励改革指出了一个方向。

2006年，中关村科技园区进行了科技金融领域的重大创新——创设“新三板”，为投资者转让中关村园区公司股份提供报价服务。截至2008年底，园区内共有76家企业参与代办股份转让试点，已挂牌企业和正备案企业有50家。挂牌后企业资产总量增加，资产运营效率提高，赢利能力也明显提高。“新三板”较好地适应了中关村科技园区内高新技术企业多元化的融资需求，促进了现代企业制度的建立和法人治理结构的完善。而且，“新三板”

影响并不局限于中关村地区，依托证券市场的技术系统以及券商遍布全国的营业网络，“新三板”已成为我国容纳非上市公司股份转让交易的规范化、制度化的重要市场。“新三板”作为场外市场的重要组成部分，是我国多层次资本市场体系的一项重大突破，为建立全国性的场外市场积累了技术、政策和管理经验，也为北京市区域资本市场的发展做出了贡献。

中关村国家自主创新示范区建立后，中关村科技园区作为全面创新改革先行先试的“试验田”，继续进行机制体制方面的突破，通过多种服务平台了解企业的需求。园区管委会联合19个国家部委、31个北京市相关部门和区县相关部门，共同成立了中关村创新工作机制与平台，建立了跨层级、跨部门的集中统筹工作机制，有效保证了相关政策的出台。虽然目前该跨部门平台的作用有所削弱，但是作为一个指导思想超前、具有巨大潜在活力的行政运行机制，完全可能在将来的改革中重新获得重视。

中关村管委会还牵头成立了各种新型产业组织，形成政府、市场、社会“联合治理”体系。例如管委会发起成立了北京中关村科技创业金融服务集团有限公司、中关村发展集团、中关村科技创新和产业化促进中心等新型组织。不断与各类社会组织和专业机构加强合作，实现深度研究、协同创新、精准支持，充分体现出管委会的半行政性协调者的作用。

围绕科技创新和成果转化，国务院批准、国家相关部委共同推进，在中关村先行先试“1+6”政策。“1+6”政策重点涉及股权激励、税收优惠、中央级事业单位科技成果处置权和收益权改革、高新技术企业认定、科研经费管理改革、建设全国场外交易市场六个方面的制度改革。在股权激励方面，实现了降低股权激励的实施门槛、增加分红激励设计、明确激励方案操作管理程序、明确企业可以以新企业的股权为标的激励有关人员、支持高校院所以本单位科技成果作价入股等创新。在税收优惠方面，创新性地将企业为研发人员缴纳的“五险一金”、医药企业发生的临床试验费等列入加计扣除范围。将职工教育经费税前扣除比例由2.5%提高到8%，超过部分准予在以后纳税年度结转。对以股份或出资比例等股权形式给予的奖励，技术人员可在五年内分期缴纳个人所得税。在科技成果处置权和收益权改革方面，授予示范区中央级事业单位对价值 800 万元以下科技成果的处置审批权限，并明确了科技成果处置所获收益按照成果价值分段按比例留归单位。在高新技术企业认定方面，打破原先需要取得专利、软件著作权、集成电路布图的设计专有权等知识产权才能申请的规定，允许拥有关键技术秘密的企业先行进行申报。在科研经费管理改革方面，选取由发改委、科技部、工信部等国家部委与北京市联合支持的新成立项目，率先开展间接费用补偿、科研项目经费分阶段拨付、科研项目后补助、增加科研单位经费使用自主权等试点。

人才制度改革是经济体制改革的核心内容之一。中关村管委会对标美国硅谷等科技创新中心，长期致力于推动开展外籍高层次人才取得永久居留资格程序便利化试点，包括探索技术移民、华裔卡试点，建立市场化外籍人才评价标准体系，逐步放开了外籍人才创业就业限制，完善外籍人才短期工作及实习签证制度。推动实施高层次人才医疗政策，统一规划集中建设一批面向创新人才的公共租赁住房，配套建设双语幼儿园和国际学校等。

中关村率先在国内进行了外汇改革试点。通过境外并购外汇管理改革试点，允许企业在获得发展改革部门和商务部门核准之前申请并购款项预先支付。2016 年，中关村率先发布了《关于支持银行业金融机构在中关村国家自主创新示范区开展科创企业投贷联动试点的若干措施（试行）》。随后，国家开发银行支持的全国首个投贷联动项目正式落地中关村。

作为一个半行政机构，中关村科技园区管委会在推动北京市乃至全国的体制机制改革方面，起到了十分重要的作用，这是中国特色社会主义市场经济的特有现象。一个可能的理论启示是，中国各级政府不同于西方国家政府，不只是高高在上发号施令，而是放下身段，深入实践第一线，积极服务于社会和经济，不仅广泛联系基层，而且将调查研究作为一项专门工作来做，只有这样才能根据社会生活中不断涌现的新矛盾新现象，改革体制机制，最终提高公共服务水平。

三、扶持科技企业发展

市场机制在高科技领域经常失效，需要通过恰当的行政机制矫正。一个成功的科技企业不仅能解决就业和贡献税收，还能带动一个产业的发展。更为独特的是，科技的产权属于企业，但是科技人才并不长期属于企业，人才的流动使技术得以扩散，推动其他企业和整个社会的技术进步。一个高科技企业经常向社会贡献大批科技人才，这些人才都是创业的种子，一旦条件合适就会生根发芽。此外，很多从事重大核心技术研发的企业需要经历很长的“爬坡期”，其间无法取得利润，并且风险很大，而这些企业将来可能成为“国之重器”的提供者，甚至成为有世界影响的企业。因此，高科技企业对社会的贡献经常远大于对股东的贡献，私人资本投资高科技企业的激励会存在不足，政府有必要对部分处于初创阶段的科技企业提供一定的扶持。韩国的三星、中国台湾的台积电等都是当地支柱性的企业，在初创时期都曾获得当地政府的关键性扶持，甚至可以说没有政府在早期的支持，也就没有这些企业的今天。

中关村科技园区的一项重要工作就是扶持科技企业，在这方面做了大量富有成效的工作。中关村科技园是先有企业后有园区，因此园区管委会与一般的“招商局”有所不同，在促进产业发展方面的主要任务不是招商引资，而是为园区的企业提供各种力所能及的帮助，帮助他们在园区发展壮大。

在早期的“中关村电子一条街”时期，为了解决科技企业贷款难问题，区政府沟通各大银行在海淀区的支行，为科技企业办理贷款。海淀区政府还动员各乡、各街道主动与科技企业联营，联营企业多数是街、乡属企业出钱，科技人员出技术和管理。区政府还出面协调将海淀区煤炭公司、服务公司、副食公司、供销社等单位的部分房屋腾出来给科技公司使用。为支持初创科技企业的发展，区政府强调联营房产定价不能太高。

北京市新技术产业开发试验区成立后，在政策区内注册的高新技术企业享受了更多的优惠政策。如高新技术企业按减至 15% 的税率征收所得税，3 年内免征企业所得税，第四年至第六年减半征收；企业出口产品的产值达到当年总产值40%以上的，按减至10%的税率征收所得税；等等。这些税收优惠本质上是财政让利，体现了国家政策对科技企业的倾斜。

在20世纪90年代，我国经济还在转型过程中，市场机制仍然很不完善，在这种条件下，北京市新技术产业开发试验区办公室通过行政引导实现“四两拨千斤”，逐步撬动市场力量，帮助科技企业发展，在改善中关村的投资环境方面发挥了重要作用。例如，1996年，为扶植民营科技企业并探索资助企业担保的新形式，试验区办公室以财政返还200万元及部分企业出资，建立了担保互助会。互助会与中国经济技术投资担保公司合作，联手为试验区内科技企业提供担保服务。1998年，试验区管委会与北京首创集团、北京市商业银行、中国经济技术担保公司达成《信用担保框架协议》，设立“担保风险金”。同年，办公室为解决企业贷款难问题，组建“北京市新技术产业发展服务中心”，利用税款返还资金建立北京新技术产业开发试验区风险担保金。截至1999年底，服务中心受理了70余家企业的担保业务，担保金额达到7000多万元。政府科技金融模式的创新，也为科技金融业市场化发展打下了基础。

1997年10月，北京市留学人员海淀创业园成立，专门为留学人员创业提供服务，在园区内可享受许多优惠政策。例如，留学人员在创业园享受北京市鼓励留学人员来京的政策，北京市吸引留学人员来京投资办企业的政策，进驻创业园的企业可以享受试验区新技术企业的“三免三减半”的所得税优惠政策，创业园为留学人员创办企业提供低房租优惠，等等。

进入21世纪，我国的市场经济机制基本确立，中关村科技园区管委会对创业企业的服务由政府主导向市场主导转变，创业服务内容和形式也更加多样化。1999年，中关村科技园的专业科技园区——中关村软件园成立。中关村软件园从建立之初就具有孵化功能，为软件企业提供全方位、专业化的服务。启迪创业孵化器、博奥联创科技孵化器、联想之星等一系列新型孵化器或孵化平台相继成立并开展服务。孵化器的服务内容不局限于提供廉价的办公场所，而是融入天使投资、风险投资、平台资源等多种服务，具有市场化程度高、与国际接轨等特点。比如，博奥联创科技孵化器在全国范围内率先开展“持股孵化”，通过筛选专利选择原创技术，并且通过孵化器与技术所有人共同创办企业的方式进行技术成果转化。待初创企业产业化后，孵化器再退出，部分解决了初创企业的融资难题。联想之星则是从人才入手，开展联想之星创业 CEO 特训班，寻找和培养创业型领军人才，随后通过天使基金对其项目进行投资。联想之星开放平台整合了以特训班成员为主体的创业联盟、政府资源、媒体资源、投资服务等诸多资源，搭建了人才发现和培养、项目投资、企业成长、成果转化的生态圈。

在科技金融方面，北京市财政设立了中关村科技园区发展专项资金，用于提升软硬投资环境和引进重大项目。中关村管委会试点设立了中关村科技园区创业投资引导资金，采用参股投资、跟进投资等方式，帮助园区内的高新技术企业发展。2003 年，为了解决高科技中小企业融资难的问题，中关村管委会实施了“瞪羚计划”，为高成长高科技企业开设担保贷款绿色通道。同年，为丰富企业负债融资渠道，管委会推出高新技术企业信托计划，由管委会募集资金并贷款给优秀企业，开创了高新技术企业运用信托融资方式直接融资的新模式。

建立国家自主创新示范区后，为应对发展新兴战略型产业的要求，园区管委会继续保持对高科技企业的税收优惠，通过“发展专项资金”支持企业发展，不断创新企业服务模式。由国家有关部门和北京市共同组建中关村创新平台，该平台包括由中关村管委会发起成立的北京中关村科技创业金融服务集团有限公司、中关村发展集团、中关村科技创新和产业化促进中心等组织。出台企业购买中介服务补贴、“瞪羚计划”等扶持政策，探索决策、实施、监督相分离的服务模式。

2011 年，国家发改委等 15 个国家部委和北京市政府在中关村启动人才特区建设工作，园区成为全国第一个国家级人才特区。随后中关村率先确立人才优先发展战略布局，坚持“特定区域、特殊政策、特殊机制、特事特办”原则，构建与国际接轨、与社会主义市场经济体制相适应、有利于科学发展的人才体制机制，大量聚集拔尖领军人才，优化人才发展环境，努力将中关村建设成为“人才智力高度密集、体制机制真正创新、科技创新高度活跃、新兴产业高速发展”的中国特色人才特区和世界人才聚集高地。

科技企业的核心是人才，尤其是领军型人才，作为聚焦高科技产业的北京，吸引高层次人才是产业发展的基础。但是作为世界经济中的后发地区，依靠市场力量吸引人才，特别是国际顶尖人才，还面临很多困难，难以形成集聚效应。为了帮助企业吸引人才，园区管委会组织实施了“千人计划”、“海聚工程”、“高聚工程”、中关村国际人才创新创业生态系统建设工程。中央“千人计划”自 2008 年 12 月启动，到 2018 年 5 月，共评审认定 13 批 7015 名“千人计划”入选者，其中北京入选 1652 人，占全国的 24%，中关村入选 1343 人，占全国的 19%，约占北京的 81%。截至 2018 年 5 月，中关村入选北京市“海聚工程”590 人，占北京市的 66%。政府支持的人才引进平台极大地改善了高层次人才对北京工作环境的态度，有力地推动了北京高技术产业的发展和科学研究的进步。

中关村还努力建设若干体制机制全新、国际上有影响力的新型科研机构，形成有利于创新的“小环境”。引才与引智并举，聘请国际一流的科学家、工程技术专家和企业家，指导或参与园区的科技学术研究、重大项目建设。支持企业并购或与国际一流大学、科研机构、跨国公司合作设立海外研发机构、开放实验室、科技孵化器等。既重视人才引进，也重视人才培养。中关村管委会支持采取专项培训、国际交流等方式，培养懂技术、善经营的复合型人才，推动一大批技术型创业者向现代企业家转变。建立人才在企业、高校院所之间的双向流动机制，支持优秀人才进入产业技术联盟等新型产业组织。

以行政或半行政的方式对企业进行补贴或扶持也会产生许多“副作用”，这是市场主义者对行政协调的主要诟病。行政性的财政金融补贴会扭曲市场的价格信号，资源会过度涌向价格虚高的产品或服务，导致资源配置无效。政府补贴甚至可能诱导企业的机会主义行为，一些“企业家”实现盈利的方式就是套取国家的补贴，一旦补贴停止，企业也就停止运行或改变经营方向。因此，简单的普惠性财政金融支持在促进科技企业发展方面，存在效率较低、不可持续等问题。中关村各级管委会也意识到这些问题，随着工作经验的积累，逐渐减少了简单的现金补贴，建立起基于生产过程或行为的补贴，例如补贴办公用房、补贴市场化投资基金、补贴科研设备的采购、为科技人员的引进提供生活便利等，减弱了行政扶持的负面效应。值得一提的是，由于高科技企业的特殊性以及在北京建立高科技企业集聚区的战略诉求，即使行政扶持不可避免会有一定弊端，也不可因噎废食放弃对企业的支持。对管委会既要严格要求，也要肯定成绩。

四、搭建信息或交易平台

中国特色社会主义强调适当的集中决策，而不是绝对的分散决策，这是我国经济与西方经济的重要区别。政府集中决策不是计划经济，而是适当通过行政协调帮助企业克服由于信息不对称或风险规避等导致的低效运行或恶性博弈，最终目的是降低企业经营的交易成本。政府降低企业交易成本的一个重要方式就是搭建各类信息或交易平台。半行政的平台具有信誉好、非营利、公正公平等特点，其作用是纯粹市场机制难以取代的。

在行政层面，中关村科技园区建设了“中关村科技创新和产业化促进中心”（简称“中关村创新平台”），这是一个涵盖园区各方面工作的综合性平台，于 2010 年底成立。中关村创新平台由国家有关部门和北京市共同组建，目的是进一步整合首都高等院校、科研院所、中央企业、高科技企业等创新资源，采取特事特办、跨层级联合审批等模式，落实国务院同意的各项先行先试改革政策。平台下设重大科技成果产业化项目审批联席会议办公室、科技金融工作组、人才工作组、新技术新产品政府采购和应用推广工作组、政策先行先试工作组、规划建设工作组、中关村科学城工作组和现代服务业工作组 8 个工作机构，19 个国家部委相关司局和 31 个北京市相关部门派驻人员到平台办公，围绕重大科技成果转化和产业化项目、先行先试政策扶持等受理事项开展工作。作为一个行政协调机制，中关村创新平台的作用和任务比较宽泛，既探索体制改革，也规划园区发展，既协调不同行政部门，也协调企事业单位。在我国当前的行政体系下，创新平台虽然为推动科技园的工作起到很好的作用，也存在内部协调困难的问题。

我们认为，园区管委会在降低企业交易成本方面，比较有成效的是推动建立了许多十分具体的信息或交易平台。例如，自动驾驶技术是一项革命性的新技术，具有改变未来城市面貌的巨大意义，但是与很多国家一样，自动驾驶汽车的路面测试必须打破现有的交通规则，给技术的完善带来较大阻力，有些企业甚至不得不违规上路测试。解决的办法是建设共享的自动驾驶汽车测试场，但是测试场占地面积大、投资额度高，而且涉及各种行政审批，民营企业出面建设困难很大。通过半行政的中关村管委会出面协调，海淀区在近郊建立了专业性自动驾驶汽车测试场，为各相关企业提供测试服务，这样就为行业的发展提供了很大便利，有效降低了企业的成本。又如，中小企业的股权交易经常面临难以逾越的信息门槛，阻碍了资源的有效配置，依靠企业自身力量难以解决。在多年的非上市企业股份转让试点工作的基础上，2013 年 1 月，中关村科技园区管委会推动全国中小企业股份转让系统挂牌落户中关村，为未上市、高成长的科技型中小企业提供股份转让和募集资金服务，建立了风险投资退出机制。截至 2018 年第二季度，中关村“新三板”挂牌企业已超过 11000 家，产生了巨大的社会效益。

企业家之间的交流对抓住商业机会十分重要。园区管委会支持“中关村企业家顾问委员会”、“中关村 100 企业家俱乐部”、“联想之星”、企业家沙龙、中关村创业论坛等各类交流平台及活动，引导创业者、企业家、企业管理者加强交流，很好地促进了科技人才之间的互动与合作。

建设海外联络处是引进国外人才或智力的重要手段，也是行政机关可以发挥平台作用的地方。中关村示范区依托美国硅谷联络处，支持中关村发展集团在硅谷成立“中关村海外战略科学家委员会”，分两批聘请张首晟、崔屹、张翔等 19 位全球顶尖科学家成为“中关村海外战略科学家”。依托华盛顿联络处积极对接海外高层次人才，推荐马里兰大学医学院病毒研究所所长 Callo（卡洛）博士及团队来京发展、推动杨绍峰博士的“大数据快速分析”项目在京落地等。2018 年 4 月，将以色列、“一带一路”沿线重要国家南非纳入中关村发展视野，新建以色列及南非两个海外联络处。

“中关村科技军民融合专题赛”是行政引导平台建设的另一个典型例子。2017 年 9 月，中关村科技园区管委会与科技部火炬中心、海淀区政府共同主办中关村首届科技军民融合专题赛。活动集结了科技部、军委机关职能部门、军兵种机关、军事科学院、国防大学、中关村管委会、海淀区政府等军地多个部门。以大赛的形式面向全国征集军民融合科技创新解决方案，大赛不设范围、不立门槛。专题赛公开发布导航与通信等 7 个领域 63 项技术创新需求，全国 19 个省区市 89 个单位、团体和个人共 109 个解决方案参赛。航天科工、兵器集团等军工集团企业，中国科学院、北京大学、上海交通大学等科研院所和高校团队，海归科技精英均积极参赛。预赛后，41 个解决方案晋级决赛，18 个解决方案在决赛中获得一二三等奖，诞生了高通过轮式无人平台、轻型军用柴油发电机组、新型纤维材料等新锐科技。在向军委科技委、科技部火炬中心推送首届专题赛优秀成果的基础上，针对外地企业落户中关村需求，提供了政策支持和服务落地工作。目前部分项目已经在园区落地。“军民融合专题赛”为推动军民科技协同创新和成果双向转化应用、探索科技军民融合发展模式发挥了显著的作用。在我国目前军队和军工市场化程度较低的情况下，通过半行政的园区管委会推动军民融合，是一个行之有效的方式，对市场机制是很好的补充。

中关村管委会本身就是一个园区经济发展的协调平台，虽然没有行政权力，却可以起到市场无法起到的协调作用。例如，管委会长期致力于优化中关村科学城空间布局，以中关村大街功能提升为核心推进产城融合升级。按照“科技风、创新路、国际范”的定位，加快推进中关村东区、清华大学与北京大学周边等重要节点改造升级，支持海龙大厦、科贸中心、大地科技大厦等一批存量空间资源转型升级，建设中关村前沿技术中心等创新载体。推动中关村科学城老旧厂房、低效土地的腾退工作，加大对存量土地及空间资源盘活利用的资金支持力度。推动西三旗、清河区域转型升级，推进智能制造创新中心建设，推动天坛智能制造创新园、金隅科技园、学院路科技园等园区建设。协调加快集成电路设计园、小米移动互联网产业园等建设，集成电路设计园已有兆易创新、中庆现代、九思泰物联网等优质企业签署入驻。同时推进软件园、东升科技园等园区不断升级服务体系。

中关村科技园区管委会在搭建信息或交易平台方面的工作具有重要的理论和实践意义。党的十九大报告指出要“建设人民满意的服务型政府”，如何将服务型政府落到实处，是非常具有挑战性的问题，政府本身是具有行政权力的机构，下命令很容易，服务则往往比较难。从中关村科技园区的管理实践来看，一个可能的思路是通过行政协调为社会组织和个人搭建各种信息或交易平台，帮助他们降低（广义的）交易成本。这些平台往往涉及面广，利益关系复杂，面临各种体制机制障碍，而且对平台运营者的中立性要求较高，不适合民间资本主导。政府部门天然具有较强的协调能力，而且利益上基本中立，因此可以成为发挥作用的主要力量。如果没有一定的行政协调，银行卡联合组织“中国银联”几乎没有成功的可能性，这样的例子还很多。政府出面推动平台建设，并在适当的时候退出平台的运营，无疑就是为社会服务。

五、管委会

中关村科技园区采用两级管委会的体制，“中关村科技园区管理委员会”（即“大管委会”）是北京市政府的派出机构，各区县分园管委会是各区县政府的派出机构。两级管委会之间没有上下级关系，各自主要对本级政府负责。大管委会的职能偏向拟定园区的发展战略和规划、研究相关改革方案等，分园管委会的职能偏向为企业提供各种具体投资创业服务，但是两级管委会的职能有很多重叠之处。中关村科技园区各级管委会的共同特点是无行政审批权，机构规模小，工作任务重。

中关村科技园区管委会的前身是北京市新技术产业开发试验区办公室，从一开始就没有行政审批职能，仅具有行政协调功能。1988 年 6 月，北京市机构编制委员会办公室批复海淀区政府，试验区办公室为副区级，行政编制 30 人，所需经费由海淀区财政包干解决。试验区办公室的主要职能是，对试验区的发展进行全面规划并组织实施，对新技术企业进行协调、服务、管理和引导。试验区办公室设行政联络部、企业发展管理部、工商所、税务所和财政审计所。1994 年，成立试验区管委会，作为北京市市政府的派出机构（正局级），试验区实行市区两级管理和“一区多园”（海淀试验区、丰台科技园、昌平科技园）的管理体制。1997 年，中央编制办和国家科委发出《关于原则同意〈北京试验区性质管理体制和机构改革方案〉的通知》，明确了试验区管委会为市政府派出机构，正局级，行政编制为 85 人，内设办公室、园区发展处、计划项目处、国际合作处、信息统计处等共 11 个部门。

目前的中关村科技园区管委会是负责对中关村科技园区（包括海淀园、昌平园、顺义园、大兴－亦庄园、房山园、通州园、东城园、西城园、朝阳园、丰台园、石景山园、门头沟园、平谷园、怀柔园、密云园、延庆园，以下简称园区）发展建设进行综合指导的机构。设办公室、产业发展促进处、自主创新能力建设处、规划建设协调处、科技金融处、人才资源处、创业服务处、军民融合创新工作处、经济分析处、国际交流合作处、研究室（法制处）、宣传处、资产监管和审计处、财务处、人事处 15 个内设机构和机关党委。直属事业单位有 3 个，分别是中关村高科技产业促进中心、中关村政府采购促进中心、中关村人才特区建设促进中心。中关村科技园区管理委员会行政编制 94 人，实有 89 人；事业编制 75 人，实有 50 人；另聘用国际化业务总监 1 人。

北京市每个行政区都有自己的园区，共同组成中关村科技园区，其中最大的分园是海淀园，占整个中关村科技园区的半壁江山。海淀园管委会采用“两委合署、七块牌子”的“大部门”机构管理模式，“两委”是海淀园管委会与海淀区科学技术委员会，“七块牌子”为中关村国家自主创新示范区核心区管理委员会、中关村科技园区海淀园管理委员会、海淀区科学技术委员会、海淀区政府信息化工作办公室、海淀区经济和信息化办公室、海淀区知识产权局和海淀区投资促进局。海淀园管委会（区科委）内设处室 8 个，分别为办公室、科技发展处、产业规划发展处、服务体系建设处、对外合作处、企业发展促进处、知识产权处、投资促进处。所属事业单位 7 个，分别为海淀区投资服务中心、海淀区知识产权中心、海淀区科技中心、海淀区信息中心、中关村科技园区海淀园创业服务中心、中关村科技园区海淀园外事服务中心、中关村科技园区海淀园上地基地开发建设办公室。归口管理事业单位 2 个，分别为中关村国家自主创新示范区核心区发展研究中心、中关村国家自主创新示范区展示交易中心。

中关村科技园区各级管委会除了负责管理部分扶持基金的发放，无行政权力，但工作任务很重。管委会的工作是：促成体制改革和机制创新、扶持科技企业的发展以及建立各种有助于创新创业的平台。为了完成这些工作，管委会需要在企业和各个行政部门之间反复协调，工作任务十分繁重，经常加班加点，被园区企业称为“政府企业化”现象。园区高科技企业对管委会的工作非常感激，虽然由于客观原因其未必能解决所有问题，但至少让企业感受到政府的“温暖”。

在管委会的工作中，有两个现象值得关注。一是两级管委会之间的协调问题。由于各管委会仅对本级政府负责，但工作对象重叠，相互之间难免存在各自为政的倾向，这不利于上下级管委会在一些具体工作上的协调或园区区域规划的执行。二是有一种声音认为，缺乏必要的行政权力不利于管委会工作效率的提高。管委会最了解企业需求，主观上希望能迅速为企业解决各种关于投资环境的问题，但是由于本身没有行政权力，管委会只能努力向各相关部门反映情况，并督促问题的解决。这个过程经常涉及多个行政机关，协调十分复杂，在当前的行政体系下，需要耗费大量的时间和精力，降低了解决问题的效率。从另一个角度看，管委会责任很大，但是没有必要的行政权力，存在权责不匹配的问题。

课题组认为，一个科技园区有两层管委会，并且相互独立运行，这种体制在实践上的确存在一定问题。或许正是因为管委会没有行政审批权，两层管委会之间的协调问题没有产生很大影响，但即便如此，让园区企业面对各自为政的两个管委会，还是不利于工作效率的提升。这一体制问题应在将来的改革中予以适当考虑并解决。

赋予管委会行政权力是一把“双刃剑”，既可能提高工作效率，也可能造成对经济活动干预过多。凡事不能绝对化，对管委会适度的赋权可能是必要的，即使是今天的管委会也不是绝对没有行政色彩。将权力赋予最了解基层情况的官员未必不是更好的安排，但涉及力度的精确把握。行政赋权的前提是能够对权力有足够的监督，监督机制越完善，可以赋予的权力越大。

六、结论与建议

中关村科技园区的发展历程是中国经济发展的一个缩影，其关键特征是政府积极协调下的市场经济。园区通过政策举措先行先试，不断调查研究，探索出一条促进高科技产业发展的道路，实现了有为政府和有效市场的有机结合，充分发挥了中国特色社会主义制度的优越性。在新时代，政府介入市场经济的方式也需要与时俱进。那么，如何保持政府在促进经济发展中的协调服务作用，又能让市场在资源配置中起到决定性的作用，课题组提出以下四条建议。

第一，继续深入基层调查研究，持续推动体制改革和机制创新。我国经济和科技体制脱胎于计划经济，条块分割较为严重，民营经济不仅面临“玻璃门、弹簧门和旋转门”等制度障碍，还仍然会受到传统僵化体制的制约。

科技园要先行先试，协调党中央国务院、国家各部委和北京市政府，推动体制机制改革和创新。中关村具有全国独一无二的科技资源优势，拥有科技体制机制试验的优良条件，一些新生事物和创新观念往往最先在这个地区出现。政府应该抓住这种先行先试的机遇，一旦科技园区体制机制试验成功，就可以向全国复制推广，产生制度溢出效应。

第二，充分借助市场力量，进一步优化企业扶持方式。在财政补贴项目上，一些可以由市场决定的领域，园区行政部门应该逐步退出，转而引导建立良性的市场机制。允许市场发挥优胜劣汰的功能，让真正有发展潜力的企业脱颖而出，防止部分企业的机会主义行为扭曲市场。在市场失效的领域，尤其是事关国家安全的核心技术和战略性新兴技术领域，要适当发挥政府专项的杠杆作用，撬动和激励市场主体参与。

第三，发挥好园区管委会的行政协调功能，加大力度建设服务型政府。科技园区管委会成立以来，发挥了重要的服务型政府作用，这也是近40年来科技园区发展的重要经验之一。在新时代，政府职能应进一步由管理职能向服务职能转变，避免主动引导产业发展方向，将有限的资源主要用于搭建信息或交易平台上，着力降低企业运营成本。继续重视企业调研工作，及时跟踪企业的需求，研究社会上出现的新问题和新现象，协调各级政府和部门，合力为企业排忧解难，构建符合新动能、新模式、新经济发展的新政策。园区要继续推动软硬基础设施建设，塑造优良的创业环境和营商环境。

第四，积极推进管委会机构改革。顺应新时代服务型政府改革需求，研究园区各级管理委员会本身的改革，改善管委会的内部激励机制，提升各管委会之间的协同效率，研究行政权力配置方式，最终实现提升公共服务水平的目的。

小米集团：基于高品质的中国式创新

北京大学国家发展研究院

一、小米手机的异军突起：互联网模式创新

小米创办于2010年，搭乘的第一个大趋势是智能手机新时代的到来。雷军认为自己能够带领小米成功的关键之一就是顺势而为，站在了时代的“台风口”。从2010年到2014年是一二线城市功能手机转向智能手机的换机潮，小米超高的性价比在对的时机精准切中了市场痛点，赢得了一大批“米粉”。这是小米在创办的最初几年能够获得爆发性增长的原因。那么小米是误打误撞上了一个大好时机吗？答案是否定的。雷军凭借着在IT行业二十年的经验敏锐地预判出这个趋势，先搭班子后创业。小米的8个联合创始人中，6人是工程师，另外2人是设计师，都是消费电子设备狂热的“发烧友”。这个团队有深厚的产品基因，创业伊始的想法就是做一款让自己喜欢、觉得够酷的智能手机。如果说小米是一头被台风吹上天的猪，它绝不是无知无觉的，而是预先就想好了如何随风飞舞。

顺势而为很重要，但并不能解释小米为何从一众手机厂商中脱颖而出。其他许多手机生产厂都同样处在功能机到智能机的换机趋势下，它们的行业经验和资源，远大于小米，对行业的整合能力、供应链管理水平等也远远高于小米。虽然站在风口上，但顺着台风持续地飞翔并不易。小米是通过颠覆

创新和强大的执行力打造极致的效率，才成为风口上飞得最高的那头猪。用创始人雷军的话说就是："小米不是单纯的硬件公司，而是创新驱动的互联网公司。"[①] 小米在商业模式上进行了大刀阔斧的创新，从而将手机成本控制在目标人群接受的水平上，用接近于硬件成本的价格进行销售，然后靠内容和增值服务赚钱。

（一）取胜关键：高品质、低价格

小米的成功靠的绝不仅仅是低价和营销，以此为出发点去模仿小米注定功败垂成。事实上小米在出征伊始立志要改变的就是中国制造低品质、低价格的固有形象。小米之道的核心是创造性地整合供应链和科技的力量，把最高端的产品做到最低端的价格，发起一场品质革命。以 2013 年发布的红米手机为例，双卡双待，配备 MTK 联发科 1.5GHz 最强四核，Cortex-A7 架构，28 纳米工艺，超低功耗，另外还配备了 4.7 英寸 IPS 视网膜屏，1280×720 分辨率，800 万像素背照式摄像头，支持 1080p 高清视频录制。而定价是令人惊叹的 799 元人民币。如此极致的性价比不出意料地在市场上刮起了一股旋风——首批推出的 10 万部 90 秒钟售罄，而预约人数超过了 745 万人。这成功的背后正是极致的性价比——小米用不可能的价格做出了不可能的产品。

用精准的产品定位开辟蓝海。当时中国手机市场两极分化，要么高端要么低端，没有价格适中的好产品去满足年轻人和日益增长的中等收入群体对于高品质手机的需求。苹果开创智能手机时代，但定位高端，相对而言是小众市场，满足不了大众需求；而 NOKIA、摩托罗拉等老牌手机对行业预判失误，沉迷于原有的成功，在中国智能手机市场充分爆发的时候，NOKIA 退出塞班系统，给小米足够的机会；大部分国产手机制造商还沉迷于庞大的运营商定制机市场，尚未崛起。小米对目标用户精准定位，找准了新兴市场

① 小米招股书雷军公开信。

的新兴群体，可以说是在高端和低端的夹缝中开发了一片蓝海。这些用户不愿意将就，又希望用更低的价格买到更有格调的产品。一款手机最重要的是什么？让用户满意，小米就专注于这一点。正如雷军所说的："我们做手机不是说想把什么带给用户，而是用户需要什么，我们把它做出来。"[①] 而小米就用极致的单品造就其品牌定位——最好用最酷的国产手机，抓住了消费者的消费心理。小米的价格和性能服务于"发烧友"，且不断夯实其"高性价比"的定位。小米满足了用户能消费得起还要有面子的心理。

（二）商业模式创新提高产业链效率

用最高的效率来顺应时代潮流。当时小米看到整个中国市场上的手机最大的问题就是渠道成本过高，一部卖 4000 元的手机，有 2000 元都在中间商手里，所以小米就用互联网直销的方式来卖手机，去除渠道成本。另一个对小米有利的外部条件是随着移动互联网的普及，以微博为代表的自媒体也兴盛起来，让小米可以凭借互联网做推广，使小米品牌可以快速传播。例如，小米 1、手机包装盒、小米 2S 青春版等产品通过制造话题，在微博上快速传播，营销成本极低。依靠 MIUI，小米有意识去打造社区，与用户进行互动，很快便聚集了一大批"米粉"。互联网品牌传播，电商的方式销售，奠定了小米相较于传统厂商的效率优势。总结小米的商业模式创新，有如下几点。

第一，小米用电子商务直销的模式，去掉了渠道成本和销售成本。传统的手机零售中间环节冗长，手机厂商的销售渠道要从全国代理开始，一级级往下细分到省级代理商、地市级代理，至少要经过三级铺货，最终才能到达消费者可以购买的实体店。渠道层层加价，使得手机销售的中间环节成本非常高，产品定价通常高于成本 30%左右。这也使得库存管理链条很长，加大了库存成本。小米这种纯线上自营官方商城预约、抢购，然后厂商直接发货至顾客手中的模式，在当时是一种颠覆。取消中间商赚差价，让小米能够

① 冷湖：《小米制胜之道》，北京：中国纺织出版社，2015。

最大限度缩减成本，去打造低价高配的产品。而线上预约抢购的模式，又让小米几乎没有库存积压的风险。

第二，小米用社交媒体和自媒体营销包括口碑营销的方式，节省了营销成本。小米在很短的时间内通过参与感建立了一个高质量的粉丝文化群，发动了粉丝“群众运动”。例如，市场营销采取游戏化和娱乐化方式与客户互动，这样不仅增加了粉丝对品牌的忠诚度从而吸引粉丝进行多次购买，也使得公司用较小销售费用构建了产品和品牌的知名度。同时，小米鼓励用户参与产品设计，让用户感觉到他们就是手机的核心，而由此产生的体验感相当不凡。这种依靠粉丝热情、能力和时间碎片来帮助公司发展的做法已经成为互联网时代公司的新竞争点。传统公司也一直在强调“以客户为中心”，然而传统的市场营销模式是公司单方面宣传、广播式的，这种做法不仅成本高，也不适合习惯于在互联网上“玩”的新一代消费者。

第三，小米产品创新用“开放众包、快速迭代”模式深入了解客户需求，并快速迭代推出新一代产品。小米的核心系统 MIUI 每周推出一个新版本。同时，在产品开发过程中，广泛地邀请发烧友以志愿者身份参与，他们在新功能定位和产品测试方面起到了重要作用。传统的创新方式是线性的，包括计划、设计、开发、测试、推出等几个步骤，这个过程一般是一到两年，经过漫长等待的消费者拿到产品的时候，如果发现很多功能并非自己所期待，那么相关功能的改进至少再需一年才能在下个版本中看到。小米颠覆了“闭门造车”的传统模式，不把问题留到下一个版本去解决，而是通过快速迭代，打造卓越的产品体验。

第四，小米采用去中心化的扁平组织架构，有效保障了整个组织围绕客户高效运转。小米公司是一个以研发、客服和销售为重心的公司，将很多功能外包。小米组织结构扁平、层级少，对一线员工充分放权，以客户导向让边缘中心化，因此员工可以根据客户的需求直接决策，而无须等待上级指令。员工的绩效考核也基于很多与客户直接反馈相关的指标，从而形成了一种以客户为中心的快文化。相对来说，传统的以总部的顶层管理者为中心、层层管理的公司治理模式，其响应速度会明显慢得多，员工也缺少当家做主的感觉。“快速反应”在互联网时代是公司制胜的重要元素。

第五，小米采用了互联网盈利模式，紧贴成本定价，硬件微利获取流量，未来靠内容和增值服务来盈利。对于传统硬件公司来说，产品的定价往往基于产品的生产成本，加上公司运营成本，再加上适当的利润。小米改变了这种价格模式。小米的第一款手机推出时，定价为 1999 元，类似配置的手机定价则在三四千元。因为小米卖手机，硬件不再是一个孤立的生意，购买者既是客户又是用户，销售后彼此的关系才刚刚开始，小米可以依靠内容和服务吸引用户持续消费。

（三）互联网思维：专注、极致、口碑、快

雷军用七个字总结小米模式的秘诀：专注、极致、口碑、快。[①] 因为专注，所以极致。因为极致，所以收获口碑。口碑刮起“快”的旋风，借助互联网的平台，所向披靡。这几个要素之间首尾相连，互相加强，形成正循环，奠定了小米模式持续运转的逻辑。小米不仅用这个模式做了手机，而且很快推出了电视、机顶盒和路由器等产品。

专注——集中优势兵力。专注是小米模式的基石：只做一款产品，在每一款产品上下足功夫。在小米做手机以前，国产手机公司一年通常要做 50、100 款手机。可是对于每一款手机，生产商自己是不是真的用过和体验过呢？一款手机至少需要一个月的时间来评测它的好坏。每年 50 款手机，厂商根本不可能用过，也无从把控它们的用户体验。相比之下，小米选择一年只出一款或者两款产品，两款手机、一款电视、一款盒子。乍一看小米似乎无所不为，做了很多事情，而实际上小米在有限的时间和空间内就聚焦于一两样产品，全力以赴。这其实就是任正非讲的压强原理。就是说，你只有把

① 见 2012 年第七届互联网站长年会上雷军发表的“人生就是要折腾，解密小米手机的成功之路”的主题演讲。其实早在 2008 年雷军就在各种场合提出“专注、极致、口碑、快”七字诀。见黎万强《参与感：小米口碑营销内部手册》，北京：中信出版社，2014。

所有的精力集中在一点上，那一点你才能够做得足够好。每一款产品中凝聚了全部的力量，优势自然就呈现出来。

极致——让不可能成为可能。专注是必要条件，目标是要达到极致。雷军要求小米的员工做任何东西，都要力争做到同行所不能达到的高度。什么是极致的标准呢？就是不给自己留退路，全力以赴。小米联合创始人王川曾说："极致就是把自己逼疯，把别人逼死。"小米手机做到了极致的性价比。无论小米 1、2、3，都是低价高配，2000 元价位的小米手机配置几乎可以和 iPhone 5、三星 Note 3 媲美。小米以同样极致的低价高配进入了手机周边产品市场，一万毫安的充电宝价格 69 元，小米手环价格 79 元，而市场同类产品的价格可能高达 1000 元。极致的性价比对于大众市场无疑是杀手锏，击中了消费者的痛点，让小米无往而不利。围绕着用户的需求，小米设定了两个目标：一是要做让用户尖叫的产品，产品好到出乎意料；二是要让用户不仅自己买，而且愿意推荐给朋友，让小米的口碑广泛传播。

口碑——得口碑者得天下。口碑是整个互联网思维的核心，这是因为借助互联网的传播，口碑在很大程度上可以替代市场费用，极大降低销售成本。传统商业利用信息不对称获得利润，客户不知道它的真实成本，客户货比三家的成本和难度都很高。但是在互联网上，转换成本极低，从 A 商户转到 B 商户只要点一下鼠标就行了。因此互联网大大降低了买卖双方的信息不对称。在信息公开、透明、对称的情况下，口碑就成了竞争的核心。如何获得口碑？对小米而言，第一就是要确保自己做到了极致，确保整个公司的所有环节围绕用户口碑展开。在小米公司，产品研发、运作效率、服务品质都由口碑驱动，追求最高的标准。第二，因为口碑的驱动，小米要求把用户当朋友，让他们参与到产品的全程体验中来，收获一种参与感。第三，小米积累了丰富而独特的社会化媒体营销经验，使得良好的口碑通过社交网络快速传播，简而言之就是让用户很容易地告诉他的家人和朋友小米有多好，好在哪里。

快——天下武功唯快不破。互联网将商业带入一个巨变和不确定的时代，因此要求企业对任何事情都能快速反应。因为不确定性，所以谁也不知道如何定义完美的产品，只有通过快速迭代，频繁试错，根据用户的反馈快速调整，从而创造完美的体验。如果做的事情多了肯定不够快，做的业务复杂了它也会不快，所以小米把业务流程做得简单、纯粹，确保整个组织对用户反馈做出快速有效的反应。快还有一个意义，即当口碑快速传播开来，小米能快速占有市场，获得规模效应，从而降低成本，确保极致的性价比。

为了让专注—极致—口碑—快的逻辑形成正循环，持续转动，小米有三个坚持：坚持和用户做朋友，坚持真材实料，坚持创业心态。时代的推动力和极致的效率，让小米手机的发展之路超乎想象的快：从 2012 年的 719 万台、2013 年的 1870 万台，到 2014 凭借年出货量 6112 万台成为中国市场第一。雷军说："我们没想到能把公司做这么大，20 几个人，10 几杆枪，最初我们并没有想到能在 2 年之内超越苹果、三星等对手。"[①] 同时为了保持专注和发展，小米从 2014 年起，大力寻求合作伙伴，将新想法、新产品交给他们来做，以构建共生协同发展的生态链。在小米的生态链中，小米的定位是投资人 + 孵化器，为生态链企业赋能，共求发展。生态链的布局，也奠定了小米向着更高、更强的目标继续前进的基础。

二、小米模式的升级：从手机到生态链

2014 年和 2015 年小米连续两年拿下中国智能机销量冠军。但 2016 年它深陷低迷，根据 IDC 在 2016 年 4 月发布的《全球手机季度跟踪报告》数据，小米手机 2016 年第一季度的出货量不敌华为、OPPO 和 VIVO，被挤出世界前五。

① 见周掌柜 2016 年发表在英国《金融时报》FT 中文网上的文章。该文作者周掌柜，中国商业生态战略研究开创者，多家知名上市公司生态战略和市值管理顾问，英国《金融时报》中文网专栏作家。

小米陷入困境的主要外部原因，来自从2015年开始手机市场格局的变化，智能手机的增量市场从一二线城市转到了三四线，从线上转到线下，深耕线下渠道的OPPO、VIVO因此迎来了大爆发的风口，线上线下全面布局的华为稳居第一。而只做在线电商的小米则遭遇增长天花板。OPPO、VIVO和小米代表了两种模式——小米是主张高效率，砍掉一切可砍掉的成本，去除线下层层加价的直销模式；OPPO、VIVO拥有庞大的线下体系，数十万家线下门店像毛细血管一样深入中国的三四线城市乃至乡镇，拥有强大的触达能力。

以雷军为首的小米高管团队经过深刻反思，意识到互联网销售并非可以“通吃”。从长远来看，线上线下的零售比例在20∶80。因此，小米要持续发展，必须从线上到线下。小米开始全力推动小米之家线下直营店在全国的布局，然而，小米凭什么走到线下？巨大的渠道与店铺运营的成本是否要推高小米价格？假如高性价比的价格策略不变，小米如何能用互联网的效率来经营线下的零售店？

如果没有为数众多的智能硬件产品的助攻，小米之家顶多只能算是一家手机专卖店，本质上与无数的街边巷尾的手机店并无差别。在这种情况下，小米想在实现线上线下同款同价的同时做高坪效的可能性几乎为零。而在2016年已成气候的小米智能硬件生态，让小米之家从一家手机专卖店转变成了雷军口中的智能硬件领域的无印良品，“盘子”一下子就大了，使得小米从线上走到线下成为可能，大大拓展了小米的战略空间。截至2018年3月31日，小米通过投资和管理建立了由超过210家公司组成的生态系统，其中超过90家公司专注于研发智能硬件和生活消费产品，连接了超过1亿台设备，是世界上最大的消费级物联网平台。值得一提的是，小米布局生态链始于低谷到来的两年前，即2013年底。这个颇具前瞻性的布局不仅为小米在2017年重返巅峰提供了强有力的支持，也是小米未来持续发展的根基。

（一）小米为什么要做生态链？

雷军在2013年对互联网的发展就有一个前瞻性的判断：第一阶段是互

联网，第二阶段是移动互联网，第三阶段是物联网。[①]每个阶段，必然会有万亿级大公司形成。小米手机当年就是踩准了移动互联网这个风口，赶上了换机潮，才异军突起。强调顺势而为的小米，针对下一个万亿级市场的物联网，立即行动，这是促使小米用投资的方式做物联网的主要原因。另一个相关的趋势是消费升级，手机只能分到其中很小的一部分红利。对于未来，小米开启了新一轮的想象：人类的未来居家生活方式将会产生很大改变，这里面蕴含着巨大的商业机会，而小米是最有可能在这个赛道中获利的平台。

（二）为什么不自己做？

第一，专注。小米自己做，人员和精力忙不过来，2013 年小米手机一共8000名员工，其中2000名工程师专注于做手机。雷军坚持小米必须专注，否则效率会降低。那么物联网这个事又非做不可，怎么办？答案显而易见：找更专业、更优秀的人来做。[②]用小米联合创始人刘德的话来说，就是不单打独斗，而是弄一堆兄弟公司，大家一起来打群架。每一个公司专注一件事情，就能做到极致，从而制胜。[③]

第二，快。速度在互联网行业是一个很重要的指标，这么多领域如果都自己来做，在稳扎稳打的同时，必然牺牲速度和效率。而在快变时代的竞争中，先发优势是极其重要的。所以只有用生态链这种方式，才能以最快的速度去布局市场。

第三，激活个体。激励机制很重要，制度决定一切。如果把这件事放在小米体系里做，自上而下，那么激励的力度就会降低。而用生态链的模式干，每支队伍都是独立的公司，打下来的是自己的天下，这样的机制才能保

① 见 2014 年《福布斯》中文网对雷军的访谈。

② 小米生态链谷仓学院：《小米生态链战地笔记》，北京：中信出版社，2017，第 6 页。

③ 课题组对小米刘德的访谈，亦可参见小米生态链谷仓学院《小米生态链战地笔记》，北京：中信出版社，2017，第 6 页。

持团队生猛，使之迸发出野蛮生长的态势。

（三）怎么做？投资 + 孵化器的小米模式

有别于乐视、阿里、腾讯的所谓生态系统，小米对其生态链的建设战略是以“投资 + 孵化器”为主。那么小米生态链的投资和传统模式的投资有何不同呢？

第一，小米对生态链公司投资不控股，让创业者自己管理公司。在帮助这些公司孵化产品以后，欢迎任何一家基金甚至上市公司来投，给予创业团队充分的自由。这样可以把一批狼性的创业者留在小米生态中。

第二，对生态链公司赋能，输出小米的资源。比如公司 A 缺少技术，小米就提供技术；缺少流量，小米就提供流量；没有售后，直接嫁接到小米的售后中。总而言之，为这些公司提供全方位支持。小米在这个过程中获得渠道分成收入：小米在其线上、线下的渠道中销售生态链公司产品，利用自身丰富的流量（如米家商城、小米之家等）为生态链公司带来宝贵的初期流量，并取得其毛利润分成。对于生态链公司来说，这样引流成本大幅降低，而对于小米来说，也丰富了品类，增加了消费频次，并从生态链取得一定的分成收益（估计在收入的 10% 左右）。让我们以华米为例来了解小米对被投公司的赋能价值。知名自媒体“好奇心日报”曾分析过华米科技的成功原因。他们发现，在销售费用率上，依靠小米的渠道、口碑营销，华米销售费用占营收比例长期不足 2%，而其同业对标厂商 Fitbit 则近 25%。在小米生态链的帮助下，其采购成本也比 Fitbit 低了近 50%。为了应对销售成本高的情况，Fitbit 的毛利率一直保持在 40% 左右的水平。但华米在生产小米手环一代时的毛利率仅有 12.3%、净利率为 –4.2%，因此能够以极低价限打造爆款，培育用户。在 2016 年年中小米二代手环推出以后，定价从 79 元提升至 149 元，华米科技净利率也变为正数。因此，短短三年，做大规模与品牌之后的华米，与 Fitbit 的力量对比就发生了大逆转：华米净利率上升到 8.15%；而 Fitbit 在 2015 年后营收不断下滑，陷入亏损。华米在小米生态的强大支持下，实现了后发制胜。

第三，生态链企业是独立的公司。除米家和小米品牌的产品外，这些生态链公司可以同时研发、销售自有品牌产品，产品可以和小米完全无关。

第四，注重创始团队的价值观。常规的投资机构投项目的时候，要看风口，看市场占有率，看估值，看有没有退出的机制。小米做投资的特点，首先是看人，不仅看人是否靠谱，并且要看人的价值观和他们是否一致。举个例子，小米生态链投的第一个人张峰，带领团队做充电宝，他就是雷军和小米的老熟人。这个价值观就是不赚快钱，立志做最好的产品，坚信互联网模式是先进的。

第五，产品定位大众需求。小米生态链要投的都是满足 80% 用户的 80% 需求的产品，所以未来小米旗下的产品都是大众熟悉的，而没有被验证过的产品，小米几乎不会做。小米生态链的理念是，不做培育用户的工作。如小米做手环，也是等到欧美市场对用户进行了培育之后，Fitbit 耕耘了十年，小米才动手做的，逻辑就是站在巨人的肩膀上，以更低的价格，更高的效率来发展市场。现在小米已经是全球销量第二的手环生产商。

总而言之，相较于传统的投资机构，小米是一个异类。小米生态链的价值观是什么？①不赚快钱；②立志做最好的产品；③追求产品的高性价比；④坚信互联网模式是先进的；⑤提升效率，改造传统行业。比如，YeeLight 创始人姜兆宁在谈到最终为什么选择小米的投资时，是这么说的："别的投资人都是来谈钱，谈估值，谈股份。和小米这帮工程师聊，我们就是在一起探讨，这个产品你的想法是什么，我的想法是什么，然后我们用哪些数据来佐证这个功能可以做，那个功能不能做，做的时候我们用什么技术。探讨谷歌、苹果的技术水平是在什么程度上，我们分析研究它们未来往哪走，而我们应该往哪走。我们都是在讨论这些事。这种沟通，就是感觉很对，感觉小米的工程师水平很高，我们就觉得跟着小米一定能干成。"① 工程师做投资与

---

① 小米生态链谷仓学院：《小米生态链战地笔记》，北京：中信出版社，2017，第 16 页。

专业投资人的差异可以总结为：投资人看重团队、数字、回报；除此之外，工程师还更看重产品、技术、趋势。

（四）生态链的成功之本：强大的产品

为什么好的产品如此重要呢？在工业时代，推出新产品后，为了让消费者迅速知道，最普遍的就是打广告。互联网时代，消费者对产品的选择越来越理性，“喇叭式”营销虽然覆盖范围很大，但真正能被打动的人并不多。口碑传播和病毒式营销是互联网时代的特点，如果产品本身不好，也就无法形成口碑效应，更谈不上“病毒式”传播。从人群来说，互联网上活跃的是80后、90后、00后，这些消费者消费都会货比三家，对不同厂家的产品了如指掌。80后、90后的消费者不同于上一代人，他们用过很多好东西，对于什么是好产品有着天生的敏感，对产品有自己的理解，对品质有很高的标准，不会轻易被所谓的“大喇叭”广告所忽悠。要是你的产品不怎么好、品质不过硬，再怎么打广告也没用。纯广告营销，你也许能“忽悠”几千人、几万人，但要“忽悠”几百万人、几千万人，是完全没可能的。所以一切不以好产品为基础的营销，都不能走远。

关于如何做好产品，小米积累了深厚的经验。在手机推出之前，MIUI依靠其良好的体验与快速的迭代已经累积了50万的初期用户。有了这50万的用户，就有了希望小米做手机的呼声，小米手机的推出，是顺应需求端的牵引，而非供给侧的强推。好产品是成功的基础。先有产品和用户，然后才有品牌。

（五）好产品是如何炼成的？

第一，摸准时代的脉搏。首先企业必须理解一个时代的主旋律，理解消费的变化趋势；其次是认清产业的现状和问题；最后是做出高品质的产品。改革开放以来，中国用了40年的时间，让制造业得到大发展，解决了普通商品的稀缺性问题。今天，中国的稀缺问题基本解决了，但又迎来了一个新的时代拐点：基础物质已经得到了满足，甚至产能过剩；互联网和全球化也让消费者看到了全球最好的产品是什么样的。小米认为，未来十年是大消费的十年。所谓大消费，就是每一个中国人消费产品的数量和质量都会有巨大的提升。大消费时代的特点是：从炫耀性消费到轻奢主义的流行，从追求高价格到追求高品质，消费理念也从购买商品向购买服务转变，从满足物质消费到满足精神消费转变。当前摆在制造业面前的主要问题是人民日益增长的对美好生活的向往与“中国制造”低价格、低品质之间的落差。前阵子国人蜂拥到日本买马桶盖，就是这种消费升级的最好印证。2013 年小米做插线板时有个产业分析，发现了一个很有趣的现象。当时插线板产业第一名在中国市场占有率是 30% ；而第二名的市场占有率甚至不到 3%。被蚂蚁分食的市场里，没有大象，也就是没有绝对领先的大企业。蚂蚁市场的特点是门槛低、价格低，而且竞争激烈，两个可能：要么出现大量廉价的差品，你便宜，我可以更便宜，陷入价格战的红海；要么就是优质的产品价格过高，因为占的市场比例太小，没有规模效应，为了赢利，只能让产品保持高毛利。所以蚂蚁市场里的产品，要么贵，要么差，是不存在中间状态的。这些厂家都待在自己的产业舒适区里，缺乏改变现状的动力。颠覆蚂蚁市场，必要的因素是速度和规模：用速度拉开距离，用规模降低成本、稳定供应链，用大量的销量和口碑培育品牌。例如，小米生态链的青米插线板，一年卖出了几百万个，单一 SKU 的销量在该领域是史无前例的。刘德说，快速扩大规模，就意味着你的公司上了“平流层”，从而拉开和其他“蚂蚁”的距离。[①] 再举一个例子，小米生态链投了一家做毛巾的公司，就是因为看到中国巨大的潜在市场。美国人一年平均 12～15 条毛巾，中国人大概两条毛巾，假设这差额的 10 条毛巾在未来的十年内补足，那么中国毛巾市场的增量就会达到 140 亿条，这就足以成就若干个大公司了。而且很可能出现巨型毛巾企业，

① 课题组对小米刘德的访谈，亦可参见小米生态链谷仓学院《小米生态链战地笔记》，北京：中信出版社，2017，第 168 页。

从新疆的棉花产地开始整合，沿着产业链一路整合上去，一直到打穿整个链条，成为行业巨头。

第二，精准产品定义。方向错了一切都会付诸东流。和软件项目相比，硬件创业项目通常研发周期更长，投入更大，如各种模型、样机、模具，一般都价格不菲。一旦方向出错了，或者说产品定义不准，所有投入都有可能会打水漂，风险极大。软件产品就不一样了，讲究小步快跑、快速迭代。硬件因为成本和周期的关系，思路要做到“首战即决战”，争取一战取胜从而奠定公司的基础。

精准的产品定义包含以下几个方面。①用户精准。市场上的产品大体上可以分为两种，一种是标准化、通用型的产品，另一种是满足个性、彰显身份的产品。标准化产品，适合大市场，服务于大多数人。而小米生态链选择的产品品类都是这一类。②功能设定精准。好功能首先追求设计上的最优解。做设计，要讲道理。小米的设计中，有 70% 的理性，30% 的感性。功能除了设计还有就是品质问题，品质这事儿，不管对于模式还是利润来说，决不能妥协。小米手机 1 发布的时候，用了当时最好的芯片，最好的屏，原材料供应商几乎都是苹果的供应商。所以小米一直是性价比的代表，当小米出一款产品时，大家即使不知道它的市场平均价，但脑中的第一反应是小米的价格一定会有惊喜。万魔耳机，把 10 万元级音箱的振膜材质用到小小的耳机上，是全球首次采用的设计方式，这就是在做高品质。③定价精准。雷军为小米生态链企业制定了一个规则，也被认为是生态链产品取得成功的重要原因。对于硬件产品来说，定价有两种办法：其一是先确定价格和成本，按照成本去选择用料；其二就是先选择用料，然后根据最终的成本定价。前一种办法是保证利润，后一种办法则可以选择兼具品质和性价比。而雷军则要求生态链企业采取后一种办法，这也是为什么生态链的产品始终都被贴上“物美价廉”的标签。

第三，打造极致的产品。无论互联网怎么影响这个社会，做出好的产品才是根本。小米生态链谷仓学院院长洪华说：“爆”是结果，“品”才是根本。太渴望“爆”了，人们就容易忘了“品”，也就很有可能跑偏，从而成为成功学的把戏。成功没有“方便法门”，要做好产品，就要坐冷板凳。[①]一个好产品的诞生，用十月怀胎来形容是不为过的。有些产品甚至要做两三年才能面市，不断地迭代，不断地优化，改之又改，过程是痛苦的。比如为了让最终的产品更完美，废掉已经完工的几百万的模具。一个产品能不能成为爆品，决定因素很多，拼的是企业的综合实力。决策者要有好眼光，能选对产品方向；还能沉下心来，耐得住寂寞打磨好产品；研发要给力，供应链也要给力，每个环节都要到位；还有好的渠道和海量用户积累。这些因素叠加在一起，然后加上点好运气，才能出爆品。小米空气净化器、小米手环、小米移动电源、米家扫地机器人，这些之所以能成为爆品，除了团队本身的努力和能力之外，小米七八年积累的用户、渠道、供应链资源、经验教训，也都是不可或缺的因素。这一切完全是厚积薄发。我们以小米电饭煲为例来说明小米如何通过人来打造极致产品。小米检索了很多专利以后，发现内藤毅是压力 IH 技术的发明人，于是邀请他到中国一起做电饭煲。小米电饭煲比日本电饭煲还好的地方是，根据不同地方的用户偏好，匹配每个米种，而且非常的精准。大数据结果表明，海南人煮饭最软、青海人煮饭最硬。米家压力 IH 电饭煲在日本也上架了，虽然价格比国内贵很多，但是在日本依然是最便宜的。

（六）助力传统产业升级

用互联网思维去提升效率，其实这里面没有一个固定的方法，效率隐藏于所有的环节之中，就看如何挖掘。小米像鲇鱼一样去搅动现有的模式，进入一个行业，搅动一个行业，进而促使一个行业发生改变。2011 年小米开始做手机，用互联网模式和极致的性价比推动了整个手机行业的改变，也迅速提高了中国智能手机的普及。2013 年小米开始做插线板，以前的插线板

① 课题组对小米生态链企业谷仓学院洪华的访谈，亦可参见洪华《小米：被误读、被滥用的“爆品”》，虎嗅网，2018 年 2 月 6 日，https://www.huxiu.com/article/232395.html。

又大又丑，30 多年工艺都没有改进。小米把插线板做小，做成艺术品，带有 USB，可以直接连接手机，得到用户的喜欢。小米插线板上市一年之后，引来同行纷纷效仿，市场上的插线板设计感越来越强，安全和工艺也有了很大提升，价格也有所下降。小米又推动了插线板这个行业的改变。

在进入一个行业、搅动一个行业的过程中，小米倒逼制造业上了一个台阶。手机、手环、充电宝、平衡车、空气净化器……如何倒逼呢？首先，小米会和上游生产企业一起投入研发新的工艺，对生产线进行改造。其次，小米坚持低毛利、低价格，和用户做朋友。在小米内部也曾产生了激烈的争论：能不能把产品卖得贵一点儿？结论是非常坚定的“NO”。Costco（好市多）、无印良品、优衣库都是这样。为什么？因为毛利率低，就逼着自己追求效率，改善项目，这样才能保持公司的战斗力。一旦毛利率高，公司就会丧失持续创新的动力，就会一步一步变得平庸。每一天都如临深渊，如履薄冰，才能不断被激发，不停去成长。小米的“搅局”，迫使它进入的产业跟着创新，降低价格，从而带动中国制造的整体升级。

小米智能硬件生态链的模式本身也是从效率出发。用“实业 + 金融”双轮驱动的方式，避免小米成为一家大公司。小米是一个平台，为生态链公司赋能，助力其高速成长。尤其表现在以下七个方面：①团队，②品牌热度，③活跃用户，④电商平台，⑤供应链，⑥资本，⑦信誉。2014 年初小米联合创始人刘德带着十几个人建立生态链部门，今天小米生态链业已成绩斐然，多款产品销量达到世界第一：手环、空气净化器、平衡车、充电宝、扫地机器人等。更值得欣喜的是，小米总共获得了超过 145 项工业设计大奖，包括小米手机、电视、盒子、音箱。好产品需要好设计，小米也推动“中国制造”在设计上的改变和升级。

（七）小米生态链的进化

小米生态链逐渐形成的投资顺序是：离手机近的早点儿干，离手机远的晚点儿干；离用户群近的早点儿干，离用户群远的晚点儿干。第一圈层：手机周边产品。第二圈层：智能硬件如空气净化器、净水器、电饭煲等传统白电的智能化；也投资孵化了像无人机、平衡车、机器人等极客互融类的智能玩具。第三个圈层：生活耗材，比如毛巾、牙刷等。第三个圈层的战略意义有两方面。一方面，在消费升级的逻辑下，必然会有巨大的市场；另一方面，小米作为一家科技公司，面临的一个问题就是不确定性。当一家科技公司拥有了大量生活耗材类的生意时，它们就能够对这家科技公司不确定的属性产生巨大的对冲作用。

在过去的 6 年时间里，小米基本实现了从"社群生态""产品生态"快速转换到"全渠道生态"的演化，这是通过对 220 多家公司的投资和参股完成的，在世界商业历史上都是独树一帜的，切实摸索出了一条"小米之路"。小米第一次生态构建提出的是"用户 + 软件 + 硬件"。但是很快围绕"生态链产品"，小米开始了产业生态的扩张和垂直整合，通过电商平台的渠道势能、通过应用软件的连接势能、通过外部资本平台的整合势能迅速壮大产品生态。小米为生态链开放品牌、渠道和供应链支持，这对硬件创业团队来说极大降低了门槛。从智能手机开始到消费级物联网产品，小米对中国整个消费品产业进行了"降维打击"，仅用 7 年就实现营业收入达到 1000 亿元人民币的成绩。小米的成长为什么能够如此之快呢？

竹林生态。传统的公司，像一棵松树，可能需要用 30 年、50 年的时间慢慢地长大，100 年长成一棵参天大树，长太快了会付出健康的代价。而互联网公司更像竹子，雨后的春笋能一下子成长起来。如果环境成熟，3 年时间就能迅速长成一棵参天的竹子。但是竹子的问题在于生命周期很短，它需要不断新陈代谢。小米提出，把生态链打造成像竹林一样的公司，而不是松树一样的公司。通过投资聚成一片竹林。竹林公司比松树公司更稳定、安全，因为它能完成自我新陈代谢，扩张起来没有边界。想扩张到任何一个领域，只要投一家公司就起来了。这就是竹林效应。

动车组模式。谷仓学院 CEO 洪华对《财经》记者说，一些传统企业是"拖车模式"，龙头动力有限；小米生态链是"动车组模式"，每节车厢都贡献动力。高铁为什么会比原来的绿皮火车快？因为原来的绿皮车的动力都在车头上，车头开多快，火车就开多快，通过车头来拖动整列火车。现在的动车组之所以快，是因为每节车厢都有动力。[①] 小米生态链的核心是不仅仅小米有动力，还要让每个生态链企业都自带能量、自带动力，也包括让员工自带动力。

超越控制。小米联合创始人、高级总裁刘德在内部推行生态链议会制，他只有否决权，没有决定权，由集体进行决议，以避免权力集中和因偏见产生误判。智米创始人苏峻说，刘德善于化解矛盾，有冲突知道如何平衡、博弈和消解。生态链是一个乱局，一定需要一个善于化解而非激化矛盾的人。“他们都在讲控制，我们就是要失控。”小米生态链随着发展和壮大也在不断调整其管理机制：第一，采用“分级管理”，对不同层次的企业有不一样的资源倾斜，做好资源分配；第二，生态链企业独立运营（类似于内部商学院），做好价值观传导；第三，生态链管理架构从扁平式向层级化发展，刘德下面设立副总裁，分管不同部门；第四，小米正在从台前退居幕后，让生态链企业独当一面。小米希望的是，每一家生态链企业都能有“自成长性”，小米孵化生态，再由它们去孵化子生态，依此类推。不过，手机依然是小米生态的支柱，手机创造出来的流量被生态链企业多层消化。小米内部称其为“烤红薯效应”，即中间的火越旺，周围的热度就越高，而中间的火灭了，周围也就凉了。

三、进化中的小米模式：铁人三项

通过几年时间的摸索，小米独创了“铁人三项”商业模式：硬件 + 新零售 + 互联网服务。概括起来就是：硬件获客，服务获利。小米通过低价的“爆款”硬件占领市场，获取大量客户流量，然后通过互联网服务进行盈利变现。

① 课题组对小米洪华的访谈。

图 1　小米模式：铁人三项

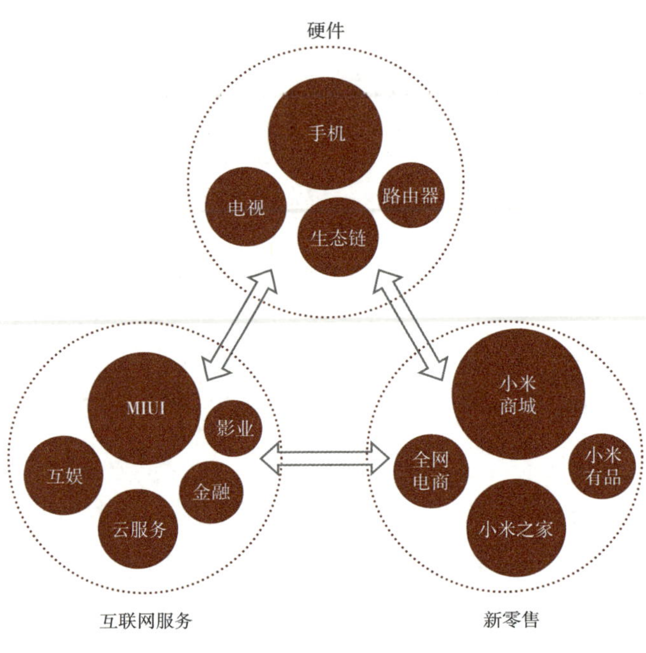

第一步是硬件获客。作为重要的用户入口，小米不期望硬件成为利润的主要来源。小米的策略是产品紧贴硬件成本定价，通过自有或直供的高效线上线下新零售渠道直接交付到用户手中。“小米硬件综合净利润率永远不会超过 5%”，也就是俗称的“薄利多销”。小米的硬件产品恪守两大原则以确保获客能力：①价格厚道，承诺硬件利润不超过 5%；②感动人心：卓越的用户体验，以创新、高质量、精心设计，成为用户心中最酷的公司，让人人都能低成本享受科技的乐趣。

第二步是新零售确保效率和体验。体验卓越的硬件为小米零售渠道带来丰富的自然流量，而零售环节则秉承极致高效原则。以最低的渠道成本将产品以良好的体验交付到用户手中。小米在线上下都进行了大范围的零售创新，线上分销渠道为自建商城、小米有品，线下开始快速开设小米之家，并通过零售和用户进行高效的沟通。

第三步才是服务获利。小米的主要利润来自其互联网服务，包括会员、金融、广告等，相当于是用户打赏给小米的小费。小米是一家少见的拥有“粉丝文化”的高科技公司，“米粉”遍及全球且数量巨大，忠诚而狂热的用户成为互联网服务变现的基础。2017 年小米互联网收入为 99 亿元。而根据小米集团公布的数据，2018 年的第二季度，小米的互联网收入为 40 亿元，同比增长 63.6%；MIUI 月活跃用户 2.07 亿，同比增长 41.7%。以这样的增长趋势来看，未来小米在互联网服务方面有着极大的发展潜力和空间。

通过智能手机等硬件销售获客，通过新零售确保效率和体验，通过互联网服务创造利润。三个因素互相支撑，互相加强，铁人三项形成巨大的网络效应。小米的铁人三项战略之所以强大，一方面是因为小米团队具备极强的执行能力，将产品的工艺品质、性价比、零售运营效率做到极致；另一方面是因为三个环节紧密相连，互相传递，并形成了巨大的网络效应，持续为小米生态引入新的客户，形成良性的循环。

小米新零售的逻辑

近两年，新零售的概念在国内被炒得火热，因此有必要花篇幅阐释小米新零售的意涵。到底什么是“新零售”?“新零售，就是更高效率的零售。我们要从线上回到线下，但不是原路返回，而是要用互联网的工具和方法，提升传统零售的效率，实现融合。”雷军这样进行阐释。电商相对于传统零售，是提升效率的典范；但在获得效率的同时，也带来了两个缺点。①损失了体验性。从信息流的角度看，电商提高了商品信息的易得性，但是损失了商品信息的体验性，比如衣服无法试穿，沙发不能感受，鲜花不能身临其境感受效果。②损失了即得性，用户无法即刻获得商品。新零售，就是“用互联网的效率回到线下”，就是让线下的“体验性”和“即得性”优势插上“效率”的翅膀。小米用一个公式，奠定了小米新零售的逻辑：**坪效 =（流量 × 转化率 × 客单价 × 复购率）/ 面积。**[①]

① 润米咨询董事长刘润对雷军的访谈，首发于《商业评论》2017 年 10 月号。

流量，就是有多少人进店。在线下，这常常叫作人流、客流。小米之家如何提高流量？①选址对标快时尚。小米把店开在优衣库、星巴克、无印良品旁边，因为他们的用户群体高度重合。②低频变高频。买手机是一个低频的行为，厂商打了大量的广告说服用户两年买一次，两年以后又需要再打大量的广告。那怎么解决这个问题呢？它需要产品组合，小米为此发明了硬件生态链的打法，丰富完善产品组合，用一两百个产品黏住用户。虽然手机、充电宝、手环等商品是低频消费品，但是将所有低频加在一起，就变成了高频。小米生态链的迅速成长，帮助小米之家解决了频率和流量问题。

转化率，就是进店的那么多人中，最终有多少人买了东西。如何提高走进店铺的人购买的比例呢？小米有两招。①爆品战略。虽然总共有很多产品，但是每一个种类小米都只有几款产品。比如箱子，就 2～3 款，雨伞就 1 款。爆品战略带来两个好处。首先，你可以在单件产品上倾注更多的心血，所以设计感、品质都会做得更好。其次，爆品带来的巨大销量，又必然会带来供应链成本的降低，导致价格尽可能便宜。物美价廉，顾客闭着眼睛也能买。②大数据选品。线下的面积是有限的。什么东西好卖，就卖什么。但是什么东西好卖呢？因为已经做了几年的电商，小米可以根据之前积累的互联网数据来选品，从而提高转化率。

客单价，就是每个客人每次购买的总价。如何让顾客每单购买更多的东西？雷军说，这要靠提高连带率和增加体验感。①提高连带率。就是顾客买了一样东西，顺便多买几样。产品之间技术上的关联性、协同性，甚至仅仅是颜值上的一致性，都会提高连带率，让你忍不住多买。如买了小米的电饭煲就忍不住再买一个小米的电热水壶。②增加体验感。小米甚至规定，店员不经允许，不去打扰客户。让用户自由地、充分地体验。

复购率，就是这个客人走了，下次还会来吗？在线下，这常常叫回头客。通过提高复购率，挖掘客户终身价值，是“新零售”的终极大杀器。小米如何能提高顾客的复购率呢？①强化品牌认知。小米发现，线下用户和线上用户重叠度很低。于是，小米之家有一个重任，就是让更多过去不知道、不了解小米的消费者，认识小米，在消费者心中植入小米的品牌。一旦买过、用过、喜欢上小米，这些用户未来买电子产品或者智能家居商品时，就可能首先想起小米。②打通全渠道。小米把零售全渠道从上到下分为三层，分别是小米有品、小米商城和小米之家。小米有品和小米商城是线上电商，拥有更多的商品。小米有品有 20000 种商品，是众筹和筛选爆品的平台；小米商城有 2000 种商品，主要是小米自己和小米生态链的产品；线下的小米之家有大约 200 种商品。在这个梯度的全渠道中，小米之家还有一个重要的工作，就是从线下往线上引流，让线下的用户能到线上的商城里去购买更多的产品。

通过这个新零售模式，小米之家成为具备电商效率的线下零售店，每平方米的坪效达到 27 万元人民币，目前排在世界第二。第一是苹果，由于它的高单价，可以做到 40 万元。用电商成本做线下零售店，是小米又一个重大的创新。今天的小米是中国第三大电商平台，也是个新零售的公司。

四、小米模式的启示与借鉴

小米商业模式的创新源于雷军对中国商业模式的问题认知，他认为，中国商业的核心问题是商业效率低下。他进一步解释，产品的价格结构是由原材料、制造研发的分摊成本、市场、渠道和企业的利润组成的。[①] 传统产品的价格往往因层层渠道加码导致虚高。而小米选择最优质的供应商制造零件，同时，取消后三项的利润，将同等的研发成本集中在一至两个型号的产品中，通过极高的销量来稀释研发成本。“互联网 +”对于传统制造业意味着什么？柳传志说：“互联网思维开放、互动的特性，将改变制造业的整个产业链。因此，用好互联网思维，制造业链条上的研发、生产、物流、市

① 《小米科技：创新驱动“小米模式”》，《中国经营报》，2017 年 10 月 22 日，http://news.cheaa.com/2017/1022/519787.shtml。

场、销售、售后服务等环节，都要顺势而变。”[①]转型“互联网 +”，小米的案例具有很现实的借鉴意义，可以给传统企业更多的启示，体现在以下五个层次。

（一）创新推动产业升级

小米之所以能够快速崛起，并且在 2016 年陷入低谷后实现逆转，一个关键原因是在于创新。2017 年 Boston Consulting Group（波士顿咨询公司）发布的世界创新 50 强报告中，有两家中国公司入选，小米排在 35 位。FAST COMPANY（快杂志）全球最具创新力的公司排名榜上，有 6 家中国公司入选，小米排在 13 位。小米在哪些方面有创新呢？一是核心技术创新。例如，2017 年在全球发布了全面屏手机小米 MIX，这款全陶瓷机身的手机屏占比达到了 91.3%，是全球第一款全面屏手机。截至目前，小米已获得授权专利 4806 件，其中一半是国际专利。2017 年小米申请了 7071 件专利，获得了 2895 项专利。2017 年 2 月发布的澎湃 S1 芯片，突破了手机芯片核心技术。4 月发布的小米 6 光学变焦双摄有出色的拍照效果，5 月发布的小米 Max 2 有长达 31 天插卡待机的续航表现。小米在产品创新中持续投入。二是设计创新。小米智能手机、IoT 产品共计荣获了超过 200 项工业设计奖项，设计能力、工艺水平在业界处于领先水平。小米整个公司都是“工程师文化”——持续探索先进技术，并惠及尽可能多的用户，做用户心中最酷的公司，已经成为深扎在每个小米员工心中的信仰和价值观。同时也将这种理念、能力辐射到生态链公司。三是模式创新。小米用互联网的方式做手机，改变了手机行业；用互联网的效率做线下零售，开创了小米新零售，已经从一家电商平台公司进化到新零售平台；将小米模式复制到硬件领域，打造了小米生态链。今天的小米，在创新精神的推动下，仍然在不断加快探索的步伐。

---

① 柳传志：《互联网对传统产业改善多于颠覆》，《企业与法》2015 年第 1 期。

在“创新驱动发展”以文件形式被确定为国家发展战略①的背景下，创新已成为推动我国经济转型升级的新增长点、企业发展的新动能。雷军认为，多年来，小米始终坚持以“互联网 +”带动中国制造业转型升级作为企业的发展方向。小米将互联网的效率和体验优势赋能到制造业领域，重视核心技术创新，重视设计，用线上线下结合的新零售模式提升商业效率。此外，小米通过大数据和人工智能的技术运用，将供给侧与消费者紧密连接，做到互通互联、实时互动，激发消费活力。

（二）用户至上：感动人心，价格厚道

从古至今，商业世界变化纷繁，跳出形形色色的商业模式话题，始终不变的是什么？用户对“感动人心，价格厚道”的产品的期待，这就是小米的答案。小米始终坚信，相比追求一次性硬件销售利润，追求产品体验更有前途；相比渠道层层加价，真材实料、定价厚道终究更得人心。小米坚持将高性价比进行到底。众所周知，小米当年是打着“高配低价”的旗帜进入手机市场，一路冲上出货量 No.1。这个策略用久了，就成了品牌价值的核心，轻易不能打破。小米下了大决心和血本做了 MIX 全面屏，原本可以定到 5000 元，最后还是落在 3499 元——宁可被骂，也不能破坏品牌认知。用雷军自己的话来说：把产品做好做便宜，让用户不要思考，买东西的时候不看价钱，这样的销售效率才能做到最高。

用户至上，意味着和用户做朋友。这不是一句口号，这是小米的价值观。2015 年小米因为销量下滑陷入困境，但雷军却拒绝了一位简历接近完美的“销售天才”，这个人在一家重要的供应商任职，他接手的时候销售额是 900 万美金一年，4 年后干到了 2 亿美金。为什么在用人之际拒绝这样一个人才呢？因为他在面试中说：“我有能力把稻草卖成金条，这就是我的能

---

①《中共中央、国务院印发〈国家创新驱动发展战略纲要〉》，国务院新闻办公室网站，2016 年 5 月 20 日，http://www.scio.gov.cn/xwfbh/xwbfbh/wqfbh/33978/34585/xgzc34591/Document/1478339/1478339.htm。

力。”雷军立场坚定，这样的人与小米的价值观不相容，小米不需要骗用户的人，不想坑人。小米信奉的哲学是一分耕耘，一分收获，就像农民种地一样。雷军在内部讲话中发出了铿锵有力地质问：“如果你有一天知道你的朋友是把稻草用黄金价卖给你的时候，他是你的朋友吗？难道我们真的习惯了尔虞我诈的生活吗？我们能不能有一个公司真的值得你信赖呢？它真的是你的朋友呢？”[①] 用户至上，是深深地刻在小米基因里的价值观。

用户至上，意味着以用户需求为导向。“用户需要什么，我们把它做出来”。传统的制造业都是封闭式生产，由生产商决定生产何种商品，而不是由消费者决定。互联网的兴起被视作“第三次工业革命”的前奏。如今，生产商和消费者的地位完全颠倒，由消费者来决定需要什么产品，消费者具有某种需求，生产商才能来生产满足这种需求的产品。这样才能将产业链的效率提升到极致。

用户至上，意味着开放的思维。利用互联网，让更多的人加入进来，形成互动，这样才能产生更大的需求，才能将流量转变为交易。雷军说过一句话：“每一个‘米粉’都是小米的产品设计师。”[②] 这就是小米打造的参与感。扁平化思维，让用户与手机厂商之间不再有距离感与隔阂感，他们会产生一种和产品近在咫尺的感觉，容易对产品产生亲近感和依赖感，让小米黏着越来越多的用户。互联网的利他思维，是先对他人有利，然后再让自己同时获利，进而实现利益双赢，对于小米来说，一大批数量可观的核心粉丝就是传播力，他们会通过他们喜欢的各种方式来宣传小米，以此来吸引不同朋友圈的关注。这种自媒体自带的“自传播”形式，让小米以几何级的趋势发展壮大，最终完美地嫁接到了各条信息传播渠道上。

用户至上，意味着产品为王、品质为王。作为互联网行业的一个实物品牌，小米做产品的战略就是专注、极致、口碑、快。小米的秘诀本质上就是

① 来源：《小米创业 8 年》（内部纪录片）雷军讲话。

② 课题组对小米洪华的访谈。

要竭尽全力把产品做好，竭尽全力提高商业效率，没有任何可以投机取巧的地方。要学习小米，急功近利的近视思维不可取。虽然小米用极短的时间创造了极大的成就，但是在小米发布第一代手机时，MIUI 用户已经 50 万。而为了积累这 50 万原始潜在用户，小米也用了整整一年多的时间。黎万强在《参与感》一书里提道：老大带头，亲自泡社群，和用户互动，每天至少 15 分钟，一般是至少一小时，从高管到员工都不例外，整整一年。想学习小米的公司，是否有这样的耐心和毅力？学习小米，从出发点开始。最重要的问题不是赚多少钱，而是怎么把产品做得超预期。正如雷军所说："我不在意最终的销售数字，最重要的是用户满意度，如果大部分用户不满意，那么卖出去多少台也没有意义。"① 说到底，小米要的是用户体验，而不是直盯着利润。当努力不惜代价地把产品做到极致，大规模销售就会降低成本。即使研发总成本很高，可是由于量大，分摊到每一个产品研发成本就会极低。成本的降低又转化成更低的价格，吸引更多的消费者，形成良性循环。小米模式就是带有中国新制造特色的商业模式，值得传统企业借鉴和学习。

（三）坚持国际化：造福全球每一个人

小米的国际化扩张才是真刀真枪、稳扎稳打，其上市融资总额的 40% 将用于国际化扩张。改革开放 40 年，"走出去"业已成为优秀企业的命题。小米在海外市场的战果引人注目，2017 年 28% 的收入来自于海外市场，已进入全球 74 个国家和地区，并在全球 15 个国家和地区进入智能手机销量前五名。特别是在印度，小米智能手机市场的占有率超过 25%。小米印度公司 2017 财年销售额增长 696%，达到 85.8 亿元人民币，净利润约合 1.7 亿元人民币。这些数据对于小米逆转功不可没。

小米在其他国产手机品牌都失利的印度市场，为何能取得出乎意料的成

① 参见冷湖《小米制胜之道》，北京：中国纺织出版社，2015；亦可参见曹磊《互联网 +：产业风口》，北京：机械工业出版社，2015，第 2 章第 8 节。

功呢？第一，印度手机消费者人群巨大。根据印度电信管理局的数据，截至2017年5月，印度手机用户总数达到11.81亿户。印度超越美国成为仅次于中国的全球第二大智能手机市场。小米高性价比的策略在大众市场有极大的杀伤力。第二，印度互联网生态成熟。印度的互联网用户数量约为4.62亿，巨大的用户基数与人口红利昭示着其拥有充满潜力的市场。印度运营商也是助推小米印度销售井喷的重要因素，印度运营商多，3G/4G资费低，2016年9月，Jio正式宣布以免费的方式向印度用户提供4G服务。印度也是全球拥有IT开发人才最多的国家之一。在莫迪总理2015年为了鼓励年轻人创业的“Startup India，Standup India”口号下，越来越多人才投身互联网创业，为印度互联网生态贡献了丰富的商业应用。印度互联网生态的成熟度让小米可以轻易地在印度复制其在中国的MIUI、硬件生态链以及战略投资的打法。第三，人员管理本地化。小米印度的人员本地化，让其走出了一条有别于其他国产手机企业的新路。小米在印度的运营完美地糅合了印度人在管理上的优势和中方团队在产品上的优势。任用Manu Jain作为小米印度CEO是小米在印度取得成功的关键一步。在加入小米之前，Manu Jain作为Jabong（时尚电商，后被Flipkart收购）的联合创始人，就已经是印度互联网界的明星人物。自带流量和资源的Manu Jain在业务管理之外，也在不遗余力地宣传小米的本地化，不仅树立小米植根印度、在印度研发、在印度生产的本地企业形象，还引入拉詹·塔塔作为小米印度的投资人。Manu Jain可以精准地找到印度消费者的痛点。可以说，小米在印度本地的大众认知正在从“小米印度”发展成“印度小米”，这也是其他任何中国公司都还没有在印度做到的。第四，硬件制造本地化。在印度的本地供应链系统，为小米快速铺货及售后服务提供了保障。至2018年末，小米在印度的代工工厂数量将达到6家，平均每秒能够生产两部智能手机。而除了500家服务中心，小米在印度售后服务方面的其他部署还有3家专门的维修工厂，两家大型的零部件仓库，拥有600人的两个呼叫中心。有了这些设施和机构之后，小米在印度的售后服务水平已大大提升，现在小米印度86%的手机维修服务已能在4个小时内完成，而 95% 的手机维修服务能在一天内完成。除手机外，小米其他硬件如移动电源也早已在印度诺伊达通过海派实现本地制造。而小米生态链的其他品牌，甚至主做箱包的“90 分”也通过其在印度南部的工厂实现了本地制造和本地销售。第五，软件生态本地化。小米是最早为印度用户提供印度定制功能的智能手机品牌。早在 2015 年初发布的 MIUI 版本中，小米就为印度定制了印度公共服务号码可视化拨打的特色功能，解决了印度多语言环境下听完不同语种选项和各级菜单要花费大量时间的问题。MIUI 也在系统层面通过轻应用的方式接入了印度本地的打车软件、新闻聚合、听歌软件等。小米这种并不难的小创新不胜枚举，却使自身产品在易用性上一点点全面超越其他手机，拥有最贴近印度人生活的操作系统。

小米国际化的成就证明了中国品质在国际市场上的强大生命力，也证明了“感动人心，价格厚道”的高性价比策略几乎可以放之四海而皆准。小米稳扎稳打的国际化战略还源于小米的使命和愿景。小米是带着改变中国制造“便宜没好货”的惯性认知的使命走出国门的。雷军立下宏愿：“我们要做的是改变中国，改变中国制造，在我的墓志铭上，希望写上这两句话。”① 小米的愿景是造福全球每一个人，让大家都能享受科技带来的美好生活。使命愿景的感召，加上小米强大的执行力，使得小米的国际化之路迅猛前行。小米是互联网精神的使者，小米的产品，彰显着高效、透明、平等、普惠的精神，输出独立的品牌人格以及清晰的价值观主张。从提供产品到输出价值观，小米在国际化道路上是中国企业的引领。来自发达国家的领先企业，如爱彼迎、特斯拉、谷歌等，都是特别擅长价值观输出的企业，这是一个时代的变化趋势，覆盖全球，通过价值观理念的传递来影响更多的人。这值得中国企业借鉴。

① 见周掌柜 2016 年发表在英国《金融时报》FT 中文网上的文章。

结语

对于传统制造企业而言，学习小米的产品模式，除了学习以用户体验为核心、以流量经营为思路、以效率提升为方法的互联网思维，还要看到小米成功的必要条件——精准的战略定位能力和配套的强大执行力。企业的持续发展，要构建自身产品的核心优势与差异化，而非盲目打价格牌。此外，伟大的企业必须有价值观的引领和坚守。

小米是一家有梦想的企业，不是一台利润机器，是一家愿景、使命、价值观驱动的企业，是一家想为社会创造价值的创业公司。在它成立以来短短的 8 年时间，改变了一个又一个行业，以更高的标准推动了数以百计的传统产业的升级。8 年的沉浮，其自身也经历了从 0 到 1000 亿、从高点到低迷、从低谷重返巅峰的过程，总结了许多真金白银的经验和教训。在这个过程中，一方面，小米与时俱进，持续创新：产品创新、服务创新、商业模式创新。正如恩格斯在《反杜林论》中所说："首先呈现在我们眼前的，是一幅由种种联系和相互作用无穷无尽地交织起来的画面，其中没有任何东西是不动的和不变的，而是一切都在运动、变化、生成和消逝。"[①] 小米用持续的学习、探索和反思去跟上时代的变化。

另一方面，我们在小米看到了可贵的坚持。坚持"感动人心，价格厚道"，坚持最高效率，坚持低毛利，坚持改变"中国制造"，坚持造福每一个人。小米在成就了千百万用户的同时，也成就了自己。小米是一个真正的市场革命者，是一个仍在进行中的伟大创业实验的实践者。

---

①《马克思恩格斯全集》第 25 卷，北京：人民出版社，2001，第 356 页。

中环集团：开放创新拥抱电子信息世界前沿

国务院发展研究中心企业研究所

在博鳌亚洲论坛2018年年会上，习近平总书记作了主旨演讲，向全世界庄严承诺：中国开放的大门不会关闭，只会越开越大。此次论坛的主题为“开放创新的亚洲，繁荣发展的世界”，这是对我国40年开放创新伟大成就的充分肯定，在国际贸易局势日趋复杂的今天具有深远意义。改革开放40年来，我国积极融入世界经济，不断深化开放格局。开放创新的初心未改，脚步越走越快。

改革开放初期，渤海湾春潮涌动。在渤海湾的西部，坐落着我国北方最早的开放城市和近代工业发源地——天津市。优越的地理条件和雄厚的工业基础，让天津成为全国第一批对外开放的重要沿海城市之一。在天津的本土工业中有一支电子信息产业的科技力量，从单兵攻坚到集团式发展，以开放创新的胸怀携手远方巨人，历经改革的风雨洗礼逐渐成长为我国电子信息产业的翘楚，并登上了世界舞台。

这就是天津中环电子信息集团有限公司（以下简称中环集团），它们的血液中涌动着开放创新的基因，实干中永葆创业的激情。中环集团在电子信息技术快速迭代的全球竞争环境中扬帆踏浪敢弄潮，逐步发展为国内领先、国际知名的高端电子信息产品制造商与系统集成服务商，成为推动我国电子信息产业技术创新的重要一极和前沿力量。目前，中环集团拥有7家上市公司和24家三资企业，资产证券化率超过70%，是天津市做强做优做大国有企业、优化国有资本布局的重要平台。在中环集团的龙头带动下，天津市成为我国首批国家级电子信息产业基地之一。

一、二十载征程与巨人同行，积极融入全球产业分工

将时间的年轮拨回至40年前的1978年，党的十一届三中全会做出了改革开放的历史性决策，明确了对外开放的总方针。以此为战略节点，我国徘徊不前的技术密集型行业迈出了通往世界的关键一步。其中就包括涵盖电子雷达、电子通信、广播电视、半导体、电子元件、家用电子等若干重要子行业的电子信息产业。当年，电子信息产业还被称为电子工业。

（一）书写辉煌历史，迎来改革开放的春天

天津是我国电子信息产业的发祥地之一，在1978年就已经拥有了一批电子信息类企业，其中的一些企业共同组建了今天的中环集团。例如始建于1936年的国营天津第七一二厂（又名国营天津无线电厂）、始建于1943年的国营第六〇九厂、创立于1949年的国营第七五四厂、组建于1958年的天津市第三半导体器件厂和天津市长城无线电厂、组建于1960年的天津无线电元件三厂等等。将天津列为我国电子信息产业的发祥地之一并不为过，这些企业早在改革开放之前就取得了若干项全国第一：被周恩来总理称为“华夏第一屏”的新中国第一台电视机，第一台载波电话电报机、第一台中文传真机、第一台静电复印机、第一台激光打字机、第一台收录两用机、第一台BP机、第一台飞机着陆地面导航系统、第一根射频电线……此后的23年间，这些企业借改革开放的东风不约而同地走上了与国际同行业领先企业合作的开放之路，并在1995年实现集团化发展，在2002年再次改制，共同成就了今天的中环集团。在1978～2001年的23年间，中环集团与国际电子信息巨人合作，成为全球产业分工体系中的重要一员。

（二）老军工携手一流企业，在全球产业体系中抢占一席

中环集团的子企业中有相当一部分出身于老军工，在从“政府主导、军工为主”向“市场作用提高、军民结合”方向转变的过程中，面对激烈的市场竞争不等、不靠、不要，积极携手国际巨人，在全球产业分工中抢占了一席之地。

七一二公司是“北京”牌电视机的制造商，在 1971 年就生产出了我国第一台彩色电视机。“北京”牌是由周恩来总理亲自命名的。与当年很多电子信息企业一样，七一二公司也是一家以军工为主的企业，在改革开放后开始了艰难的市场化探索，并在 1985 年改制更名为天津通信广播公司。企业员工对军工代号“七一二”怀有深厚感情，并在三十年后的企业名称中重新起用。因此本文仍将该企业简称为七一二公司。

七一二公司的主打民品是“北京”牌彩电，在全面参与市场竞争之初就遇到了激烈的国内外挑战。80 年代，国际大品牌彩电进入中国市场，国产彩电品牌林立。到了 90 年代中期，全国共有 98 家彩电企业，生存至今的只有寥寥几家。我国彩电市场竞争激烈，但市场规模也在快速增长。1987 年，我国就已成为全球最大的电视机生产国。大规模的中国彩电市场和低制造成本对具有绝对技术实力的国际一流彩电制造商产生了强烈的吸引力。与此同时，我国为加速工业技术创新，做出了积极引进国外先进技术、利用国外资金的重大转变。1979 年，我国就颁布了《中华人民共和国中外合资经营企业法》，1983 年做出《关于加强利用外资工作的指示》，1986～1991 年密集出台了一系列鼓励外资投资的政策和法规。1984 年，我国还确立了包括天津在内的 14 个沿海经济开放区。

七一二公司及时抓住国家外资政策大力度调整的历史性机遇，与韩国三星集团合资建厂，成功度过 90 年代困难期。在国家外资政策的大力支持和引导下，国际知名彩电制造商纷纷在中国建立彩电合资企业，将部分制造环节转移到中国。当年最吸引这些外资企业的是东部和南部沿海城市，长三角、珠三角信息产业集群就是在此背景下成长起来的。天津是为数不多的，

能够吸引国际知名彩电制造企业入驻的北方城市之一。天津是国家直辖市，是首批沿海开放城市之一，还是大型工业城市，因此商业环境和工业体系在当时具有明显优势，尤其是“北京”牌彩电制造技术在当年处于国内领先水平。外部环境加上企业实力成功吸引了一家国际巨头——韩国三星集团的注意。经过困难重重的几轮接触和谈判，七一二公司以诚意和实力最终取得韩国三星集团的信任，两家企业于 1993 年在天津合资成立天津三星电子有限公司，生产制造三星电视并出口海外。合作是成功的，合作双方都获得了较好的利润回报。七一二公司以合资利润反哺其他主业，持续开展自主技术创新，让老企业度过 90 年代的困难期，有机会在新时代再铸辉煌。以此次合作为基础，韩国三星集团先后与中环集团在天津共建立了 8 家合资企业。中环集团成为三星在天津合资企业的主力军，也借助合资合作在国际电子信息制造环节抢占了一席之地。

六〇九公司和光电集团与七一二公司一样，也是中环集团的老军工企业。这批企业曾经是中国电子工业的翘楚，因此改革开放闯市场首先选择的是与国际知名大企业长期合作，在合作中突破前沿技术。

国营第六〇九厂在 1987 年改制为公司制，1996 年更名为天津六〇九电缆有限公司，简称六〇九公司。1980 年以后，六〇九公司的军品任务锐减，由 1979 年的 100% 下降至 1985 年的 19.1%。面对严峻的市场形势，六〇九公司不是向上级诉苦来争取短期政策支持，而是忍痛淘汰了在计划经济时期曾经为企业带来荣誉的老产品，不惜重金从西德引进了氩弧焊生产线、双螺杆混料设备、电镀锡设备，从日本引进带装电缆生产线，从瑞士引进 CATV 泡沫电缆生产线，从芬兰引进光缆生产线，从美国引进尼龙串挤设备，从意大利引进连续拉线退火机、精密挤出机，在 90 年代初期快速形成了现代化电子线缆制造、检测设备系列和技术体系。一些产品达到了当时的国际水准，个别产品甚至接近日本等先进国家水平。引进取得成效之后，六〇九公司在 1993 年与美国电报电话（AT&T）公司合资成立了天津 AT&T 公司，这即是六〇九公司的控股企业天津安讯通电缆有限公司的前身，从而迈出了打入国际市场的关键一步。在拥有了技术基础之后，六〇九公司坚持布局海外市场，与国际一流大企业建立起长期稳定的客户关系，以高端客户的严格要求带动企业不断创新、持续优化，实现技术水平较快提升。

国营第七五四厂在1985年改制为天津光电通信公司，之后又经过三次改制，在2003年定名为天津光电集团有限公司，简称为光电集团。光电集团为适应改革开放新形势，瞄准全球领先市场，从引进先进生产线到成为国际巨人供应商，逐步拥有了一批具有高技术含量的拳头产品，成功跻身国际市场。光电集团在1982年就从德国SEL公司引进了光纤通信设备生产线，是我国最早引进国外先进生产线的电子信息企业之一，此后又在1991年引进日本松下传真机生产线。国际先进生产线为光电集团突破前沿技术提供了有力支撑。步入90年代，光电集团先后与德国企业，美国摩托罗拉，日本三菱、夏普、富士施乐、富士通以及法国施耐德电气公司等国际大企业开展贸易合作，成为国际巨人的长期供应商。

（三）老国企瞄准高端技术，成功打入电子信息海外市场

中环集团的骨干企业中还有一类是拥有骄傲历史的老国企，它们在改革开放之初面临着与老军工企业相类似的市场考验。也许是成长在同一片开放土地、拥有同样开放优势的缘故，这些老国企也纷纷瞄准海外市场，通过与巨人合作步步走向电子信息产业世界前沿。

天津市第三半导体器件厂分别在1989年和1999年经历两次改制，在1999年更名为天津中环半导体股份有限公司，简称为中环股份。中环股份是我国最早的一批半导体制造企业之一，在改革开放后坚持半导体分立器件和单晶硅材料的技术研发。与巨人合作是主要的创新路径。中环股份先后在1984年、1985年、1991年和1994年引进先进国家生产线，在1996年成功打入高压硅堆产品国际市场；在1986年与北京六〇五厂一同给日本松宫做代工，并将盈利投入到技术研发中，在当年就生产出了五英寸太阳能级硅片；在1998年与世界集成电路龙头企业美国ASIMI合作开展来料加工业务，

将进口的多晶硅料拉成单晶棒并切成硅片。多次牵手国际巨头，让企业奠定了集成电路硅材料和光伏单晶硅材料的技术基础。

1988 年，天津印刷电路板厂在天津市政府的支持下与普林中国合资成立了天津普林电路股份有限公司，其日后成为中环集团的一家重要子企业，简称普林公司。普林公司在成立之初瞄准印制电路板的国际高端市场，在 1990 年实现批量生产时就通过了 UL 认证，60% 的产品出口到欧洲、美洲、澳洲等地。普林公司的前五大国外客户几乎都是在公司成立之初开始建立的合作，至今已有 20 多年合作史。工业控制领域的主要客户代表是法国施耐德集团、汽车电子的主要客户是德国科世达公司、通信设备的客户主要是马来西亚摩托罗拉公司、航空航天领域的主要客户是美国 GE 航空公司、医疗器械领域的主要客户是日本欧姆龙公司。

1988 年，天津无线电三厂和天津长城无线电厂合并成立天津长城电子公司，简称为长城电子。从 1984 年开始，长城电子先后引进了三条日本东芝彩色电视机生产线、一条通信生产线，并建立保税仓库，积极争取成为外贸出口扩权企业，成功实现企业的第一次振兴。长城电子超过 50% 的产品出口到 30 多个国家和地区。

（四）国资布局战略调整，主动承接日韩电子信息产业转移

20 世纪 80、90 年代，世界电子信息产业步入从技术专业化向应用产业化发展的关键阶段，开始向很多领域快速渗透。我国深刻意识到电子信息产业对综合国力提升的重要作用，从 90 年代开始出台了一系列产业政策，大力支持相关行业技术创新。在外资政策和产业政策的叠加下，我国吸引了一批有实力的电子信息外资企业，有力带动了我国电子信息产业的快速发展。1990 年到 1999 年，我国电子信息产业总产值年均增速为 32.1%，比同期工业总产值年均增速高了 17.9 个百分点。1989 年，我国电子信息产业规模位居世界第九位，1996 年跃居世界第五位，1999 年成为仅次于美国、日本的世界第三大电子信息产业国。国家产业政策激发了国内市场空间，同时，天

津市也在全球信息化的发展趋势中感受到了前所未有的压力。此时，世界电子信息产业正在加速向我国转移。为与东部、南部沿海城市竞争，天津市以超前的意识较好地发挥了国有资本的投资功能，成功与多家来自日本、韩国的国际一流大企业合资，在优化全市产业布局的同时，积极参与到电子信息产业的国际版图中。

1995年以前，中环集团的多个子企业由天津市电子仪表工业管理局分管。该主管部门在1995年改制成为天津市电子仪表工业总公司，在2002年再次改制并更名为中环集团。天津市政府作为国有股东，1990～2001年，分别以天津市电子仪表工业管理局和天津市电子仪表工业总公司为主体与多家日本和韩国的大企业合资，及时抓住了日本、韩国电子信息产业向我国转移的机遇，较好地发挥了国有资本投资的基本职能。例如与日本雅马哈株式会社在1989年合资组建天津雅马哈电子乐器有限公司，与韩国三星集团分别在1993年、1994年和2001年合资成立天津三星电机有限公司、天津三星光电子有限公司、三星高新电机（天津）有限公司和三星通信技术有限公司，与日本富士通天株式会社在1995年合资成立天津富士通天电子有限公司，与韩国三星视界（香港）有限公司在1996年合资组建天津三星视界有限公司等。直至今日，这些合资企业依然是中环集团的外资骨干。中环集团通过国有资本投资优化了天津市的电子信息产业结构，在全球产业分工中站稳了脚跟。

二、十余年磨砺与时代同步，主动升级对外开放新模式

2002年，天津市电子仪表工业总公司完成第二次改制，正式组建天津中环电子信息集团有限公司，简称中环集团。在中环集团成立的第二年，我国电子信息产业规模超过了日本，跃居全球第二位。通过长达二十载的对外开放，我国电子信息产业体系逐步完善、技术实力显著提升，对外合作也出现了新的趋势。此时的中环集团已经不能与二十多年前同日而语，二十载与巨人同行取得的成效在2002～2015年逐步显现。2002年，中环集团营

业收入达到280亿元，是1978年的34.1倍；2015年，中环集团营业收入为1209.9亿元，是2002年的4.3倍。实力提升是实实在在的，这让中环集团在与国际巨人的合作中渐渐有了主动权和话语权，合作也从引进、加工、出口为主升级为产业联盟。在2002～2015年的10余年间，中环集团的对外合作迈出了更大的步伐，逐步赶上了电子信息产业时代潮流，距离电子信息产业世界前沿又近了一步。

（一）老合资助力外资升级，开启开放创新产业融合新阶段

“十二五”时期，中环集团在2002年之前成立的合资企业开始步入中年，国内的合资环境也发生了转变。资源禀赋受限、土地渐趋减少、人口红利逐渐消失，全球电子信息产业的制造环节开始出现新的转移趋势。

自2010年始，三星集团在东南亚国家布局投资建厂。由于越南劳动力成本较低（相当于天津的1/3）且越南政府在土地（70年产权、低价购地金额50%返还）、税收（8年免税、12年5%、14年10%）、物流（为三星专建飞机跑道和高速公路、365天24小时通关）方面给予优惠政策，对比中国国内资源禀赋受限、土地渐趋减少、人口红利逐渐消失的现实问题，三星加大了在越南的投资。目前，韩国三星集团在越南已投资5家工厂，分别是彩电工厂、手机工厂以及为手机配套的零部件工厂，总投资额达百亿美元（相当于在天津全部投资的4～5倍）。由于越南制造成本和地理位置的优势，天津系三星企业的订单自2014年开始出现向越南转移的趋势，并且，随着中国国产品牌近几年的快速增长，三星的手机、彩电等整机产品在中国市场的销售受到很大阻力，下滑较大，这也造成了三星在天津企业内销订单的减少。与日本的合资企业也面临同样的外移问题。例如，成立于1989年的天津雅马哈电子乐器有限公司，在30年时间内实现产值209亿元、利润13亿元。合资合同即将在2018年底到期。日方认为合资企业的优势不再明显，独资经营利益更大，因此在2015年就产生了终止合资的想法。受产业转移新趋势的影响，合资企业对中环集团整体经济的贡献在2013年达到峰值，

在 2014 年首次出现下滑。

对此，中环集团有清醒的认识：对外开放促进了企业技术创新。中环集团正处于踏进全球电子信息产业前沿阵营的关键阶段，只有持续开放才能与时代同步。中环集团对外开放拥有独特优势，只是传统的合作方式不再具有吸引力，需要及时调整。具体做法是，及时放手低端，发挥长期累积起来的技术、服务和体系优势，为合资企业的产品高端化提供研发和配套服务，通过深层次的产业融合共同开发具有更高技术含量、更高附加值的新产品。

中环集团在发现日本雅马哈欲撤资后，由时任集团总经理曲德福同志带队，于 2015 年 5 月拜访了日本雅马哈公司社长中田卓也先生，通过交流沟通，充分了解了日本雅马哈公司在海外工厂生产经营活动中所面临的困难与困惑。曲德福用生动的案例帮助中田先生答疑解忧，详细阐述了日本雅马哈与中环的合资公司在中国所具有的优势地位，同时介绍了改革开放以来，我国国有公司法人治理结构的不断优化以及生产经营管理水平的不断提高，而这一切，恰好和日本公司形成优势互补。中田先生听到曲德福的生动讲解后非常感谢，双方公司当日就签署了“天津雅马哈公司”到期后继续合作的备忘录。之后，中环集团抽调多部门人员和日本雅马哈公司共同组成了专题工作组，对天津雅马哈公司进行了全面的诊断。针对天津雅马哈公司 30 年生产经营活动中存在的问题，中环集团利用管理经验优势，通过两年不断的改革解决了日本公司管理上的短板，使生产效率提高了 33%。在生产产量不变的条件下，费用下降了 28%。公司综合盈利能力排在日本雅马哈海外生产公司的中上游水平并得到了日本雅马哈公司大多数经营者的认可。

（二）再引资携手最强巨人，建立开放创新的研发反哺机制

中环股份发挥企业家团队敢于担当的创新精神，为基础产业建立“造血”机制。

2002 年之后，中环股份讲得最多的是“产业链式”创新，就是以半导体硅单晶制造的技术优势，布局光伏全产业链，形成在蓝宝石、光伏组件、

光伏电站建设和运维等领域极具特色的竞争优势，打造新能源和新材料领域的创新企业。中环股份起步于半导体器件，始终坚持自主创新，打下了硅材料制造基础。改革开放初期，中环股份坚持与半导体领域的国际一流企业开展贸易业务、代工业务和来料加工业务，成为通用、西门子、ABB 等企业的长期供应商。在全球领先用户的技术带动下，中环股份的半导体硅材制造技术得到较快提升。但到了 2002 年之后，继续坚持创新投入面临严峻的资金短缺压力，曾经成功的开放式创新遇到了瓶颈。在核心业务“卖”与“保”的两条道路之中，中环股份毅然选择了“保”。为了保住“立命之本”，中环股份凭借对半导体材料的敏锐洞察力，选择了进入民用领域的光伏材料制造行业，却在启动之初遭遇了 2008 年的全球金融危机和 2011 年欧美国家对我国的光伏双反调查。但中环股份的企业家团队坚信，国内光伏行业将很快走出低谷步入较快发展阶段。中环股份的领导班子敢于担当，集体抵押了个人房产，签订了三年“军令状”，终于赢得了各方支持，让在建项目得以继续，并在 2012 年取得了较好的投资回报。

此后，中环股份继续与巨人同行，在 2012 年引进 SunPower 公司，迎来了历史性的转折点。2012 年，中环股份向全球宣布，将与美国光伏巨头 SunPower 公司以及内蒙古当地企业合资组建华夏聚光（内蒙古）光伏电力有限公司。美国在全球电子信息产业分工体系中始终居于最高端，与美国的一流企业合作是对企业技术实力的肯定。2012 年之前，中环集团的对外合作主要以日本和韩国的一流企业为主，与美国一流企业的合作不多。除了贸易合作外，主要有两项，分别是六〇九公司在 1993 年与美国电报电话（AT&T）公司合资成立了天津 AT&T 公司，中环股份在 1998 年与美国 ASIMI 合作开展来料加工业务。这两项合作主要以加工贸易为主，而与 SunPower 公司的合作已经上升至技术合作的更高层面。中环股份的 N 型 DW 硅片制造技术具有自主知识产权，制备的太阳能电池，转换效率最高可达 26%，持续保持全球行业领先。SunPower 生产的太阳能电池板是全世界最可靠、最高效的产品之一，太阳能电池功率在 25 年寿命周期内几乎不会衰减。中环集团、SunPower公司两家光伏龙头企业的合作是光伏产品保持全球技术领先和实现产品本地化、个性化、差异化的基本保障。在前期合作的基础上，中环股份又在2014年与SunPower合资成立了四川晟天新能源发展有限公司。中环股份与SunPower的合资合作提升的不仅仅是技术实力，还有市场认可度。

2015年，中环股份牵手苹果，走向全球产业最高端，形成以民用光伏反哺半导体硅材料高端研发的创新机制。苹果公司看到了中环股份与SunPower公司合作取得的经济、社会和环境综合成效，经过与相关利益方多次磋商、反复调研和验厂，并在签署反腐败、反强拆等一系列条约后，最终选择了与中环股份携手开启中国的新能源应用之路。这是目前苹果公司在中国投资的唯一高效光伏电站项目。合作电站的影像还被苹果公司放进了宣传影片中，连续多年作为其履行“地球日”环境保护责任的宣传素材向全球展示。经过十余年的磨砺，中环股份终于让起步于50年代的硅材制造基础产业走上可持续发展之路。

（三）新体制释放国企活力，提升开放创新的国有投资能力

脱胎于计划经济的国有体制机制在市场竞争中存在弊端。中环集团属于开放型企业，接触先进管理思想的时间要早，而且对外合作也要求企业必须建立现代企业制度。因此，中环集团的老军工企业、老国企的改制时间相比其他传统产业要早很多。早在20世纪80年代初期，就有老厂改制为公司制，有的企业在80、90年代经历了三次改制。中环集团的母体就是由原天津市电子仪表工业管理局历经两次企业化改制而成的。对企业而言，每一次改制都是体制重构，都会提升市场化程度。中环集团在2002年的第二次改制的任务中有两项重点：一是深化国企改革，完善公司治理，解决前期凸显的体制难题，以更加市场化的企业运营跟上我国加入WTO之后的国际化进程；二是形成天津市国有资本投资体制，进一步深化开放创新。两项任务分别从国企和国资两个层面推进体制改革，最终要释放集团内大量老军工企业、老

国企的市场竞争活力，让天津市国有资本在开放创新中更好地发挥作用。

明确“管好国资、放开国企”的大思路。国企负有国有资产保值增值的首要职责，国资具备国有资本投资的基本功能，对国企和国资的管控是不同的。中环集团在成立之后根据二十载与巨人同行的开放创新经验，总结出了“管好国资、放开国企”的大思路。管好国有资本的投资回报确保国有资产保值增值，放开国有企业的开放创新手脚让国企能够按照国际规则与巨人合作。为此，中环集团采取了管控清单管理模式。该模式共发布实施了总计 49 类 143 项管控清单，梳理了中环集团的审批审核、报批报备、监督检查的工作内容；把放权放活与转变监管方式相结合，完善了事中、事后监管手段，探索设置了关键、有效的指标进行预警，触发指标亮“黄灯、红灯”，做到“一套流程管服务、一个部门管全程、一组指标管预警”，切实提升大集团服务效率、管控水平和强化下属企业的活力与责任。

七一二公司通过员工持股帮助企业渡过新难关。七一二公司是国内领先、国际知名的电子信息企业，但也是包袱重、业务繁的老企业，在与韩国三星集团合资之后，走过了一个难关。但在 2000 年前后再次步入新的难关：合资后剩余的业务，以老军工为主，面临着难以为继的窘境。七一二公司与中环股份一样，没有选择将核心业务出售，而是开展员工持股改革，既保留了基础产业，也通过体制改革让企业重新焕发了青春，并得以存续。当时，七一二公司经营困难，职工入股的意愿很低。但企业领导人对未来规划充满信心，凭借深扎企业几十年积累的威信带头主动入股，最终打破了僵局。七一二公司上上下下虽然有顾虑，但成就梦想的初心不改，对“个人出钱”虽然犹豫，但最终还是让梦想战胜了困难。在内部资金的支撑下，七一二公司再次渡过难关。2014 年，七一二公司引进 TCL 公司开展战略合作。入股职工也因此取得了每股 24 元的纯利润。有了前面的基础，七一二公司加大国有资本运作力度，更名为天津七一二通信广播股份有限公司。2016 年 12 月，中国证监会正式受理了七一二公司的上市申请。

中环股份、普林公司等企业分别上市成为不同领域的开放创新国资平台。国有资本投资需要有清晰的边界，不能过度，否则不但无法深化开放创新，还有可能拖垮已经建立起一定技术优势的基础产业。为此，中环集团的骨干子企业带头走上了上市之路。骨干企业，更容易上市，因为有品牌、有技术、有市场；最需要上市，因为要完善公司治理、要搞技术创新、要成为国企开放创新的国资平台。而且，不同的骨干企业虽然都属于电子信息产业，但分属不同的子行业，分别上市有利于中环集团实施分类投资管理。2007 年，中环股份和普林公司分别在深圳证交所挂牌上市；2015 年，斯巴克瑞公司在新三版挂牌；2018 年 2 月，七一二公司在经过一系列资本运作后在上交所成功上市。这些企业分别成为中环集团在不同业务领域的国有资本投资平台，共同担负起做优做强做大国有企业的国资重任。

三、新起点担当为梦想攀登，全面提升全球竞争力

2016 年是“十三五”的第一年，中环集团厚积薄发，立足专业通信、半导体材料与光伏全产业链、仪器仪表与系统集成软件以及 PCB、高温线缆、电子产品等关键领域常年积累的技术基础，将产业布局聚焦于光伏材料、半导体、专用通信、智能制造、智慧城市，基本形成了“新一代信息技术、新能源新材料、智能装备与服务、核心电子部件与配套”四大产业集群，正在朝着资产结构优、创新能力强、盈利能力强、开放能力强的世界一流企业集团大步前行。

（一）中环集团从未像现在这样距离电子信息产业世界前沿如此之近

站在新起点，七一二公司的军用电台技术完全自主，轨道交通无线通信系统成功替代国外产品并被应用于国内多条地铁线路；中环股份首创的 CFZ 单晶生长技术、DW 切片技术处于半导体材料领域国际领先水平，填补了国内技术空白，打破了跨国公司的技术垄断，为中环集团成功布局新能源行业提供了可靠的技术支撑；光电集团研发的信息安全打印机具备完全自主知识产权，取得了我国信息安全领域的重大突破；六〇九公司先后为国家“正负

电子对撞机工程”、“两弹一星工程”、“长征系列火箭”、“嫦娥探月工程”、“神州系列宇航飞船工程”等重点工程承担线缆配套任务，为电子工业科技的发展做出了重大贡献；韩国三星集团与中环集团在天津的合资带来了一批合资企业雨后春笋般在津沽大地落地生根，韩国三星集团在电子元器件和无线通信设备领域所具有的世界一流技术实力带动了天津市的电子元器件和通信设备行业实现快速飞跃；七一二公司、中环股份、普林公司等骨干企业成长为开放创新的国有资本投资平台，有力支撑四大产业集群的开放创新。此外，还有多项先进技术打破了国外垄断，被应用于军工和民用的关键领域。

截至 2018 年，中环集团已经拥有国家级企业技术中心 3 个，市级企业技术中心 22 个，4 个院士专家工作站，1 个博士后科研工作站，持有 2000 余项有效专利。集团所属中环股份荣登福布斯全球最具创新力成长企业榜 100 强，国家火炬计划重点高新技术企业。现有各类专业技术人员 8000 多人，在职享受国务院政府特贴专家 24 人，市、局级授衔专家近百人，具有高级职称资格 1635 人。

（二）持续学习，建立以合资企业为标杆的精细管理体系

每一项创新成果的背后都浸润了中环人的汗水，与巨人同行的脚步不敢懈怠，与时代同步的执著仍需坚守，首要任务是建立起与新时代再攀高峰相适应的先进管理体系。中环集团在与巨人的开放合作过程中，深刻感受到管理落后是比技术落后更为严重的问题，因此缩短与合作伙伴的管理差距一直是企业创新的重点。从 2016 年开始，中环集团集中发力管理创新，取得了显著成效。

中环集团面向与巨人同行的开放合作需求，大力推进精细管理。合资企业管理的精细化、制度化、规范化给中环集团带来了极大的震撼。自 2016 年以来，中环集团加大了精细管理的力度，选派集团督导组深入下属企业看体系、到现场、入班组、问流程、进库房、查账簿，为企业提升效率效益、改善工艺质量、降低库存成本等方面做诊断、提建议、强督查。中环集团将

普林公司和七六四公司作为精益试点企业，均在短期内取得了明显成效。其中：普林公司阻焊工序产能增幅44%，全年减人144人，人员效率大幅提高，2017年公司节省费用1800万元；七六四公司部分产品生产周期缩短44.8%，生产效率提升31%，计划达成率提高35%，工厂设备使用率提高15%，初步统计，公司开展2S活动从员工抽屉中清理出的零部件及单元板超过300万元。整体看，中环集团2017年国有控股工业企业营业成本率为84%，比2014年降低了2.6个百分点；人均营业收入由2014年的62.4万元/人提升到92.3万元/人，增长47.9%。

（三）传承以奋斗者为本的开放文化，激励员工创新，李克强总理赞之为“老企业、新气象、大未来”

电子信息产业快速发展，全球产业转移时刻进行。美国、部分欧洲国家、日本、韩国等稳居全球产业价值链的高端和中高端环节。我国处于产业升级和价值提升的关键阶段，受全球产业转移的影响较大，需要形成开放的创新文化，以文化软实力强化创新能力，时刻迎接新的挑战。中环集团能够实现与巨人同步，融入老一代员工开放精神和创新激情的文化发挥了重要作用。面对新的挑战，中环集团将培养年轻员工，传承以奋斗者为本的开放文化作为促进对外开放模式升级的一项工作重点。

中环集团的企业文化强调以奋斗者为本，其中蕴含了一大批老员工开放实干、创新拼搏的感人故事。如今享受国务院特殊津贴的沈浩平就是其一。2015年，沈浩平被评为全国劳动模范，在中环股份整整工作了30余年。1984年，沈浩平还是中环股份的一名年轻的普通技术人员，在对外开放中主动学习，以忘我的工作精神大胆对区熔法硅单晶技术进行自主创新，研制出3英寸及以上区熔硅单晶、CFZ硅单晶、变径区熔硅单晶、无旋涡缺陷区熔硅单晶，为后来中环股份成为该领域国内排名第一、国际排名第三的领军企业打下了坚实基础。即使30年后看，当时的很多理论都是对的，并被一直沿用至今。

年轻员工在合资合作的传统文化氛围中快速成长为新一代创新骨干。朱新丽是三星高新电机（天津）有限公司的一名普通员工，2009 年大学毕业后入职，在品质革新部门担任产品质量检察员。刚刚踏入中外合资企业的现代化车间时，朱新丽有些紧张和彷徨，但在以奋斗者为本的开放文化感染下，在科学、严格的工作氛围中渐渐定下心来，形成了一切从头学起，按时完成上级指示的各项业务的朴素工作习惯，逐步锻炼成了一名新时期高新技术企业的合格员工。朱新丽进步很快，在 2010 年便担任了品质保证科组长。从一线组长这个最基层的管理者开始，朱新丽有效地防止了因作业人员未按标准作业而导致的不合格产品流出。她深知她的工作对于保证制品品质的重要性，在工作中她一直本着认真负责的态度对每一个制品进行严格把关，保证经她检查到下一个工程的制品良品率为 100%。她经常工作到晚上 8 点以后，检查过的制品没有出现过一次不良的反馈。除干好本职工作外，对于不良品她也本着追根溯源的宗旨，对每一个不良品进行彻底的分析并协助提出积极有效的改善方法，整体降低了制品的不良率。曾因发现生产设备计测器的故障问题，杜绝了不合格制品的流出，避免了客户不满的发生，为企业挽回了很大的损失。她坚信“没有最好，只有更好”，只要一直本着真抓实干、精益求精的精神，在任何平凡的岗位都可以做出不平凡的业绩。朱新丽虽然没有做出什么惊天动地的大事业，但尽到了班长的基本职责，在一点一滴的管理改善之中找到了自己的人生价值。正是凭借几年来勤勤恳恳、积极乐观的工作态度，朱新丽在 2015 年 4 月被评选为全国劳动模范。2018 年 1 月，由于公司制品的调整，朱新丽从电容电阻事业部被重新分配到手机摄像头模组事业部，一切工作需要从头开始，学习新的产品知识，了解新的工作环境，同时也由班长转为一名普通员工。走上全新岗位的朱新丽依然如常，在平凡的工作岗位中不断地学习、不断地磨炼，努力做好各项工作，做一名献在基层的好员工。

光电集团形成开放的创新机制激发员工创新活力，得到了李克强总理的充分肯定。光电集团下属企业众多，面临的主要问题是创新投入大、社会负担重。在制造业产能过剩的大背景下，这些困难非常突出。虽然有技术实力，但单凭企业实力根本无法让每一项创新都能实现产业化。2012 年，光电集团开始实施“研发工程师”向“工程师商人”转变的激励政策。光电集团依据自身特点，建立了“把工程师变商人，把技术推向市场，把技术成果社会化、产业化”的开放创新机制，鼓励科技人员携带技术和成果创办科技型企业，实现裂变式发展。光电公司在 2012 年投资成立的三家双创公司，均在创立的第二年就获得了利润。之后，三家公司的资产规模也以年均翻一番的速度全部突破千万元，以开放的姿态裂变出一批充满创新活力的“小巨人”。李克强总理在 2016 年视察光电集团时对这一创新机制给予了充分肯定，高兴地说：“我们提倡大企业和小企业一起建立创业创新平台，所谓‘双创平台’。在双创平台上大家共享发展，共同成长，而且你们也在汇集众智，通过互联网寻求解决方案。你们是老企业、新气象、大未来。”

四、中环四十年开放创新的启示

白驹过隙，改革开放 40 年春风化雨。2018 年 4 月，习近平总书记对坚持对外开放做出了庄严承诺，国务院于 6 月印发了《关于积极有效利用外资推动经济高质量发展若干措施的通知》，在 22 个领域大幅放宽外商投资市场准入，标志着我国已经进入开放创新的新时期。开放创新是一个持续的进化过程，是指在 1978 年改革开放后，我国企业面临“缺资少技”的发展困境，在政府密集出台的对外政策支持下，积极引进国外设备、技术、管理、资本等生产要素，在开放中与世界加强合作实现创新突破，从而走出国门融入全球产业分工体系的一种创新路径。全球产业格局将随着技术创新不断演变，开放创新的模式也会在格局变化中不断升级。

中环集团的 40 年改革开放征程正是我国电子信息产业开放创新的生动缩影，开放创新的基因孕育了中环集团的技术实力。值得强调的是，中环集团下属的一批老军工企业、老国企，每一家都是开放创新的主体，每一家的 40 年都可以独立为精彩的篇章。正是由于嵌入了我国利用外资的改革开放历程，承载了我国电子信息产业走向世界前沿的梦想，交织了一批电子工业老军工企业、老国企砥砺奋进的历史，中环集团的40年开放创新显得尤为厚重。中环集团开放创新的经验值得认真梳理和总结。

（一）不忘初心，不负梦想，开放的基本国策铸就了开放创新的奋斗精神

改革开放40年，我国一直坚持对外开放的基本国策不动摇。改革开放后的几代领导人坚持不懈，始终把对外开放作为经济发展的基本点。习近平总书记曾多次强调：开放也是改革，要寓改革于开放之中。总书记在中共十九大报告中更是明确指出：中国坚持对外开放的基本国策，坚持打开国门搞建设。大政方针之下，我国出台了若干项对外开放的支持政策，在20世纪80、90年代最为密集。中环集团正是在此期间明确了与巨人同行的创新路径，在政策的支持下成功引得凤凰来。

40年的一以贯之，让对外开放融入到了时代的发展之中，并形成了开放创新的奋斗精神。中环集团的改革开放40年，是这一精神的充分体现。未来，国际产业格局、贸易格局，乃至政治格局都处在变动之中，企业将面临更加复杂多变的开放创新环境。但中环集团的初心不会改变，仍将为梦想继续发扬开放创新的奋斗精神。类似中环集团的企业还有很多。我国政府应继续坚持对外开放的政策导向，为吸引更多的国际巨人在国内合资合作，出台能够弥补竞争劣势、发挥新的优势的引资政策。

（二）我国高新技术产业已充分融入国际产业分工体系，坚持开放创新有助于互利共赢

国际范围内的产业分工是经济发展的必然结果。不同国家的情况各异，在全球分工体系中发挥的作用也不相同。在包括电子信息在内的高新技术产业国际分工体系中，美国、部分欧洲国家、日本、韩国主要处于中端及以上环节，我国和一些发展中国家在绝大多数领域处于中端及以下环节，但也有少数领域进入了中端以上环节。任何一方进入体系都是凭借本国的优势和企

业的实力，都在各自的位置对体系的整体进步发挥着各自的作用。高新技术产业具有知识密集、资本密集的特征，再加上技术迭代迅速，企业必须持续投入大量的资本才能保持创新的能力。即使掌握了最核心、最先进的技术，处于分工体系最顶端的企业，也不可能在本国、本企业完成所有产业环节，必须在全球体系内建立分工协作网络。国际分工格局的形成不是一朝一夕的事情，绝大多数国家是经过较长期的产业积累之后才嵌入体系之中的，背后都有与不同环节、不同国家的企业之间深度合作的商业网络支撑。已经在体系中保持稳定地位的国家，其产业优势具有独特性，很难在短期内被其他国家替代。因此，体系中某个国家的离开都将对全球产业格局产生影响。在体系中所处时间越长，影响的强度也会越大。

中环集团的实例证明，我国参与国际产业分工加速了技术创新的步伐，实现了从低端向更高领域的升级。同时，体系中的其他各方也由于与中国的合作获益匪浅。一是获取利润回报。韩国三星集团与中环集团长达 25 年的合资时间里，均保持了较高的盈利水平，没有出现亏损。二是获得创新支持。中环集团对合资企业新产品从设计到投放市场的全过程参与程度越来越深，与外方企业之间已经实现了联合开发、联合改善，共同提升合资企业的市场竞争力。“一起打市场”，这一点对外资企业的帮助非常大。例如提升天津雅马哈公司管理效率，就是管理改善的典型例子。三是加速全球技术进步。中环集团的很多技术目前仍然没有突破中端水平，但即使是中端及以下环节的技术进步也不是可有可无，相反也是产业必备的环节，只是附加值低而已。国际产业分工体系中任何一个环节的技术进步都能够加速全球创新的步伐。更何况，与中环集团拥有居于全球领先水平的技术一样，我国也有一批处于中端及以上环节的核心技术，对全球技术创新发挥了引领作用。

（三）我国高新技术企业已经进入走向世界前沿的关键阶段，开放创新的模式应转变为与巨人实现产业融合

我国很多高新技术产业的创新都属于典型的开放创新。2000 年，我国

电子信息三资企业经济规模占全行业的比重就超过了50%，目前一直保持在70%以上的水平。高新技术产业的开放创新已经有了40年的积累，当前的优势与20世纪80、90年代完全不同。80年代，不同产业已经形成了一定的国际分工格局，处于中端和高端的国家需要将低端环节向更适合发展的国家转移。我国实施改革对外资入驻提供了一系列优惠政策。而且，我国幅员辽阔、人口众多，拥有一定的工业基础，外资投资建厂的土地、人力、电力、商务、生活等成本非常低廉，因此吸引了一大批外资与我国企业共同建立合资企业，主要业务包括来料加工、来料装配、来样加工、代工生产等。有优势才能在打开国门之后引得凤凰来。在20余年的时间内，我国的外资合作都是停留在“三来一补”阶段。中方是在外资的技术和管理指导下开展初级加工，只是产品的流向从最初的外贸为主转变为外贸与内贸相结合。我国正是在承接转移的过程中嵌入到了制造业的国际分工体系之中。开放创新带来了技术外溢和管理示范效应，让我国很快建立起了完善的工业体系，从而在国际产业分工中立足并站稳。经过40年的沉淀和进步，我国综合情况发生了根本性变化，在国际分工体系中的位置开始由低端向中端，乃至更高环节移动。这其中出现了全球产业转移的新趋势，即低端环节从我国向其他更具成本优势的国家转移。以前的优势虽然不在，但低端外移的趋势也难以撼动我国引资大国的地位，因为我国的要素也在升级，对外资的吸引力转变为配套能力、研发能力、服务能力、协作能力等等。

既然我国综合国力提升了，是否可以弱化开放创新呢？答案是否定的。中环集团的情况说明，我国高新技术产业正处于技术高端突破的关键阶段，创新的难度越来越大，开放的程度更应加强。只是在新的对外形势下，开放创新的模式需要从以“三来一补”为主转变为以产业融合为主。我国加工制造成本竞争不过新兴的发展中国家，但我国的技术和管理能力极大提升，可以与外资开展更深层次的联合创新。中环集团对合资新产品从设计到投放市场全过程的参与程度越来越深，与外方企业之间已经实现了联合攻关。以技术创新和管理改善为主要内涵的产业融合让中环集团与外资企业的合资合作朝更深层次的方向发展。外资逐渐将一些项目科技含量更高，对配套服务和联合创新需求更强的项目转移到我国，开放创新的技术外溢效应和管理示范效应也将更为显著。同时，产业融合也能对外资企业在国际产业分工体系中保持和提升竞争力发挥重要的促进作用。合作双方是在“一起打市场”。例如中环股份与 SunPower 和苹果的合作也属于产业的深度融合。

还有一点需要强调的是，中环集团之所以能够跟上时代的步伐，是由于在 40 年开放创新过程中始终坚持与巨人同步。一流技术产生的外溢效应、一流管理产生的示范效应让中环集团的技术创新事半功倍。我国高新技术企业在走向世界产业前沿的关键阶段，可以借鉴中环集团的经验，积极与巨人牵手，实现产业深度融合。

（四）与巨人实现产业融合发展，还需“打铁自身硬”

中环集团开放创新的道路并不平坦，在初期遇到了技术水平难满足、管理水平不到位等难题，目前遇到了我国外资政策弱化、企业内部机制不活等问题，解决的办法只有一个，那就是提升自身能力。中环集团的经验主要在于三个方面。

一是坚持在开放中自主。中环集团的开放创新是在巨人的合资合作中学习、提升，不是放弃自主创新等着别人把技术和经验送过来。越是关键的核心技术，越是钱无法买到的。不仅现在如此，长期以来一直如此。中环集团给予合资企业充分的自主权，只是通过股权管理获取投资收益，但对合资企业的困难提供无偿帮助，并注重学习合资企业的管理经验，总结经验，及时提升集团内其他自企业的管理精细化水平。关于技术创新，也是在合作中不断摸索，找寻经验。因此，中环集团的自主创新能力在开放合作中越来越强。

二是建立与开放创新相适应的人才机制。中环股份的企业家团队不惜压上个人房产，也要发展民用光伏，成功实现高端技术突破，通过与 SunPower 公司和苹果公司两大巨人合作，布局民用光伏全产业链，建立了以半导体材料技术支撑光伏领先，以光伏利润反哺半导体材料技术创新的业务协同机制；曲德福通过对天津雅马哈公司的管理改善成功留住了日资企业；80年代年轻技术员沈浩平大胆自主创新，实现硅材多项技术突破；合资企业基层员工朱新丽严把产品质量关，在平凡的岗位做出不平凡的贡献；光电集团建立鼓励“研发工程师”向“工程师商人”转变的创新机制，实现裂变式发展。不同时代、不同岗位，中环集团都拥有一批坚持开放创新的宝贵员工让企业时刻保持了开放的基因和创新的激情。因此，拥有各个层面的开放创新人才是高新技术企业实现开放创新的一个重要因素。不同的企业可以根据实际情况，建立与新时期开放创新相适应的人才机制，容忍企业家大胆尝试，激励基层普通技术、管理人员学习经验、扎根本职、埋头创新，鼓励有技术、有思想、懂管理的员工创新创业。

三是发挥国有资本投资职能为外资引路。中环集团的母体相当于国有资本投资公司。成立或改组国有资本投资公司是当前国有企业改革的一项重要内容，天津市在20世纪80年代就已经开始实践了，依托母体投资了多个合资企业，对企业的老军工企业、老国企开展资本运作，履行国有资本的保值增值职责。上市、退出、混改等都是开展国有资本投资管理的主要手段。对此，中环集团也在探索之中，并取得了一些成功的经验，例如七一二公司从成功混改到成功上市。目前，中环集团四大重点业务领域的骨干企业均实现了上市，成为该领域的国有资本投资平台，较好地支撑了企业的做优做强做大。仅在最近三年，中环集团就利用小资本撬动大资产，累计利用外资约35亿元人民币，合资企业三年累计实现销售收入2644亿元，利润139亿元，出口创汇320亿美元，上缴各类税费150亿元，解决就业4万人。一些电子信息大企业集团和具备电子信息产业发展条件的地区可以借鉴中环集团的相关做法，探索出一条适合自身的国企改革之路。

长城汽车：中国民营企业的领跑者

商务部国际贸易经济合作研究院

导言

回顾改革开放40年，在众多的成就中，民营企业的成长壮大及为中国经济发展所做出的巨大贡献令人振奋。应该说，民营企业在国民经济发展中已经成为中流砥柱，民营企业强，则国家强；民营企业弱，则国家弱。民营企业发展直接关系到国力的强盛，关系到中华民族的伟大复兴。

为深入调研民营企业改革开放40年来取得的巨大成就，根据中宣部“百城百县百企”活动的要求，商务部国际贸易经济合作研究院组成专家调研组，由曲维玺副院长带队至河北省长城汽车股份有限公司深入调研，两次赴河北保定，组织企业管理层、新老员工、退休职工、外籍员工、市区政府部门等召开了10多场座谈会，在忆往事、话成就、谈经验、找问题的深入探讨中，调研组无不为长城汽车的成长经历和成功经验感动和赞叹，作为民营企业、民族品牌的典范，长城汽车以其独特的企业文化，在30多年的时间里，由一个亏损的小乡镇企业发展成享誉国内外的民营汽车企业标杆，既得益于改革开放的政策引领和环境铸就，也来自企业对有中国特色社会主义理论的深刻理解和执着实践。

长城汽车的成功与成就正是我党在改革开放40年中带领民营企业发展

壮大的典型代表和历史见证，商务部国际贸易经济合作研究院调研组历经两个月的调研和探讨，总结出长城汽车的成功经验，撰写了调研报告，旨在反映改革开放40年我国民营企业发展的巨大成就，使长城汽车的独特企业文化对中国民营企业的未来发展、对有中国特色社会主义理论的具体实践有着更多的启示和借鉴意义。

一、长城汽车：改革开放中成长壮大的中国民营企业典范

河北保定，有着3000多年历史积淀，文化底蕴深厚，是中国首批历史文化名城，有着“都南屏翰，冀北干城”的战略地位。曾为战国七雄之一燕国都城所在地，清朝直隶总督署所在地，抗战时期晋察冀军区司令部所在地。是燕昭王筑黄金台招贤纳士、荆轲慷慨悲歌赴秦、刘关张桃园结义、祖逖闻鸡起舞等历史故事的发祥地，是小英雄雨来、雁翎队、敌后武工队、地道战、狼牙山五壮士等红色故事的发祥地。在璀璨的历史长河中，诞生了尧帝、廉颇、郦道元、祖冲之、关汉卿、王实甫等历史名人，造就了保定崇信、重义、尚和、争先的人文精神和性格特质。改革开放以来，保定经济步入了快速发展轨道，2017年入选“中国特色魅力城市200强”。长城汽车股份有限公司（以下简称“长城汽车”）就“土生土长”在这个不算发达，但却独具特色的城市里，沐浴着改革开放的雨露滋润，从一个濒临倒闭的乡镇小工厂发展壮大为这个城市乃至河北省引以为豪的“名片”。

（一）改革开放造就中国民营汽车民族品牌领跑者

调研组将长城汽车定义为“三民”企业，即民营、民品（民族品牌）、民汽（民营汽车）企业。截至2017年底，长城汽车是中国规模最大的民营汽车制造企业，也是国内首家在香港上市并融资33亿港元的汽车企业，连续10多年创造高增长和盈利的业绩，是商务部、国家发改委授予的“国家汽车整车出口基地企业”、中国机电进出口商会的“推荐出口品牌”，产品已

出口到全球 100 多个国家和地区，连续多年保持中国汽车出口数量、出口额第一。自主品牌哈弗 SUV 系列已连续 7 年保持全国销量和出口量第一；风骏皮卡已连续 12 年在全国保持销量、出口数量、市场保有量第一。

不妨再来看看长城汽车获得的一系列殊荣：2004 年以来，长城汽车多次入选“中国企业 500 强”、“中国机械 500 强”、“中国制造 500 强”、“中国工业企业 500 强”、“中国汽车工业 30 强”、“中国 500 最具价值品牌”、“中国汽车上市公司十佳之首”、“福布斯中国顶尖企业 100 强”、中国民营企业上市公司十强等。在 2018 年英国 Brand Finance 评选中，长城汽车位居“全球汽车品牌百强榜”第 16 位，居中国汽车品牌第一位。2018 年 6 月，福布斯全球企业 2000 强榜单发布，长城汽车排名第 803 位。

30 多年来，长城汽车取得的成就与殊荣用文字难以表述。调研组在调研中，听到最多的一句话就是，“没有改革开放就没有长城汽车”。长城汽车的艰辛探索，是改革开放以来党带领民营企业发展壮大的真实写照；长城汽车的锐意创新，是改革开放以来政府鼓励大力发展民族品牌的充分展现；长城汽车的执着进取，是改革开放以来汽车行业，甚至是整个制造业发展的瑰丽缩影。

（二）改革开放助推长城汽车“三阶段”发展之路

谁能想到，如今荣光闪耀的长城汽车在成立之初的模样呢！ 1984 年，长城汽车工业公司成立，主要从事汽车改装业务，1990 年，这个资产 300 万元、负债 200 万元、仅有 64 名员工的小乡镇工厂由当时年仅 26 岁的魏建军临危受命承包，开启了这个“三民”企业的成长之路。中间的艰辛笔墨难书，从其发展历程来看，每一个成功既是企业特别是董事长魏建军的正确抉择和专注坚持，更是党和国家改革开放方针、政策的引导与孕育。

1. 第一阶段：紧跟政策，确立民营汽车企业自主发展之路

20 世纪 90 年代以来，我国明确了建立社会主义市场经济体制，大力发展民营经济成为我国经济体制改革的重点。1994 年，我国发布了第一

个《汽车工业产业政策》，鼓励个人购买汽车，并指出将根据汽车工业发展和市场结构变化适时制定具体政策。长城汽车成为政策的跟随者、受益者。1994 年，长城生产的轻型客货汽车销量翻番，企业迅猛发展；1996 年，具有自主知识产权的长城皮卡“迪尔”（Deer）下线，1997 年出口中东，开启了中国汽车进军海外市场的序幕。1997 年，国家《关于推动企业创名牌产品的若干意见》发布，大力鼓励自主民族品牌发展，2000 年，长城成立子公司内燃机制造有限公司，成为中国汽车自主品牌中最早拥有核心动力的企业。

2. 第二阶段：企业改制，在竞争中选择“聚焦发展”之路

加入世界贸易组织后，我国推动企业股份制改革的步伐进一步加快，2001 年，长城汽车由乡镇企业改制为股份有限公司，体制机制更为灵活，一方面可以借助资本市场获得发展资金，另一方面可以充分自行决策企业的发展战略。2003 年 12 月，长城成功在香港 H 股上市，成为国内首家在 H 股上市的民营汽车企业。在建立现代企业制度的同时，长城汽车在进口汽车和合资汽车的双重竞争压力下，选择专注做好相对空白的城市 SUV 市场作为业务拓展的方向。2002 年 5 月，长城汽车的塞弗下线，首开中国经济型 SUV 的先河，并且当年销量就进入了全国 SUV 市场的前三名。1997～2004 年，长城汽车的皮卡在我国同类产品中 7 年累计出口量第一。

3. 第三阶段：加强研发，坚持民族品牌高质量发展之路

2004 年后，长城汽车进入快速成长阶段，品牌影响力逐步增强，在核心技术研发方面也取得了突破性进展。2006 年，长城汽车被授予“国家出口整车基地”，长城哈弗 SUV 销往意大利，创造了中国自主品牌批量出口欧盟的记录。2010 年 10 月，长城汽车在“排放、功率、噪音、能耗”方面创造了四个第一。同时获得 15 项国家授权专利的“绿静 2.0T”柴油动力，被评为“中国心 2010 年度十佳发动机”和“绿色内燃机暨柴油机十大品牌”。

党的十八大以来，我国品牌建设进入“增品种、提品质、创品牌”的新阶段，2014 年，习近平总书记提出要将“中国产品向中国品牌转变”，长城

汽车积极响应号召，启动全球品牌建设战略。2017 年，长城汽车的专利数量已达 5704 个，在 BrandFinance 颁布的“2017 全球专项 SUV 品牌力”排名中，哈弗凭借卓越的品牌力超越吉普、路虎位居第一，品牌等级 AA+，在“中国 SUV 品牌强度”排名中，哈弗以绝对优势获得第一。

图 1　长城汽车 2013～2017 年专利数量

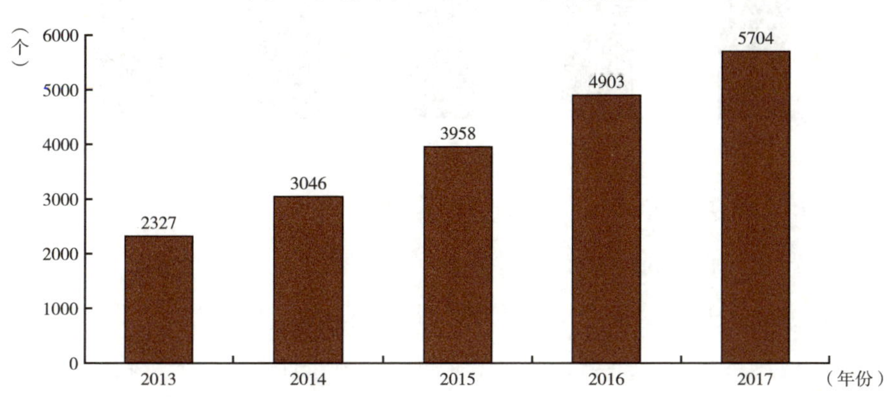

（三）长城汽车以承担社会责任回馈改革开放

在成长之路上不忘初心，造就出长城汽车这一具有典型带动效应的民营企业，而这个初心就是社会责任。为了回馈国家、政府、人民对长城汽车的养育与支持，长城汽车尽管成就辉煌，却没有“财大气粗”，而是时刻将企业的社会贡献、社会责任放在首位，尽职尽责，带动当地经济、居民生活、社会风气的良性发展。

1. 以就业和税收带动当地经济发展

调研显示，长城汽车已直接提供 8 万多个就业岗位，拉动周边上下游产业及第三产业发展的同时，间接提供 100 万个就业岗位。同时长城汽车对当地的税收贡献率极高，占区级财政的 70% 以上，占市级财政的 30% 以上。其纳税金额从 2013 年的 59 亿元，增加到 2017 年的 74 亿元，年均增长率达 71%（见图 2）。

图 2　长城汽车 2013～2017 年纳税金额

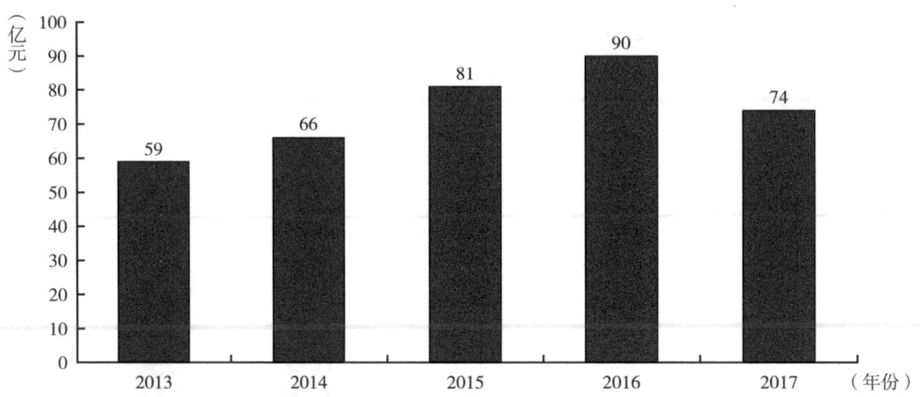

2. 以园区建设推动城市环境改善

长城汽车在保定的厂址分属于莲池区和徐水区。长城汽车有个房地产分公司，但并不做房地产业务，而是专门帮助企业自己建房和帮助地方建设。长城汽车以服务地方为宗旨，帮助政府大力整顿周边的环境，保障治安、卫生、交通、电力、土地等基础设施。优化了居民生活环境，提高了居民素质，甚至解决了四个光棍村的社会问题，实现了农民向市民的转变。在长城进入徐水区之前，人均住房面积为 30 平方米；长城进入徐水区之后，人均住房面积达到 50 平方米；同时搬迁的农民每人拥有一个 10 平方米的商品房，领取养老保险的 69 岁以上的搬迁农民每人每年还有 600 元的分红。从根本上解决了失地农民的生活和养老问题。

3. 以长城精神引导社会风气

长城汽车秉持“诚信、责任、发展、共享、廉洁、执行、创新、品质”的精神，规范长城员工的做事行为准则。汽车界都十分欣赏长城出来的员工。曾经长城的一名员工，因剐蹭了路边停放的车辆，自己主动留下电话。该事件使得长城精神得到了社会各方的认可和赞誉。长城汽车还积极做公益活动，推动社会进步、文化发展、环境保护与经济增长的和谐共生。调查显示，长城汽车 52.83% 的员工每年参加 5 次以上的慈善公益类活动。表 1 为长城开展的公益活动。

表 1　长城汽车开展的公益活动

<table>
<tr><th>重点支持领域</th><th>支持理由</th><th>具体支持项目</th></tr>
<tr><td rowspan="2">行业科研</td><td rowspan="2">符合公司以产业报国为己任的使命，有利于行业进步和发展，有助于公司技术进步及标杆学习</td><td>承担和参与国家级科研院所、协会等机构的标准开发、实验项目，技术交流等活动</td></tr>
<tr><td>向清华大学、上海交通大学等国内重点大学科研机构捐赠新型发动机等科研器材</td></tr>
<tr><td rowspan="3">教育事业</td><td rowspan="3">有利于公司吸引未来汽车行业人才，培养潜在员工和顾客</td><td>在河北农业大学设立“长城奖学金”和“长城励志奖学金”</td></tr>
<tr><td>市区中小学、职业学校等捐资助学</td></tr>
<tr><td>援建希望小学</td></tr>
<tr><td rowspan="3">环境保护</td><td rowspan="3">有利于公司从汽车三维安全向环境安全延伸，引领绿色消费，有利于提升公司形象</td><td>公共卫生治理活动、环境周等活动</td></tr>
<tr><td>植树活动</td></tr>
<tr><td>便民公共设施建设</td></tr>
<tr><td rowspan="3">慈善援助</td><td rowspan="3">符合公司为社会创造价值的使命，感恩回馈社会，有利于公司品牌推</td><td>慰问敬老院、福利院</td></tr>
<tr><td>困难家庭慰问</td></tr>
<tr><td>地震、洪水等其他突发性灾害援助</td></tr>
</table>

4. 带动地区产业发展

据统计，目前仅保定地区就有 70 多家企业为长城汽车提供配套服务。配套产业链的延伸，带动了当地汽车制造业产业集群的形成。保定的国际汽车零部件产业园与长城汽车紧邻，聚集了国际知名汽车零部件生产商。如奥托立夫、伟巴斯特、迪安等。

除了在保定建设的哈弗技术和汽车产业园外，长城汽车还在天津和重庆设有生产基地，对当地的汽车产业及延伸产业的带动效应效果显著。此外，长城积极响应“一带一路”倡议，在马来西亚、厄瓜多尔、保加利亚等国家和地区设立海外 KD 组装厂；并在俄罗斯筹建海外整车生产厂，预计 2019 年初建成投产。长城的产业带动效应已经突破了保定，涵盖全国，辐射全球。

二、特色做法：以企业文化破解民营企业发展难题

如果说长城汽车成功的外部因素在于改革开放的政策环境，内部因素则取决于长城汽车独特的企业文化。企业文化奠定了长城汽车发展的坚实基础，也成为长城汽车持续健康发展的巨大推动力，这些文化吸引了中国传统文化的精华，是中国特色社会主义理论的具体实践，是改革开放 40 年中国道路自信、理论自信、制度自信的真实印证，是中国民营企业成长壮大的内在源泉。

（一）以质朴担当的企业家精神引领企业发展

习近平总书记说过，我们全面深化改革，就要激发市场蕴藏的活力，市场活力来自人，特别是来自企业家，来自企业家精神。长城汽车企业文化的核心是董事长魏建军所展现的企业家精神。尽管魏建军谈起长城、谈起汽车兴致勃勃，但一谈起自己便显得木讷。面对调研组，魏建军强调最多的就是长城的成功完全是因为中国的改革开放。我们从其他被调研者所讲的故事中，总结了魏建军三个较为突出的企业家精神特质，这些精神也正是长城企业文化的灵魂。

1. 朴素的生活观

当魏建军站在调研组面前的时候，每一个人都无不为之感动，这个被誉为拥有近 400 亿资产的“汽车巨人”，丝毫没有“富豪”的“做派”，穿着和普通员工一样的“工装”，瘦弱的身躯，腰背略微有点弯，走在人群中完全就是个普通工人的模样。长城的一个中层说了一个魏建军的故事：“我经常跟魏总一起出差，每次出差他都是匆匆去，匆匆回，吃饭到宾馆路边的小饭馆，炒两个小菜，简简单单，长城现在这么大了，魏总还是跟当初一样，生活上没有什么变化，甚至每次开会，只要桌上的矿泉水没喝完，他都会在会后顺手带走。”

2. 浓厚的家国情怀

魏建军出生于保定的一个军人家庭，父亲魏德义参军 20 多年转业，1983 年，魏德义放弃了全家人的北京市户口，回到家乡保定创办了太行建筑设备厂，父亲的乡土情结也延续到魏建军身上。魏建军至今仍是保定户籍，没有任何外国的“绿卡”，也没有任何家属在国外。长城汽车壮大后，面对各个地方的盛情邀请，魏建军始终不忘“报效”保定，总投资 50 亿元在保定建了“哈弗技术中心”。长城汽车在保定的扩大需要面对政府帮助征地和农民拆迁的问题，魏建军反复强调，可以让公司吃亏，但绝不能亏了老百姓。魏建军注重社会公益，将每年 7 月 1 日定为“长城汽车公益活动日”。

3. 精益求精的学习态度

魏建军虽然仅有初中文凭，但自从他接任长城汽车总经理开始直到现在，几乎每天都是和技师、工程师待在车间里，拆解各种类型的汽车，研究汽车构造。为了学习发达国家的汽车技术，了解汽车的市场需求，魏建军身先士卒地奔波于各个国家。当年，魏建军坚持长城从皮卡切入，就是考察美国、泰国后做出的决定。2004 年起，魏建军带领长城上下开始学习日本精益生产模式，由于国内这方面的书很少，魏建军一行到日本出差时，花 1 万多元买了一批地道的精益生产书籍，又花 30 多万元请人翻译成中文，供公司内部学习。

习近平总书记强调，“企业家是经济活动的重要主体，要深度挖掘优秀企业家精神特质和典型案例，弘扬企业家精神，发挥企业家示范作用，造就优秀企业家队伍”。在过去 40 年改革开放大潮中，正是由于涌现出了一批像魏建军这样富有创新精神，敢于担当，勇立改革潮头的企业家，从默默无闻，到叱咤风云，他们的成长经历，是改革开放 40 年历程的生动诠释。他们的企业家精神，成为中国迈向世界经济强国的重要驱动力。正是改革开放给予了企业家充分释放才能、先行先试、创新创造的巨大空间，今天，在新时代中国特色社会主义建设中，在经济发展新常态的时代背景下，转变经济结构、振兴实体经济，我们同样需要，甚至比以往更加需要企业家精神的存在。

4. 求真务实敢于担当的精神

魏建军在选择具体发展方向时也出现过失误，但他能够主动承认过错，敢于壮士断腕，及时纠正，充分体现了他的担当与务实精神。2002 年各地兴起了生产大客车的浪潮，他顺应时代需求也上马了大型客车项目。由于市场环境与企业销售文化有较大冲突及一些其他问题，客车销量不佳。他根据当年的销售情况，2005 年春节后果断停止大型客车的生产，并将此事刻在了厂区内的反省石上。随着国家鼓励私人拥有轿车，各地轿车产量快速增长。2006 年魏建军决定着手生产轿车，2007 年第一辆轿车下线。但他当时的设计理念超前，产品车型定位不准确，导致当年轿车销量不佳，市场占有率小。虽然后来轿车销量有所增长，但基于企业的战略转型部署，他逐步缩减了轿车生产，并将精力集中在皮卡和 SUV 上面。知错能改善莫大焉。魏建军虽然有过决策失误之时，但他敢于担当，从企业自身发展出发，及时调整企业发展方向，进一步巩固了长城汽车坚守细分市场的战略思想。

（二）以专注和稳健文化，筑牢公司的发展根基

在魏建军的带领下，长城汽车管理层将文化作为公司发展的根本，并将长城的特色文化建设提升到战略性高度。在长城汽车自编的《长城汽车企业文化行为案例》一书中，序言里的一段话可以揭示长城汽车对企业文化的重视程度："一个企业的内在精神气质决定了一个企业员工的行为方式，一个有理想的企业一定有强大的内心动力，才可以几十年如一日地坚持自己的文化和信仰，在复杂多变的社会状态中生存，只有以另类的、适合自己的文化和管理方式治理企业，才能做到出类拔萃，成就一个与众不同的企业。"这就是长城获得成功的真正"秘诀"。

1. 专注一件事，努力做到第一

作为一个小乡镇企业，能够在巨头垄断、高度竞争的汽车市场脱颖而出，发展成一个国际化的汽车企业，就在于长城专注做好一件事的企业文

化，将产品定位在“皮卡”和“SUV”两个细分市场，并将之做到极致。当时选择做皮卡还有个小故事，1994 年，轿车生产开始实行“目录”管理，长城改装的轿车上不了目录，只能停掉，收入减少了一半。魏建军带领团队到国内外考察后发现，皮卡有很大的市场需求，但当时生产皮卡的厂家大多是一些中小型国有企业，它们的产品技术落后、价格高、质量差，很难满足市场需求，于是长城决定专注做好皮卡。1996 年 3 月，自主知识产权的第一辆皮卡下线，1998 年长城夺得国内皮卡销售冠军。秉持“创皮卡精品、争国货名牌”的理念，在不断丰富和优化皮卡性能和种类的努力下，长城皮卡的国内销售一直排名第一。

坐稳皮卡的“第一”位置后，考虑到单一的产品结构容易降低企业抵御市场风险的能力，长城决定再聚焦一个品类——SUV。当时在 SUV 领域里，进口和合资车型占据着 20 万元以上的中高端市场，10 万元以下的市场还是一片空白。长城瞄准了这个市场空白，延续其在皮卡领域的成功经验，运用低价策略占领中低端市场。2002 年 5 月，长城推出了国内首款经济型 SUV——赛弗，售价 7.78 万～10.98 万元。该车依靠高性价比的优势，迅速获得了市场青睐。2003 年，长城便一举拿下 SUV 市场霸主宝座，成为国内皮卡和 SUV 市场的双料冠军，市场份额分别占 35% 和 25%。2011 年，长城推出了哈弗 H6，标志着长城进入了品牌建设的阶段。2017 年长城推出了高端 SUV-WEY 品牌，开始进入高端市场。在 2017 年的法兰克福的车展上，WEY 品牌大放异彩，其中 VV5 车型是第一个荣膺最成功车型赞誉的中国车。长城的 WEY 品牌也代表了中国汽车自主品牌的新高度。

专注于汽车细分领域的深耕细作，成就长城汽车经久不衰的品牌。长城的专注文化，一方面促使企业所有的资源向一个点汇聚，形成强大的前行动力。对民营企业而言，在资源有限的情况下，集中精力站稳细分市场是优化资源配置的必然选择。另一方面在竞争激烈的汽车行业中，长城当时选择的是市场较为空白的皮卡和 SUV，可以认为其是“第一个吃螃蟹的人”。随后，也有许多车企进入这两个领域，而长城却能一直保持领先。这也在于它的专注，不仅获得了细分领域的第一桶金，而且能够在细分领域不断做大做优做强。

2. 每天进步一点点

长城汽车从起家、发迹到做大做强，从未提出过“跨越式发展”、“高速发展”的豪言壮语，从 1995 年开始，就要求全体员工以“每天进步一点点”的稳健文化，稳扎稳打，稳步前进。这是长城人对自然规律的敬畏、对市场规律的敬畏、对汽车产业的敬畏。“每天进步一点点”已成为每一个长城员工的人生观、世界观和价值观。凭着这个理念，长城汽车稳健生产、稳健经营，成就了一个个辉煌。2018 年 4 月，长城汽车入选“一百家最受投资者尊重的上市公司”。

一个长城员工说了一个故事：“记得上初中的时候，学校旁边有一个长城汽车的内燃机厂，每天在校园里能看到厂墙上的大红字——‘每天进步一点点’，老师们也常用这句话教育我们，要踏踏实实地学习。后来，我升入高中，考上大学，这几个字一直刻在心里。在备战高考的时候，我时刻牢记‘每天进步一点点’，踏踏实实不浮躁，考入了我向往已久的大学。大学毕业后，我毫不犹豫地选择来长城工作，因为我知道，这是一个能够让人成功，能实现我人生价值的地方。最近有好多学弟向我咨询工作的事情，我都毫不犹豫向他们推荐长城汽车，因为我知道这里教会他们‘每天进一步一点点’的企业文化会成为其受用一生的珍贵财富。”

2012 年 9 月，中华网组织主流媒体采访团走进长城汽车。在实地调研采访和与长城员工对话后，记者们也一致认为长城汽车品质卓越的根源，在于“每天进步一点点”的企业理念和对品质的重视，长城汽车一直保持着这种稳健的作风，一点点地积累，一点点地进步。

3. 稳健投资，诚信节约

长城汽车对负债经营十分谨慎，虽然是国内唯一在香港 H 股和国内 A 股都上市的民营汽车企业，但其并没有利用资本市场去大量募资，投资与汽车产业无关的“热点”行业，而是以稳健的文化理念，慎用融资工具，保护资金链条。其资产负债率仅为 50% 左右。

长城汽车的稳健投资本质在于其对汽车行业的从一而终。无论是早期的皮卡还是赛弗 SUV 的生产，到哈弗 SUV 的推出，再到 WEY 品牌的上市。长城一直专注于汽车行业的研发，在自动变速器和发动机方面投入了大量资金，掌握了核心技术。同时也投资汽车产业链上的相关领域，如氢能源研发、电池组研发、智能交通等。并未涉足其他热门行业，如房地产等。事实上，长城汽车在 2003 年 H 股上市之前，规模尚不够大，想获得地方银行贷款也不容易。长城汽车利用其在产业链中的核心地位和诚信声誉，上下游企业协同，运用商业信用手段，巧妙解决了民营企业发展过程中普遍遇到的融资难融资贵问题。

长城强调精益管理，管理出效益。长城汽车基于优化所有发生费用的项目管理，实施过程管控。包括：节约材料成本，节省人工成本，提升机器人效率，应用节能技术管控能源动力，创新采购模式、降低制造费用等。结合汽车生产企业行业情况和当地劳动力资源、收入状况，合理管理劳动力成本。

（三）以品质和创新文化，不断提升企业自主品牌竞争力

在长城汽车总部门前，放着一个即将翻掉的仿制小船，这条船是长城汽车告诫全体员工，要时刻具有危机意识，在激烈的市场竞争中，长城虽然越做越大，但如果不努力提升品质、不持续推进创新，长城就随时可能“翻船”，随时可能被淘汰。长城的危机意识由来已久，早期是因为自身负债累累，后来是对整个汽车行业国内外市场竞争环境的认识和判断。以危机意识时刻鞭策自己，长城汽车提出了“品质铸就品牌”、“自主创新谋发展”等文化理念，努力打造“中国造长城车”的国际竞争力。

1. 玩命提品质、疯狂抓执行

汽车产品质量不但关乎企业的生死存亡，更关乎开车人的身家性命。长城汽车提出，质量就是企业的生死线，要以世界级企业为标杆，以卓越品质谋求可持续发展。从以日本丰田为标杆“死推”精益生产，到“玩命提品质、疯狂抓执行”，再到对标国际知名企业的“307 作战”、“狼兔行动”，长城采

取了一系列行动，实施“质量责任制”、“追求零缺陷”，将品质文化深入每个员工的心灵深处。

2006年9月3日，汽车界有一个不大不小的新闻：500辆哈弗SUV首次出口意大利。和意大利经销商第一次接触是在2005年初。当时魏建军并没有信心，一直等到哈弗在2005年3月下线，6月全面上市。哈弗经受了意大利MOT（交通专家）的检测，当时，意大利MOT来到中国，为哈弗做认证。MOT将车辆等级分为三级：零分、一分和两分，分别是不及格、及格和优秀，在国家安全检测中心，哈弗绝大多数得到了两分，一些得到了一分，这让在场的很多意大利专家吃惊。长城汽车凭借玩命抓出的质量赢得了老牌工业国家意大利的认可。

2007年，长城开展的“狼兔307计划”至今仍被公司员工津津乐道。当时，在保定长城汽车研究院的一个黑暗角落里停着一辆造型别致的小跑车，这是丰田早在2005以后就已经停产的MR2Spyder敞篷小跑车。针对这款车，长城制订了“307作战计划”，以100天为一个改进周期，通过3年零7个月的持续改进，达到日本汽车企业2006年底的水平，即公司生产的汽车必须要达到并超过日本车的质量标准。长城还给自己的这一行动目标冠以了让外人费解的“狼兔”名号。之后，长城狠抓质量的行动从未放松。

2. 以我为主，兼收并蓄、集成创新

促使长城汽车认识到自主创新的重要性，有一个小故事，2000年，正当长城汽车业务风生水起之时，国内同行打起了并购的主意，并以停供发动机相威胁。即便使用日本三菱的零部件，也出现了供不应求、受制于人的窘境。为此，长城汽车清醒地认识到，必须走自力更生之路，主要零部件需以自供为主，以防出现“卡脖子”现象，形成了“掌握核心技术，走自主创新之路”的战略思考，提出了“以我为主，兼收并蓄、集成创新”的独特自主创新文化。

2000年，长城成立了长城内燃机制造有限公司，从而成为最早拥有核心动力的自主品牌企业。2002年，成立了长城汽车技术研究院，开始了核

心技术的自主研发。2007 年，该研究院被授予国家级企业技术中心。经过大量人力、物力的投入，长城已经拥有了自动变速器和发动机的核心技术，出厂车 60% 是长城自主研发生产的。同时，长城还建成了国际顶尖的哈弗技术中心，成为具有环境风洞、高海拔环境模拟、新能源动力总成、电机、电池等试验能力的世界一流水平的实验室。高质量的研发投入、高水平的装备保障，促使长城汽车的研发能力不断提升，并成功突破国际市场严苛的法规壁垒，成为首家全系列产品进入欧盟市场的中国车企。

汽车产业的核心技术基本掌握在发达国家的大企业手中，为了破解购买核心技术不仅价格高而且受制于人的难题，长城开始考虑核心技术全球战略布局，不惜花重金从国外引进相关领域高端乃至顶尖人才，以迅速缩短中国和发达国家在汽车制造技术上的差距。截至 2018 年 6 月，长城拥有来自德国、美国、日本、韩国、印度等 20 多个国家的外籍专家 400 多名。长城汽车尊重与包容多元文化差异，创新性地形成了“国内人员学习管理服务为主 + 国外人员潜心研发为主”的人才组合管理模式。调研组在对长城引进的技术专家进行访谈时发现，这些专家对长城汽车的工作生活都非常满意，认为长城汽车可以让他们实现人生的价值，让他们的所长能够传给更多的年轻人，能够对社会发展做出贡献，他们对长城汽车的技术创新能力充满信心。根据对外籍研发人员的调查，56.1% 的人认为长城的技术已达到国际先进水平。

此外长城还在高端人才本地设立研发中心，以方便人才的聚集。2016 年初，长城在日本设立了第一个海外研发中心。随后在美国、德国、韩国、印度的研发中心也相继建成。2018 年 1 月，奥地利研发中心正式成立。到 2020 年，长城汽车将投入 300 亿元用于新能源、智能化等项目在全球建立研发体系，争取在主动安全、智能互联、自动驾驶等方面形成核心技术领先优势。

3. 鼓励创新、包容失败

习近平总书记强调，“坚持走自主创新之路，要有这么一股劲，要有这样的坚定信念和追求，不断在关键核心技术研发上取得新突破。核心技术、关键技术，化缘是化不来的，要靠自己拼搏”。长城汽车坚持研发“过度投入”，2015 年投资 50 亿元建成哈弗技术中心，建筑面积 26 万平方米。长城汽车制定了《长城汽车科技奖励管理办法》、《专利激励管理规定》等政策，专门组织、聘请专业机构持续开展管理创新。“十二五”期间累计研发投入超过百亿元，用于产品研发及软硬件建设，充分借助国家创新体系，与清华、中汽研、博世等开展相关交流合作，积极参与国家“863 计划”等重大课题研究，设置了“优秀科技人才奖”、“技术创新奖”等，为员工提供尽可能多的创新实践机会，鼓励全员创新，保护创新成果。

任何的创新都不可能一帆风顺，在长城汽车的发展中，曾经遇到过产品被召回的事件。2009 年 12 月中旬，长城的风骏在澳大利亚上市不到半年即被召回；2012 年 8 月 15 日，长城汽车因发动机和排气管连接处所使用的垫片含有可能致癌物质石棉，在澳大利亚召回哈弗 H5、风骏 5 等车型约 2.3 万台。2012 年长城对 12340 辆汽油发动机哈弗 H6 实施主动召回。长城鼓励员工要勇于担当，包容失败，继续创新。特别是针对年轻人的特点，以“感受、历练、成长”为培养主线，委派挑战性工作，磨炼其直面创新挫折的意志。以“艺术与科技相结合”为主题，组织各种创意活动，激发员工求异思维，充分挖掘创新潜能。包容失败使得长城员工不惧怕创新，更加热爱创新。浓郁的创新氛围使长城汽车获得了“国家级创新企业”的荣誉，并成就了长城的品牌建设。

（四）以廉洁和反省文化，永葆企业持续发展动力

廉洁和反省是长城管理文化中的两大基石。据长城汽车的合作方反映，长城汽车与合作方都签署有“阳光协议”，公示举报电话及腐败黑名单、通报商业贿赂案件，传递了独具特色的长城反腐文化，也增强了合作方对长城的信任。据了解，长城汽车建立了“高压式”廉洁体系，以廉洁促诚信、促发展。此外，长城还从上至下建立反省机制，董事长犯错也要向公司反省，并将错误刻在反省墙上。警钟长鸣，有错必究，有错必改，这也是长城能够

成功的重要因素。

1. 清正廉洁，小利是大利之贼

自十八大以来，反腐进入了新阶段，为民营企业的发展创造了良好的外部环境。一直以来长城汽车高度重视内部廉洁建设，提出“小慈是大慈之贼，小利是大利之贼”，以廉洁文化，保证公司的风清气正，可谓新时代的企业楷模。

用人避亲，从源头杜绝腐败。在 1990 年魏建军接手长城汽车时，就以“唯亲者避”的理念开始内部制度改革。当时魏董事长劝退了自己的 7 名亲戚离开长城，从而保障制度改革的成效。据长城原书记回忆，当时他去长城工作的时候，魏董事长就同他约法三章：一是不给长城介绍业务；二是不给长城介绍员工；三是不给长城引荐贷款。

“一人一族”，打破小团体利益。长城内部的管理制度具有军事化特征，而长城员工都乐于遵守。长城实行“一人一族”，大力削山头，避免出现小团体。如果上下级一起吃饭，必须由上级买单。到分公司出差，严禁接待请客的行为。员工之间，以工作为纽带，对自己负责的部分倾尽全力，而不是以搞好关系为首。这实现了员工之间竞争的透明化，营造了良好的工作氛围。

依法打击腐败，提高员工的警惕性。长城除了运用自身的奖惩机制外，还对一切违法行为“零容忍”。长城规定员工不能拿供应商的回扣，一切以采购标准和要求出发，保证优质供应商的权利，也确保了企业自身的利益。如原长城销售部门总裁，因收取了供应商的回扣，侵犯公司利益，被依法判刑。一名报废车处理人员，因私自卖出报废车辆，被送到法院，接受法律制裁。

规定婚丧嫁娶制度，避免变相腐败。中国是礼仪之邦，婚丧嫁娶是人情关系的重要体现。长城有 8 万多名员工，为了减少员工的负担，更为了杜绝腐败。长城规定：婚丧嫁娶最多只能请本部门的 50 人，而且每人送礼最多 100 元。这既减少了员工之间的攀比心理，又使员工之间的关系更简单、干净。

廉洁文化从本质上解决了企业内部普遍存在的内耗问题，也为新时代企业文化提供了新思路。廉洁文化旨在为员工打造公平、公正的环境，可有效避免软硬腐败的滋生，促使员工将更多的时间和心思用于工作上，以现代化、军事化的企业管理理念来武装全体员工，从而提高企业的整体运营效率。对内、对外都以“廉”字当头，让企业轻装上阵，不仅实现了公司利益最大化，也对净化社会风气起到了很好的促进作用。

2. 常怀隐忧，时刻反省

任何企业的成长史，是企业家的奋斗史，也是战略选择的曲折史。长城一路风雨兼程，也不免会遇到战略失误、投资失败的情况。一直支持长城能风雨无阻、越挫越勇的是反省文化。反省更注重是对规律性内容的总结，为以后的前行提供前车之鉴。

设立反省石，时刻警醒员工。长城总部大楼前的一块石头上写道：“2007 年，因对顾客价值识别不充分，导致精灵车型定位不准确。”这块名为“前车之鉴”的石头被员工俗称“耻辱碑”，它立于 2010 年，在长城汽车发展 20 周年的历史节点，镌刻了不同类型的失败。长城的反省碑和警醒墙，将企业遇到的重大战略失误问题以及员工所犯重大错误的案例都雕刻在厂内的石碑上，以警示员工，要为自己的错误担当责任，要尊重市场，有警觉意识少犯错误。

建立反省机制，及时总结反思。长城从上至下都建立起了常规化的反省机制。高层建立了战略经营委员会，是董事会的常设机构。每周都会有一天的时间，由董事长、总裁、副总裁和核心职能部门以业务为主进行反省；每年上半年战略经营委员会对战略进行反省；每年 7～8 月则启动年度经营反省，并一直到年底。各个部门会各自反省，但没有固定时间。如研发项目会根据项目计划来召开项目总结反省会。基层员工每天上班第一件事情是班前早会反省，检讨昨天的得失，布置当天的任务，10～15 分钟。在长城，员工及时反省会获得更多支持和帮助。

高层以身作则，发挥模范效应。在长城开总结会，部门领导首先要说最近的失误和做得不到位的地方。尤其是在 2017 年的年终总结会上，魏建军董事长对当年的运营情况以及自己做出的战略进行反省，与总裁一起主动承担公司销售业绩下滑的责任，并分别罚款300万和200万元。这为长城上下树立了主动反省的榜样。

反省文化促使长城员工能够真实面对自己的行为，让企业保持务实与精益求精的品质。这也体现了长城一直以来秉持的“每天进步一点点”的理念，造就了长城孜孜不倦的品质追求。

（五）以自律和学习文化，打造民营企业党建工作新范式

长城汽车党委于2003年成立。公司经过30多年的发展，组织结构持续完善。与此同时，公司党委也在花大力度进行变革，重塑党委、支部班子，现共设党支部40个，统一由集团党委管控。目前长城集团有党员4951人(在职)，其中党关系转入至长城汽车党委的党员2795人，党关系转入天津哈弗党总支的党员人数为200多人。长城汽车注重党员的组织生活和学习工作，形成了一套独具特色的民营企业党建工作体系。

1. 利用信息技术，创新党委管理模式

2016年，公司党委领导班子组织研讨工作改进办法：通过互联网思维解决部分人员提出的公司党委支部管理人员短缺、业务办理不规范等问题。长城汽车依靠独立运行的IT团队，党委将想法与IT部门进行了沟通，在进行了长达1个月的研讨后，借助长城汽车完善的人力资源管理系统，“员工e站”APP“党务管理”模块在短短的3个月即上线运行。党员实现了信息随时查询、通知及时接收、业务定制办理。同时，通过网站、手机APP等同“全国党员系统”、“12371党员教育平台”等实现有效对接。不仅提高了广大党员学习政策理论的积极性、主动性，也提高了学习效率和学习成效。长城汽车探索出的民营企业党建信息化平台，不仅有效地探索了民营企业党建工作的互联网+的新模式，也助推了公司时刻与党和国家的方针、路线、政策保持一致，成为一个真正有中国特色社会主义的民营企业典范。

2. 注重员工综合素质的培养和提高

长城汽车的员工有四个职业发展通道：管理层、技术职务、技能职务和

业务员工。四个通道可以根据个人要求进行选择，每个员工有自己的成长路径。长城汽车针对新员工进行入职培训，并进行军训。主管以上，每年参加一次业务培训，为期七天，专业老师讲授专业课程。若竞争部长职务，必须参加两天的课程学习，考核后，还需参加军训，最终是否能上岗还需要专家来评定。同时长城对员工进行专业知识培训，建立学习型企业文化。2008年国际金融危机的时候，长城汽车以高价邀请 IBM 来给公司副总经理以上的员工做培训。这为后来十年的人才储备打下了坚实的基础。

3. 党建工作与文体活动多层次融合

长城汽车有 8 万多员工，拥有有占地 47000 平方米的体育馆，包括足球场、篮球场、羽毛球馆、乒乓球馆等设施，为长城员工的业余生活提供了良好的条件。2017 年，长城汽车党委与公司企业文化科加强业务合作，发挥企业文化宣传阵地作用，实现党建文化的多层次渗入。《长城汽车报》作为企业最大的宣传媒介，每周刊登企业的发展动态和前景、企业管理有关知识、企业高层的言论、企业员工的作品等，有力地宣传了企业文化，陶冶了员工情操。长城汽车企业文化网是公司内部宣传网站，线上专栏与纸质媒体实现了优势互补，定期发布党内大事、重要讲话、理论知识，在各项党内学习活动中，起到积极的传播作用。同时每年 9 月 30 日，公司举行运动会，提高员工身体素质，增强企业凝聚力和认同感。

三、经验启示：处理好民营企业发展中的“三个关系”

我国民营经济的发展壮大是改革开放 40 年的历史性成就，相关数据显示，截至 2017 年底，我国民营企业数量达 2726.3 万家，民营经济对国家财政收入的贡献占比超过 50%；技术创新和新产品占比超过 70%；吸纳城镇就业超过了 80%；对新增就业贡献的占比超过 90%。民营企业中涌现出一大批有国际影响力的大企业。长城汽车作为民营企业的典范，是 40 年改革开放的见证，也是 40 年改革开放的成果。在长城汽车的发展中，也遇到了几乎所有民营企业共同需要面对的问题，即如何处理好企业与政府的关系，企业与社会的关系，企业与员工的关系，长城以其独特的发展理念，较好地处理了这些关系，为企业的发展营造了良好的环境。中国的改革开放事业正步入新时代，开放步伐将迈得更快，开放领域将拓得更宽，民营企业将会面临更多的发展机遇。调研组总结了长城处理“三个关系”的经验，以期对我国民营企业的发展有一定的借鉴和启示作用。

（一）构建“亲信清廉”的企业与政府关系

良好的营商环境是优秀企业成长与壮大的前提，我国民营企业普遍规模较小，能成长为像长城汽车这样的国际化大企业也是凤毛麟角，良好的营商环境就是民营企业生存与发展的“空气与土壤”。营造良好营商环境的关键是处理好政府与企业的关系，正如习近平总书记指出的，一方面，我们强调要更好地发挥政府作用，更多从管理者转向服务者，为企业服务，为推动经济社会发展服务；另一方面，“官”“商”交往要有道，要划出公私分明的界限。从长城汽车的成功经验来看，其与地方政府的关系可以用“亲信清廉”四个字来总结。

一是亲信。长城在每一个关键的发展节点和发展阶段上，都离不开改革开放的政策红利，也离不开当地政府对长城发展的大力支持。从最初乡镇企业阶段的大胆放权和灵活的用人机制，到后来企业改制上市；从发展中的日常业务需求，到整车扩能这类战略投资，当地政府始终践诺守信，贴近服务，打造优良环境，一度创造了项目建设的“徐水奇迹”：徐水县大王店长城汽车扩能项目，全体乡镇干部起早贪黑做工作，通过短短三个月的土地征迁攻坚行动，预征土地 14015 亩，2284 户，7396 人异地搬迁，征迁面积达 56 万平方米。此外，长城是股份制企业，保定市莲池区南大园乡集体资产占股 20.75%，但地方政府对长城的经营从不插手干预，给了长城自由的决策权和高度的信任。正是这种“至亲”的服务理念和“信任”的支持态度，才可能孕育和造就出长城这样的民族汽车工业巨头。

二是清廉。民营企业和政府是鱼与水的关系，是你中有我，我中有你的关系，是融合共生的关系。良好的政企关系，并非只是企业需要政府的扶持与服务，政府也需要企业的融合与互动。但企业与政府的关系，若处理不好，往往容易形成“利益”纠缠，反倒会相互制约，适得其反。在长城与政府的关系上，并没有因为“至亲”关系而变得浑浊不清，长城汽车制定了《廉洁体系制度》，规范员工日常工作、对外交往等行为。对全体职工的行为做出明确要求，同时在对外合作的过程中，始终严控腐败风险，牢牢把握住企业发展的正路。正是长城从董事长到员工都遵守的廉正底线，使得长城和政府也形成了清正、廉洁的关系，实现了企业和政府间“公私分明”，不会受任何利益关系影响的良性互动。

改革开放40年来的发展过程，也是政府与市场的边界逐渐厘清，政府和市场的作用相互调节的发展过程，长城与政府间的“亲信清廉”关系为构建民营企业与政府间的新型政商关系提供了典型范例。

（二）构建“和谐担当”的企业与社会关系

习近平总书记强调：“只有富有爱心的财富才是真正有意义的财富，只有积极承担社会责任的企业才是最有竞争力和生命力的企业。”企业的社会责任，并不仅仅是政府、社会对企业的要求和期望，同时也是企业赢得自身可持续发展的必然选择。长城汽车在不断成长壮大的过程中，始终注重自身社会责任的担当，注重与周边社区、村镇之间的和谐关系，塑造了符合有中国特色社会主义理论、具有崇高道德观与价值观的企业与社会关系。

一是和谐。长城汽车践行“共享”核心价值观，致力于与股东、合作伙伴、客户乃至全社会和谐共赢。长城汽公司提出做真正的“企业公民”，秉承“人、车、环境和谐共存”的理念，将经济、环境和社会的长期目标融入公司的经营中，坚持走低污染、低能耗、高品质的可持续发展道路，不断为社会提供“安全健康，环保节能”的产品和服务，积极履行企业社会公民义务。这些举措增强了投资者、合作者、消费者的信任感，极大地提升了长城自身的品牌形象和价值。

二是担当。长城汽车将勇于担当，履行企业社会责任放在很高的位置。长城汽车严格要求管理层和员工，绝不能因为自身发展需求而损害群众的利益，在长城汽车徐水扩能项目中，长城汽车主动承担了大量公共服务设施的建设，解决了大量周边群众的就业，企业的发展得到了群众的支持理解，走出了一条以龙头企业为主体，充分发挥产业溢出效应，带动新型城镇化建设，带动周边欠发达村镇共享企业发展成果的新路，树立了企业与社会关系的典范。

长城汽车的发展经验充分说明，民营企业只有尊重和满足利益相关者的利益，与各个利益相关者建立良性、和谐的互动关系，才能营造良好的内外部环境，增加企业发展的机会，降低企业发展的交易成本，实现企业履行社会责任由他律走向自律。

（三）构建“自觉共生”的企业与员工关系

企业与员工的关系是一种相互依存、共生共荣的关系。有一个形象的比喻，企业与员工，好比土地和种子，土地滋养种子生长，种子承载土地的希望。民营企业在处理企业与员工关系时，常常遇到很多困惑，如企业的管理不当，员工的怀才不遇，企业和员工成为单纯的雇佣与被雇佣的关系，难以激发企业发展活力。习近平总书记曾说过，技术人员和工人是企业最宝贵的财富，要抓好队伍的稳定性，调动他们的积极性。长城汽车得以迅速发展的秘诀之一，就是锻造了一批高素质的企业员工队伍，形成了企业与员工的“自觉共生”关系。

一是自觉。长城汽车建立了一系列员工管理制度，董事长魏建军低调做人，将自己当成普通员工带头遵守企业规章制度，违反纪律同样要受到处罚，在高层管理会上和员工会上主动自我检讨。在用人上以“唯亲者避”理顺关系，以“一人一族”单纯关系，从根本上打破了民营企业的“亲情圈”，同时以“铁打纪律”管理员工，狠抓执行，推行《员工行为规范》，采取制度管人，培养员工遵守制度和纪律的自觉性，形成员工自我约束、自我管理的习惯。

二是共生。在长城汽车创业之初，面对内部盘根错节的人际关系，外部竞争激烈的市场环境，长城用“每天进步一点点”的企业精神引导员工，逐步培育“公平、纯洁”、“共享”、“精益求精”的员工素质。公司为每个员工设计出符合其特点的职业发展规划，并充分调动公司各方面资源加强对员工的培养；同时公司还通过创意功夫等各种活动，为员工参与管理搭建平台，设置“董事长信箱”，举办“员工座谈会”，保障员工对公司管理的参与权。这种从根本上激发员工积极性的现代企业用人制度，强化了员工对企业的归属感，形成了员工与企业共生共荣的关系。

产业工人队伍是工人阶层中发挥支撑作用的主体力量，是创造社会财富的中坚力量，是创新驱动发展的骨干力量，是实施制造强国战略的有生力量，造就一支有理想守信念、懂技术会创新、敢担当讲奉献的宏大的产业工人队伍既是民营企业发展的基石，也是实现中国强国梦的必然要求。我国有近 2.87 亿农民工，是新时代产业工人队伍的主体，长城企业植根于乡镇，依托农民群体，培养了一批近 8 万人的产业工人队伍，这不仅是企业发展的宝贵财富，更是推动形成“工匠精神”，打造制造业强国的动力源泉。民营企业需要学习长城的模式，形成企业与员工的自觉共生关系，为企业发展厚植不竭的动力源。

四、问题探究：民营企业发展需直面三大挑战

十八大以来，我国民营企业的发展环境进一步优化，中国特色社会主义理论为民营企业发展指明了方向，面对新的形势，新的起点，民营企业应该以长城汽车这样有魄力、有智慧、有担当的企业为榜样，抓住机遇，勇往直前。当然，从对长城汽车的调研来看，长城的发展，依然面临着诸多挑战，这也是长城汽车常常告诫员工的，要时刻有危机意识。总体来看，新形势下，长城汽车与所有民营企业发展都需要面对三个方面的挑战，政府层面需

要不断创新管理方式，在这三个方面有所作为，为民营企业发展营造“海阔凭鱼跃”的营商环境。

（一）国际化对企业管理提出更高要求

长城汽车是一个股份制上市民营企业，集体占有一定的股份，家族成员在公司没有股份，管理层之间也没有亲属关系，在管理制度模式上是一个完全的现代管理制度模式。但随着企业越做越大，上下游垂直整合、国际国内的公司越来越多，企业的管理也面临着更多的挑战。从长城来看，虽然管理上很规范，制度很严明，但管理理念与方法还没有充分与国际化大公司接轨；全球范围内新技术的整合，集团公司整车及各零部件板块、研产供销各个方面的整体协作还没有做到位；跨单位、专业的团队协作意识还不强。仍需要在更高格局、更为国际化的管理模式上有所突破，走出民营企业的地域局限性，向跨国公司的管理模式逐渐变革。对于很多民营企业来说，也同样面临企业文化塑造、现代管理制度建立的问题，许多民营企业还是家族企业，内部管理不清晰，与政府的关系不明确，甚至存在拉帮结派、山头主义、不作为的倾向，在技术创新中，存在非专业人管理专业人的现象，影响了管理效应的发挥。这些都会在很大程度上制约民营企业的发展。

（二）技术创新和品牌打造难度加大

长城对技术研发和品牌打造高度重视，不惜“过度投入”，董事长几乎每天都和研发人员在一起，被称为“汽车博士”，企业在技术研发和品牌打造上的投入在民营企业中也是屈指可数。但长城在技术创新和品牌打造上依然面临一些难题，如全球技术研发的知识产权保护，技术成果的市场应用，技术被同行“引用”，技术创新迭代加快，数字技术的使用、新能源技术的突破等，此外，国家鼓励新能源发展等政策使得企业间技术研发趋向雷同，竞争加剧。品牌打造成本高，难度大，需要面对国际巨头的市场优势，消费者对品牌的信任与接受具有多变性等。这些问题对于民营企业来说也具有普遍性。大的民营企业在技术研发和品牌打造上，因为资金和实力雄厚还有一定优势，中小民营企业在技术研发和品牌打造上势单力薄，有心无力，许多技术从研发到应用周期长，企业更是难以负荷。加上国内外市场形势不断变化，对于民营企业的技术研发和品牌打造又提出了各种新的、更高的要求。这是民营企业发展中最大的困难之一。

（三）满足企业需求的专业化人才缺乏

尽管长城已经有 8 万多员工，但随着企业的扩大，对人才仍有着大量的需求。长城采取了多种方式招揽和培养人才，如在保定的职业学校设立“长城班”，花重金招揽高端人才等，但因为保定地区与发达城市相比，在生活条件、子女就学、医疗保障等方面仍具有一定差距，高端专业人才往往不易留下，而且长城培养的人才常常会被其他企业“挖走”，人才流失也较为严重，加之严格的管理制度及赏罚严明是长城汽车的安身立命之本，许多年轻人难以忍受，因此，长城也一直存在着人才“饥渴”。人才缺乏也几乎是所有民营企业共同面对的难题。东南沿海发达地区、气候条件较好的地区相对有一定的优势，对于经济欠发达的中西部地区、气候条件较差的地区，人才难求的现象更为严重。人才是企业之本，也是民营企业在激烈的市场竞争中取胜的核心要素。不但长城在人才结构和用人制度方面需进一步提升和完善，所有民营企业在人才引进、人才培育、人才使用上也要采取更为积极有效的做法，各地政府在人才政策上更需要有所作为。

五、对策建议：为民营企业发展营造更好的环境

改革开放成就了长城汽车，没有改革开放就没有长城汽车。40 年改革开放为我国民营企业的发展创造了良好的发展环境，随着改革开放的深入推进，民营企业在习近平新时代中国特色社会主义思想的指引下，还会获得更

大的发展空间，在社会主义市场经济中发挥更大作用。正如习近平总书记在十九大报告中指出的，“要支持民营企业发展，激发各类市场主体活力，要努力实现更高质量、更有效率、更加公平、更可持续的发展”。调研组通过对长城汽车的调研，对中国民营企业的发展也有了更加深刻的认识，结合长城的成功经验和面临的问题，对我国在新形势下进一步促进民营企业发展，增强民营企业的政策获得感，提出五条建议。

（一）进一步扩大对外开放，推动有条件的民营企业国际化

培育具有国际竞争力的世界一流企业，并不能简单理解为培育国有企业，还应当包括民营企业。事实上，改革开放40年中，我国涌现出了一大批类似长城汽车这样的优秀民营企业，已经积累了一定的国际化经验，掌握了部分的核心技术，形成了特定领域的比较优势，正处于向世界一流企业迈进的转换期、爬坡期。当前，我国以“一带一路”建设为引领的新一轮对外开放正在不断深入和细化，开放领域不断扩大，开放规则不断完善，开放空间不断拓展，全面开放新格局正在加速形成，中国开放的大门正在越开越大。与此同时，国际贸易保护主义不断抬头，新一轮科技和产业革命正孕育兴起，国际分工体系加速演变，全球价值链深度重塑，市场竞争的全球化、动态化、跨界化特征更加明显，加快推动有条件的民营企业国际化是当务之急。要采取积极的促进政策，在审批、融资、资金汇转、海外并购等方面给予支持，促进民营企业在全球配置资源，推动民营企业家族式管理体系变革，通过国际化解决发展中的资源、市场、人才难题，为民营企业“走出去”创造更为便利的条件。

（二）加快提升自主创新能力，加大知识产权的保护力度

民营企业技术研发和品牌打造需要投入大量资金，获得成功也需要较长的时间成本。但民营企业的技术研发成果经常会遇到被盗用、被抄袭等情况，这在一定程度上影响了民营企业研发的积极性，也损害了国家创新能力

的提升。同时，民营企业培育的品牌常常会遇到竞争对手恶意的打压，甚至制造一些诽谤性的新闻诋毁品牌形象。这在中国的一些老字号品牌上也较为常见。国家需要在民营企业自主研发和知识产权方面提供更多的政策支持：一是鼓励民营企业同大学、科研机构、国有企业联合开展研发，在财政、税收、外汇管理方面出台一些鼓励政策；二是鼓励民营企业与国外研发机构合作，到国外设立研发中心；三是出台保护企业技术研发和品牌的法律法规和实施细则，将财政、外汇政策落到实处。此外，对媒体的恶意炒作需要严厉制止，使民营企业的技术研发成果和品牌能够获得一定的“安全度”。

（三）完善产业政策体系，不断提升产业竞争力

改革开放以来，我国制定并实施了一系列产业政策，在促进产业发展、保持国民经济高速增长和人民生活水平快速提升等方面取得了显著效果。随着我国经济转向高质量发展，产业政策面临“政策空”、“不配套”、“落地难”等突出问题，这些问题的出现正是产业政策制定难以把握微观市场主体行为，对微观经济干预过于广泛和深入的反映。应进一步加强功能性产业政策的制定，将产业政策的重点放在维护健全市场制度，构建统一开放、公平竞争的现代市场体系等方面，避免对微观经济主体的过度干预和限制。同时注重加强产业政策与开放政策的协调联动，在对外开放的同时，注重对内开放，在保证国有企业发展的前提下，制定有利于民营企业发展的金融、财政、外汇政策，切实解决制约民营企业发展的融资、人才、成本等问题。

（四）加大国际化人才引进力度，推动全球创新要素集聚

长城通过引进国际研发人才进行自主研发的做法值得推广，但目前长城引进人才主要还是靠高薪，缺乏政府政策层面对企业所引进的外籍专家在居住、子女入学、医疗保障等方面的支持。专业技术人才是民营企业的核心竞

争力，面对民营企业专业人才普遍缺乏的局面，政策层面可以在民营企业引进国际和国内专业人才方面给予更多的便利和支持，尤其是中西部地区，对于国外高端技术人才可以给予中国“绿卡”，享受与中国公民同等的各项待遇。对于到中西部工作的国内专业技术人才可以在养老金、个人所得税、子女户籍等方面给予更有吸引力的支持政策，解决民营企业人才缺乏难题。同时，要加大科研院所、大专院校对专业人才的培养和培训力度，减缓人才结构性失衡现象。推进人才战略和人才工程，为民营企业发展提供人才支撑。

（五）加强中国企业宣传力度，注重提升中国企业品牌形象

习近平总书记指出，要“推动中国制造向中国创造转变、中国速度向中国质量转变、中国产品向中国品牌转变”。打造更多享誉世界的“中国品牌”，对中国企业转型升级实现全球价值链上的跃升，推动中国经济发展进入高质量时代具有十分重要的意义。在经历40年的积累发展，以长城汽车为代表的一批中国企业积极开拓国际市场，中国制造在全球范围的竞争力、美誉度、性价比不断提升，但是中国制造“大而不强”的问题仍然突出，是典型的产品大国、品牌小国，随着我国自身市场开放程度的不断提升，以及“一带一路”倡议下国际市场空间的不断拓展，中国品牌的国际影响力亟待进一步提升，应把品牌战略作为产业政策的重要内容，注重塑造中国制造的整体品牌形象，为打造品牌营造良好市场环境；同时充分发挥媒体作用，生动讲述企业家和一线员工敢为人先、艰辛创牌的故事，充分展示我国品牌在自主创新、质量提升、转型发展等方面的成果，为品牌建设营造有利的舆论环境，推动我国民营企业实现品牌化发展。

欧亚集团：改革的政策红利与企业家精神

北京大学国家发展研究院

长春欧亚集团股份有限公司（以下简称“欧亚集团”）是国内大型的国有参股商业企业。1984 年起步发展，经过 34 年的努力，欧亚集团已从专门服务长春汽车城厂区的小商店，成长为覆盖全国 11 省 24 市、跻身中国企业 500 强的上市企业。截至 2017 年年末，公司资产总额达 217 亿元，34 年间年均增长 32%。2017 年销售额 424 亿元，实现利润 8.4 亿元，34 年间年均增长分别达到 27.9% 和 28.4%。即使在当前全国商业低迷、东北经济增长乏力的形势下，欧亚集团仍能实现逆势增长，引领行业发展。在改革进程中，欧亚集团由小到大、由弱变强，创造了商业企业中绝无仅有的发展速度。这种“欧亚现象”值得深入思考和总结经验。

为深入总结欧亚集团改革发展和转型升级经验，破解新时代我国众多商业企业面临的困境难题，北京大学国家发展研究院调研组赴吉林长春，通过实地考察、专访座谈、随机交流等多种形式对欧亚集团进行了深入调研。调研发现，欧亚集团的成长与我国城市经济改革同步，改革进程中释放的政策红利保护和充分激发了企业家精神，这是欧亚集团实现健康快速发展的关键。明确的发展战略指引下的持续商业模式创新，没有任何弹性空间的诚信经营，可持续的激励机制和人才培训计划，动态调整的合适管理理念，以及主动适应并驾驭市场环境的竞争应对之策等，构成了欧亚集团在商业领域成功的主要因素。这些成功的有益经验对我国在新时代促进经济创新和实现高质量发展具有积极借鉴价值，特别是对我国继续深化国有企业转型改革和振兴东北经济具有现实指导意义。

一、企业的发展活力来源于企业家精神

2017 年 9 月 25 日，《中共中央　国务院关于营造企业家健康成长环境弘扬优秀企业家精神更好发挥企业家作用的意见》（以下简称《意见》）正式公布。这是中央首次以专门文件明确了企业家精神的地位和价值，对于肯定和弘扬优秀企业家精神，更好发挥企业家作用，激活社会创造力和活力具有重要作用。

企业家精神是经济发展和创新的关键要素。按照西方经济学家熊彼特的理论，创新是经济发展和进步的核心动力，市场经济长期保持活力的根本在于创新，而创新则来源于企业家精神，来源于企业家开发新的产品，创造新的生产方式。《意见》也用三个“弘扬”概括了我国倡导的新时代优秀企业家精神的核心内涵：企业家爱国敬业、遵纪守法、艰苦奋斗的精神，企业家创新发展、专注品质、追求卓越的精神和企业家履行责任、敢于担当、服务社会的精神。

从企业管理实践上看，长期经营绩效良好的企业往往有一位出类拔萃的企业家在较长期内保持对企业的领导。20 世纪 90 年代初我国建立资本市场以来，选取在沪深两市最早上市的 200 家公司，可以发现只有欧亚集团的董事长一职始终未变，且欧亚集团的管理团队非常稳定。更重要的是，1993 年上市以来，24 年间欧亚集团的净利润年复合增长率达 27.08%（见图 1），在全国商贸行业上市公司中居于首位。

1984 年，28 岁的曹和平被任命为长春第四百货商店（当时被称为长春商业的“第三世界”）党总支书记和总经理，就此将个人成长目标与商业长远发展紧密结合在一起。他长期专注于商业经营，坚持通过专业化做精、做

图 1 全国商业企业净利润年平均复合增长率对比（1993～2017 年）

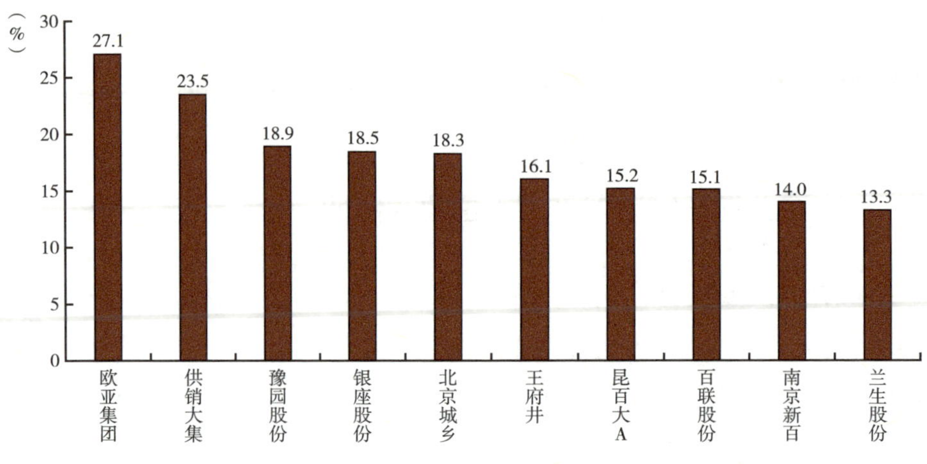

数据来源：WIND 数据库。

强、做大企业，带领欧亚集团始终将合法经营放在企业经营理念的首位，始终坚持“没有任何弹性空间的诚信经营”，始终坚守商业本质，静心尽力为消费者提供商业行业最优质卓越的产品和服务。

明确可行的发展战略是企业成长的目标和方向指引，是企业实现长期可持续发展的重要因素。早在 1986 年，曹和平就富有远见地提出了企业发展的“三星战略”，即以长春繁华商业区为中心，建设站稳长春市场的“小三星”；以长春为腹地，建立辐射全国的“中三星”；以国内为根基，以东欧、东南亚为两翼，打造渗透国际市场的“大三星”。与我国改革进程相似，“三星战略”是渐进实施、分阶段推进的，由“小三星”做起，到“中三星”，再形成“大三星”，是一个环环相扣、循序渐进、紧密联结的战略布局。

在企业发展的重要节点，企业家的担当意识和开拓精神是企业能够实现跨越式发展的关键。曹和平率先对国有企业进行股份制改造，以解决企业在计划经济体制下面临的资金、考核和激励等束缚；率先运用国家和地方相关政策，通过兼并同行企业扩大企业经营规模，拓展企业经营空间；率先提前谋划，在城市发展方向的枢纽位置选址建店，通过增加有效供给将廉价的“生地”建设成新的商业中心。然而，在 20 世纪八九十年代，面对规模不大、实力不强、空间有限、效益难增等不利因素，这些决策势必面对各种质疑，甚至可能要冒政治风险。因此，这些战略决策体现着企业决策者的勇气和智慧。

商誉是商业企业最重要的无形资产。曹和平在创业之初，就提出“五合”经营理念，即合法经营、合格质量、合理价格、合情服务、合适管理，其核心就是诚信经营。他带领欧亚集团，始终坚持以消费者为中心，持续进行商业模式创新，增强消费体验和功能服务，把利益与方便提供给消费者；为解决供应商最关心的结算问题，主动引进信息化管理自动准时结账，以消除人为因素干预，并积极帮助供应商改进管理及营销方式；通过让员工持有股份和购买产权，将企业利益与员工利益紧密地结合在一起，倡导“让员工分享企业发展成果，让员工拥有财产性收入”的做法和理念也被吸收到中央文件中。正是这种长期坚持增进消费者、供应商和员工与企业之间的良性互动与信任关系，为企业赢得了巨大的市场和商誉。

履行社会责任也是企业家精神的重要内容。曹和平始终将“企业回馈社会”作为欧亚重要的社会责任，带领企业主动接收兼并困难企业达 40 家，为社会提供就业岗位达 5 万多个，安置下岗职工近万人，直接提供超过 10 万个就业岗位；在价格剧烈波动时期，始终保证价格不变，以协助稳定消费者情绪和社会预期；积极主动参与“万企帮万村”的扶贫行动，主动参与并号召供应商参加如冰雪灾害、汶川地震等国家应急救灾；通过提供大量物资、设备，支持预备役和国防建设；利用企业“团结互助”精神，继承、弘扬中国文化始终倡导的传统美德等。

经过多年的发展，欧亚集团的企业家精神已经内化为“员工富裕、企业兴旺、社会发展”的企业发展理念，处处体现在长期秉持的“静心尽力、诚实守信、勤俭善持、团结互助”的企业精神。在曹和平的带领下，欧亚集团已跻身中国企业 500 强（2017 年位列第 364），拥有欧亚商都、欧亚卖场和欧亚商业连锁三大经营体系。其中，欧亚商都连续多年蝉联中国百货单体店销售额第一；欧亚卖场单体建筑面积 60 万平方米，位居世界第一，是中国唯一以商业单体店入围民营企业 500 强；欧亚商业连锁在全国门店已超过

100 家，年销售额超过 100 亿元，在全国商业低迷的形势下，仍能实现逆势增长，引领行业发展。

实践表明，每一家欧亚门店都已成为所在城市商业的核心；每一个欧亚城市综合体都迅速成为城市的新坐标与典范；每一家欧亚门店开业之后都极大地带动了周边商业、房地产业、服务业、餐饮业以及交通的繁荣与发展。34 年来，曹和平带领欧亚集团荣获“全国五一劳动奖状”“全国商业服务业改革开放 30 周年卓越企业”，他个人也先后获得“全国劳动模范”等百余项荣誉称号。然而，他看淡个人名利和荣誉，唯独对国家荣誉和民族尊严有强烈的追求和向往，希望通过持续的商业创新和努力奋斗，让欧亚集团真正走向欧亚，在国际商业市场中建立商誉和影响力，为国家和民族赢得尊严和荣誉。这也是欧亚集团的企业文化和“三星战略”的最高追求。

二、改革红利为充分激发企业家精神营造政策环境

调研欧亚集团的发展历程，可以发现欧亚与我国的城市经济改革同步。欧亚集团由小型国有企业通过股份制改造转制而来。欧亚的前身为长春市第四百货商店，该商店是为了服务长春第一汽车制造厂的产业工人而开设的配套企业，1985 年更名为汽车城百货大楼（以下简称“车百”），1992 年 3 月经长春市体改委批准成立股份有限公司，1996 年 5 月更名为长春欧亚集团股份有限公司。积极利用城市改革的政策优势，让企业家精神得以充分发挥，从而通过企业体制改革释放和激发企业的内生活力，是欧亚集团实现跨越式发展的关键所在。

（一）充分利用试点地区的政策优势

改革开放初期，我国计划经济向市场经济的转型并没有成功的国际经验可借鉴，“摸着石头过河”的试点做法成为当时主要的改革探索。为活跃商品经济，国家决定在沿海沿边设立试点，给予沿海区域现金进货、自主定

价，给予边境区域易货贸易等政策优惠。这些政策虽在试点城市是被允许支持和鼓励倡导的，但在非试点的内陆地区却是违规禁止的。在多数内地同行业企业纠结甚至抱怨政策偏向时，欧亚则认为应正确看待国家政策的阶段性差异，并积极思考如何主动适应环境，让内陆企业也能合理合法地享有国家给予特区和边贸口岸商业企业的优惠政策。

经多次考察，欧亚决定在处于信息前沿的东南沿海的厦门和黑龙江的绥芬河注册企业，充分利用政策差异、气候差别和地理差距，通过灵活的经营实现效益最大化。如在特区城市和口岸城市设立企业，利用当地可以现金进货的政策组织货源并提供发票，然后再将商品运往内地销售。考虑到南北气候差异，同一产品可以从南到北按时间顺序依次上架销售，从而延长产品销售期。通过将人参、鹿茸等东北特产南运，将南方的香皂、牛仔裤北销，实现了南北两个地域商品的旺销。这些举措既符合内地的政策要求，也将政策差距的不利因素转换成有利因素；既为本企业有效组织了货源，搞活了销售，也为其他同行提供了渠道，将企业由以前只做零售业务转为兼做批发和零售，赚取了供货商批发环节的利润。

（二）股份制改造让企业真正成为市场主体

20 世纪 80 年代末期，国有企业普遍面临资金、体制和激励等方面的困扰。企业缺少发展资金，缺乏经营活力，难以有效扩张经营规模；同时，阻碍企业经营的计划经济因素仍然存在。国有企业附属于政府行政体系，每年须遵守政府相关部门制定的任务指标。由于这些任务指标难以反映市场形势和企业实际状况，一方面束缚了企业发展，另一方面也会因其鞭打快牛而使企业弄虚作假，甚至竭泽而渔。更重要的是，企业缺乏追求发展的内在动力，员工利益并没有真正与企业融为一体。

如何破解企业发展的这些困扰？1992 年党的十四大明确了市场经济导向，为增强国有企业活力，欧亚开始实行股份制。经过认真学习思考和多方论证，欧亚的决策者认识到，股份制改造是有效的途径。利用股份制的融资功能，通过向社会募集资金，可以破解缺乏发展资金的困扰。利用股份制企业要接受广大股民和监管部门依法监督的市场体制，可以冲破旧有体制的束缚，按市场经济的规律和规则行事，在市场竞争中健康发展。于是，欧亚利用当时政策允许企业员工参与股份制改造的契机，动员全体员工参与其中，彻底解决企业发展的内生动力问题。

欧亚决策者排除各种担心、非议甚至压力，于 1992 年 2 月在长春市人大九届五次会议上提交了《关于在长春市商业企业进行股份制改组》的议案。后经市政府批准，汽车城百货大楼成为长春市第一家进行股份制改组的国有企业。1992 年企业第一次向职工定向募集资金，融资总额 1457 万，对当时企业发展起到了关键性作用。股份制改造也为企业在社会上公开募集资金和挂牌上市打下坚实基础。1993 年 10 月，企业向社会公开发行股票 2000 万股，募集资金 7800 万元。同年 12 月公司股票在上海证券交易所正式挂牌交易。此后，又进行过三次融资和配股，每次融资和配股都成为企业发展的新起点。

通过股份制改造与上市，资本、体制和利益三位一体形成了企业特色。资本不只来自社会，企业全体员工也参与其中。上市的目的不是“圈钱”，而是增强企业后续发展的动力。上市后，企业摆脱了旧体制的羁绊，建立了科学决策机制，从而能按照市场经济规律行事。企业行为受到社会、股民和员工的监督，从而公开、透明且依法、依规。通过企业员工参股，股份制在企业真正形成了谋求发展、共担风险、共享利益的全新体制，让员工与企业成为真正的利益共同体和命运共同体。

（三）兼并政策助力企业实现“撑杆跳”

随着商品市场不断放开，商业企业竞争日益激烈，向多业态、大规模现代化商业企业迈进，成为企业的当务之急。因此，欧亚集团需要在做好主营业务的同时，在原有基础上适度扩张经营规模，通过构建新的企业布局扩大市场份额。当时，地处长春繁华商业区的朝鲜族商场在规模和人员与“车百”相当，但由于经营不善导致连年亏损，商品大量积压，陷入经营困难。欧亚集团充分理解和运用国家和省、市关于国企改革的政策，成为长春市第一个对经济不景气的同行企业实行兼并的企业。接下来，通过人员对调、商品对流，在引入“车百”机制后，朝鲜族商场当年就扭亏为赢。

不久，欧亚又率先实行跨行业并购，收购了长春橡胶八厂、电影机械厂、长春燃料一公司等工业企业，开启长春跨行业兼并先河，进一步扩大企业资产规模。到目前为止，欧亚还先后兼并了沈阳联营公司、济南大观园、郑百大等省外商业企业。兼并不景气企业，接受了被兼并企业的员工和资产，就需要承担本企业员工利益短期受损的压力，但通过兼并扩大了企业资产规模，为以后企业扩张布局降低了整体成本，提高了长期利润率和竞争力。

三、持续的商业模式创新引领消费体验

欧亚集团从1984年起步发展，经过34年的努力，已从专门服务长春汽车城厂区的小商店成长为覆盖全国11省24市、跻身中国企业500强的大型商业企业。34年间，资产总额、销售额和利润的年实际增长速度均超过20%，领先绝大多数国内同行企业。即使金融危机后，商业企业整体受到较大冲击的情况下，欧亚的销售额和利润仍实现了10%以上的年均增长。欧亚集团由小到大、由弱变强，创造了商业企业中绝无仅有的发展速度，因此，被称为“欧亚现象”。

如何理解“欧亚现象”？调研发现，关键在于明确的发展战略，根源在于持续不断的商业模式创新。发展战略使企业成长具有明确目标和方向，而如何实现则需要持续不断的创新。商业企业由于直接面向和服务于消费者，往往会最早感知市场需求变化，也最先面临市场的压力和挑战。只有敏锐地观察消费市场的形势，及时分析不同层次消费群体的需求偏好变化，在此基础上通过持续不断的业态创新，更好地满足消费者的需求并率先引领消费时尚，才能使企业具备活力并在行业中占据领先地位。

欧亚始终着力创新和走差异化道路，积极适应现代都市人的消费特点，

提出做精、做大、做多的发展理念。目前已经形成欧亚商都、欧亚卖场和欧亚商业连锁三种相互支撑、相互补充的主力业态，三大主力业态均注重消费体验并按照各自特色发展。具体而言，欧亚商都讲求做“精”，定位为现代高端百货，“精”体现在质量上，强调舒适与品质；欧亚卖场讲求做“大”，定位为商业城市综合体，“大”主要体现在体量上，强调功能，突出全品类经营、全客层服务理念；欧亚商业连锁讲求做“多”，定位为综超连锁，“多”体现在数量上，强调覆盖于便民。

（一）不断做“精”的欧亚商都

选址是企业战略规划的重要内容，对于扩大市场覆盖率、提高服务效率有重要意义。随着企业发展，按照战略布局，20 世纪 90 年代初欧亚的决策层就开始谋划在长春市红旗街选址建立欧亚商都。由于当时该地段并不是商圈，在初始谋划时不乏反对声音。然而，在决策者看来，虽然红旗街还不是商业中心，却是重要的交通枢纽，是长春西部交通网络的枢纽中心，而有客流就可能聚集人气。因此，一项当时被视作大有风险的投资，经过力排众议，最后达到了出奇制胜的效果，成为欧亚极具战略意义的关键一步。

多数传统百货业态是由国有独家经营企业转型改制而来。由于业态单一，经营差别程度低，造成行业同质化趋势和过度竞争加剧，导致缺乏特色和竞争力。当时的欧亚商都虽然经营的是传统百货，但由于面向大众，客流和效益都不错。企业决策层认识到市场在发展变化，人们的消费水平在不断提高，局限于传统百货的经营难以更好适应市场形势和消费习惯的变化。因此，2003 年欧亚决定将商都的转型定位为面向高端消费者的现代时尚主流店，开始了欧亚商都从传统百货向现代时尚百货的转型。

经过十多年的持续转型，欧亚商都以“工匠”精神，打造了国内品牌集合最完善、高端组合最成熟的一流现代时尚百货。同时，商都每年都会调整品牌取舍，逐步增加目标品牌，逐年淘汰末位品牌。国际品牌、国内一线品牌、独有品牌在商都的占比逐年提升，仅 2017 年就引进包括国际一线、国际名品、一线女装、全国首发等品牌429个。凭借购物元素，欧亚商都在传统行业中找到了发展机会，成为全国传统百货转型成功第一店，并连续多年蝉联国内单体店销售额第一。

（二）持续做“大”的欧亚卖场

伴随私家车快速增长和城市交通拥堵问题，人们的出行方式、消费习惯都在逐渐变化。随着生活质量和消费能力的提升，大型现代化的购物中心将逐渐成为消费者休闲生活和购物的重要选择。基于这些判断，欧亚集团率先借鉴国际行业经验，并将当地城市未来发展方向和企业发展布局紧密结合，于2000年年末在长春西南城乡接合部，决定建设突出功能服务元素的欧亚卖场。依据“量力而行、尽力而行和超力而行”的原则，欧亚卖场采取一次规划，分阶段发展和建设的策略，确保投资收益最大化，避免因负担过重致使企业发展受阻。

在十几年中，卖场总建筑面积从初建的3.5万平方米扩展到目前的60万平方米，单体面积世界第一，是国内首家集购物、餐饮、休闲、娱乐、旅游、展会、文化等于一体的超大型城市商业综合体。欧亚卖场通过“购物中心＋”经营模式，持续扩充卖场的服务功能，不断增加新业态。如今在卖场的60万种商品、80种服务功能和经营业态中，零售比重为60%，各种休闲、娱乐及体验服务占比已达到40%。欧亚卖场日均客流量达20万人次，最高可达60万人次，物流配送辐射50多个城市，成为欧亚效益增长的最大亮点。欧亚卖场在计划实施未来新体验型零售试验，准备利用十年时间建成内有春、夏、秋、冬恒定的四季馆，以实现人们所有想实现的生活诉求。

（三）定位做“多”的商业连锁

便利百姓生活是商业应具备的基本属性。商业连锁定位百姓购物空间，面对区域和社区，围绕生活服务元素以网络化格局打造连锁经营模式。2017年开业的欧亚新生活广场，是通过较低成本租赁闲置资产，经装修改造后打造的体验式休闲主题购物广场。其生活服务类业态占比多达60%，通过引进“书店 + 咖啡”模式、儿童成长体验公园，首创商业特色街区，建立玻璃栈道、空中花园等，把旅游元素纳入商场，吸引了大量年轻客层。升级传统超市，尊重现代都市生活追求时尚和个性的趋势，重点打造生鲜与餐饮的跨界混搭，成为新零售的新生代。在生活服务元素的助力下，连锁规模已至3省24地百余家门店，为百姓购物带来极大方便。

（四）发挥自身优势的“线上”“线下”有效融合

近年来，商业与互联网技术的结合，不仅催生了线上购物，对实体商业造成了冲击，也使消费习惯进一步分化。网上购物的优势在于低价快捷，但缺乏体验，商品质量难以得到保证；实体商业的优势在于体验消费和质量保证。如何适应互联网技术，线上、线下有效结合是目前实体商业需要思考的重要问题。在欧亚看来，实体店和网店并不是取代关系，而是相互补充的关系，虚拟经济与实体经济的融合是必然趋势，网络和实体店将是一种消费的双向选择。

与国内某些斥巨资研发线上消费但最终成效不佳的商业企业不同，欧亚集团结合自身实际，在坚持做好实体商业的基础上，先后成立了欧亚 e 购电商平台、掌上欧亚 APP、欧亚到家微商城等多渠道系统，结合欧亚庞大的供应链体系，与实体零售形成有效闭环，实现线上、线下产品及销售有效支撑和精准营销。此外，电子会员功能的实现，是对传统卡片式会员的巨大提升。利用大数据对会员消费能力、消费喜好等分析，实现对会员的精准营销。

如今，随着欧亚车百的上市、欧亚商都的兴建、欧亚卖场的运营，占领长春市场的“小三星”格局已经形成；“中三星”格局已颇具规模，经营版图扩展至11省24市，拥有130余家门店。目前欧亚三大经营体系均在各自细分领域内，占据区域或国内绝对主导地位，形成了商业经营“以大制胜”、业态发展“以新制胜”、市场覆盖“以广制胜”的竞争优势。目前欧亚布局全国市场，为最终走出国门、跨国经营的“大三星”奠定基础。

四、可持续的激励与培养机制增强员工积极性和忠诚度

（一）注重横向评比的传统激励方式

企业通过设计适当的奖酬形式实施激励，会有效激发、引导、保持和规范企业成员的行为。行为奖励和年度评比是常用的做法。欧亚注重一次性奖励带来的后续影响。如对拾金不昧，有效制止危机企业安全、为保护企业财产和利益同不良现象做斗争的见义勇为等行为进行表彰或物质奖励，以此营造积极健康的管理氛围，让一次性奖励形成长期的激励效果，也让员工更自觉遵守和执行各项规章制度。

年度评比的侧重点是评比标准的设定。审核标准是横向的。是否先进、够不够奖励，不是看部门或岗位自身比上年的增长数据，而是看部门或岗位绩效和社会上同期、同行业平均水平相比的数据，要在市场的层面上与同行相比决定档级高低，以此激励部门和员工不断争取行业领先。欧亚将具体奖励与我国传统文化相结合，按年度属相制作贵金属吉祥物，奖励评选出的优秀经营者和管理者。获奖者既获得了荣誉的自豪感，还收获了集收藏和实用性相结合的物质奖励。同时，年度吉祥物的做法形成了连续系列，让获奖者连续不断地受到激励，也达到了奖励的正向外溢效果。

（二）建立可持续的长期激励机制

机制设计理论中，股权和产权激励可让员工利益和企业利益紧密结合，是解决激励相容问题的有效手段。企业的发展要依靠员工，员工应分享企业发展的成果。欧亚集团较早提出“员工富裕、企业兴旺、社会发展”的企业发展理念。欧亚自 20 世纪 80 年代末根据国家允许和鼓励员工持股的政策，就开始有计划地调整企业产权结构。通过股份制改造、员工联合购买工农大路员工产权和东风大街员工产权、员工组成的企业与集团合建欧亚卖场，员

工成了企业资产的所有者。多元化的产权结构，让员工在获得劳动性收入的同时，还能拥有财产性收入。在按劳取酬的同时，也实行按资分配。

为使产权激励具有可持续性，需要有效解决"新员工为老员工打工的问题"。为此，欧亚集团规定老员工离岗享受在职时购买股份和产权的分红，但不参加其退休后企业创办的项目。新员工不参加其入职前企业的分红项目，但享受其在职期间参与购买项目的产权分红，从而形成了激励的良性接续。同时，欧亚规定，如果员工出现严重损害企业利益和声誉等行为时，将依规做出开除并按市场价格收回产权和后续分红的处罚，从而对员工行为进行了有效约束。此外，对有贡献的老员工设立"勿忘基金"，让退休员工享受企业发展的成果；对创业的新员工设立"创业基金"，激发其创业激情。实施"千百万"工程，确定"百人千万，千人百万"的发展目标，引领员工走上共同富裕的道路。如今，欧亚员工每年分红 20 次以上，为数不少的员工已提前实现了"千百万"共同富裕的目标。

（三）积极为员工打造成长成才的平台

激励和留住员工最有效的手段，是让员工始终对企业充满信心。信心源自企业明确的发展目标，以及在企业持续健康发展的过程中不断搭建员工成长成才的平台。欧亚较早制定了"三星战略"，为员工指明了走出东北、布局全国、走向世界的努力方向，引导员工在企业由"做事情"转变为"做事业"。企业不断扩张的经营规模和持续提升的市场竞争力，为企业各类人才提供了越来越好的环境。

企业人力资源构成上，既有从社会招聘的外部人才，也有通过培养选拔的内部员工。欧亚常年坚持开展各级各类人员培训，致力于建立企业高管人才培养和储备的长效机制。其中，对青年员工的培养从来都是重中之重，实施青年人才培养的"龙兴计划"，培养领袖集群，为青年员工创造公平竞争和进步发展的机会。该计划一期从集团所属各门店层层选拔道德品行好、综合素质高、具有较强培养性的 150 名青年员工，让他们参加理论学习、同业考察、野外训练等封闭脱产培训，其中65人已成为企业发展的中坚力量。

（四）“增岗增效”增加员工归属感

效益是企业追求的核心目标，也是企业赖以生存和进一步发展的基础条件。但如何增效，有着不同的做法。转型过程中企业劳动力素质不能适应市场经济需要，市场需求减弱导致生产营销活动收缩，企业自身决策失误、管理混乱、技术落后等内部原因，都会导致企业陷入经营困难，不得不裁减人员。欧亚集团则认为，企业要发展和增加效益，就要提高劳动生产率，这其中的关键不是简单的员工多少，而是人的数量、质量是否与企业发展相匹配、相适应。从发展的角度看，企业要做强做大，更需要增岗增效。

减员增效是消极被动的方法，是企业在某个特定时期渡过难关的缓冲剂，解决不了企业发展的根本问题。欧亚集团在职工代表大会上明确提出，不裁人、不减薪，要把减员增效改为“增岗增效”。“增岗增效”能让更多的人在企业提供的平台上发挥其比较优势和才能，使员工切身利益得到保障，有利于个人安全、家庭幸福、企业稳定和社会和谐。多年来，欧亚集团高、中层管理人员中，离开的不到10人，几乎只进不出，人才流失率非常低。

五、没有任何弹性空间的诚信经营铸就企业良好商誉

诚信是商业企业安身立命之基，是生存发展之本。欧亚商誉的形成，取决于建店之初锁定的经营理念，即诚信经营。早在20世纪80年代创业之初，欧亚就提出了“五合”经营理念，即合法经营、合格质量、合理价格、合情服务、合适管理。“五合”经营理念的本质就是诚信。80年代中期，欧亚就在企业墙上写下“诚实守信”，让所有员工每天上班就能看到；90年代，在建设欧亚商都时，也在门前显著位置写下“在平凡中铸就诚信”的信条，让所有消费者经过时都能清楚地看到欧亚追求的理念。

（一）最大限度为消费者营造良好的消费体验

顾客是商业企业的生命力。欧亚从商品的品牌、陈列、价格到商场的环境、布局、服务等，坚持把利益与方便提供给消费者，一切工作以消费者满意为第一目标。欧亚始终坚持选择最好的供应商、最具品牌影响力的供应商和最能为顾客提供质优价廉产品的供货商，依托整个集团强大的采购优势，加强供应链管理，坚持从源头进货，减少进货环节，降低成本，监督行情，确保消费者无忧消费、安全消费和满意消费。此外，欧亚加强物流链管理，提高物流效率，在第一时间满足消费者需求，为消费者提供便利服务；同时，降低物流成本，进一步确保商品价格得到有效控制。

欧亚坚持“不说做不到的”，既全心全意为消费者服务，也善始善终对消费者负责。为保证商品管理，产品入场前必须做到三证（经营许可证、产品质量合格证、产品质量检测证）齐全，严格把住商品质量关，杜绝假冒伪劣商品。在价格管理方面，敢于向全社会公开承诺，保持价格总水平全市最低。欧亚商都自开业起，就宣布 100 万元专项列支，作为培育市场的“三保基金”：商品保真的赔偿金、价格保实的补偿金和服务保优的保证金。欧亚卖场制定先期赔付管理制度，每年设立 500 万元售后专项基金，为所经营的产品做质量担保。这些举措极大地增强了消费者对欧亚品牌的信赖和忠诚度。

随着企业发展，欧亚利用诚信机制搭建起信用平台，向社会公开做出“五诚五心”的经营承诺，即商品质量讲诚，让消费者放心；商品价格讲诚，让消费者称心；经营服务讲诚，让消费者省心；购物环境讲诚，让消费者舒心；电商消费讲诚，让消费者顺心。欧亚在为消费者提供满意商品和服务的过程中，赢得了广大消费者的长期信赖和厚爱，逐渐积累了商誉，也夯实了企业诚信经营和优质服务的基础。

（二）将供应商也视为“上帝”

欧亚集团始终将供应商视作战略合作伙伴和利益共同体，希望供应商提供的产品能更多更好地满足顾客需求。营销商直接面对消费者，能及时、全面、客观地了解消费者需求，提供的信息也更有价值。因此，欧亚长期坚持将采集到的消费信息进行梳理、甄别、提炼，及时向供应商、生产商反馈，使其能更好地生产和提供消费者所需的商品。同时，积极帮助供应商改进管理及营销方式，为广大供应商提供最全面周到的服务、直接的供求信息、最大的合作空间与最优惠的经营条件。由于地理位置偏僻，欧亚卖场刚开始招商时有的供应商有顾虑，担心挣不到钱，欧亚便以“我挣不到钱不要紧，得先让你挣钱”的定心丸诚招供应商，在实施过程中，也尽力为供应商着想，让供应商先于欧亚之前赢利。此后，欧亚每新开一个店，供应商都会蜂拥而至，欧亚的商誉让供应商感到与欧亚合作可靠且能赢利，由此与众多品牌厂商建立起长期巩固的战略伙伴关系。

针对原来记账慢、结算慢、付款慢的结算常态，欧亚在全国零售行业率先实行信息化管理，先后建成了企业资源计划 ERP 系统、财务管理 NC 系统、客户关系管理 CRM 系统等，实行线上对账、网上付款，既为供应商提供了方便快捷的结算服务，也有效避免了业务人员利用职位权限索取利益好处的风险，极大地改善了与供货商的关系。同时，随着国际名品和国内一线品牌的入驻，欧亚在店庆活动中为其提供平台，双方共同回报广大消费者，形成了良好的合作氛围，合作关系更加紧密，实现了共赢。

（三）把店庆过成市民的节日

连续 34 年的欧亚周年庆典活动，成为零售业最具规模的促销活动之一。从 2000 年起，欧亚店庆就被媒体誉为“店庆经济”。店庆期间，17 天三大经营体系多地联动，不仅有近 70 万种折价普惠的商品，将功能业态优势发挥成体验文化的特色营销，更有 30 个 4.9999 万元现金、10000 个免单循环大抽奖，以回馈消费者。2018 年欧亚店庆累计客流量超千万人次，销售额突破 34 亿元，同比增长 6.5%，再次刷新阶段性销售纪录。

每年的“欧亚店庆日”，已经成了“百姓购物节”，影响力已远远超出了长春区域。欧亚的店庆活动，随着国内外一些一线、二线品牌的入驻，已经由初始的感恩回馈、商家全场打折转换为欧亚提供平台，商家与供应商互为互动，共同回报广大消费者，形成了良好的合作氛围。

每次店庆，无论是在策划阶段还是在实施中，欧亚集团都会进行反复的思考和推敲，并在事后进行检讨和总结。针对店庆时客流会突然聚集、增长，为保证服务质量和购物环境，欧亚在促销方式上进行变革，即供应商分时段错位促销，将消费群体相对错开，利用欧亚集团的平台，不断变化促销主题；且店庆日并不只局限于 4 月 15 日店庆当天，基本成为消费者期待的“店庆周”甚至“店庆月”。欧亚店庆现在已成为“店庆经济”现象，从形式上看是一系列丰富多彩的促销活动，而本质上则是欧亚集团对广大消费者的真诚回馈，是商家、供应商和消费者的相互交融、互惠共赢。

六、符合企业实际的合适管理有效提升执行力和决策科学性

（一）合适的管理应根据企业特征变化动态调整

合适的管理才是最优的管理。经过 34 年的发展历程，欧亚集团由小到大、由社区小店走向全国、由单一型走向复合型。随着企业不断发展壮大，管理由最初的粗放式、经验式的单一化管理转变为如今的现代化、系统化的复合式管理，管理的理念、模式和手段都有了显著变化和提升。这种变化和提升，不是把所谓先进的管理模式强加于企业，而是一个循序渐进的过程，即根据企业规模、行业特点、员工素质以及时代特征，进行持续不断地调整，从而实现以合适的管理发展企业。

企业管理的核心是决策，“一把手”最重要的职责是决策。决策是方向、是前提，而执行是落实、行动和保障。当企业发展到一定规模时，决策和执行应相对分离，企业主要领导最重要的职责是决策。但在现实中，常常看到一些企业“一把手”扮演着决策者和执行者的双重角色，结果不仅浪费了宝贵的时间和精力，也影响了执行者的积极性，同时丧失了监督的功能。当

欧亚发展到一定规模后，董事长曹和平主动放弃了执行权，从而对决策的科学性提供了保障，同时加大了监督权，以保证重大决策的落实与执行。

合适的管理要使组织中的各种要素协调配合，以顺利达到管理目的。作为企业决策者，主要责任在于决策的准确性。决策的失误对企业造成的伤害可能是毁灭性的。企业决策者在市场竞争中要保持清醒的头脑，决策要科学。管理者要保证管理到位，通过高效的执行，把决策落实到位；员工则要尽职尽责把执行落实到位，确保决策目标的实现。只有决策者、管理者和员工实现良性互动，落实责任，企业才能无往不胜。

（二）合适的管理应通过制度建设让管理者受制于管理

健康良性的管理，应是人人受制于管理。企业领导者受制度的规范和约束，管理者也受制于管理，这样有利于实现规章制度面前人人平等，既可有效地防止权力的滥用，又可调动各方面的积极性，还有利于领导者自觉发挥带头作用，创造出和谐、顺畅的管理氛围。

企业领导者，特别是"一把手"的表率作用尤为关键。欧亚集团从创业之初就要求领导干部做好表率和带头作用，并提出"要求别人做到之前，自己要首先做到；要求别人不做的，自己也绝对不能做"。多年来，欧亚集团领导层一直坚持"嘴不馋、心不贪、身不懒"的原则，既引导员工不断追求企业经济利益，又从制度上对权力加以控制。

随着企业不断扩大规模，建设、采购项目越来越多，为避免在项目建设招标及大宗物品采购中滋生权钱交易、以权谋私等腐败问题，欧亚集团严格实施"阳光"作业，所有招标和大宗物品采购等敏感项目，一律由公司董事、监事、领导班子成员及相关专家组成考评小组，集体研究决定，并将招标、采购全过程置于严格的程序和职工监督之下。这种让管理者受制于管理和监督的做法，有效避免了"大楼建起来了，人倒下去了"的腐败现象，同时也提高了招标和采购的效率，让管理者在员工中树立起了公信力。

欧亚集团在人员任免机制上，采取以量化考核的方式，用数据体现业绩，用数据评价员工。建立了竞争选任机制，实行岗位空缺公示制、上岗竞聘制和在岗评议制等内部管理制度。管理职位的任免依据企业制度，取决于反映个人业绩的客观数据，做到了公开、公平，也树立了良好的用人导向。

多年来，欧亚形成了一种现象，经营指标的确定和考核非常科学，先进不是靠“选”而是靠“算”；对员工的奖惩、升迁不是领导说了算而是按制度办，而且没有一个员工有意见，人人心服口服；项目建设、大宗物资采购实行市场化投标，也不再是一个人说了算，而是由专家评议委员会集体决定，既有效避免了管理人员违法违规，也维护了企业和员工利益。

（三）合适的管理应确保制度建设服务于企业生产经营

增强国有企业活力和竞争力，必须依靠和运用国家政策解决原有体制上的束缚。欧亚集团通过 20 世纪 90 年代股份制改造，由国有企业转制为投资主体多元化的国有参股企业。这种改制解决了体制上的束缚，同时改制后的企业重大决策由董事会提交股东大会讨论决定，避免了地方行政机构对企业生产经营的直接干预，使企业真正成为市场经济的主体，并促使企业按照市场经济的原则，建立起直接服务于商业经营的现代企业制度。

国有企业加强党建，要融合并服务于企业生产经营。习近平总书记明确要求，加强国有企业党的建设，要坚持服务生产经营不偏离，把提高企业效益、增强企业竞争实力、实现国有资产保值增值作为国有企业党组织工作的出发点和落脚点。欧亚集团虽然是国有参股企业，但始终重视通过加强党建增强企业组织纪律性，确保国家政策和企业重大决策的高效落实与执行，重视坚持把加强党组织建设与完善公司治理相统一。

具体而言，欧亚集团层面实行“双向进入、交叉任职”制度，严格执行董事长兼任党委书记、总经理进党委的规定，形成了重大决策一体化领导机制，保证了党组织对重大决策的参与；二级公司实行总经理兼任党委书记，配备专职党委副书记、实现党政工作协调一致，保证门店党建工作有效开展；基本商场实行“一岗双责、两位一体”制度，商场经理兼任党支部书记，直接参与经营活动的同时，负责抓党务，充分发挥党支部战斗堡垒作用。

群众路线是党的根本工作路线，员工是企业最大的群众力量。欧亚集团党委始终把员工作为推动企业发展的根本要素。坚持职工代表大会、股东大会、董事会并重，畅通职工参与企业决策管理的渠道。实行职代会讨论“前置”，董事会提交股东大会讨论决定的重大问题，先由职代会讨论并提出意见，再交股东大会决定，这样既保证了职代会作用的发挥，又为股东大会决策提供了参考。

此外，欧亚集团还成立了职工持股会，持股会理事长以职工代表和股东代表双重身份获得参加股东大会、参与资产管理的权力，打开了职工参与资产管理的通道。成立职工产权会，代表职工管理、维护合法权益。通过建立有效的制度和规范程序，将职工切身利益、群众关注热点以及干部政绩考核三方面问题，纳入企业事务公开范畴，置于职工群众的监督之下，使职工群众的参与权、监督权和评议权得到有效落实和保障。

七、敢于“亮剑”并在竞争中发展完善

（一）有效利用竞争“间歇期”加强自身能力建设

竞争是商业的常态。然而，也会由于内外因素，如国家重大政策调整或同行企业间竞争持续较长时间，使竞争暂时处于“间歇”状态。由于20世纪90年代初期投资过热导致的大量低效同质产能积压，以及亚洲金融危机对外部需求的冲击，21世纪初一大批国有企业因亏损陷入经营困难。就长春商业市场而言，2000年到2003年，多数国有商业企业面临经营困难，域外企业处于伺机进入或立足未稳，市场竞争并不激烈，处于竞争的“间歇期”。

欧亚集团将这种竞争间歇阶段视作发展机遇，积极作为。一是加强内部资源整合，通过机构设置、制度建设、人员培训、资金调配等，提高管理效率。二是有效利用各种外部资源，如邀请一些法律、经济和财务方面的专家、学者担任公司独立董事或企业顾问，对市场发展、市场规则、企业兼

并、资本运作等方面法律法规和相关政策进行有针对性的研究，加速企业扩张和发展。三是抓住一些企业因经营失败难以维系的机会，对有价值的企业实施兼并、重组，实现合理成本的扩张，迅速做大企业规模。四是组建以欧亚集团为召集人的吉林省物流配送联盟，建立了新的物流配送网络体系，延伸了欧亚物流的供应链条，进一步扩大了市场占有率。

通过积极作为，欧亚集团的市场地位和影响力发生了重要转变。2000 年至 2003 年，欧亚集团的综合指标排名由全国商业企业前 80 位，跃升至前 20 位。正是竞争“间歇期”的积极作为，欧亚集团规模迅速扩大，市场占有率明显提升，为以后在长春市场参与并赢得外企的价格竞争奠定了基础。

（二）敢于“亮剑”并在竞争中最大限度发挥自身优势

2001 年年底，我国加入 WTO，服务贸易更加对外开放。2003 年后，沃尔玛、家乐福、乐天玛特等很多知名商贸企业开始大举进驻。这些域外企业往往并不急于赢利，而是试图凭借实力采取超低价格的策略迅速抢占市场。与此同时，国内一些传统商贸企业由于体制困扰、资金不足、管理落后、规模较小等内外因素的制约，缺乏竞争力。面对外企的这种“价格杀伤”，国内一些企业不顾自身承受能力，被迫大幅杀价以维持经营。

企业的价格优势源于商品、物流、财务、人员和管理等方面的经营成本。外企规模大和商品采购量大，加上物流现代化、管理现代化，使得商品、物流和管理成本低于市场平均水平，具有竞争优势。面对强势外企和前所未有的市场形势，是被动防御还是主动出击，对当时的欧亚集团而言，既是机遇又是挑战。

经过仔细研判市场环境、竞争对手情况和策略后，欧亚认为有信心赢得“价格战”，同时做出既要守城又要开边的决定。守成就是守住企业已有的市场，寸土不让；开边就是在竞争中走出去，占领更大的市场份额。具体而言，欧亚采取了四个具体对策。一是集团统一行动，敢于“亮剑”。集团下属所有企业和门店按集团统一部署，全城联动，让消费者就近享受到与竞争对手同类商品同等的价格，甚至比对手还要低的价格。二是总成本领先。欧亚坚持所有权、经营权、管理权三权合一的自主经营管理模式，物业成本和管理效率与以租赁物业为主的外企相比，明显占有优势。欧亚作为全员参与的股份制企业，资金充裕，管理人员精干，财务成本和人员成本并不高，在具体商品种类的价格上，可更多采用有针对性的灵活多变的策略，领先对手，掌握主动权。三是靠前指挥。外企一般是跨国大公司，从决策到执行流程较长，要按一定规则走程序，对具体的市场行为反应相对迟缓。欧亚作为本地企业，从决策到执行可即时实现。欧亚集团充分利用这一优势，所有经营管理者都靠前指挥，抓住市场经营中的具体变化，随即决断，对具体品种、品类的商品价格做出有针对性的调整，灵活多变，并将这些具体、单项的主动集合成整体主动。四是持久应对。赢得竞争不仅需要勇气和智慧，也需要坚强的意志品质。事实上，外企是理性的，面对强悍阻击，对方懂得知难而退。低价格只是外企争取市场的手段，持续的低价将使它们难以赢利，与其投资初衷相悖。经过几轮过招，入驻外企发现欧亚集团在本地根基牢固，也有较大市场影响力，就放弃了原有计划，另谋拓展空间了。最终，欧亚不仅打赢了“价格战”，而且还借此完善、发展了自己。

八、进一步激活企业家精神和促进创新的建议

第一，深化体制机制改革，破除制约企业活力和竞争力的体制机制障碍。新时代应继续深化国有企业混合所有制改革，优先推进竞争性商业类国有企业所有制改革。进一步深化“放管服”改革，厘清地方政府与市场边界，真正发挥好市场配置资源的决定性作用，积极培育有利于激发企业家精神的“土壤”，着力营造有利于创新创业的政策环境。

第二，以供给侧结构性改革作为突破口，加快国内产业转型升级。进一步“减负”“解难”“放活”，帮助企业降低成本，化解过剩产能，加快改进提升传统产业，促进生产要素向新兴产业转移，促进全产业链整体提升。加

快形成有利于人才成长的培养机制，有利于人尽其才的使用机制，有利于竞相成长各展其能的激励机制，有利于各类人才脱颖而出的竞争机制。

第三，鼓励通过专业化提升质量和竞争力的企业发展模式，积极发展多层次的资本市场支持创新。多元化容易做大，而专业化更容易做强，且易集中专门人才，提高决策的科学性和准确性。通过长期专注在同行业中做专做精做强，更易获得行业竞争力和领先地位。专业化需要持续的创新和融资支持，因此，要积极发展多层次的资本市场特别是股权融资，支持促进实体经济创新的多种形式的融资需求。

第四，提高约束与激励的相容性和长期可持续性，建立有助于保护企业家精神的容错机制。既要通过制度约束促使企业重视和遵守契约精神，树立在国际国内市场上诚实守信的商誉，更要通过法治加强财产权、创新权益和企业自主经营权等方面的保护。建立有助于保护企业家精神的容错机制，通过政策与资金支持，鼓励企业家把创业创新与市场需求结合起来，紧盯产业和科技发展方向，积极发明新技术、研发新产品，培育新业态、开辟新市场，努力在市场竞争中脱颖而出。

第五，着力发挥信息化驱动引领的新引擎作用，深化信息技术与制造业和服务业的融合发展。世界正进入以信息产业为主导的经济发展时期，数字经济已成为经济社会发展的重要驱动力，能否抓住数字化发展的机遇，决定了高质量发展目标能否实现。实现高质量发展需要大型“龙头”企业，更需要通过加大政策、融资支持力度，发展一批专业化的中小微企业。

第六，进一步强化国有企业预算约束与市场纪律，真正释放风险点，遏制道德风险问题。尽快建立和完善国有企业尤其是大型国有企业部分业务领域的退出机制，允许一定程度的违约与破产，特别是加快处置僵尸企业，释放旧的风险点，减少新风险的积累。对于有竞争实力、只是遭遇短期经营困难的僵尸企业，可以采取混合所有制、收购兼并或债转股等办法进行改造。对于持续亏损且不符合结构调整方向的企业，应该破产清盘，可考虑采取相关措施以平稳过渡。

飞鹤奶粉
更适合中国宝宝体质

飞鹤乳业：北纬 47° 世界黄金奶源带崛起了中国品牌

新华社国家高端智库

一、北纬 47° 世界黄金奶源带崛起了中国品牌

2018 年 5 月，西班牙瓦伦西亚，第 57 届世界食品品质评鉴大会

中国乳企飞鹤乳业第四次斩获有食品界“诺贝尔奖”之称的世界食品品质评鉴大会金奖，这也使得飞鹤成为唯一一家实现四连冠的中国婴幼儿奶粉企业，成为世界乳品行业的标杆企业之一。

不久后，飞鹤又在波兰举办的第十二届全球乳品峰会上，入围了最佳创新制法大奖，成为首家从配方到工艺全方位得到国际认可的婴幼儿奶粉品牌，刷新了国产乳业的获奖纪录，在国产奶粉的发展历程中又画上浓墨重彩的一笔，并向世界证明了“中国智造”的力量。

在第九届中国奶业大会上，飞鹤荣获“杰出企业”“最具影响力品牌企业”“功勋人物”等多项大奖。中国奶业协会战略发展委员会筹备组常务副组长毕美家高度肯定了飞鹤 56 年“只为中国宝宝”的匠心坚守，以及飞鹤在行业中起到的引领作用。

这仅仅是飞鹤乳业在 2018 年 5 月以来获得的荣誉。飞鹤，诞生于 1962 年的中国奶粉品牌，曾是我国第一批乳粉生产企业之一。经过 56 年的发展，飞鹤已经拥有十余个生产基地、数十个产品谱系。过硬的质量、安全的产品

和只为中国宝宝制造好奶粉的初心，让这家企业，随着改革开放的步伐，从一家黑龙江省的地方乳企，迈向了世界舞台，让北纬47°世界黄金奶源带崛起了中国品牌。

（一）飞鹤以高端品质一扫三聚氰胺阴霾

天苍苍，野茫茫，风吹草低见牛羊。在这样风景的映衬下，分布在嫩江沿岸、松嫩平原上的一座座整洁的飞鹤现代化工厂，正在把来自北纬47°世界黄金奶源带上的好鲜奶，通过两小时生态圈，变成婴幼儿配方乳粉。回溯到20年前，正是那时的一个决定，才成就了今天的飞鹤。

1998年，齐齐哈尔，北纬47°世界黄金奶源带

改革开放激发了乳制品市场的消费活力，国内乳品消费需求不断得到释放，也激发了乳制品行业的快速增长。在国企改革的浪潮中，1998年飞鹤人开始了他们的二次创业过程。

彼时，原奶和乳品的品种和数量都快速增长，但重量不重质、过度追求高增长也成为行业的普遍现象，国内乳业普遍采用大包粉冲兑的生产模式，即便有一些企业采用鲜奶作为加工主料，采用的也多是散户收奶的方式。奶源和产品质量都不稳定、不可控，也为后续中国民族乳业遭遇危机埋下了隐患。而与此同时，欧美等发达国家的乳业已经迅速发展。受到中外养殖观念和管理方式差别的巨大冲击，飞鹤董事长冷友斌深刻意识到："得奶源者得天下，必须将奶产品的安全阀控制在自己的手里。"

在乳制品生产企业的眼中，地球上分布着一北一南两条黄金奶源带，它们所处的地理位置、四季温湿度变化、土壤成分、水源与降雨条件等因素的结合，让这两条黄金奶源带拥有了得天独厚的牧草生长条件和乳牛饲养条件，日本的北海道、美国的威斯康星、加拿大阿尔伯塔以及荷兰……世界上绝大多数优质乳制品生产企业均分布于此。

飞鹤所处的黑龙江省齐齐哈尔市，正是世界公认的北纬47°黄金奶源地，而且齐齐哈尔又拥有天然弱碱性苏打水、扎龙湿地等地理优势。在"得奶源

者得天下”理念的指引下，飞鹤最终确定了企业自身的发展方向——自采奶源，用最佳的奶源。至今，“还原奶”的字样从未出现在飞鹤的产品中。

在当时，飞鹤所选择的发展道路几乎是行业内的一条“非主流”路线，可就是这样的选择，在十年后，让飞鹤得到了回报。在2008年发生的波及全国的三聚氰胺事件中，牢牢把握奶源安全阀门的飞鹤得以独善其身。飞鹤，让中国消费者在民族乳业面临空前危急之时看到了希望、获得了信心。

（二）飞鹤乳品指标全面赶超国际标准

2008年，北京，飞鹤总部

彼时，蛋白质含量是衡量乳制品质量的一条重要标准，几乎所有的乳制品企业都在不断追求更好地提高蛋白质含量。

时年，在飞鹤位于北京的研发总部里，先后来了几批推销乳制品添加剂“蛋白精”的销售人员，他们号称添加了他们的产品后，蛋白质含量会出现显著增加。但是飞鹤人果断地拒绝了他们，冷友斌认为，要提高乳制品的质量，要从奶源下功夫，而不是从添加剂上做文章。

三聚氰胺事件爆发后，全国乳企开始大排查。有天晚上，飞鹤一行人从奶站排查完回来，找了一家小餐馆坐下来，想扒拉几口吃的垫垫肚子。餐馆里有台小电视，央视《焦点访谈》在播检出三聚氰胺的企业名单，大家谁也不再说话，都盯着屏幕。因为之前国家检测标准中并无三聚氰胺指标，所以谁都不敢保证自己的奶源没问题，一个个名字听到最后，没有“飞鹤”。“没有飞鹤”，在场的七八条汉子再也绷不住了，泪如雨下。他们终于明白公司当家的为啥这些年不投钱打广告而去种地养牛了，飞鹤用它的坚守避免了卷入三聚氰胺事件的旋涡。

三聚氰胺事件给中国民族乳业带来了空前的打击，乳制品质量安全被空前关注。经过10年的努力，中国乳业已经完成了脱胎换骨的改造，以飞鹤乳业为代表的一批中国民族品牌乳业企业正走在全面振兴的道路上，乳产品质量不断得到提升。据中国乳制品工业协会提供的数据，2017年，飞鹤生鲜乳抽检合格率达到 99.8%；三聚氰胺等违禁添加物抽检合格率，已经连续 9 年保持在 100%；生鲜乳乳蛋白抽检平均值达到 3.23%，脂肪抽检平均值达到 3.81%，主要质量指标均高于生乳的国家标准，达到奶业发达国家的水平。

不过，飞鹤并未满足于安全、达标这一底线要求，而是不断地加大科研等方面的投入，提升乳制品质量水平。目前，飞鹤专属牧场的鲜奶标准已远超欧盟标准，达到世界一流水平（见表 1）。

表 1　飞鹤产品标准与欧盟标准对比

	欧盟标准	飞鹤标准
蛋白质含量（≥ %）	3.0	3.4
菌落指数（≤万 CRU/g）	10	1
体细胞数（≤万个 /ml）	40	20

（三）成功跻身加拿大乳业市场

2018 年 6 月，金斯顿，飞鹤加拿大工厂

位于加拿大金斯顿的飞鹤新工厂即将投产运行，加拿大金斯顿市长布莱恩 · 帕特森评价这一项目将为加拿大金斯顿及安大略地区带来“深远影响”。

这其实并非飞鹤第一次迈出国际步伐。早在 2003 年 5 月，飞鹤乳业已经在美国纳斯达克正式挂牌上市，成为国内第一家在境外上市的乳品企业，飞鹤把募集来的资金全部投入到扩大企业生产上。

随着民族乳制品企业的日益壮大，越来越多的企业开始在海外谋篇布局，不过飞鹤的海外之路却略显不同，其在加拿大生产的产品将直接在当地市场销售。

加拿大乳业委员会总裁杰克 · 拉法基对飞鹤的世界格局十分赞赏。他认为，飞鹤善于利用国际资源提升企业实力，具有长远的战略眼光。不难看出，从婴幼儿奶粉中国第一品牌到进军海外市场是飞鹤乳业又一次历史性的跨越，也是中国乳企实力的印证。

“许多中国乳制品企业在海外设立工厂的根本目的是向国内返销奶源，但飞鹤则是向海外销售产品、推广中国乳制品技术。飞鹤的国际化，标志着中国民族乳制品企业真正从‘引进来’变成了‘走出去’。”乳业资深分析师宋亮说。

在经济全球化的今天，整合国内外资源是中国经济发展的有力推手，也是中国乳业的制胜关键。显然，飞鹤走出了一条有全球视野的发展路径。

二、“全产业链”创民族乳品企业“飞鹤模式”

（一）匠心打磨，全产业链守住产品安全底线

始建于 1962 年的飞鹤乳业，是中国最早的奶粉企业之一。从丹顶鹤故乡齐齐哈尔起步的这家企业，不论是在国有企业改革之前，还是经历过改革之后，在 56 年的发展历程中，都把品质和安全视为企业生存发展的生命线。

“品质不能为任何事情让路！”冷友斌将这句话作为经营企业的第一铁律，并严格要求公司上下贯彻执行。

为了筑牢安全底线，飞鹤不惜成本用了 10 年时间，在北纬 47°世界黄金奶源带上打造了中国婴幼儿奶粉行业第一条完整的产业链——根据奶源基地，进行农场、牧场、工厂的合理布局，逐步形成了三位一体的产业集群，实现了从源头牧草种植、规模化奶牛饲养（大牧场）到生产加工、物流仓储、渠道管控乃至售后服务各个环节的全程可控，形成飞鹤乳业独有的全产业链模式。

在销售前端，依托于全产业链优势，飞鹤形成了“农、牧、工”三位一体的产业集群，飞鹤乳业从牧场挤下来的鲜奶依托两小时生态圈运至工厂加工成粉，最大限度保证了乳品的安全和品质。

每天早晨 7 点，第一批奶牛从牛舍走向挤奶厅，经过验奶、药浴、擦干、挤奶等步骤后，热乎乎的新鲜牛奶直接被采集进银色的真空管道，在 10 分钟内被降至 4℃存进贮奶罐，紧接着，经严格消毒的全封闭低温安全运

输车驶向奶粉加工车间，全程不超过 2 小时。“这样才能最大限度地降低奶粉生产中出现污染的可能性，缩短产品制作周期，保证奶粉的新鲜性。”原生态牧业副总经理孙连栋告诉我们。

在飞鹤的生产车间，课题组首先被厂房墙脚周围一圈白色鹅卵石所吸引，为什么车间不铺草坪却要铺石头？一打听，才知道飞鹤人的细腻心思。夏季草木繁盛之处容易吸引蚊虫，蚊虫一旦飞进厂房将威胁奶粉的安全，用杀虫剂又可能造成污染，白天太阳把鹅卵石照得热烘烘的，形成一个自然的高温隔离带，蚊虫自然不敢靠近了。

在飞鹤牧场，奶牛脖子上都戴着产自以色列的可穿戴设备，它们能实时精确监测奶牛的身体变化，将数据传输到电脑上，工作人员就能了解每只牛的进食、反刍、运动情况。一旦体温或心跳异常，立即隔离为它们做全身检查，进行无抗生素治疗。

为了避免交叉感染，工人在擦拭奶头时都是一牛一毛巾，用后的毛巾专门消毒处理。每批牛走后都要用水将奶台冲干净后才能进下一批奶牛。为了确保奶源品质，每头牛挤奶前都会挤掉头 5 把奶，防止它们因在乳头中存留时间较长影响品质。现在飞鹤专属牧场奶牛总存栏 6 万头，其中有 3 万头泌乳牛，每日弃掉的奶量有 2730 公斤。

在销售末端，飞鹤也实现了产品全程可追溯，扫描飞鹤的每一罐产品上唯一的标识，便可获得从饲草到奶牛、从入厂加工到产品物流的全程透明的信息，为民族乳制品企业重新赢得市场的信任树立了一个典范。

在黑龙江甘南县调研时，飞鹤乳业有限公司甘南工厂厂长郭忠良拿起一罐奶粉向我们介绍：“每一罐奶粉底部都有二维码，扫描后就可以查到奶源、加工厂、生产时间等诸多信息，保证每一罐奶粉可追溯。”“2 小时”是鲜奶与生产线之间的时间距离，“28 天”是生产与电商消费者之间的时间距离。目前这一时间标准已经覆盖全国 32 个省份的 9 万家终端门店，飞鹤力争把最新鲜的奶粉更快送到孩子们的奶瓶里。

现在，飞鹤奶粉生产车间已经达到了同药品生产车间相同的 30 万级净化标准，质检中心更是达到了10万级标准，为奶粉的安全生产和产品检验构筑了安全防线。

（二）三产协同，稳定农民乳企利益联结机制

飞鹤的全产业链发展模式，带动了上游牧草种植、奶源建设等产业发展，通过自种及引导齐齐哈尔的克东、泰来等七县农户建立合作社、农场等经营组织开展订单种植，使得全省100多万亩耕地增值，拉动农民增收致富，创造就业岗位，对转移农村劳动力、调整产业结构起到了积极的推动作用。

“克东去年7个亿的税收收入里，6个亿来自飞鹤，目前飞鹤在克东建成万头牧场3座，中小型牧场15座，存栏奶牛4.5万头。”克东县县委书记李柏春说。

通过农、牧、工全产业链带动，飞鹤已为克东县提供了超过1500个就业岗位，其中许多岗位，成为解决贫困地区人口就业问题的途径，为贫困人口通过自己的双手解决吃饭问题提供了可能。

据了解，从2001年在齐齐哈尔市克东县建立第一个乳品加工厂以来，飞鹤先后在齐齐哈尔市的克东县、甘南县、龙江县、吉林省镇赉县等地建立了多个核心加工厂。2017年，飞鹤乳业实现税金比2001年刚成立时整整提高了10亿元。

齐齐哈尔市委书记孙珅表示，飞鹤作为一家民营企业，在东北地区取得了长足的发展，已经成为民营企业在东北振兴中发挥效能的一个样本。飞鹤乳业之所以可以取得良好的成绩，在于其构建的全产业链模式，在使用东北优势资源的同时，更为企业所在地造福，地方和企业把握好亲和清的关系，让飞鹤得以进一步生根、发芽。

（三）不断创新，只为适合中国宝宝体质的好奶粉

高质量发展的根基是安全和高品质，动力是不断的科技创新。党的十八

届五中全会指出，必须把创新摆在国家发展全局的核心位置。

中国乳业的崛起，需要不断创新。“以创新驱动产业升级，打造更适合中国人的产品”，这是飞鹤乳业给出的答案，并已在实践中初见成效。

尽管乳制品市场上液态奶、乳饮料等产品不断凭借产业链短、投资低、收益快等因素得到乳制品企业的青睐，但飞鹤乳业成立至今只做婴幼儿配方乳粉这一个核心产品。

只做适合中国宝宝体质的好奶粉是飞鹤几十年来的一贯追求，企业也在为了实现这个目标不断地进行创新。从 20 世纪 90 年代末起，飞鹤就不断研究相关科研数据。从冷友斌自己的孩子，到所有员工的宝宝，飞鹤员工的孩子 100% 都喝自己品牌的奶粉。为了使奶粉更适合中国宝宝的体质，冷友斌要求员工每天将喝了飞鹤奶粉的宝宝尿不湿里的便便带到公司，飞鹤的科研团队要一个一个地看。

公司员工陈慧的女儿从两个月开始一直吃飞鹤婴儿奶粉，吃到两岁半。陈慧说：“如果品质不好，谁会用自己的孩子做试验？作为一个妈妈，让孩子吃自己把关的奶粉，还有什么比这更让我放心的？在飞鹤乳业，从董事长到员工的孩子都是吃自家奶粉长大的，他们有一个共同的名字——飞鹤宝宝。”

近年来，飞鹤已投资近千万打造质检中心，对鲜奶、原材料、半成品、成品、包装进行 24 小时全程跟踪检测，25 道检验程序，411 项次检验，确保出厂合格率 100%。临床喂养试验结果显示，食用飞鹤奶粉的宝宝在排便次数、粪便颜色、哭闹的次数和每次哭闹的时间等方面，与食用母乳的宝宝没有明显差异。飞鹤奶粉更适合中国宝宝，也受到了消费者的高度认可。

2010 年，飞鹤开始承担国家 863 课题，通过不断吸纳行业顶尖科研专家加盟，整合全球资源，与哈佛医学院 BIDMC 合作布局，搭建起美国波士顿、中国北京、中国甘南的“两国三地”联合科研平台。不久之前，飞鹤研发平台新纳入了佛蒙特大学、麻省州立大学等国际合作伙伴，成为“两国五地”研发平台。与此同时，专注于婴幼儿奶粉的飞鹤乳业，最早参与建立中国母乳数据库，研究数据逐渐从区域覆盖到全国，建立了当前国内此领域最为庞大和齐全的数据库。

此外，飞鹤乳业还积极布局羊奶配方奶粉市场，对现有产品品类形成战略性补充，形成“牛羊并举”的大好局面，实现婴幼儿奶粉业务规模上的增长。

近年来，中国的羊奶婴幼儿配方奶粉市场大幅增长。据市场研究咨询公司 Frost & Sullivan 报告称，羊奶婴幼儿配方奶粉市场的零售额由 2012 年的 26 亿元增至 2016 年的 113 亿元，并将进一步增至 2021 年的 352 亿元。目前，飞鹤已斥资 4 亿元在黑龙江省泰来县兴建羊奶生产基地。

伴随着互联网经济的蓬勃发展，飞鹤正用“互联网 + 全产业链”放大产业优势。

飞鹤全产业链最重要的环节是两头：上游的种植（养殖）与下游的营销，当飞鹤乳业完成全产业链上游的布局与功能完善之后，又在积极完善产业链下游的产品研发、仓储物流、客户服务等环节，并以产业链为杠杆，撬动牧场、农场、仓储、物流、销售、客户服务的上下游相关产业同步快速发展，带动了当地就业、税收全面提升，直接拉动区域经济快速增长。

飞鹤乳业不仅从源头保障奶源品质，也在用全产业链带来的多重“接口”，擦亮消费者观察企业生产流程的橱窗。目前，飞鹤已建立了全程可追溯系统和观光牧场，使产品更具可见性，实现了全产业链的可追溯与可视化，消费者们通过手机足不出户就能看到奶粉的每个生产环节，直接把关食品安全，让妈妈们在选购时能更添一份安心和放心，由此将消费者的体验提升到了一个新高度，创新地解决了信任问题。

飞鹤通过在线课堂、关爱热线、微信客服等多样化的方式，在为中国宝宝提供更具适应性的好奶粉的同时，也在为中国的准妈妈和妈妈们提供全方位的喂养烦恼解决方案，全心护航宝宝健康快乐成长。

“未来，飞鹤将在全产业链模式的基础上继续探索和创新，在完善自身优势的基础上，由中国制造向中国创造转变，由中国速度向中国质量转变，由中国产品向中国品牌转变，同时搭载科技创新红利，积极推动向‘乳业4.0’迈进。”冷友斌表示，“飞鹤将继续与众多乳品企业一道，引领中国乳业的产业升级和发展。”

三、打造国民信赖的世界一流乳企任重道远

（一）以人民为中心：用笨功夫、苦功夫、傻功夫，练出真功夫

要牢固树立以人民为中心的发展理念，落实“四个最严”的要求，切实保障人民群众“舌尖上的安全”。奶源是确保乳品质量安全的关键，飞鹤坚持优质奶源，建设全产业链，不断创新，打造更适合中国宝宝体质的婴幼儿奶粉，践行以人民为中心的发展理念。

“做专业的事，扎扎实实地真正为消费者服务，真正让消费者体验到你产品的价值，那个时候你就赢了。”冷友斌说，“不忘初心，牢记使命，实业兴邦，飞鹤始终致力于打造更适合中国宝宝体质的好奶粉，我们的梦想是有华人的地方就有飞鹤奶粉。”

从大学毕业到现在近 30 年的时间，冷友斌一直在精耕婴儿奶粉这一乳业细分领域。虽然早些年不断有人“蛊惑”冷友斌投资房地产，但都被他拒绝了，“因为我没干过别的，乳业做的时间长了特别有感情，做婴儿奶粉更有感情，把乳业做好是我的梦想。房地产虽然可能快速赚到大钱，但不是我的梦想，那只是赚钱，没有乐趣”。

冷友斌坦言，做乳业很艰辛。飞鹤当时刚投资了两个万头奶牛的牧场，资金高度紧张，公司有了钱首先给牛买草、买料，保证牛的饲料和营养。以至于同行嘲笑冷友斌傻，干了农民应该干的事。

“在我自己搞养牛、搞牧场、研发牧草的时候，许多人都说我这是笨功夫、苦功夫、傻功夫，可是三聚氰胺事件爆发后，人们才知道，我这是真功夫。”冷友斌说。这也使飞鹤赢得了市场和消费者的信任，而且当初嘲笑冷

友斌的同行们在三聚氰胺事件之后，也开始纷纷效仿飞鹤的全产业链模式。

新时代，消费者对于高品质产品的需求愈发强烈，飞鹤就是用这样的工匠精神，以人民为中心，不断坚守、创新，去满足消费者需求，让祖国的下一代喝上更适合他们体质的奶粉。

飞鹤的成功，也进一步证实了奶源是乳业发展的基础。这些年，通过大力开展转型升级，我国奶牛养殖发生了显著的变化。但也应清醒地看到，奶牛养殖仍存在养殖成本较高、生产效率较低、市场竞争力不强等问题。

从乳业大国到乳业强国，还有很长的一段路要走，单靠企业的力量不足以支撑，需要国家从顶层设计上对引进和繁育良种、养殖保险、优质饲草料生产等方面，对大型标准化、规模化养殖企业及乳品企业自建牧场牧草种植、奶牛养殖等环节，企业技术改造、结构升级、兼并重组等有一个倾斜性的帮扶政策，进一步推动行业深化供给侧结构性改革，打造具有国际竞争力的乳品企业和国际知名品牌。

中国乳制品工业协会原理事长宋昆冈认为，《国务院办公厅关于推进奶业振兴保障乳品质量安全的意见》提出的到 2020 年奶源自给率保持在 70%以上，这个目标实现难度很大，如果企业（比如飞鹤）有一定的奶源，可以对行业起到一定的示范作用。

（二）坚定全产业链：引领乳业未来发展方向

党的十八大以来，我国乳业从供给侧入手，不断完善监管体系，通过生产、收购、运输等各环节的全程监管，打造安全的奶源基地，乳业竞争力增强，探索全产业链模式成为行业共识。

飞鹤以前瞻性战略思维全力打造了中国婴幼儿奶粉行业最早的全产业链模式，走在了行业的前列，引领着我国乳业的未来发展方向。

飞鹤逐步形成了三位一体的产业集群，建设了良种奶牛繁育及乳品加工产业集群项目，逐步形成集牧草种植、精饲料加工、规模化良种奶牛饲养繁育、全品类乳制品加工、乳品研发和质量管控等为一体的全产业链发展模式，在全产业链建设上走在了中国乳业的最前沿。

目前飞鹤拥有8个紧密合作专属牧场（其中1个在建），奶牛存栏6万余头；1家产业链前端专属农业公司，饲草种植面积30万亩。成功的全产业链模式不仅让飞鹤具备了不畏冲击、逆势前行的能力，而且依托全产业链发展模式建立的全程可追溯体系，使飞鹤的精细化管理、内部控制水平得到提升，企业综合竞争力进一步提高，实现了产业升级。

专属牧场和全产业链模式是中国乳制品行业未来发展的趋势，这有利于保证乳制品的质量和安全。飞鹤等民族乳企致力于中国乳品行业全产业链发展模式的探索，从源头解决乳制品安全的核心问题，引领中国乳业奶源质量建设，重建消费者对中国乳业的信心，为行业企业发展提供了宝贵的可复制、推广的经验。

与国外的集约化、机械化程度以及管理水平相比，我国奶源供给模式相对落后。因此，我国乳品企业想要由原来的追赶者转变为超越者，就必须把控奶源安全。从源头开始的全产业链模式是国内乳企开拓发展的重要利器，资源综合利用率高，生态能够可持续发展，带动作用大，是我国乳业未来健康发展的新方向，是带动中国乳企实现超越式发展的有效途径之一。

《国务院办公厅关于推进奶业振兴保障乳品质量安全的意见》提出，支持奶业全产业链建设，促进产业链各环节分工合作、有机衔接，有效控制风险。

飞鹤的全产业链建设实践表明，还需采取以下三方面措施推动我国乳业全产业链建设。一是修改束缚企业创新的标准法规，出台新兴原料的技术标准，为创新设立快速审批通道。二是对研发创新能力强的乳企，参照高新技术企业给予税收优惠，支持乳企建设高水平研发机构，开展产品、技术、工艺、业态创新。三是支持企业以提升创新能力为目的在境外投资并购，如为获取新技术、知识产权、研发机构等进行的境外投资，对企业用于研发的设备、样品进口予以免税和补贴。

（三）面向世界：开拓中国乳企“世界资源为中国，中国方案为世界”新路

近年来，中国乳业一直在压力中求发展。从全球经济分化发展趋势看，中国引领着新兴经济体，“一带一路”建设也架起了中国与世界、现在与未来的桥梁，这些都是中国乳业乘风破浪、突破困境的机遇。经过多年的发展，中国乳企已经具备推动全球乳业发展的实力。专家认为，当前全球乳品消费格局中，在空间和品类上均呈现“多极化”的发展态势。中国乳企只有持续提升产品品质和创新能力，才能抓住机遇，实现自身发展，满足市场上不同层次、不同特点的消费需求。

飞鹤在精心经营国内产品的同时，逐步向海外市场进行拓展，凭借可靠的产品品质，不断刷新世界对中国品牌的认知，赢得了国际尊重与赞誉。

飞鹤“走出去”的实践表明，过去中国乳企在海外买奶源、买原料、买人才，如今以飞鹤为代表的中国乳企逐渐从“引进来”向“走出去”转变，开始向世界发达国家输出中国先进理念、前沿技术。

飞鹤等民族乳企国际化的有益尝试还表明，抓住“一带一路”带来的机遇，为国家“一带一路”建设贡献力量，在“走出去”的过程中，除了资本的输出，更重要的是要练好内功，不断输出中国的“软实力”，将文化诉求、企业的品牌诉求、产品质量深深扎根于全世界人民心中才是最好的“走出去”。

我国乳业国际化已逐步进入乳企海外投资间接扩展国际市场的阶段。尽管中国乳企需要不断加强国际化水准，但也不可以盲目“走出去”，而是应该做到“走出去”和“引进来”的科学平衡。飞鹤的实践表明，中国乳企的国际化发展进程不能过快，需要立足于国内市场，依据自身情况量力而行，必须以本国奶源和产业安全为基础，不能以牺牲本国产业健康发展来发展国际化。在国际化的过程中，也需关注产业链最前端的奶农，应做好平衡，适当关注他们的利益。“走出去”的乳企既要学习先进技术，也需要注重企业管理、能力、合规等方面的建设。应积极构建全球资源体系、创新体系和市

场体系，提高自身整合调动全球资源的能力和水平。

同时，国家也需创造公平竞争的环境，帮助企业更多了解目的地国家法律法规政策、风俗习惯、市场稳定性等，帮助企业扫除发展障碍，从而促进乳企更好地“走出去”。建议国家层面加快产品标准的修订和完善，推动产业工业化升级，进一步加强科学监管体系，推动中国市场与国外市场更有效地融合。

此外，中国乳企“走出去”，需避免一哄而起，一定要根据自身的实力、条件、优势，选择合适的项目。“走出去”的企业要规模大，品牌知名度高，主打产品的市场占有率高，发展前景好。合作模式包括合作建厂或单独建厂。产品以国内市场为依托，逐步推向国际市场。飞鹤在加拿大建厂，实现“世界资源为中国，中国方案为世界”，具有较强的示范效应。

振华重工：敢为人先引领中国制造走向全球

上海社会科学院

“1992 年，又是一个春天，有一位老人在中国的南海边写下诗篇……”歌曲《春天的故事》描绘的正是 1992 年后中国改革开放欣欣向荣的新局面。1992 年，邓小平南方谈话把中国的改革开放推入一个新的历史阶段；同时也是在这一年，国务院批复设立上海市浦东新区，浦东开放开发进入实质性发展阶段。邓小平南方谈话和浦东开发开放为振华重工（集团）的发展带来良好机遇。

上海振华重工（集团）股份有限公司（ZPMC，简称“振华重工”）成立于 1992 年，在前任总裁管彤贤先生的带领下，振华人发扬艰苦奋斗、敢为人先的精神，从无到有，在二十几年内将一个只有十几人的小公司打造成现在有三万多名员工的大企业，将产品打入全球 100 多个国家和地区，“ZPMC”品牌成为全球认可的世界品牌，振华重工成为全球最大的重型装备制造企业，谱写了一曲中国制造的卓越华章，引领中国制造走向全球。这背后，支持振华重工成功的是敢为人先的企业精神、前沿跨越的自主创新模式和放眼世界的国际化战略……

一、快速发展的行业标杆

20世纪90年代初期，邓小平南方谈话、浦东开放开发，加上国家对外资企业的优惠政策支持，以管彤贤先生为首的创始团队认识到这是一个朝气蓬勃的时代，是可以干一番事业的时候了。于是管先生不顾59岁的“高龄”，毅然率领团队从头出发。当时振华重工的创始团队只有十余人和一个小车间，可就是从这个小车间出发，依靠天时地利人和，抓住机遇，凭借敢为人先、勇于创新、立足国际的精神，只用了短短6年时间，振华重工就一跃成为行业内的世界第一，并将领先优势持续至今，创造了多项世界第一，引领中国装备制造业走向世界。

（一）后来居上的发展历程

振华重工成立初，注册资本只有100万美元，总部设在上海。经过二十几年的发展，振华重工在上海本地和南通、江阴等地共设有10个生产基地，占地总面积1万亩，总岸线10公里，员工有35000人，主要生产大型集装箱机械、散货装卸机械和大型钢桥等其他产品。振华重工的发展大致经历了三个阶段。

第一阶段是1992～1999年，是从振华重工创立到成为世界港机第一的阶段，在这一阶段，振华重工赢得广阔的国际市场。1992年，上海振华港口机械股份有限公司（ZPMC）成立，同年港机产品进入加拿大市场。两年后，振华重工的港机产品又打开美国市场。振华重工的进入，引得美国媒体惊呼中国品牌“席卷美国”。为了能够及时交货，赢得更多的客户，1995年，振华重工改建了当时世界上最大的叉装船“振华2”，打破世界上港机公司依赖远洋运输公司的被动局面，推动产品大步走向世界。凭着优秀的业绩，1997年，“振华B股”在上海证券交易所挂牌交易。1998年是振华重工历史上具有里程碑意义的一年，因为在这一年，振华重工实现了港机订单总额的世界首位，成为国际市场上名副其实的“老大”。随后的1999年，振华重工的港机产品又成功进入对技术要求苛刻的德国市场，赢得世人青睐。

第二阶段是2000～2010年，是振华重工继续发愤图强、赢得国内外双市场的阶段。2000年，“振华A股”在上海证券交易所挂牌交易。同时在这一阶段，振华重工又取得几项不凡的业绩：世界最大的装备制造基地长兴基地落成；振华重工建造的40英尺箱岸桥和双小车岸桥成为世界首创；建造了世界首个高效智能型立体装卸集装箱码头示范区；世界单机起重量最大的7500吨全回转自航起重机“蓝鲸”建成；亚洲最大的4000吨全回转起重船“华天龙”建成。2006年，振华重工港机市场份额占到全球本行业市场70%。在这个过程中，振华重工以其卓越的产品和贡献赢得许多荣誉，如2005年，振华重工“新一代港口集装箱起重机关键技术的研发与应用”项目荣获国家科学技术进步一等奖等。2010年国家海上起重铺管核心装备工程技术研究中心在振华重工落地。

第三阶段是2011年至今，是振华重工自主研发、转型升级、继续巩固行业“老大”地位的阶段。在这期间，振华重工圆满完成美国旧金山奥克兰海湾大桥全部钢结构制造；ZPMC首座钻井平台成功交船；国内首个自动化码头——厦门远海自动化码头试运行；全球率先研发建成3E级PLUS超大型岸桥世界单体最大自动化码头——洋山四期；亚洲最大自动化码头——青岛港开港。在这一阶段，振华重工获得中国政府质量领域最高奖——中国质量奖。

（二）全球领先的制胜法宝

振华重工之所以能够二十年一直处于全球领先地位，是因为它有三个制胜法宝。

一是敢为人先的企业精神。在二十多年的发展历程中，“敢为人先”一直贯穿在振华重工的成长过程中，而且深刻浸入振华重工的精神和灵魂中。1992年振华重工走出国门，当时面临重要的抉择：作为行业内毫不知名的小企业，是从国内打开市场还是从较落后国家和地区打开市场，抑或是从发达国家打开市场？当时振华重工的前任领导下定决心要从发达国家打开市场。在不懈的努力下，1992年振华重工的第一台起重机卖到了加拿大的温哥华港，又经过六年的奋斗，到1998年，振华重工一跃成为世界第一。振华重工一直以“敢为人先”作为企业的文化，始终有着勇于超越、勇于引领的精神。2004年振华重工成功地研发了双起升岸桥，欧美同行一致认为这一刻开启了集装箱的中国纪元。2017年，成功落成的洋山四期是全世界最大的自动化码头，也是振华重工凭着一往无前的精神自主研发的系统，为自动化码头树立了成功的典范。

二是自成一体的自主创新模式。振华重工把自主创新作为提升竞争力的核心要素，建立了独具特色的自主创新模式、完善高效的自主创新体系、灵活有效的研发激励机制。1998年，时任总裁管彤贤组织专业人员在数月内研发出能够让场桥和GPS协调运作的控制软件，使原来需要司机在七八层楼高的驾驶室里目测操作的场桥，能够在仅1米的空隙中灵活穿梭，误差不到15毫米。2002～2005年振华重工研发制造的升降大梁式岸桥、市电驱动的轮胎吊、机械差动式岸桥、八绳防摇轮胎吊、双起升双40英尺箱岸桥、双小车双起升岸桥都属于世界首创，这样的突破在振华重工的发展历程中比比皆是。自1992年创立至今，振华重工以自主研发推动业务快速增长，ZPMC的品牌遍及世界各个国家和地区。

三是放眼世界的国际化战略。自创立之初，振华重工就非常重视国际市场，在发展中一直强调放眼世界，从全球视角考虑问题，不断扩大公司的国际市场版图。总裁管彤贤在1992年公司成立之初就提出：“世界上凡是有集装箱作业的港口，就应有中国生产的集装箱机械作业。”凭着一往无前的奋斗精神和科学的创新与管理思维，振华重工超越了世界同行三四十年的进程，先后攻克了几十项世界领先的关键技术，把德、日、韩等20多个世界强手甩在后面。26年后的今天，振华重工产品已经遍布全球101个国家和地区，产品覆盖全球300余个港口，尤其在发达国家的市场占有率极高，在美国市场上占有率达到95%，在欧洲市场占有率超过85%。在集装箱岸桥市场，振华重工的市场份额连续二十年保持世界第一。目前，振华重工紧紧跟随国家“一带一路”倡议，准备扩大沿线不够发达国家的市场占有率。

二、“敢为人先”的企业精神

在总裁管彤贤的带领下，振华重工抓住改革开放的大好机遇，奋发图强，敢于与强争锋。振华重工的第一台起重机卖到了加拿大的温哥华港，然后从加拿大到美国，再到德国、新加坡、韩国、日本以及欧洲地区的国外市场，振华重工不断占领新的市场，经过短短 6 年时间，1998 年振华重工一跃成为全球集装箱岸桥市场占有率世界第一，并保持至今。

（一）高点启航，勇闯国际市场

在创业初期，振华重工“敢为人先”的精神突出表现在对国际市场的开拓上。20 世纪 90 年代初期，振华重工面对的是中国港口机械落后、起重机行业举步维艰的局面。那个时候国际集装箱运输业进入成熟期，国际市场对港口装卸机械的需求旺盛，但当时中国的造船和港机制造相对于发达国家一直处于落后状态，大型集装箱起重机基本都是从德国、日本和美国进口来的，费用高昂不说，维护保养更是难题。就是在这种背景下，振华重工诞生了，当时的振华重工还叫“振华港机”，不过从它诞生的那一刻起，就注定了不平凡的传奇。走进加拿大温哥华港，便是振华重工不平凡道路的第一步。

20 世纪 90 年代初期，德国克虏伯、日本三菱和三井、韩国现代基本占据了集装箱岸桥全球 95% 以上的份额，并且控制了核心技术，在世人眼里，它们才是高质量、高品质的代名词。而进入世界市场较晚的振华重工，则被美国、新加坡等地的国际一线港口视为“杂牌军”，国际重要港口当然不会贸然采用“振华”品牌。但是振华重工的领头人凭着“敢为人先”的精神，在创立之初就做出了一个出人意料的决定：先从发达国家打开市场，然后再进入其他的国家和地区。

振华重工的海外市场之路起步十分艰难。在集装箱起重机这样的大型设备领域，世界上没有多少港口愿意冒风险相信几乎没有一点名气的“中国制造”。面对困局，振华人从不轻言放弃，憋足了劲要将第一台产品做到最好，于是就像制作工艺品那样来制造起重机。经过艰苦卓绝的努力，凭借着价格优势和认真严谨的态度，1992 年，振华重工在加拿大温哥华港的众多竞标者中脱颖而出，赢得第一单海外生意，这单生意为振华重工赢得了好名声。第二年，温哥华又从振华重工买走一台设备，振华重工的名声开始在国际市场上传扬。1994 年，美国迈阿密港一次性从振华重工订下 4 台设备。接下来，德国、荷兰、新加坡等海外订单接踵而来。

凭借不断创新的技术和低成本优势，振华重工接连拿到美国东西海岸港口的五个合同，英国专业杂志 *Cargo System* 在头版发出惊呼：“ZPMC 席卷美国。”后来，振华重工又相继进入欧洲国家以及韩国等港口。陆陆续续，振华重工打开了西方国家牢牢占据的港机市场。

订单拿到之后，振华重工又面临新的困难，那就是检验。当时港口机械的检验都是在产品到达港口后，再找第三方检验公司来做测试，一旦发现产品有不合格的地方，会给生产厂商带来极大的麻烦和困难。而振华重工有自己独特的智慧和做法，为了避免产品在达到用户港口之后的麻烦，振华重工将检验方请到中国来，在检验合格之后再将产品运输给客户。这样大大降低了更改和维护的成本，并且以良好的质量在国际上“美名远扬”。振华重工现在在全球 100 多个国家和地区有产品，在 26 个国家设有分支机构，为用户提供高标准的国际化服务。

（二）内外并举，成就业界辉煌

振华重工在国际市场上取得“赫赫战功”之后，开始瞄准国内市场，继续在国内抢占先机。“如果家门口的客户不能接受我们的产品，将不利于振华重工的成长和发展。”振华重工的创始人认识到这个问题，沿着“先国外，再国内”的市场开拓路线，用最先进的技术向国内同行和港口展示自己的强大实力，以实现自己在国内市场上的梦想。

1993 年，第一台振华重工的岸桥入驻上海港 SCT 码头，从此，天津港、广州港、青岛港……陆续被振华重工“拿下”。1998 年，振华重工抓住我国散货运输快速发展的历史机遇，为青岛前湾 20 万吨矿石码头成功研制了亚洲最大的 2500 吨 / 时桥式抓斗卸船机，它也是全世界使用差动传动系统最大的卸船机。2006 年，振华重工上海港外高桥码头集装箱全自动化无人智能堆场，填补了我国港口领域的空白，多项技术达到国际先进水平。2007 年 11 月，振华重工承包建设了太仓武港码头散货装修系统，创造了码头系统建设工期最短的世界纪录，该系统首次利用了多项环保节能高效的先进技术，受到国内外同行的好评。2008 年 7 月 14 日，在青岛港 20 万吨级矿石码头的作业中，青岛港仅用 22.09 小时就完成了全船 14 万吨矿石的接卸作业，以 6340 吨 / 小时的单船卸率，刷新了世界纪录。

除了码头系统，振华重工在大型钢构领域也取得了骄人的业绩。港珠澳大桥东西两座人工岛 120 个钢圆筒制作，体现了振华重工一流的钢构制造水平。120 个钢圆筒，直径达 22 米，最高达 50.5 米，不论是制造难度还是生产工期，都对振华重工提出了很高的要求。在钢圆筒制造期间，振华重工共投入 2 台 500 吨级门机、1 台 1600 吨浮吊、3.9 万平方米水平胎架、1.4 万平方米弧形胎架、90 米 ×300 米的专业总拼场地，在 1 个月内制造出 10000 吨钢结构制品，谱写了一段华美的筑岛传奇。

在海工领域，振华重工瞄准高附加值的船舶制造，从制造港机到建造浮吊，从建造浮吊到挖泥船，振华重工实现了一个又一个跨越。2016 年，振华重工自主建造的世界最大 12000 吨自航全回转起重船正式交船。该船以单臂架 12000 吨的固定吊重能力和 7000 吨 360 度全回转的吊重能力位居世界第一，该船的成功交付进一步巩固了振华重工在大型起重船领域的地位，为我国打捞救助事业向深海延伸提供了装备支撑。

实际上，振华重工拥有全产业链的制造能力，如大型钢构制造、船上起重装置与桩腿升降及锁紧装置制造、液压驱动的滑移装置制造、平台船体壳舾涂一体化建造等能力。振华重工1992年成立，1997年在B股上市，2000年在A股上市，目前在国内同行业已是无人能敌。在走向国际市场的同时，振华重工也成就了国内的梦想。

（三）远洋船队，护卫运输保障

伴随着海外市场的开拓，振华重工在远洋运输上也“敢为人先”，组建了自己的运输团队，为振华重工的产品遍布世界立下汗马功劳。20世纪90年代初期，国际订单纷纷而至，及时交货成为企业取胜的关键。那个时候，世界上只有欧洲有集装箱起重机运输船，并长期处于垄断地位。振华重工的起重机要运到国外，就必须用它们的船，但是由于运输价格高昂而且船期不确定，振华重工往往难以在预定时间内交货，长此以往必定会影响声誉。在这种情况下，振华重工发挥独立自主的精神，自己造起运输船。虽然当时资金紧张，振华重工还是想方设法，花200万美元买了一艘旧的运煤船，然后花费4个月的时间将它改造成运输船。1995年4月3日，用二手散货船改造的整机运输船“振华2”，运载着两台岸桥从上海外高桥码头起航，横跨太平洋，历时48天，安全抵达美国迈阿密港。

振华重工的船队不断壮大，并且走出了一条不同寻常的海上运输之路。按照国际惯例，港机产品都是在总装完成之后再拆卸发运，抵达用户港口后再就地组装，但这样比较费时费力。于是振华重工提出“整机装运”的大胆构想，这在世界范围内还是首创。因为相比一般普通载货，港机产品具有尺寸大、重心高、受风面积大等特点，振华重工在实践中利用潮汐特点解决了这些难题。伴随着对港机产品运输的探索，振华重工还开发出一大批新的装船工艺，并且在人员配备、制度保障等方面也形成自己的“独门秘籍”，为振华重工产品的“遍地开花”立下功劳。目前，振华重工拥有25艘6万～10万吨级整机运输船，可将大型产品跨海越洋运往全世界。

在船队扩大、船运公司建立起来之后，振华重工及时更新管理理念，建立起与世界接轨的运输标准。自 1999 年起，振华重工就建立了船运安全管理体系，并获得交通运输部颁发的证书，这标志着振华重工的船运管理符合国际公约和国内外强制性规定的要求。2005 年，振华重工又取得了香港海事处授权颁发的安全管理证明。这些证书和证明，肯定了振华重工船队的运输水平，为振华重工参与全球竞争提供了资格证书。

（四）创新驱动，引领智慧码头

振华重工自创立以来，始终以科技创新作为企业发展的推动力，一直走在港机发展的前沿，成为全球港机发展的风向标。20 世纪 90 年代，自动化无人操作码头在德国和荷兰得到高效使用。虽然他们的起重机全部都是振华重工提供和制造的，但是码头操作系统和自动导航车辆都是国外的。认识到自动化码头是未来发展趋势，1998 年，针对国际上已有的自动化码头投资大、效率低、不环保等缺点，振华重工开始着手研究集装箱自动化码头装卸系统，致力于开发一种新型、高效、环保的全自动化码头装卸系统。

振华重工组建了由 100 多名设计和调试工程师组成的研发队伍，经过数年的精心研制，成功开发出一套全新的自动化集装箱码头装卸系统，使得生产效率提高 50% 以上，堆场存量提高 25%，且营运费用大大降低。厦门远海码头上，振华重工首先推出自主研发的自动化码头项目；随后，凭借先进的技术，振华重工在未来码头设计概念大赛中获得第一名。2015 年在青岛推出的自动化码头是亚洲最大的。这个自动化码头曾开展过人机大战，现场比拼人工作业和全自动化作业效率，最终全自动化作业战胜了人工作业。2017 年，振华重工在洋山四期推出全世界最大的单体智能自动化码头，由振华重工提供了全部的设备，包括 10 台岸桥、58 台轨道吊、50 台自动化引导车（AGV）。如果 7 个泊位全部投运，可一次形成 400 万标准箱的吞吐能力。自动化码头的应用，使码头作业的可靠性、安全性得到极大提高，操作工人数量可降低约 70%。

经过多年的探索和实践，振华重工不断改进和完善自动化控制系统的相关技术，在自动化码头装卸系统上积累了丰富的经验，可根据码头特点，提供相应的系统解决方案，国际上也向振华重工投来关注的目光，全球航运巨头马士基公司在考察厦门港自动化码头后，邀请振华重工参与其控股的意大利 VADO 码头自动化改造项目。目前，国际上的 45 个自动化码头中，75% 有振华重工的身影。振华重工紧跟全球码头发展趋势，注重并开发人工智能技术，新的全自动化的“智慧码头”以其高效环保、节约成本的特点已晋升为全球码头先锋。

三、前沿跨越的自主创新模式

振华重工的发展反复验证着一个规律：只有拥有强大的自主创新能力，才能在激烈的市场竞争中把握先机、赢得主动、引领发展。自 1992 年创立至 1998 年港机业务占据世界第一，再到 2018 年 5 月业务遍及 101 个国家和地区的 300 多个码头，振华重工前沿跨越的自主创新模式居功至伟。

“每年至少创造一个世界第一”是振华重工科技创新的目标与动力。26 年来，振华重工科技创新之路始终践行并兑现这一承诺，创立至今已经创造出 41 项世界第一，推动振华重工不断向前发展。

“用户至上”理念是振华重工自主创新的指南。振华重工始终瞄准市场需求和用户需求，完全以市场为导向，紧密的产学研用合作研发体系使得公司充分利用“外脑”帮助分析解决技术难题，持续不断的研发投入保证了公司研发能力的不断提升，良好的实验试验研发仪器设备保障了研发成果的商品化。

振华重工对自主研发的重视、对创新人才的培养以及新型产品开发的企业战略使其用短短 6 年时间，就从“名不见经传”的“杂牌军”后来居上成长为世界港机界的领头羊，并自主研发出一系列世人瞩目的创新产品和技术。2004 年，全球首创双 40 英尺集装箱岸桥；2006 年，建成当时亚洲最大的 4000 吨全回转起重船；2008 年，建成当时世界单机起重量最大的 7500 吨全回转自航起重船“蓝鲸”号；2015 年，率先研发建造超大型岸桥；2017 年，参建的世界最大单体洋山四期全自动化码头开港；2018 年，与西井科技联合研制出全球首台自主无人驾驶集装箱跨运车；等等。振华重工为“中国制造”的振兴书写了浓墨重彩的一笔，引领中国制造走向全球。

（一）独具特色的自主创新模式

自 1992 年创立之日起，振华重工技术从无到有、从弱到强。技术是企业发展的龙头和灵魂，振华重工走出了一条以市场为导向、以国际带动国内的独特的自主研发创新模式，通过模仿学习、消化吸收，在悟透原理后，结合行业特征和市场需求，达到再创新和自主创新的目的。从振华重工的自主创新历程来看，振华重工的自主创新大致经历了三个阶段。

1. 早期的模仿、学习过程

20 世纪 90 年代初期以前，我国造船和港机制造相对于国外发达国家一直处于落后状态，技术长期受国外垄断。德国克虏伯、日本三菱和三井、韩国现代基本占据全球 95% 以上的份额，并控制了核心技术。面对强手林立的国际市场，对于一个 1992 年才成立的企业，曾被国际一线港口视为“杂牌军”，成立伊始，模仿国外高科技产品，高起点进入世界市场，是快速提高研发水平、提高国际竞争力的必要手段。

首先，振华重工自身具有一定的设计研发能力。1992 年振华重工获得了温哥华港的订单，这是振华重工的第一个海外订单。尽管此时的振华重工并无业绩，且刚创立不久，却凭着价格优势和认真严谨的态度在众多竞标者中脱颖而出。为了很好地完成项目，首先需要通过设计研发关，而设计是否具有依据，需要通过计算书来体现。振华重工的研发设计分析报告把温哥华港想到的和没有想到的工作情况都考虑到了，各种各样的计算书打印出来足足有一米多高。这也充分体现出尽管创立不久，但振华重工本身已经具备一定的技术研发水平，为之后的模仿学习和融会贯通提供了技术支撑。

其次，通过合作学习，借鉴先进技术水平。作为后发企业，振华重工尽管具有一定的技术水平，但与国外发达国家相比仍存在很大的差距。在企业发展初期，振华重工曾经历过模仿、学习国外先进技术水平的过程，但振华重工的模仿学习也具有自己的特征。在与国外发达国家企业合作的过程中，尽量利用“他山之石”，将合作中的技术尽可能借鉴过来，且公司从未直接引进过外国技术或者设计图纸。比如，在与日本日立合作的天津港集装箱码头有限公司的 30.5 吨岸桥的建造项目中，振华重工主要是给日立做分包，负责钢结构的总装，就在合作过程中，学习借鉴了项目中涉及的技术以及技术管理制度。

最后，想方设法通过各种途径学习国外先进的港机技术。当时，振华重工每一位出差、出国接单、考察的技术人员，都带有出去学习的任务，回来后均需有所收获。当时，由于条件限制，每个技术人员只能用自己的眼睛看，回到宾馆后的第一件事情就是把在现场的所见所得记录下来，并弄清楚所见所得所蕴含的原理。然后，与共同出差出国的同事互相探讨，融会贯通相关的技术、知识。当时，振华重工内部流传着一个出差出国报销的“潜规则”：出差出国后所交报告如果达到预定的要求，即有所收获了，那么报销就没有问题；否则，就要担心自己的相关费用能否顺利报销。

2. 消化、吸收过程

早期的模仿、学习过程为振华重工后期的消化、吸收奠定了基础，而消化吸收也是振华重工自主研发过程的重头戏，而当时企业存在的浓厚学习研发氛围，促进了对相关技术的消化和吸收。

一方面，出差和出国人员之间具有浓重的学习探讨氛围。学习讨论是消化、吸收技术的重要过程，大家在出差出国考察期间，通过讨论将相关技术融会贯通，从而达到消化、吸收先进技术的目的。

另一方面，整个企业内部有着浓厚的研发氛围。振华重工技术人员有着固定的业务学习讨论时间，重点讨论大家在做项目过程中有什么样的感悟与新发现，以及设计中所犯错误与所遇到的疑惑。内部的学习交流，解决了大家在项目设计过程中所遇到的问题，提高了大家的技术和思想水平，缩小了技术研发人员之间的差距。

3. 再创新和自主创新过程

学习和消化吸收过程，促进了振华重工的再创新，而再创新也是企业自主研发的灵魂，是稳固企业生存的主要手段，振华人的血液中充满了创新基因，这也是振华重工长期以来保持超强国际竞争力的法宝。

一方面，自主创新始终贯彻“用户至上”的理念。在悟透原理和了解本行业的工况与需求的基础上，振华重工始终瞄准市场需求和用户需求，通过用户的招标文件来体现公司的“用户至上”理念。由于振华重工所处行业具有单件小批量、个性化生产的特点，每个公司的订单、技术文件、招标文件的要求多是五花八门、各不相同。振华重工对待用户要求时从不说“不”，把用户要求当作设计指南，把用户的想法、要求通过技术人员的智慧劳动变成蓝图，并经过用户委托的第三方审查、验证，得到批准。

另一方面，完善的自主创新体系促进了公司研发能力的快速提升。近两年来，随着公司的深化改革，“六大中心”与“七大子集团”相继建立，在实践中不断完善具有振华特色的科技创新体系，包括以公司“三类三级”创新平台为主体的设计研发体系，以各子集团、分公司、事业部技术创新工艺为支撑的持续改进体系，以总公司为核心的企业技术管理体系以及产学研用深度融合的协同创新体系，有力推动公司在新产品开发、重大技术壁垒攻关等方面取得进步。同时，一切以满足用户需求为导向不断地进行自主创新，推动公司不断发展向前。公司自主创新成果丰硕，2018 年 4 月，公司申报和在审的专利数量已经达到 1173 件。公司自主研发能力的不断提升，支撑了振华重工的市场开拓和快速发展，港机市场占有率连续 20 年位居世界第一。

（二）完善高效的自主创新体系

振华重工的发展表明，完善高效的自主创新体系是企业创新成果不断涌现的保障。有效的自主研发创新体系保障了企业能够拥有一支强大的科研队伍和工匠队伍，紧密的产学研用合作研发体系促使公司充分利用“外脑”分析解决技术难题，持续不断的研发投入保证了公司研发能力的不断提升，良好的实验试验研发仪器设备保障了研发成果的商品化。

一是有效的自主研发创新体系。一方面，振华重工拥有一支强大的科研队伍。振华重工建有国家级企业技术中心和博士后工作站，拥有一支专业研发人员队伍，研发人员占企业员工的比重一直较高：自创立以来，公司专职研发人员都保持在1000人左右，2014年专职研发人员超过了1600名；有技术职称的技术人员占比超过50%，目前在册员工8900人左右，有技术职称的人员超过4500人。同时，公司拥有一支完备的工匠队伍。这是振华重工工匠精神的具体体现：通过工艺创新，将设想和蓝图变成现实，指引着振华重工从小做大、做强。振华重工拥有一支强大的制造队伍，最多时有45000人，仅焊工就超过7500人，高水平的焊工队伍确保振华重工项目得以高质量、高标准地完成。另一方面，振华重工具有有效的项目管理程序。从项目的挖掘、筛选、立项、审核、批准到项目实施过程的管理，振华重工有一整套清晰的制度和运行体系。最后还要进行项目验收、评估，审视项目研发对企业发展的促进作用。

二是紧密的产学研用合作研发体系。针对生产实践中出现的问题，建立了以企业为主体、以市场为向导、产学研用相结合的科研开发体系。振华重工在自主创新中，一直都重视利用“外脑”，广泛与国内外高等院校和专业研究机构合作，调动“外脑”帮助分析解决技术难题。首先，注重依靠上海地区雄厚的科技实力。发挥高校等的研发优势，广泛开展与高校、科研院所和高科技公司的合作，一举成为本行业高科技发展新产品的“领头羊”。比如，充分利用上海交通大学在自动化控制、噪声、质量管理等方面的研究优势，充分利用上海海事大学的港机专业为公司提供对口的专业技术人才，充分发挥同济大学在噪声治理等方面的研究优势等。其次，在进行自身产品创新的同时，与高校进行技术前沿的合作研发。2007～2008年，振华重工与上海交通大学、上海海事大学、浙江大学、同济大学四所高校一起承担国家高技术研究发展计划（“863”计划）“集装箱自动化码头装备及示范”重点项目，重点围绕提升我国码头作业装备产业转型升级、研发具有自主知识产权的新一代全自动集装箱码头装卸系统的目标，部署了岸桥装卸系统、立体传送系统、双 40 英尺集装箱轨道吊系统、设备调度系统、作业计划系统、设备远程监控系统六大关键技术的研发工作。前后共承担了国家和省部级 9 项技术进步和高技术研发项目，为后来的自动化码头的落实打下了坚实的技术支持。

三是持续、大量的研发投入。振华重工始终舍得在研发方面进行大量的投入，不管企业赢利状况好坏，每年的研发投入都为 6 亿～8 亿元，占最好年份利润的比重也将近 30%。同时，2013 年以来，公司通过科技创新，研发新技术新产品，争取到国家科研经费资助补贴逾 6 亿元。持续、大量的研发经费投入保证了振华重工研发能力的不断提升，技术创新、专利申请等不断出现；研发能力的提升，也为振华重工的市场开拓和企业发展提供了技术支撑。

四是好的实验试验研发仪器设备保障了研发成果的商品化。振华重工非常重视实验试验研发仪器设备的配备，并进一步促进了振华重工研发成果的商品化与市场化。公司最大的一台单件仪器是岸桥整机，单价高达 6000 多万元，专门用于各项研究和测试。所有的实验试验研发仪器设备中，最为典型的是投资 2.9 亿元建立的自动化码头仿真实验室——自动化码头示范线，除了岸桥是模拟的，其他如后方的堆场和设备都是真实的。自动化码头示范线占地 1 万多平方米，拥有世界新一代自动化码头示范线、高架立体分配和纯电驱动码头。自动化码头示范线的概念、思路在当时完全不同于其他国家，是中国首创：之前所有的自动化、半自动化码头都是无轨轮胎驱动，而振华重工首创的示范线上全部是纯电驱动，所有的运输车辆都在自己专门的轨道上运行。自动化码头加之后来控制系统的研发，逐渐演变成现在已经正式投入的自动化码头。

（三）灵活有效的研发激励机制

灵活有效的研发激励机制激发了研发人员的自主创新主动性，提升了企业自主创新能力。

一是物质奖励。2000 年初，振华重工建立了百万大奖的激励机制，为有突出贡献的工程技术人员和研发团队发放最高达 100 万元的物质奖励。最多的一年获得公司特等奖 100 万元的科研团队有 12 个，当年总共发出 1700 多万元的奖励，极大地鼓舞了振华重工员工自主研发的主动性和积极性。

二是精神鼓励。振华重工每年要召开一次科技大会，也是为数不多的全公司性质的大会。大会上会对公司在科研成果方面突出的个人和团队进行表彰，同时该大会也是研发心得成果的交流大会，科技大会还会检阅一年来公司的科技创新成果与基本经验，并布置下一年的科研任务。

三是人尽其才的人才使用体系。振华重工信奉“贤者在位，能者在职”的用人之道，将“尊重知识，尊重人才”的核心理念运用到用人环境中。首先，公司重视人才的选拔。在高校中注重专业相对对口、基础理论知识扎实的学校，在招聘人才时还要进行专业知识考试，从中选择基础知识扎实、思路清晰的毕业生。其次，根据需要将研发人员进行高中低划分，分级使用。核心研发主力从事核心领域的研发设计，中等人才从事零部件等图纸的设计，一般打杂类的研发任务则交由较低层次的人员进行设计。通过研发需要配备不同层次的研发人员，充分发挥了各级研发人员的作用。最后，充分重视工匠队伍在自主创新方面的作用。非科班出身的人才在整个研发人员中也发挥着极其重要的作用：设计总图、概念需由工匠将蓝图变为现实；同时，工匠可进一步使产品更加好用、更加实际、成本更低。振华重工创造了将农民工变成产业工人的传奇。工匠的大量使用，也使得振华重工精益求精的工匠精神更好地体现出来。

四是完善的人才培养体系。建设科技人才队伍，结合公司的总体发展规划，制定了科学合理、切实可行的人才发展规划，明确人才队伍建设的总体目标，着力打造一支“领军型高端、龙头型创业、紧缺型实用”的高层次人才队伍。以各层次科技项目研发为依托，为高科技人员搭建主持重大项目和施展创新能力的舞台，集聚、开发、吸引高层次科技人才资源，培养造就一批科技领军人才和高水平研发团队。通过企业国家级技术中心、博士后科研工作站，引进处于行业领先地位的高端优势专业人才。成功推荐 22 人次公司领军人才入选国家省部级以上科技类人才计划，其中 1 人获得“新世纪百千万人才工程”国家级人选，1 人获上海领军人才称号，3 人获上海技术带头人称号，3 人获上海启明星计划称号。推荐 8 位专业造诣深厚、对公司所涉领域核心技术有所建树的拔尖人才参加省部级以上的专家评审。公司博士后工作站自 2008 年 12 月设站以来，共招收 15 名在站博士，出站后都留在企业并在各自岗位发挥了重要作用。目前技术中心有科技活动人员 967 人，其中高级职称人员 296 人。

（四）硕果累累的自主研发成果

在市场导向和国际带动国内的研发模式下，振华重工走出了一条独特的自主研发之路，也取得了令人注目的丰硕成果。

一是屡获各类省部级大奖。2004 年开始参加国家科技成果评审，于 2006 年荣获国家科技进步一等奖，并迎来胡锦涛同志的视察，大大激发了公司的创新热情。时任总裁管彤贤当时提出，“每年不少于一个世界第一的目标”。1998 年港机市场占有率世界第一，至 2017 年逐一兑现，目前已经有 41 项世界第一。至 2016 年国家停止国家重点新产品计划时，振华重工共获得国家重点新产品 32 项，所获得的国家重点新产品数量排在国内大型装备制造企业首位。获得的国家级、省部级和市级奖项达 61 项。这表现出振华重工超强的产品创新能力。

二是专利申请数量众多。公司高度重视知识产权保护，以此提升竞争层次，增加了在市场竞争中取胜的砝码。公司有专职的知识产权和专利管理队伍，负责技术成果的保护和专利的申请。2016～2017 年专利有效申请和获得授权数量双双增长了 100%，年均增长率超过 30%，这得益于 2016 年制定的专利奖励制度大大调动了广大科技人员创新的积极性，并获得工信部工业企业知识产权运用标杆企业荣誉称号。截至 2018 年 4 月，公司申报和在审的专利数量已经达到 1173 件，其中申请国际专利的有 40 件，国内专利的有 1133 件；已经获得授权的专利数量达 670 件，其中获得授权的国际专利数量达 28 件，国内专利数量达 642 件，发明专利 197 件。

三是参与一系列标准的制定。振华重工重视对行业标准的编制，主持和参与了一系列行业标准的制定，包括支持和参与编制的国家标准 11 部、主持和参与编制的行业标准 50 部、主持和参与的企业标准 128 部。

四、放眼世界的国际化战略

历时二十六载，振华重工的产品不仅覆盖国内主要集装箱港口，也进入国外著名的各大港口，足迹已遍布全球 101 个国家和地区的 300 余个港口。世界上只要有港口的地方都有振华重工的产品。纵观振华重工的国际化发展之路，具有三个鲜明的特征。

一是独树一帜的国际化战略。自创立之初，振华重工就不走寻常路，自始至终盯住全球市场，走出了一条独特的国际市场开拓之路，先难后易，先开拓第一世界市场，再依次推进第二世界市场和第三世界市场。

二是与时俱进的全球化视野。作为全球港机领头羊的振华重工，其全球化视野随着自主创新能力的提高和行业发展趋势的变化而有所调整。“一体两翼”的新一轮发展战略指明，未来振华重工将着力推动互联网、大数据、人工智能与自身业务的深度融合；顺应行业发展趋势变化，大力布局自动化码头业务；从推动上下游企业走出国门向推动产业集群走出国门转变，引领中国制造走向全球。

三是全球布局的服务链体系。随着传统业务发展面临困境，振华重工开始反思自己的全球服务意识，开始重视设备服务市场。通过全球布局，为用户打造全方位、全产业链、全生命周期的服务体系，充分发挥自身的先天优势，构建完善的海外网络系统。整合全球资源，充分发挥分支机构属地化资源优势，提升企业的国际软实力。

立足国际与先难后易的国际化战略、与时俱进的全球化战略、全球布局的服务链体系，使振华重工的国际化进程不断向前和全球化版图扩大，迫使日本、德国、美国、韩国等国的传统港口机械制造商逐步退出港口机械市场，振华重工已成为中国高端装备制造业一面鲜明的旗帜。

（一）独树一帜的国际化战略

振华重工不走寻常路，企业创立之初就盯住全球市场，国际化视角成为企业立足之本。同时，走出了一条独特的国际市场开拓之路：先难后易，先开拓第一世界市场，再依次推进第二世界市场和第三世界市场。

一是国际化视角是企业立足之本。创立之初，振华重工就放眼世界，非常重视国际市场，在发展中一直从全球视角考虑问题，不断扩大公司的国际市场版图。成立于1992年的振华重工，“出道”时间比同行晚了数十年，“国内联赛”都没有参加过，更不具备参加“国际大赛”的资格，但全体振华人硬是凭着认真、负责、苦干的态度拿下了加拿大温哥华港项目，并凭借温哥华项目开始走向世界。随后，凭借不断创新的技术和低成本优势，振华重工的产品迅速在美国东西海岸港口“点亮”。接下来，德国、荷兰、新加坡等海外订单接踵而来。温哥华首台岸桥的成功交付，让诞生之初的振华重工在国际知名港口找到了自信，催生了敢于与强争锋的新动力。更为重要的是，温哥华港的广告效应逐步显现，为振华重工全球港机市场拓展开启了光明前景。

二是走出了一条独特的国际市场开拓之路。中国企业推进国际化进程，首选战略是先去容易进的小国家小码头，打开局面，普遍是先进入亚非拉等第三世界市场，再考虑欧美日韩等第一世界市场。振华人则反其道而行，先找难的进，首先选择了港机强国进入。振华重工第一单的加拿大温哥华港招标程序严格而公平，名不见经传的振华重工凭借技术、价格优势和认真严谨的态度在众多竞标者中脱颖而出；1994 年振华重工在国际招标中一举中标，为美国迈阿密港制造 4 台超巴拿马型岸桥，由此打入集装箱起重机之乡的美国市场；1997 年，振华重工产品凭借荷兰阿姆斯特丹港和德国不来梅港两个项目进入集装箱起重机制造强国云集的欧洲市场，其也是唯一将集装箱起重机销往欧洲的亚洲公司；2002 年振华重工港机产品进入韩国市场。目前，有“欧洲门户”之称的荷兰鹿特丹以及美国、加拿大的主要港口，几乎全都是采用振华重工的产品。

三是走出了一条“一二三”世界市场的国际化之路。在顺利攻克第一世界市场后，振华重工继续开拓第二世界和第三世界市场。第一世界市场大量使用振华重工的产品就是活广告，之后其他市场的新老客户纷至沓来。振华重工进入第一世界市场后，产品质量和服务质量都获得使用国的高度赞赏，也为振华重工做了很好的广告。与此同时，振华重工也大力开拓第二世界和第三世界市场。现在振华重工在美国市场上的占有率为 95%，在欧洲市场上的占有率超过 85%，而在非洲、南美、东南亚等发展中国家，市场占有率则要远低于发达国家。截至 2018 年 5 月，振华重工的港机产品已进入全球 101 个国家和地区的 300 多个港口，其港机品牌“ZPMC”已成为世界知名品牌。

（二）与时俱进的全球化视野

作为全球港机领头羊的振华重工，其全球化视野随着自主创新能力的提高和行业发展趋势的变化而有所调整。“一体两翼”的新一轮发展战略指明，未来振华重工将着力推动互联网、大数据、人工智能与自身业务的深度融合；顺应行业发展趋势变化，大力布局自动化码头业务；从推动上下游企业走出国门向推动产业集群走出国门转变。

一是“一体两翼”的新一轮发展战略指明，未来振华重工将着力推动互联网、大数据、人工智能与自身业务的深度融合。2018 年振华重工确立了“一体两翼”的新一轮发展战略：“一体”就是紧紧依靠装备制造这一本体；

“两翼”的其中一翼是资本运作，以资本为纽带，与用户、产业链上下游结成命运共同体，另一翼是“互联网 +”，振华重工的数字化转型升级，首先是对生产基地和生产车间的硬件智能化的全面转型升级，再有是对信息系统的全面升级。目前在全球所有服役的港机设备当中，有一半以上是振华重工的设备，另一半中有很大一部分厂家已经不存在了，有 300 多个码头都是振华重工的重要客户，有上万台的设备，所以振华重工下一轮数字化转型升级是必不可少的。因此，未来振华重工的国际化战略将着力在推动互联网、大数据、人工智能与自身业务的深度融合方面。

二是顺应行业发展趋势变化，大力布局自动化码头业务。在传统港机市场，港机、海工业务受国际市场的影响，需求锐减，再加上前几年港口装备的建设渐趋饱和，振华重工的传统业务锐减；同时，港口新建的计划几乎没有，更多的是改造和升级。在此背景下，发展自动化码头势在必行，振华重工也逐步转向自动化码头领域。振华重工从 1998 年开始接触自动化码头，2006 年在长兴岛建立的自动化码头示范线在全世界引起轰动。2002 年研发出了第一代 AGV，2006 年研发出第二代 AGV，2007 年在自动化码头示范线的基础上，把三个主要设备——桥吊、堆场、AGV 串起来，具备了将自动化码头推广的条件。2013 年厦门远海自动化码头由振华重工负责建设，它是全球首个第四代自动化码头，也是中国首个拥有全部自主知识产权的自动化码头，业内称之为“魔鬼码头”。随后，青岛自动化码头于 2015 年签约 2017 年完工，上海洋山四期自动化码头于 2014 年签约 2017 年完工……目前全球建成的 45 个自动化码头，振华重工参与了其中的 75%。未来，振华重工的全球化战略将偏重自动化码头业务，该业务或将与公司其他业务平分秋色。

三是从推动上下游企业走出国门向推动产业集群走出国门转变，引领中国制造走向全球。作为民族工业的一面旗帜，振华重工历届负责人均满怀民族情怀。振华重工这些年已经带动了国内近 200 家企业走出国门，现在又开始了新一轮的国际化道路，视野更宽。原来所带动的，基本上是与起重机以及海工装备等息息相关的上下游企业；未来振华重工更多的是要推动新一轮的产业集群的发展，以及新一轮组合力量的跨国经营。

（三）全球布局的服务链体系

随着传统业务发展面临困境，振华重工开始反思自己的全球服务意识，开始重视设备服务市场，通过全球布局，为用户打造全方位、全产业链、全生命周期的服务体系：充分发挥自身的先天优势，构建完善的海外网络系统；整合全球资源，充分发挥分支机构属地化资源优势，提升企业的国际软实力。

一是逐步重视后期服务市场。振华重工在全球港机市场占据了惊人的市场份额，在“硬”的技术实力等方面具有很强的国际竞争力，但是软实力竞争力较弱，长期以来没有自己的海外渠道和服务网点；海外销售均通过当地代理商进行，交货和两年质保期内的服务则通过数千人的“游击队”在各个港口巡回作业。这种窘境甚至影响了振华重工的后续订单——在新加坡、马来西亚的项目招标中，港口运营商都要求在招标材料中明确注明在现场有无服务网点和服务团队。同时，客户对后期维保要求越来越高。由于忽视后期服务市场，振华重工的竞争对手已开始占尽先机，例如芬兰港机生产商KONE的港机服务利润已占到其总利润的一半，而颇具讽刺意味的是KONE所服务的港机设备很多都是振华重工制造的，振华重工自身的服务营收占比却不到5%。2008年爆发的金融危机进一步促使振华重工反思自己的全球服务意识，开始重视设备服务市场，逐步提升自己为全球的设备提供维护保养、升级改造等服务能力。

二是打造全球布局的服务链体系。在服务市场处于后发的振华重工开始奋起直追，贯彻落实大海外战略布局，将海外售后服务工作前移，依托海外机构发展平台推行售后承包模式，提质增效，提高响应速度，增强客户黏性，着重改善公司国际软实力。首先，为用户打造全方位、全产业链、全生命周期的服务体系。振华重工产品已经遍布全球101个国家和地区，公司志在为客户提供全方位的服务，包括保养、维修、检修、备件供应，同时通过远程监控系统对产品使用情况实时监控，从而为用户提供良好的服务。其次，发挥本身的先天优势。虽然在服务市场处于“后发”地位，但振华重工有自己的独特优势，比如需要维护和改装的设备情况振华重工最了解，且有设计图纸参考，振华重工不仅服务速度快，且服务报价也有竞争力。再次，海外网络系统日趋完善。目前，振华重工已经在美国、荷兰、德国、西班牙、土耳其、阿联酋、俄罗斯、韩国、南非等国家和地区设立了 26 个海外分支机构，正着力筹建欧洲区域中心。未来，振华重工计划在全球设立 8 个区域总部 36 个服务网点。海外网络带来的直接好处是服务成本的大幅降低，且振华重工保质期外的服务订单亦愈发增多，很多海外子公司在两年内就能独立运营并赢利。同时，振华重工海外网络的逐步完善，也促进了公司的海外项目。最后，整合全球资源。充分利用当地人力、物资等全球资源。海外分支机构人才由中方人才和当地人才构成，中方主要负责销售和服务工作，并与上海总部保持沟通；分支结构所在地员工则主要负责维护提升振华重工在该区域的美誉度。中国员工通过企业内部竞聘的方式选拔，重点考察是否具有国际化思维及执行力；海外人员主要选取对国际市场比较熟悉、对游戏规则比较清楚的人才，以打造一支属于自己的国际化团队。

上汽集团：创新发展的先行者

上海社会科学院经济研究所

回首半个多世纪特别是改革开放以来的发展历程，上海汽车集团股份有限公司（以下简称上汽）始终坚持解放思想、实事求是、与时俱进、求真务实，实现了从闭门造车到率先开放，从眷守上海到出海跨洋，从引进发展到自主发展，从分散落后到世界500强的巨大转变。其间有1991年邓小平同志对上汽利用外资、引进技术的肯定，有2002年江泽民同志对上汽与德国大众合资合同延长20年的见证，也有2004年胡锦涛同志对上汽联合开发成果的视察。2014年5月，习近平总书记在上汽考察时强调，发展新能源汽车是我国从汽车大国迈向汽车强国的必由之路，要加大研发力度，认真研究市场，用好用活政策，开发适应各种需求的产品，使之成为一个强劲的增长点。[①] 这对新时期的上汽创新发展提出了更高的要求。四十年来，上汽以"四个率先"为引领，取得了上海汽车工业改革开放的巨大发展成就，同时，上汽也以制度、技术、市场和文化的"四个创新"，为中国汽车工业的崛起和强大贡献了宝贵经验。在新时期上汽又以"四新"为导向，迈向创新驱动转型发展的新征程。

---

① 闻杨：《习近平总书记考察上海侧记》，《解放日报》2014年5月26日。

一、踏准改革开放的节拍：上汽发展的主要历程

改革开放四十年来，上汽在党中央、国务院的亲切关怀和上海市委、市政府的正确领导下，抓住机遇、加快发展，一改上海汽车工业小型、分散、落后的旧貌，成为上海的支柱产业、中国领先的汽车集团、世界500强企业。

（一）启动合资经营，率先走上开放化道路

1978年以来，上汽抓住改革开放机遇，率先走上利用外资、引进技术、加快发展的道路。上汽从引进开始走上了合资经营的快车道，在获得轿车合资经营项目的批准后，历经6年谈判，最终选择德国大众汽车集团作为合资经营伙伴。1983年，第一辆上海桑塔纳轿车组装成功。1985年，上海大众汽车有限公司（以下简称上海大众）成立并正式开业。随后，上汽率先与国际水平接轨，开始向更高水平的对外开放进军。1995年4月，国务院原则同意上汽建设中高级轿车项目，经过选择，确定通用汽车公司（以下简称通用）为中高级轿车项目合作伙伴。1997年，上汽和通用签署上海通用汽车有限公司、泛亚汽车技术中心有限公司合营合同。1997年，投入15.2亿美元、当时中美最大的合资项目——上海通用汽车有限公司正式成立（以下简称上海通用）。而后，上汽率先开放零部件和服务贸易，先后建立了中国第一家汽车零部件合资企业、第一家汽车中外合资企业、第一家汽车销售合资企业、第一家汽车跨国公司总部企业、第一家汽车服务贸易合资企业、第一家汽车租赁合资企业、第一家汽车专用滚装码头合资企业、第一家汽车金融合资企业。

（二）形成支柱产业，率先走出规模化道路

当前，上汽已具备世界轿车先进制造能力，不仅是上海重要的支柱产业，而且是最具代表性的中国汽车集团。上汽率先提出上海支柱产业目标，

1987 年时任上海市市长江泽民宣布汽车工业是上海第一支柱产业。上汽率先提出百万生产目标，2002 年中共上海市委书记黄菊充分肯定上汽 2007 年三大战略目标：年产轿车 100 万辆、跻身世界 500 强、年产自主品牌汽车 5 万辆。不断发展中，上汽实现了规模化经营，具体包括：(1) 形成了多品牌战略，共有 15 个品牌，基本覆盖国内各个细分市场；(2) 形成了强劲的配套体系，拥有国内规模最大的汽车零部件生产基地和最具竞争力的汽车零部件配套能力；(3) 具备强劲的技术实力，拥有 7 家国家级技术中心、28 家市级技术中心、65 家国家高新技术企业、4352 项专利，获得 129 项国家级和市级技术进步奖；(4) 完成了优良的发展业绩，成为上海最大的企业集团、中国销量最多的汽车集团，2017 年名列世界 500 强企业第 41 位。

（三）完成出海跨洋，率先走出全球化道路

进入 21 世纪以来，上汽成功实施一系列出海跨洋并购重组战略，应对入世挑战，不断做大做强。一是走出上海、跨地发展。2002 年上汽、通用中国和五菱三方合资成立上汽通用五菱汽车股份有限公司（以下简称上汽通用五菱），开创整车中中外合作的新模式。上汽通用五菱成为中国最大的微型车生产基地。2002 年，上汽、通用中国、上海通用收购成立上海通用东岳汽车有限公司。2007 年，上汽和南汽全面合作，成为中国汽车工业战略重组的里程碑。此外，上汽通过兼并重组，先后成立了多家公司，目前已在东北、华北、东南、西南、中南和西北等地建设了十五个整车生产基地以及相配套的零部件与物流基地。二是走向境外、跨国经营。上汽先后在德国、美国、日本、韩国等国设立公司，建立海外基地。2002 年，上汽入股通用大宇项目，这是中国汽车资本第一次参与国际汽车工业重组。截至目前，上汽在泰国、印度尼西亚、印度设立了三个海外整车制造基地，在欧洲、北美、南美、非洲、中东、澳新等地设立了 13 个区域营销服务中心，建立了近 500 个海外营销服务网点。

（四）实现自主创新，率先走出差异化道路

上汽始终以实现自主创新、发展自主品牌为重要目标，进而确立了建设自主品牌的“四条道路”：依靠自身力量自主发展，收购国外企业合作生产，深化战略合作合资生产，合资企业创建自主品牌。2006年，中国汽车工业第一个中高级自主品牌荣威横空出世。2007年，上南合作，上汽获得MG品牌，次年MG成功上市。上汽重点开发新能源汽车以及智能网联汽车，坚持差异化经营。2017年，上汽自主品牌乘用车增速领跑国内主流乘用车企业，互联网汽车销售占比超过40%，荣威销量和市场口碑持续上升，新能源汽车全年销售突破4.2万辆，同比增长超过113%。在2017年集团整车新增销量中，自主品牌贡献率达50%，已成为驱动增长的新引擎。

纵观发展历程，上汽抓住了改革开放历史机遇，通过走合资合作道路，迅速缩短了与世界汽车工业的差距，建成了上海支柱产业。上汽抓住了中国汽车工业快速成长的机遇，通过兼并重组、资源整合，实现跨越式发展，取得了国内领先地位。而今，上汽要抓住全球汽车产业合作与分工的机遇，通过加快自主创新，基本形成上汽核心竞争力和国际经营能力。上汽将围绕“电动化、智能网联化、共享化、国际化”的“新四化”，争当“汽车行业发展、国资国企改革、党建创先争优、履行社会责任的排头兵”，早日建成“世界著名的汽车集团”。

二、上汽创新发展的主要经验

（一）制度创新，确保上汽引领型发展

上汽作为国务院确定的全国百户现代企业制度试点单位之一，既是产业技术进步的策源地，又是现代管理的推进者。对上汽而言，建立现代企业制度是一项复杂的社会系统工程，自始至终都需要与科学化、规范化的管理相匹配。上汽能够在中国汽车行业发挥引领作用，除了得益于产品优势外，也得益于其在国有资本运作、法人治理结构和管理运行机制等方面的创新。

1. 不断创新国有资本运作模式

1985 年 3 月 21 日，上汽与德国大众合资成立上海大众，但德国大众掌握着决定企业发展的生产技术、管理体系、新车型等关键要素。为了改善自身的被动地位，上汽与通用在 1997 年合资成立上海通用。双方建立战略合作伙伴关系，在产业链各领域展开合作。与两家跨国巨头分别进行合资，为上汽合资企业带来了快速发展机遇。上汽由此开阔了视野，学到了外方的先进生产技术和管理经验。2003 年，上汽重组了当时的中国汽车工业总公司，获得其持有的上海大众 10% 的股权，获得了与德国大众对等的管理权。2009 年 12 月 4 日，上汽将通用在中国公司所持有上海通用 1% 的股权转让给上汽的全资子公司上汽香港，从而获得对上海通用的控股权。由此，上汽不断尝试自主的全球化，改变“被全球化”的角色，成为真正的全球企业，走出了一条“从被动到主动”的发展道路。

2004 年 12 月，上海汽车工业（集团）总公司实施改制重组，设立上汽。2005 年 10 月，上海汽车工业（集团）总公司完成股权分置改革，控股股东上汽按每 10 股送 3.4 股的比例向全体流通股股东支付对价，使所持非流通股股份取得流通权；随后，上汽按照股改承诺，在二级市场投入 10 亿元资金按集中竞价方式增持公司股份，上汽持股比例由股改前的 59.8% 增至股改后的 67.7%。2006 年 12 月，上海汽车股份有限公司发布公告称已正式完成向控股股东上汽定向发行 32.7503 亿股 A 股的相关股权变更工作，上汽成为国内最大的整体上市公司。

面对未来汽车的蓬勃发展，上汽结合国资国企改革的大背景，坚持市场化原则，发挥市场配置资源的决定性作用，利用市场机制更好地运用社会资源加速创新、加快发展。未来汽车行业的“新四化”对上汽来说，不仅仅是产品，更是传统的商业模式和产业链的重大变革。因此，上汽重金布局汽车金融市场以及互联网金融拓展项目，不断创新资本运作模式，为集团的创新驱动、转型发展注入了内生动力。

2. 持续完善企业法人治理结构

合资之初，为了加大国有企业控制力，市政府给予上海汽车工业税利承包和国产化基金两条政策支持上海大众发展。在此过程中，上海大众及其大量配套企业大胆利用外资，实现了控制力的成倍放大。所有者与经营者分开，是建立现代企业制度的核心，也是国企改革的重要一环。1999 年，上汽成立董事会，与总裁班子实施分离，借鉴大众、通用的管理机制，真正发挥两个班子的不同功能和作用。

入世之后，面对全球经济一体化发展趋势，中国汽车工业若不能提升自己的核心竞争力和全球经营能力，就难以在国际市场的激烈竞争中立足。为此，上汽通过资本市场的融资机制、信息披露下的监督约束机制、竞争机制和资产整合机制，不断拓宽直接融资渠道，剥离非主营业务，完善法人治理结构，加速集团公司的体制机制转型。通过资产重组和非主营业务剥离，上汽逐步消除传统的体制弊端，不断做大做强整车和关键零部件业务。

2011 年，上汽为进一步理顺经营资产、提高集团公司管理效率、加强集团战略协同，通过资本运作，完成母公司和上市公司的资产重组，实现了整体上市。重组后的上汽根据上市准则相关要求，结合自身管理实际，对治理结构和相关制度、流程进行了合理设计，以满足作为一家高度公众化的公司在公司治理方面的更高要求。一是完善集团公司层面治理结构，进一步明确和规范了包括国资委在内的股东、董事、监事参与公司决策和监督的行为准则，保持经营层的相对自主，集团董事会则重点行使股东在战略规划、审计监督和薪酬考核以及干部任用等方面的权利。二是理顺集团公司与投资企业的治理关系。上汽对投资企业的管理主要依靠董事会进行，其中董事和监事均由集团公司派出。集团公司主要通过董事和监事把握投资企业的战略规划、审计监督及班子薪酬考核和干部任用等。为支持派驻董事、监事的决策，上汽形成了“议题预审制度”，以贯彻集团公司作为股东的意志。

近年来，为了契合全新的“头脑型”企业的战略定位，上汽开始大刀阔斧地进行组织架构变革，对职能部门进行调整，调整后的公司组织机构新增战略研究和知识信息中心、技术管理部、前瞻技术研究部、信息战略和系统支持部四个聚焦技术研发与技术管理的核心部门。此外，上汽赋予董事会办公室上市公司市值管理、投资者关系管理的牵头职能。此次改革重点在于突出市场对配置资源的决定性作用，市场配置资源，在管理上就是按照市场化来做，强化管理层包括核心骨干、技术的领军人物和关键人才的中长期激励机制。

3. 开创“经营者”管理运行机制

从 1999 年开始，上汽历时 5 年，全面完善生产管理系统，整合物流体系，实现了精益管理从生产制造领域向精益销售领域的延伸，研究设计了“精益管理评价体系”，实现了系统化的管理创新，大大提升了上汽现代化管理的水平。其中具有上汽特色的“零缺陷”质量管理、“一体化”管理、信息化管理、采购管理、预算管理等，便是上汽管理创新的集中反映。

从 2000 年起，在全面推进精益生产、精益管理和精益经营的基础上，上汽开始推行“人人成为‘经营者’”管理模式。“经营者”管理经历了“十年磨一剑”的过程，从单一企业成功推进，到复合企业成功推进，再到多家企业共同推进，最后发展到集团层面整体推进。“人人成为‘经营者’”是上汽一种全面创新的管理模式，解决了企业管理中的一个最头疼的问题，即随外部环境不断变化的工作业绩的量化、工作责任的划分。其核心是将企业所有资源以货币形式精细量化到内部各个虚拟经营体，并根据岗位的不同，以买卖、服务、契约的形式构建各经营体之间的关系，形成企业内部模拟市场，从而提高企业综合经济效益。用一句通俗的话来说，就是“把市场搬进企业，让每一个员工都当家”，以经营体的经营业绩决定职工个人的绩效分配，极大地提升了广大员工的主动性、积极性和创造性。

目前，上汽基本形成了“经营者”管理运行机制，基层企业全面推进，零部件和服务贸易企业实现全覆盖。“经营者”管理模式收到了良好的实施效果。第一，加快管理创新，增强了上汽实力。“经营者”管理作为上汽自主的管理品牌和管理方式，不仅在国内兼并重组中发挥了积极作用，而且在对外合作中提升了上汽的形象和实力。第二，形成内部市场，赢得最终用户。“经营者”管理模式的推进，把市场机制引入企业内部，使从研发到生产再到销售的整条业务链同时成为企业内部用户链，构建了较为完整的内部市场，其中，每个经营体要取得经营业绩，都必须以质量和服务赢得内部用户，所有经营体赢得了用户，企业也就以质量和服务赢得了最终用户。第三，优化结构成本，促进降本增效。不断实现结构成本最优化和边际贡献最大化是“经营者”管理的主攻目标，“经营者”管理是业绩优异的重要原因之一。

当前汽车行业发展处于产业变革的关键时期，互联网时代的到来也为汽车赋予了新的内涵和生产方式，现有的管理经营体系在新的产业变革环境下已经不再适用。为此，上汽在 2015 年重塑企业的愿景、使命和价值观，持续推进管理体制机制的改革创新：种子基金投入运行，容错机制被写入公司章程，核心员工持股计划正式启动，与阿里巴巴展开战略合作，党建工作不断完善，等等。这为上汽发展为具有全球影响力的跨国汽车集团奠定了坚实的基础。

（二）技术创新，支撑上汽实现跨越型发展

上汽技术创新的关键在于开放，开放打破了上汽原有的“闭门造车”生产经营模式，使其走上了“开门造车”的产业化道路。此过程中，上汽依托技术创新，在规模化生产和产业发展上实现了跨越型发展，成为全国率先走出国产化、走上合作开发与自主开发之技术创新道路、率先走上汽车规模化生产道路的楷模。

1. 国产化攻坚，奠定汽车产业基础

上汽的国产化道路包括四项举措：第一，引进桑塔纳轿车项目。1978 年 6 月，国家计划委员会等部门向国务院上报《关于开展对外加装配业报告》，7 月国务院批准了这一个报告，8 月，上海市政府与第一机械工业部向国务院报送《关于引进轿车制造技术和改造上海轿厂的报告》。11 月 9 日，邓小平

做出积极的肯定批示。[①]自此，上海轿车项目从原定以补偿贸易引进装备线，改按中外合资经营项目与外商洽谈。上海市政府经过对法国、德国、美国和日本等汽车工业的考察以及与其主要汽车企业洽谈，并通过比较分析研究，最终确定与德国大众合作，引进德国大众最新开发的桑塔纳轿车。

第二，设立上海市桑塔纳轿车国产化横向协调办公室。1985 年 3 月上海大众汽车有限公司成立，9 月正式开业，但产能仍远不能满足市场需求。制约桑塔纳生产最关键的因素是国产化问题，原有的技术标准与桑塔纳的不匹配，桑塔纳的零部件只能依赖进口，而外汇的紧缺又不能满足不断扩大的零部件进口需求。为此，1986 年 6 月国务院指派国家经济委员会常务副主任朱镕基带队赴沪进行专题调研，7 月上海市政府成立了由各委、办、局和银行领导参加的"上海市支援大众建设领导小组"，市委副书记、副市长黄菊任组长，并设立上海市桑塔纳轿车国产化横向协调办公室，明确了四大职能：统一规划、统一协调、资金管理、投资政策。

第三，打造桑塔纳轿车国产化共同体。1987 年 12 月，中国汽车工业联合会和上海市政府在沪共同主持召开会议，确定了上海桑塔纳轿车国产化工作的目标和时间节点：1988 年达到 25%，1989 年达到 50%，1991 年基本实现国产化。会上国家经济委员会常务副主任朱镕基和陈祖涛理事长还提出成立上海桑塔纳轿车国产化共同体的倡议。据此，1988 年 7 月召开桑塔纳轿车国产化共同体成立大会。朱镕基市长强调，共同体就是"为了帮助我国的轿车生产工业搞上去，达到国际水平，进入世界市场，这就是我们成立共同体的目的"，并提出"桑塔纳国产化要 100% 合格，降低 0.1% 我们都不要"的口号。共同体成立以后，紧紧围绕国产化的目标，建立了以《上海大众新闻》为主的成员间信息和经验交流平台，为资金困难的成员单位协调解决低息贷款，为帮助成员单位攻克国产化技术难关，组织聘用德国退休专家支援。同时，依托上海大众的力量，培训成员单位的质保人员，学习掌握国外

① 上海市地方市编纂委员会编《上海市志 · 工业分志 · 工业综述卷（1978～2010）》，上海：上海辞书出版社，第 297 页。

先进管理经验，建立完善的质保体系。

第四，筹措国产化基金。1986 年，为了从根本上解决轿车零部件国产化的资金难题，在市计委、市财政和市经委牵头下，上海市桑塔纳轿车国产化横向协调办室与上汽积极筹措发展轿车专项基金，为桑塔纳轿车国产化提供了有力的资金保障。1986～1994 年，共筹措桑塔纳轿车国产化基金 74.6 亿元。国产化基金对桑塔纳轿车国产化配套零部件企业实行全面贴息、免息优惠，减轻企业融资成本。国产化基金与银行融资比一般为 1∶1，可使融资企业的自筹资金比例下降 10%，减轻了企业自筹资金的负担。对国产化配套项目资金困难企业、获利低薄的企业以及热加工和冲压等企业提供项目融资贴息或免息等货款。

在各方的大力支持、协作下，桑塔纳轿车国产化取得巨大成功。桑塔纳轿车国产化攻坚，使上海汽车工业发生了根本性转变：扩大了上海大众的生产规模，先后重组了上海汽车厂和上海汽车发动机厂；培育发展了一批轿车零部件生产企业，建立了达到 80 年代中期国际质量水平的零部件供应体系，为上海乃至全国汽车工业的发展奠定了坚实基础。

2. 联合开发，实现支柱产业跨越式发展

20 世纪 90 年代，上海提出汽车工业第一支柱产业的战略发展目标，为了实现产业地位从一般产业向支柱产业的转变，上海汽车通过联合开发，加快了新产品开发步伐。

第一，桑塔纳 2000 型联合开发，影响力广而持久。1992 年上海大众组成了阵容强大的 10 人联合开发小组，赴巴西大众参观。联合开发小组肩负两大重任：完成开发项目，提供新的产品并且投产，国产化率高于 65%，一年后提高到 85%；基本掌握现代轿车开发技术、深化对轿车开发的认识、掌握相关的流程和规律。联合开发带来了丰硕的成果，产生了深远的影响。1995 年上海大众向市场推出了桑塔纳 2000 型，结束了桑塔纳轿车“十年一贯制”的单一产品局面，更重要的是使设计人员得到了范围更广、难度更大的锻炼，基本掌握了全程开发的关键技术。在整个开发过程中，横向配套水平也

得到了提高，为上海轿车工业形成自主开发能力奠定了厚实的基础。

第二，立足泛亚汽车技术中心有限公司，建成中国开发能力最强的轿车研发中心。1997 年中美合资的泛亚汽车技术中心有限公司（以下简称泛亚）成立，为上海通用以及上海汽车、美国通用提供产品开发服务。泛亚是中国汽车工业第一个对外合资技术中心，肩负着变速箱与发动机、底盘、车身和内饰四项核心技术开发任务，首期形成车身开发能力。1999 年 6 月，泛亚在第八届上海国际汽车展览会上发布了第一辆由中国工程师设计、为中国市场研制的“麒麟”概念车，引起了广泛关注，由此荣获当年通用的总裁特别奖。“麒麟”的成功，也带来了上海通用正式为泛亚开发“经济型轿车”赛欧的合同。赛欧经济型轿车的开发是上海汽车推进合资企业本土化开发的典范，本土化开发不仅培养了大批技术人才，也积累了轿车开发的经验和知识。这为其后的君威、凯越、凯迪拉克等系列车型本地化开发打下了基础，同时泛亚也使上海通用站在 GM 巨人的肩膀上，促进了上海汽车工业技术研发能力的提升。

3. 自主研发，推动产业创新转型

进入 21 世纪，上海汽车面对内外环境变化，大力推动建立以自主品牌和新能源汽车建设为主导的自主研发和制造体系，推动产业发展从合资经营到合资经营与自主创新并举的转型跨越。具体举措包括如下三个方面。

第一，整合集团内部研发资源，推进自主研发。2002 年 8 月，在上海汽车工业技术中心基础上，联合上海内燃机研究所等研发单位，成立了上汽汽车工程研究院，这标志着“上海汽车拥有一个自主知识产权及自主品牌产品的开发基地和制造技术研究基地，为上海汽车完善技术管理体系、加快掌握整车开发的核心技术奠定了基础”①。

第二，建立科技发展基金，推进产学研深度融合。早在 1996 年 2 月，就成立了由徐匡迪市长倡导和复旦、上交大、同济、华理工、上大、上外等

① 2002 年 8 月 2 日，上汽胡茂元总裁在上汽汽车工程研究院成立揭牌仪式上的讲话。

高校参与的上海汽车工业科技发展基金会，其主要目的是集聚高校等各路优势资源形成合力，开展技术协同攻关。基金会在1997～1998年间先后投资4000多万元，与8所高校和一个科研院所的重点学科、重点实验室共建了17个工程研究中心，并从上海辐射到外地。基金会实行“专家说了算”的运作模式，产学研成果显著，至2005年底，累计开展产学研课题500余项。在整车改进、车身制造、零部件开发、新材料应用、汽车电子技术应用、现代管理技术应用和外语培训等方面成果丰硕，培育了一大批专业技术人才，推动了企业技术进步，提高了企业的产品开发能力和竞争力，获得国家级科技进步奖2项、部级科技进步奖6项、市级科技进步奖12项。

第三，发挥资源优势，打造自主研发体系。上汽以全力实施“引进来”和“走出去”并举的“出海跨洋”战略，积极打造自主研发体系。2007年12月，上汽与跃进汽车集团实行全面合作，上汽乘用车分公司整合了南京汽车集团位于南京浦口的名爵基地和位于英国伯明翰的长桥基地，2010年3月，上汽乘用车分公司临港基地和南京浦口基地二期改建工程相继投产，上汽形成了上海、南京和英国长桥“两国三地”自主品牌研发和制造体系，并先后推出荣威750、荣威550、MG6和荣威350自主品牌轿车。同时，在美国加州硅谷、以色列特拉维夫设立了创新中心，开展前瞻技术研究。目前上汽形成了一支近6400人的自主研发技术队伍。

（三）市场创新，整合上汽优势型发展

上汽作为地方国有企业，从改革之初就肩负着特别的历史使命和时代使命，聚焦国内外资源、利用两个市场，率先走出了具有中国特色的汽车产业全球化道路。

1. 整合国内外资源优势，布局产业链

汽车制造业是所有工业部门中产业链最长、带动效应最大的产业之一。在各个国家的经济发展中，汽车工业也几乎都是各国国民经济中的支柱产业之一。上汽从改革之初就以产业链建设为依托进行国内资源整合。

1996～2000年，上汽以整车项目为突破全力建设上海通用和上海大众三厂两大整车项目，直接推动产业能级实现从国内领先到世界水平的战略跨越。2001年，上汽开始立足上海、面向全国进行产业战略布局和产业空间资源整合。上汽2001年收购柳州仪征汽车厂和柳州五菱，2003年收购山东大宇和山东大宇发动机，2004年重组沈阳通用金杯，2005年收购青岛颐中，2007年收购重庆红岩、南汽集团和上柴股份。通过上述并购，上汽在国内形成了七大生产基地（除上海生产基地外），不仅拓宽了上汽的产品系列，填补了上海地区不宜发展的中小型、中低端乘用车、微型客货车的空白，实现了整车的全国布局，随着整车基地"走出去"的战略布局，零部件企业围绕上汽的整车以及为国内配套的其他整车产品，也同时实现了优势资源集聚和全国布局。

在进行国内资源战略集聚和布局的同时，上汽同时开始国际资源的集聚，率先开启国内汽车产业的全球化战略布局。2004年10月，上汽收购韩国双龙汽车，一度被公认为是中国汽车工业走出国门、迈向世界的标志性事件。2009年，上汽全面收购欧洲著名商用车品牌英国商用车公司MAXUS品牌知识产权及技术平台，将MAXUS引入中国并创建了上汽大通。2010年，上汽入股通用，成为通用的股东之一。2013年，上汽旗下全资子公司华域汽车并购美国汽车零部件公司伟世通。2014年，上汽名爵MG泰国工厂开建（2017年建成第二家工厂）。2014年华域汽车收购了KS Aluminium Technologie GmbH 50%的股权，并于11月与密歇根州经济发展署签订合作备忘录，预示着其在开拓北美OEM市场及完善配套供货布局上又迈出了新步伐。2015年，上汽收购通用印度工厂。2016年，上汽澳大利亚公司正式开业。2017年，上汽通用五菱在印度尼西亚西爪哇芝加朗的子公司宣布投入运营，印度尼西亚工厂首款产品五菱Confero S下线，标志着上汽通用五菱汽车正式进入印度尼西亚市场，这也是国内中外合资汽车企业第一次"走出去"进入海外市场，开创了"一带一路"合作的新模式。如今，上汽全球化布局已经遍布欧洲、北美、南美、东盟、中东、非洲、澳洲，包括"一带一路”沿线国家。上汽在集聚国际资源进行全球化布局的同时，不仅拓展了传统的贸易、进出口业务，而且通过研发生产、营销服务、投资平台和国际贸易四大板块，逐步实现了具有竞争力的整车产品、低成本的运营模式和完整的供应链体系全部“组团出海”，开创了国内汽车企业“走出去”的创新模式。

2. 整合“两个市场”优势，推进资本“走出去”

发挥两个市场的作用，以资本为纽带实施和助推全球化是上汽全球化的模式创新和中国特色。1997 年，上海通用合资经营正式启动，标志着当时中美最大合资企业诞生。2001 年，与美国通用汽车（中国）公司、柳州五菱汽车有限责任公司合资成立上汽通用五菱，首创中外合作新模式；2002 年 10 月，参与美国通用汽车收购韩国大宇汽车公司项目，开创中国汽车资本走出国门的先例。

从 2003 年开始，上汽实施了一系列海外行动，通过在海外进行股权或资产收购、设立合资生产基地等方式，在提高自身技术能力的同时，致力于拓展海外市场与营销渠道。2004 年上汽收购英国百年汽车品牌罗孚（ROVER），通过与罗孚持有者英国凤凰财团（PVH）的国际资本合作，低成本地获得了 ROVER25、75 系列整车及相应系列发动机的知识产权。2005 年，MG 品牌也被收购。罗孚与 MG 品牌的收购，目前被广泛认为是国内汽车企业最为成功的对外投资模式之一。特别是其立足于国内市场需求进行海外收购，并针对收购车型进一步研发，从而获得更适合市场需求的自主知识产权，这种收购模式当之无愧地被称为中国企业成功实践“走出去”与“引进来”战略的典范。之后，资本先行，通过并购、股权投资、资本合作等形式“走出去”，特别是 2013 年以来基于海外建厂和资本的国际化战略加速推进了上汽的全球化进程。

3. 整合全球与本土优势，推进品牌“走出去”

上汽在创新“走出去”模式的同时，始终牢记“加快自主创新、打造自主品牌、提高核心竞争力”的战略任务，在合资合营发展的同时，创新合作模式，注重全球化与本地化结合，积极探索自主品牌研发和建设，以自主品牌创建和品牌“走出去”推动上汽的全球化战略纵深化发展和更高层次的发展。

上汽从2004年开始改变思路，由原来“依靠自身力量自主发展”一条路，拓宽为“收购国外企业合作生产、深化战略合作合资生产、合资企业创建自主品牌”多条路径，积极利用整合国际、国内各类资源，通过消化、吸收、再创新，全面实现整车级自主创新和自主品牌建设。

2004年上汽收购罗孚，与英国老牌的汽车公司罗孚集团签署合作协议，购得的罗孚（ROVER）25、75系列轿车和相应系列发动机的知识产权为后来的自主品牌建设打下了良好的基础。2006年10月，中高端自主品牌荣威和荣威750轿车相继发布，标志着上海汽车工业从合资经营为主的发展阶段进入合资经营与自主品牌并举的发展阶段。2007年1月，承担上汽自主品牌建设的上汽汽车制造有限公司更名为上汽乘用车分公司。2008年9月和2010年3月，上汽乘用车分公司临港基地和南京浦口基地二期改建工程相继投产，上汽形成上海、南京和英国长桥“两国三地”自主品牌研发体系和制造体系，并先后推出荣威750、荣威550、MG6和荣威350轿车。同时，上汽通用五菱于2010年7月和11月先后推出自主品牌宝骏和宝骏630轿车。至此，上汽自主品牌建设取得重大突破。上海大众于2008年研制成功PASSAT领驭新一代燃料电池轿车，先后服务于北京奥运会和上海世博会，2009～2010年相继研制成功朗逸和天越纯电动轿车。上海通用于2008年研制成功君越混合动力轿车并批产上市，2010年开始研制凯迪拉克混合动力轿车。随着近几年新能源车的快速研发，荣威e550、荣威e950、荣威eRX5、荣威i6等车型上市，上汽插电混合动力车型已实现A级、A+级、B级和SUV全覆盖，国内市场占比已经超过23%。

目前，上汽拥有完全自主研发的上汽1.5T发动机（代表车型为荣威RX5），是目前国内自主品牌量产最多的发动机。由上汽主导开发、与通用共享知识产权的全新NetBlue 1.0T三缸发动机（荣威i6），与国际知名汽车品牌福特和本田的发动机性能已经不相上下，而且在混合动力新趋势下，上汽推出的 1.0T+ 电机的动力组合彰显了其混合动力发动机的技术优势，进入混合动力发动机前沿。从新能源车的核心技术现状来看，上汽目前已经拥有电池、电驱、电控“三电”核心技术，属于国内少有的自主掌握“三电”核心技术的企业，特别是自 2015 年以来，上汽自主品牌汽车和新能源汽车海内外销量都实现了爆发式增长。国际上，上汽自主品牌也日益被国际市场认可和接受，目前上汽大通海外市场表现最好的是拥有 17% 市场占有率的新西兰市场，上汽 MG 自主品牌在泰国已经达到 10% 的市场占有率，随着上汽印度工厂的投产，其在印度市场也有望迎来巨大增长。

在资本“走出去”的同时，努力实现品牌“走出去”，可以说，上汽的品牌全球化战略不仅为中国汽车企业“走出去”提供了一种可以借鉴的模式，也为中国汽车企业如何在“走出去”的同时体现中国价值和中国印记提供了一种可以借鉴的模式。

（四）文化创新，推进上汽内驱型发展

上汽在经历改革开放四十年的发展探索后，当前作为世界 500 强企业，得以显示愈加旺盛的活力和生命力，除了得益于制度、技术以及市场资源整合等方面的创新外，文化创新作为一种软实力，也为上汽提供了可持续发展的内在驱动力，并助推上汽实现差异化、全球化、多元化的发展。

1. 以 SAIC 价值观凝聚上汽文化

上汽在改革开放的长期探索实践过程中，逐步意识到企业文化对于凝聚人心、集聚人才以及持续发展、做强做大的重要意义。特别是在 20 世纪 90 年代末期，上汽面临来自国内市场崛起、WTO 标准冲击以及发展速度放缓的三大冲击。在确立基本工作思路的同时，上汽意识到，企业实现远景目标需要确立一个共同的核心价值观，这是企业的灵魂，是员工的目标与团结的旗帜，更是可向世界输出的理念与价值。因此，上汽以开放与创新的视野打造独特的企业文化。

第一，基调：面向历史、世界与大众。在充分学习海外杰出汽车企业文化和开展全行业大讨论后，上汽组织了技术开发、产品规划、市场开拓、员工素质、企业文化等18项专题调研及与其他相关企业的“文化对标”，进而对上汽价值观的设计达成了三个基调的共识：一是须面向历史。价值观既要体现上汽未来发展的要求，也应对上海汽车工业改革开放二十余年的历史历程进行总结。二是须面向世界。要处理好上汽在“走出去”的多元文化背景下的摩擦、碰撞，从而实现融合。三是须面向大众。既要着眼于“用户大众”，为用户创造价值，也要着眼于“员工大众”，坚持以人为本，提高员工的忠诚度和归属感。

第二，内容：“SAIC”的双重设计。在集思广益和修改完善后，2000年12月上汽的核心价值观正式确立，即“SAIC价值观”，这个价值观将上汽的名称与上汽的发展方向和价值取向有机结合起来，是上汽改革开放多年发展实践的经验总结，也是上汽着眼于未来发展的战略部署。其四层含义为：S——Satisfaction from customer，满足用户需求；A——Advantage through innovation，提高创新能力；I——Internationalization in operating，集成全球资源；C——Concentration on people，崇尚人本管理。上汽结合价值观，开展了“用户满意、全面创新、全球经营和人本管理”四大工程，推动集团公司参与竞争、不断发展，其中，“满足用户需求”是龙头工程第一理念。上汽把SAIC价值观融入管理，并以讲故事、写文章、培训等形式在员工中持续推广，不断扩大影响，上汽也获得了“中国企业文化奖”、“中国企业文化建设二十年建设实践奖”等荣誉奖项。

第三，发展：三位一体的上汽愿景。2007年上汽提出了“上汽愿景”，全面勾勒出体现上汽文化内涵与追求目标的发展宏图：为了用户满意，为了股东利益，为了社会和谐，上汽要建设成为品牌卓越、员工优秀，具有核心竞争能力和国际经营能力的汽车集团。当前，上汽进一步完善其价值观，形成了“三位一体”的价值体系，包括：愿景——“倾力打造富有创新精神的世界瞩目汽车公司，引领未来汽车生活”，使命——“坚持市场导向，依靠优秀的员工队伍，持续创新产品和服务，为各相关方创造价值”，价值观——“诚信、责任、合作、创新、进取、梦想”。

2. 以创新型人才托举上汽文化

上汽始终认为，人才是企业在竞争中不断发展、迸发活力的根基。其举措：一是聚才、觅才。在人才的聚集上，上汽一直具有开放性的视野和思维。第一阶段是面向全国招揽优秀人才。早在 1985 年上海大众成立、启动桑塔纳轿车生产时，上汽为解决企业领导人才和高级经营、管理、技术人才缺乏的困境，除了在全系统吸纳人才外，还积极通过改革体制机制、争取政策扶持，面向全国招聘优秀人才。此举对大众轿车的生产能力提升乃至整车生产能力的形成发挥了重要作用。第二阶段是面向全球整合优秀人才。在确立立足全球资源、开发自主品牌的基本思路后，2004 年上汽成立自主品牌工作组，将下属企业一批高级技术和管理人员充实进来，加大培育力度。此外，还积极启用国外的工程师和专家，整合了中国、英国、意大利、日本、韩国、美国、澳大利亚、德国等国的优秀工程师、专家和国际一流零部件企业与设备供应商的开发人员，为创建并维护自主品牌提供了坚实的人力和技术基础。

二是育才、养才。上汽具有重视人才培育的传统，多年来努力打造高级经营管理、高级专业技术、高级操作技能三支人才队伍。在建设高级经营管理人才队伍方面，上汽开办了海外培训、青年干部培训班，与高校合作设立创新专题研究班、开办公共讲座等，并选拔后备干部轮岗和挂职锻炼，丰富业务、管理和党群等领域高端人才与核心骨干的知识结构。在培养高级专业技术人才队伍方面，上汽制订了双轨制职业生涯发展计划，并与院校合作搭建高级专业技术人员培养基地和技术交流平台，开展汽车专业工程师、会计、内审等专业技术人才继续教育项目。在培养高级操作技能人才队伍方面，上汽持之以恒地开展员工培训，实施技师继续教育并组织开展技师创新之家研讨活动，深化职业技能竞赛活动，组织生产一线工人技能比武、岗位练兵，涌现出包括全国劳动模范在内的一批高级技能领军人才。

三是识才、用才。首先，重视多层次人才梯队的搭建和人才的委任。如在技术人才方面，不仅选派高级人才赴美、德、法、日等国学习、培训，而且积极吸收大学生人才，对有真才实学的员工，大胆委以重任，使他们获得使命感和成就感，特别是还为成绩突出的青年人才设立“科技之星”荣誉。其次，重视员工的意见建议，全方位关心员工的思想动态。上汽依据《工会法》组织工会，开展工会活动，维护员工的合法权益。上汽还创建了“THINK MODEL”员工思想动态调研模型，通过每年定期调研测评员工在Trust（信心）、Happiness（满意）、Integrity（忠诚）、Needs（需求）和Knowledge（认知）等方面的指数，分析员工的思想动态变化，查找思想工作中的薄弱环节，制定有针对性的措施，提高员工综合满意度，增强员工凝聚力，营造和谐的工作氛围。最后，上汽积极发动员工为企业发展献计献策。如积极开展“人人成为‘经营者’”活动，发动员工在降本增效、节能减排等方面为企业发展献计献策，为企业可持续发展建功立业。

3. 以履行社会责任传递上汽文化

随着参与汽车工业全球化竞争程度的不断加深，上汽作为国内汽车行业的领军企业和上海国有企业的重要代表，在不断提升经营业绩和质量的同时，始终注重经济、社会、环境与和谐发展的社会责任，并将其作为可持续发展的重要基石，展现上汽“负责任、可信赖、开拓创新”的企业公民形象，朝着建设成为“世界著名汽车公司”的发展目标不断迈进。上汽从2008年开始向社会公布《社会责任报告》，主要包括以下三个方面的内容。

第一，诚信进取，履行经济责任。上汽在经营方面秉承诚实守信，以遵纪守法、诚信经营作为可持续发展的基石，确保道德、财务及其他企业运行机制等的规范运作，真实可信。上汽持续推进质量领先，以创新引领质量战略升级，坚持质量第一，并以用户体验为导向，重视服务质量提升，实现用户责任。上汽实现了较好的经营业绩，以自主品牌和差异化战略在市场上获得优势，实现股东责任。在创新战略指导下，推进跨界共赢发展，实现伙伴责任。

第二，严格规范，履行环境责任。上汽从生产过程节能开始，以提高企业生产率为主题，大力提升各企业的能源利用水平，促进生产经营协调可持续发展，推进环保工作，同时，上汽的各整车生产企业都较好地遵守各种有关噪声、空气污染、废水处理与排放以及废料与危险物品处理的污染控制法规，建立了自己的污染控制体系。2017 年上汽成立环境保护领导小组和工作小组，全面推进环保制度和体系建设，用行动践行“绿水青山就是金山银山”，继续推进 ISO 14001 环境管理体系的贯标工作，通过建立健全组织机制、完善内控流程、开展环保检查、组织环保培训等，督促企业严格遵守环境保护法规。

第三，开放服务，履行社会责任。上汽承担着国有资产保值增值的使命责任，也承担着促进经济发展、依法纳税、创造就业的发展责任。上汽建立了完善的招聘和录用机制，不存在性别、生理等歧视。上汽关心职工的生产安全、薪酬福利、技能提升、工作生活环境改善等。此外，上汽还积极参加社会活动，从事公益捐赠、产业及就业扶持、教育扶贫、健康帮扶、救灾减灾等公益事业。

三、新时期、新起点，上汽的“汽车强国梦”

2018 年 2 月，李强市委书记在视察上汽时提出：“上汽集团要勇当打响‘上海制造’品牌的急先锋，科创中心建设的主力军，国资国企改革的排头兵，企业走出去的领头羊。”上汽根据习总书记和李强市委书记提出的创新发展新要求，结合新时期科技进步、市场演变、产业变革的大势，主动对接国家战略，紧紧抓住上海新型智慧城市建设的重大机遇，以锐意进取、开拓创新、抢抓机遇、奋力拼搏的精神，谋划和实施新一轮的转型发展战略，向实现“世界著名汽车公司”的“上汽梦”迈进。

（一）以全面创新为着眼点，谋划创新驱动转型发展战略

2014 年，上汽在深入把握“科技进步大方向、市场演变大格局、产业变革大趋势”的基础上，主动对接国家战略，紧扣上海产业创新驱动、转型发展的要求，确定了新时期上汽创新驱动发展战略的方向：以全面创新为着眼点，加快从主要依赖制造的传统企业转向为消费者提供全方位产品和服务的综合供应商，努力成为全球布局、跨国经营、具有国际竞争力和品牌影响力的世界著名汽车公司。到 2020 年成为国内技术和市场全面领先的汽车集团，到 2025 年成为具有全球竞争力和影响力的出行服务与产品的综合供应商。

根据新时期创新驱动发展战略目标，上汽进一步明确提出“围绕产业链部署创新链，重在向产业链两端加快延伸，加快创新、加快转型，着力提升产业链整体能级”的战略发展方向。在产业链前端，重点抓好品牌与核心技术的提升。坚持把自主品牌作为集团发展的首要战略，全力推进；把新能源汽车作为抢占未来发展的制高点，加快推进；在持续改进传统技术的同时，加快前瞻技术的研究和应用。在产业链后端，形成汽车服务领域的新优势。推进电商平台建设，打通线上线下资源渠道，创新业务模式；加快在后市场的业务布局；拓展汽车金融新业务领域。在产业链前后端结合方面，以互联网汽车研发为突破口，布局互联网汽车时代。加强战略合作，探索革新汽车研发与汽车使用服务生态体系，力争率先形成全新的行业标准和平台，引领行业潮流。

（二）聚焦“新四化”，全力推进创新，寻求新突破

为了实现新时期创新发展战略目标，上汽提出了“电动化、智能网联化、共享化、国际化”的“新四化”创新发展方向，坚持创新引领、重点突破、以点带面、压茬推进，不断寻求新的差异化突破，加快打造移动出行服务平台，着力构建产品与服务紧密结合的出行生态，提高产品和服务质量，争当新时期中国汽车行业的创新标杆企业。

在电动化领域，推进新一代电驱变箱和电池管理系统、电轴、逆变器“三电”系统关键部件以及全新电动车的自主开发，通过“引进来”与“走出去”，加强战略合作，不断强化新能源汽车的竞争优势，引领行业发展。在网联网领域，不断优化斑马智行系统，提升用户体验，致力于打造成为互联网汽车智能硬件开放平台，推进上汽互联网汽车技术优势向海外溢出，提升国际影响力。在智能化领域，聚焦“最后一公里”自主泊车等项目，加快推进智能驾驶中央决策系统软硬件的集成开发，全面提升上汽在智能驾驶领域的核心技术能力。在共享化领域，打造分时共享新能源专属车型，从前端技术开发开始充分融合后端分时共享的运营模式，助力拓展分时共享市场。与此同时，推进各种数字和业务生态资源的相互融合，实现资源共享，加快大数据和云计算中心建设，促进创新业务发展。

（三）“智造、服务、品牌”并举，加快推进创新驱动转型发展

面对新的发展形势，围绕新的发展战略目标，瞄准新的创新发展方向，上汽提出以“做精上汽智造、做新上汽服务、做响上汽品牌”为抓手，推进创新驱动转型发展。

（1）做精上汽智造。以新能源汽车、智能网联汽车、智能制造为核心抓手，加快推进信息技术与制造技术的深度融合，推动上汽向产业创新链、高端价值链迈进。（2）做新上汽服务。围绕“人的智慧出行、车的便捷服务、物的高效流动”等客户需求，拓展服务生态、创新业务模式、加强产融结合、优化用户体验，持续推进上汽向出行服务与产品的综合供应商转型。（3）做响上汽品牌。以自主品牌为自主创新的核心载体，不断提高技术与商业模式创新的能力和水平，持续赋予上汽品牌强烈的时代气息和创新转型特色。稳步扩大总量，拓展海外经营，提升品牌面向“两个市场”的影响力；深化自主创新，增强技术能力，增加品牌的先进技术含量；推进商业模式创新，增强服务能力，提高品牌的用户体验。

（四）探索深化国资国企改革，为创新发展注入内生动力

上汽按照中央和上海市委、市政府的要求，结合新时期、新环境的要求，不断探索深化国资国企改革，寻求体制机制突破，激活创新资源，为企业发展注入内生动力。

改进对下属企业的考评机制，加大创新类指标的权重，提升考评工作的针对性和有效性；构建创新的容错机制，建设和培育鼓励创新、宽容失败的企业文化；推进干部任期制契约化管理，形成能上能下、能进能出、能增能减的市场化管理机制；面对未来发展需求，加强“头脑型”总部建设。

上海罗氏制药：跨国企业的本土情怀

上海社会科学院

罗氏制药（或称“罗氏”）是总部位于瑞士的500强跨国公司，创建于1896年，是世界领先的以创新为驱动力的医疗保健集团，是为全球提供创新药、疾病预防、诊断和治疗服务的大企业，业务范围遍及世界150多个国家和地区。罗氏制药1926年进入中国，之后由于历史原因离开中国，后于1988年再次正式进驻中国市场。1994年在上海成立合资企业，目前已经以上海为基地，在中国的生物制药领域形成了一个覆盖研发、生产、诊断技术服务等全产业链条的医药企业，并依托其高度社会责任成为最受社会尊敬的企业。

一、上海罗氏制药有限公司的发展历程

上海罗氏制药有限公司（简称“上海罗氏制药”）从1994年成立合资企业开始药品生产到成立研发中心，再到每一个里程碑成果，都充分体现了上海罗氏制药有限公司对上海发展的信心和将中国融入罗氏制药创新共同体的有益尝试。

（一）看好中国、落地张江

上海罗氏制药有限公司1994年在上海的张江高科技园区成立，是当时

为数不多在张江园区投资的大外资企业，上海罗氏制药有限公司的研发中心还是中国最早成立的跨国公司研发中心，是行业内第一个医药研发中心。

1. 开跨国公司投资风气之先

罗氏制药与中国的渊源可以追溯到中华人民共和国成立之前，早在 1926 年罗氏制药就在中国有投资。作为“远东大都市”的上海是当时罗氏海外投资的重要目的地。而改革开放后，罗氏制药总部的全球化战略再次关注作为“对外开放窗口”的中国浦东，以上海浦东新区的张江高科技园区为起点，布局中国投资项目。

1994 年的张江高科技园区所在的浦东尚是一片乡村，医药领域的外商入驻凤毛麟角，当时的罗氏制药负责人总经理威廉·凯乐（William R. Keller）先生对于合资建厂持有高度信心，上海南浦大桥的迅速建成和上海领导人对外开放的决心给他和罗氏制药高层负责人留下深刻印象，说起当时的决策，他说:“现在中国经济发展很快，中国正在向世界展示其巨大市场的魅力和强劲的冲击国际市场的能量，所以对于一个国际跨国企业来讲，如果在 2000 年之前还不能打入中国市场，那么就会失去许多赢利机会，在今后的国际竞争中明显处于下风，最终丧失其国际跨国企业的应有地位。罗氏是一家国际著名的跨国公司，当然不能对中国市场袖手旁观。”经过市场考察，罗氏制药在 1994 年选择了在张江高科技园区，以合资企业方式创立了上海罗氏制药有限公司。

2. 领发展中国家研发中心之首

在中国医药市场潜力持续扩大和人力资源水平提高的背景下，上海罗氏制药有限公司的投资向研发领域扩大。进入 21 世纪，罗氏制药开始积极谋划在华研发投资，经过慎重的考察和策划，2004 年罗氏制药在张江高科技园区成立了罗氏研发（中国）有限中心，采取外商独资企业的投资方式建立了当时上海第一家跨国药企独资研发中心，也是罗氏制药在发展中国家的第一个研发中心，更是罗氏制药唯一全球在发展中国家设立的生物药品研发机构。

（二）对接研发、深耕中国

从全球范围看，罗氏是充满创新基因的一家企业，作为制药企业，罗氏不生产仿制药或生物仿制药，是一家纯粹依赖创新的公司。2016 年，罗氏的研发投入达到 93 亿瑞士法郎，占其营业额的 20%。无论是在医药行业，还是全行业范围内，罗氏都位居全球前五大研发企业集团之列。在中国布局了生产与销售网络后，罗氏进一步将中国引入其全球研发价值链。

1. 嫁接全球研发价值链

2004 年罗氏在中国建立研发中心对于罗氏制药在上海的“深耕”发展历程具有里程碑意义，位于上海张江的罗氏制药中国研发中心是罗氏制药的全球药品研发中心之一，是地标在上海、面向世界的研发中心。研发中心是中国乃至亚洲地区（不包括日本）的第一个全功能临床药品开发中心。罗氏制药在上海建立研发中心的背后定位深刻体现了中国市场和当地研发人员以及各类配套措施的完善。

罗氏制药总部将其定位于全球性研发中心，成立伊始确定的发展目标是仅次于旧金山和巴塞尔的第三大全球战略中心。中心确立的研发创新事业目标是在全球市场中的中国，以全球市场需求的变化为背景，根据公司的创新目标，以中国当地的研发资源为基础在全球范围内整合研发资源。这个布局不仅体现了罗氏制药以世界级的研发标杆来定位上海的研发中心，也反映了罗氏对上海在医药领域的本土研究资源以及整合海外研发资源的信心，彰显罗氏制药立足中国、面向全球的研发创新理念，构建了链接上海资源融入全球研发价值链的长期策略。

2. 培育本土的“创新基因”

2004 年罗氏启动在中国的研发中心的建设，旨在构造一个从药物的生物性效用研究、药品实验检测到临床应用的完整创新价值链。这个重大举措背后，不仅是罗氏制药长期以来的“创新基因”，也是罗氏制药对于中国市场和中国当地创新环境与高端人力资源的认可。

该中心发展贯穿着“整体研发”的理念，即将罗氏研发的目标与中国当地患者的需求进行充分对接，构建一个包括研究、开发、生产、营销等环节在内的完整的本土医药价值产业链。这在当时中国创新环境尚不完善的条件下，是所有在华外资医药企业中最早构建研发全价值链的项目。

2005 年在张江厂区的罗氏制药致敏生产基地启动并投产，这对于罗氏制药具有里程碑意义，标志着罗氏制药在中国布局的整体价值链迈出了重要一步。该基地的核心产品是骁悉和希罗达两个药品，这两个药品是罗氏制药最具有市场声誉的产品，体现了罗氏制药的创新成果，也是罗氏至今研发投入强度最大的两个药品。

罗氏在中国的发展并不局限于设施上的扩张，而是以药物创新为长期战略目标。2007 年罗氏将亚太地区运营总部迁至了上海，成立亚洲药品合作部，位于上海的罗氏工厂相应完成新一轮厂区扩建，代表了罗氏制药在中国生物医学创新领域做持续投入的决心。罗氏亚洲药品合作部落户上海是罗氏在中国发展的又一里程碑，体现了罗氏对本土生物医学创新领域的持续投入，这个合作部的发展愿景是与中国当地合作伙伴携手推进药物创新，契合中国政府鼓励创新药物发展的政策目标。

3. 同步推进新药开发

目前，罗氏在中国拥有 17 个产品，覆盖 8 个治疗领域，是抗肿瘤、抗病毒、移植等关键领域的市场领导者。上海罗氏制药有限公司实现了在全球研发价值链中的深度参与，集中体现为参与罗氏全球三期临床试验，该比例过去五年来逐年提高。

目前上海罗氏制药有限公司参与全球三期临床试验的总体比例为 35%，未来罗氏定下的新目标是大约 70%。参与全球三期临床试验意味着本土自主创新能力的提高，是上海罗氏制药有限公司成功地从“带入新药”阶段推进到“开发新药”的转型。罗氏近五年来的开发活动不再是早期的把创新药推广到中国，而是更多地致力于与政府合作，帮助中国患者用上适合他们的创新药。与政府、医疗机构以及非政府组织等社会各界多方携手，共同探索创新的合作模式。

正如上海罗氏制药有限公司临床研发中心负责人 Malte Schutz 所谈："目前，在罗氏全球药物临床试验体系中，中国项目正在发生非常积极喜人的变化。我们加入全球新药多中心临床试验由'选择加入'转变为'默认加入'的模式，这意味着不管是什么药物和适应症在全球开发，我们默认是把中国纳入进去的。"上海罗氏制药有限公司在新药开发和相关诊疗技术研究上已经完全实现了在第一时间与总部团队同步推进。

伴随着罗氏在中国的新药开发和诊断技术研发的持续升级，上海罗氏制药有限公司的创新基因持续凸显。2009 年，上海罗氏制药有限公司医药发展中心升级为罗氏在亚洲的产品发展中心，在研发上更加专注于针对中国患者需求的药品和医疗技术的创新。

（三）全面嵌入、追求"中国梦"

1. 外方领导人的中国寻根

现任上海罗氏制药有限公司外方总经理的周虹博士出生于中国温州，虽然 12 岁与家人移居德国，但是她内心深处始终存有报效祖国的情怀。1996 年，周虹拿到了德国柏林经济学院欧洲商学硕士学位，先后就职于德勤、先灵、拜耳等企业，有着 20 多年专注于医疗卫生领域的职业生涯。2011 年，周虹回到中国，任职于上海罗氏制药有限公司，是罗氏至今第一个出生于中国的外方总经理，她在中文和德语之间的无缝切换无疑为罗氏增加了中国基因，为罗氏与全球的联通形成无障碍通道，为罗氏"深耕中国"战略的深入推进带来了更大的助推力。

对于回国，周虹博士说："我们都清楚地看到，国人在奢侈品上的消费名列第一，新款苹果手机能同步上市中国市场，而创新的药品却因各种原因晚于欧美若干年……每当想到这些，我总会有一种强烈的使命感。"上任伊始，周虹就广泛收集民意，在上海罗氏制药有限公司开启了一个名为 PACE 的变革之旅。PACE 的四个字母分别代表 PatientFocus"患者为先"、Agility"敏锐"、Collaboration"合作" 和 Execution"执行"。周虹高度重视倾听一线员工的声音，记住他们的名字，及时地跟进和反馈意见，拜访各地办事处是她最喜欢做的事情。经过一年努力，PACE这样一个前所未有的变革管理项目得到了很好的执行，公司上下出现了很大变化，员工工作更加主动，内部沟通更加充分，从工作士气到业绩都有了很大提高，整个内部组织系统也变得更加合作高效。

2017年，周虹博士还拿到中国首张自贸试验区管委会推荐外国人永久居留身份证，成为“中国居民”，进一步体现了周虹博士扎根中国的决心。

2017年8月3日周虹宣布，针对“癌中之王”黑色素瘤的新药全球同步在中国上市。由此实现了代表国际前沿水平的抗肿瘤药物在中国市场全面推广，被纳入医保系统的抗肿瘤药品对于患者而言大大降低了药物支出。这些突出的成果离不开周虹女士的努力。自从周虹2015年3月出任上海罗氏制药有限公司总经理以来，带领上海罗氏制药有限公司将罗氏的一揽子主打药品对接中国的医保目录药品价格谈判，经过她和团队的努力，罗氏制药成为新一轮国家药价谈判中入围品种数量最多、降幅最大的跨国药企；业绩增长也恢复到两位数，达到19%；公司内部三年一次的员工敬业度调研，更是创下有史以来的最高分。

2. 不负总理的“健康事业”嘱托

2018年4月，以周虹为首的罗氏高层团队接待了李克强总理的考察，作为代表张江园区高技术行业的标杆企业，李克强总理“点赞”上海罗氏制药有限公司为惠及患者主动降价，并称赞已经启动的罗氏上海创新中心项目建设。2017年罗氏研制的4种抗肿瘤靶向药物成功地被纳入国家医保目录，而罗氏的品牌药品赫赛汀也被纳入国家医保目录。这一惠及广大中国患者的重要举措得到了总理的称赞。考察当天，李克强总理说：“希望你们生产的抗癌药等重大疾病药品价格能够更加优惠公道。这样不仅患者能够得到更及时的治疗，而且企业也能够实现薄利多销，使双方都受益。”

总理在对罗氏的考察中对罗氏提出了要攻克乙肝的创新要求，并十分关注罗氏与上海医药签署战略合作协议。周虹说：“我们研发创新中心建成后，将聚焦于研究早期开发免疫及抗感染疾病领域的创新型药物。未来研发的乙肝创新药物，有望走向世界，惠及全球。”最近，公司科学家在上海研发的乙肝新药即将进入临床试验的阶段，可谓一大突破，这让周虹觉得她的梦想似乎并不遥远。

3. 追求个人与企业的“中国梦”

周虹女士作为一个海归，将她对祖国母亲的情怀与效力罗氏的事业目标紧紧捆绑在一起，她对于企业未来发展是用“中国梦”来传递的，她多次谈到未来她的三个中国梦。

一是针对中国和全球的医药难题，开发系列创新型药品。周虹说：“我们研发创新中心建成后，将聚焦于研究开发免疫及抗感染疾病领域的创新型药物。未来研发的乙肝创新药物，有望走向世界，惠及全球。”近期，罗氏的科学家在上海研发的乙肝新药即将进入临床试验的阶段，这个重大突破让周虹觉得她的梦想似乎并不遥远。对于这个阶段性成果，李克强总理在考察中也给予了高度评价：“中国有众多的乙肝患者，希望你们早日研发成功，也希望你们的价格更加优惠公道，惠及更多患者！”

二是扎根中国，将个人命运与上海科技创新中心发展进程充分融合。周虹博士2017年成为上海自贸试验区管委会推荐的永久居留身份证“001”号，这不仅是上海自贸区在境外人员工作居住便利化安排上的重要创新举措，也是对罗氏的肯定。周虹对此欣喜不已，她说：“我现在不仅来去自由，而且将来如果自己创业的话，还能在自贸区享受与内资一视同仁的国民待遇！”

三是让世界一流的药品诞生在中国。周虹在忙碌的本职工作外，自告奋勇担当了该中心的核心部分——“研发创新工作小组”的带头人。工作小组的成员都是各大制药公司的首席科学家，很多科学家与周虹有着相似的经历和情怀。他们怀揣同一梦想回到祖国，立志要让世界一流的药品诞生在中国的土地上。而周虹之所以选择这个看似和她完成业务指标并无直接关联的方向，正是源于她长久以来念念不忘的“中国梦”。

上海罗氏制药有限公司推进创新的核心推动力是拥有一批具有高度专业性和极富合作精神的科学家。1994 年至今，上海罗氏制药有限公司培养了一批出色的跨学科研究员，通过与中国企业和学术机构的合作，产生了非常可喜的成果。今天，罗氏制药研发中心在华拥有 330 多位研发科学家。目前周虹总经理更加重视国际化人才队伍培育，积极从海外招募科学家加入上海罗氏制药有限公司的创新团队，并与本土大学科研团队开展合作，为构建达到世界先进水平的罗氏创新中心而努力。

罗氏近期已投资 8.63 亿人民币，建设“罗氏上海创新中心”，预计将于 2019 年初竣工。这是上海罗氏制药有限公司又一个具有里程碑意义的战略举措，代表罗氏在上海的研发价值链在研发上内涵与外延的全面升级，2016 年年底，研发小组已经产出了 160 多件颇具含金量的发明专利申请，其中一半已经获得授权。据了解，该中心在中国已经有两个品种进入 I 期临床。

从“研发”到“创新”的飞越将深刻体现上海罗氏制药有限公司助推上海具有全球影响力的科技创新中心战略落地。上海罗氏制药有限公司计划投资 8.63 亿元的罗氏上海创新中心正在建设之中，预计 2019 年竣工。创新中心将聚焦于研究与早期开发免疫、炎症及抗感染疾病领域的创新型药物。这个新的创新中心能推动罗氏和当地研究机构之间的合作，同时吸引世界顶尖的研究人才来到中国。

根据罗氏瑞士总部 CEO 施万博士（Dr. Severin Schwan）的设想，上海罗氏制药有限公司的发展愿景是在上海全面布局。他在 2017 年 9 月 17 日出席第 29 次上海市市长国际企业家咨询会议时提出上海罗氏制药有限公司的三大创新轨道，包括提升早期研发能力、汇聚创新人才资源、营造创新文化，通过上述三方面的融合发展，为提升上海城市形象注入能量，以期成为具有全球影响力的活力之城、创新之城、未来之城，助力上海“2040 年上海全球城市”建设目标。

二、罗氏中国的经营之道："先患者之需而行"

作为肿瘤领域的领导者，罗氏秉承"患者为先"的理念，一切的出发点是为了患者得到最大的获益，降低广大患者用药负担，提高药品可及性和可支付性。罗氏在中国一直致力于提升肿瘤的规范化治疗，但受制于药物可及性和可支付性，中国肿瘤的靶向治疗率与发达国家相比一直有不小的差距，目前中国只有 20% 的癌症患者有机会使用到创新药物的靶向治疗。上海罗氏制药有限公司近五年来一直致力于扩大中国肿瘤的靶向治疗率。

（一）扩大患者的药品可及度

上海罗氏制药有限公司在最具代表性的抗肿瘤靶向药物的推广上，为扩大抗肿瘤靶向药物的患者惠及程度做了多年努力。上海罗氏制药有限公司采取了一系列的"企业＋政府＋社会组织"合作推广的方式，是医药领域的楷模，其最终在 2017 年实现了抗 HER2 治疗靶向药物进入国家医保的阶段性目标。

2017 年 7 月 19 日，在人力资源和社会保障部宣布的正式纳入国家基本医疗保险、工伤保险和生育保险药品目录乙类范围的 36 种药品中，上海罗氏制药有限公司的 4 款靶向药物曲妥珠单抗（赫赛汀）、利妥昔单抗（美罗华）、贝伐珠单抗（安维汀）、厄洛替尼（特罗凯），全部进入国家医保目录。上海罗氏制药有限公司生产的抗 HER2 阳性乳腺癌靶向治疗药物被正式纳入国家医保药品目录。

这个重大成果大大改善了各界对使用乳腺癌靶向药物进行标准化治疗的固有的经济负担重的观念，提升了药物可及性。除了减轻患者的经济负担之外，这一变化也将影响到医生专家的临床诊疗实践，有助于优化 HER2 阳性乳腺癌治疗方案，提高诊疗效率。继抗 HER2 治疗靶向药物进入国家医保后，目前全国已经有 30 个省市区结束了抗 HER2 治疗靶向药物在当地医保落地的谈判。河南、新疆、辽宁、安徽、内蒙古和吉林将会在 2017 年 9 月落地。为了让更多 HER2 阳性乳腺癌患者得到有效治疗。在公益项目之外，近几年，广州、深圳、珠海、东莞、青岛、哈尔滨以及江苏、广西等地先后将赫赛汀纳入了地方医保报销范围。

靶向治疗药物在全国各地医保的落地，将大大减轻患者负担，有利于帮助更多患者治愈疾病，给予他们全面的支持，提升全社会对于癌症治疗的信心。这些产品纳入国家医保目录后，有助于进一步减轻患者的经济负担，更多中国肿瘤患者可以通过这些创新药物延长寿命、提高生活质量。除此之外，考虑到部分低收入者的负担能力，上海罗氏制药有限公司与中国癌症基金会合作，开展过赫赛汀慈善赠药公益项目。

上海罗氏制药有限公司在药品定价和推广渠道上始终贯彻患者需求至上的理念。作为肿瘤领域的领导者，上海罗氏制药有限公司秉承“患者为先”的理念，以患者得到最大获益为出发点，降低广大患者用药负担，提高药品可及性和可支付性。因此，罗氏制药在近年的国家医保改革中，充分理解和认同国家的药品价格谈判新机制的原则，并全力配合深化医药卫生体制改革的尝试，积极参与价格谈判，从而保证有需要的中国肿瘤患者都能用到罗氏抗肿瘤领域的创新药物。

继续积极支持和配合国家深化医药卫生体制改革、提高药品的可及性和可支付性。将抗肿瘤靶向药物纳入国家医保目录体现了政府在推动深化医药卫生体制改革、提高药品可及性、引导医药产业健康发展的不懈努力。同时，这次国家医保目录的更新首次尝试在全国范围内运用谈判机制，谈判过程体现了“公正、公平、公开”原则，充分考虑到了广大患者对创新药物的迫切需求。

除了4款靶向药物，根据人力资源和社会保障部2017年2月23日公布的《关于印发国家基本医疗保险、工伤保险和生育保险药品目录（2017年版）的通知》，罗氏11款药物：希罗达、骁悉、赛美维、美多芭、罗氏芬、达菲、派罗欣、罗可曼、罗盖全、万赛维、邦罗力均被列入国家医保目录。

从长期来看，进入国家医保目录，上海罗氏制药有限公司期望带来更长期、可持续的业务增长。从短期来看，NRDL的落地需要一定的时间，加上受限于疾病诊断知晓度、医院总量控制、医保费用控制等原因，短期可能会存在销量的提升低于预期的风险。

罗氏的 4 款靶向药物进入国家医保目录后，可以在很大程度上解决患者的可支付性问题。接下来，企业将积极配合各级政府部门，通过与各方合作，不断提高病理检测水平，并推动靶向药物纳入医保的落地实施工作。

随着国家推动完善分级诊疗制度，上海罗氏制药有限公司将进一步着手推动靶向药物在广度和深度的覆盖；提升肿瘤的规范化治疗；加速新产品的上市，使更多的中国肿瘤患者能够使用到创新药物和靶向治疗，提高他们的生存与生活质量。

（二）推动新药推广的全渠道

在原有医药信息顾问推广模式的基础上，探索更创新的模式。上海罗氏制药有限公司的目标是“不管患者在哪里，都有渠道知道这个药”。

在主打药“赫赛汀”的推广上，上海罗氏制药有限公司在中国城市采取了多渠道的推广方式，“医联体”、“名医下基层”和线上线下互动的方式基本做到了在一线二线城市的全覆盖，而且开始向乡村发展，这可以让患者获得标准化的信息与治疗。作为罗氏最具领先性的产品，赫赛汀被称为“赫拉女神”。上海罗氏制药有限公司在药品“下乡”活动中将“赫拉女神”形象地称为“赫村姑”。

（三）合作培养本土医疗研究团队

2012 年，上海罗氏制药有限公司成立中国生物标志物团队，主要从事生物标志物的检测，以及将生物标志物运用于罗氏的研发产品中，是业内第一支专注于生物标志物研究的团队。目前团队专注于 HER2 和 EGFR，针对 HER2 靶点检测乳腺癌和胃癌，在临床上帮助患者确定疾病分型，使患者得到有针对性的个体化医疗，这对于目前中国处于高速增长的个性化医疗需求有着重要意义，对于推进中国一线城市的个体化医疗行业有着深远意义。罗氏在中国的专业团队下一阶段的目标包括继续推动中国的病理检测准确度；将新一代基因测序技术带到中国，让中国的专家和患者能够做出更加精确的治疗选择。

以乳腺癌为例，约有25%的乳腺癌病人HER2呈过度表达/扩增。IHC（免疫组化）和FISH（荧光原位杂交）检测是目前公认确诊HER2状态的方法，但受技术、价格和实验条件所限，此前国内尚没有全国质控认证的HER2临床检测中心。从2012年开始，上海罗氏制药有限公司成立专门的生物标志物检测团队，与国内领先的实验中心合作建立中国HER2 IHC标准检测流程及质控体系，促进FISH检测的普及，进一步提高标准化治疗方案的渗透率。

三、上海罗氏制药有限公司的本土合作：深度参与中国医疗体制与服务模式改革

罗氏制药的“本土情怀”不仅体现为让中国患者尽快使用创新药、针对中国患者需求研发新药，更体现为针对中国现有医疗体制与医疗服务模式的问题，积极主动地参与相关改革，并与本地高校、本地医疗机构推进本土医药人才的培养。

（一）与本土药监制度改革的良性互动

上海罗氏制药有限公司不仅致力于创新，更积极推进将新药更快地服务于患者。中国药监制度的特殊性导致新药审批流程较长，中国患者长期以来获得海外创新药的速度滞后于欧美国家的用户，罗氏制药历任管理层都高度重视全球药品在中国的“最后一公里”问题，积极与中国药监部门在药品审批和流通环节上尝试新模式，以加速新药上市。

中国医药行业监管制度的特点决定了海外新药进入中国的速度相对较慢，给一些急需药品的患者带来不便。针对中国患者需求量较大的创新药，

上海罗氏制药有限公司积极与药监相关部门合作，致力于加速患者需要的药品上市的速度。上海罗氏制药有限公司在遵循现有药品监管制度的前提下，最大限度地缩短新药在中国市场上市的时间。罗氏制药在华发展秉承加速新药在华上市的理念，与中国本土药监部门积极合作，为中国患者尽快受益新药做了实质性的工作。在中国医药行业监管环境深化改革，监管制度日趋改善并取得长足进步的背景下，目前罗氏已经基本能做到主流药品在中国和全球的三期临床的同步开发，成功地缩短了新药上市的进程。

（二）积极推动个体化医疗平台建设

在第十三个五年规划中，明确了中国将成为精准医疗领域的全球领先者。上海罗氏制药有限公司充分发挥罗氏制药与诊断结合的专业实力，在推动个体化医疗方面具备独特的优势。上海罗氏制药有限公司对于推动中国个体化医疗发展的贡献在行业内是独一无二的。

为推动国内个体化医疗的进步，上海罗氏制药有限公司与罗氏诊断强强联手，近年来为600多家医院的8000多名病理医生以及4000多名病理技术人员提供个体化诊断与医疗的专业培训，帮助他们了解分子标志物信息解析系统知识，从疾病治疗向医疗健康管理转变，并学习使用电子医疗记录信息和决策支持系统，为未来进一步推广和深化个体化医疗打下坚实基础。

这些科学家深度参与上海当地的专业学术交流网络，至今已经成功地协助上海多家医院建立多学科肿瘤专家会诊平台，使得不同科室的医生有更通畅和直接的交流渠道，从而进一步优化患者的个体化、多学科综合治疗方案。在此基础上推广规范化的病理诊断标准，促进病理和临床科室对个体化治疗理念的认识和应用。

（三）多方借力的创新人才发展

上海罗氏制药有限公司致力于支持上海培育并吸引全球优秀人才。在该领域，上海罗氏制药有限公司的人力资源战略及其与上海高校合作举办的Universimab项目是目前上海科技创新中心建设战略的标杆项目，可为科技创新中心的产学研合作模式创新提供借鉴。2016年9月，上海罗氏制药有限公司推出了“罗氏创新医药人才发展计划”，旨在建立创新型生态圈，促进未来创新医药人才队伍建设。这是张江高科技园区由政府、企业、高校三方合力打造的首个创新人才项目，为校企交流互动建立了重要平台。

该项目的一个重要环节为“Universimab从0到1”药品生命周期管理模拟案例教学项目，旨在为上海地区医药生化专业的高校学生提供专业的培训。在为期六周的培训中，学生接受了密集的互动式教学，覆盖从药物早期发现、临床研究、药品注册、商业化、生产到专利保护和到期的全面内容。

参与了该项目的学生获得了理论结合实际的教育，为将来成为上海生物医学领域的优秀人才奠定了坚实基础。同时，该项目也为政府、学术界和行业如何合作推进上海生物医药人才的培养起到了重要示范和推动作用。罗氏期待与上海携手，在未来为医药行业培养更多全面发展的创新型人才。

（四）深度助推本土企业创业孵化

罗氏制药通过与全球的中小公司合作，致力于形成创新文化。上海罗氏制药有限公司与国内企业的合作经验也印证了这一理念。企业负责人认为大企业与新兴小企业间的合作可以激发独特的思想碰撞，从而实现产品创新。伴随着中国创新型社会建设的推进，在创业条件日趋完善的背景下，罗氏制药通过自身的影响力和全球研发网络，以“跨界”和“跨国”的新模式组建了中国生物技术行业唯一的孵化器。孵化器的目标一方面是海外生物制药研究成果与中国本土企业在相关领域特定专业技术的优势互补；另一方面则有助于将解决方案推向中国市场，寻求针对中国当地患者健康问题的解决方案，并将相关方案进行整合。

罗氏与美国哈佛大学、苏州生物纳米园一道与Wen Associates孵化器项目和齐云创智工坊合作建立了我国生物技术行业唯一的孵化器。该项目也是第一个同时由孵化基地、全球领先的制药公司和著名的亚洲研究机构联合发起的孵化器。根据协议，该孵化器专注于为癌症治疗开发自噬体抑制剂。该项目由新成立的齐云创智工坊实施，着重于将领先的创新技术和产品引入中国。

上海罗氏制药有限公司将自身与中小企业的合作作为下一步发展规划的重要组成部分，以“大手拉小手”帮助上海推动城市创新文化建设。

四、上海罗氏制药有限公司的永续发展：“全面健康”的责任与关怀

作为一家跨国公司，与其他跨国公司类似，罗氏始终将社会责任视为企业的精神原动力之一，树立了企业公民意识，形成了具有高度社会责任感的公司发展理念。除了在中国经历各个灾难时出资相助，罗氏制药提出“永续发展”，始终将社会责任理念与实践在契合中国患者和全面健康的主旨下提升广度与深度。

罗氏的“永续发展”基于大型企业践行社会责任的一般规律，但是超越一般意义的社会责任范畴。除了与制药相关的大量非营利性的活动和人道主义援助项目，罗氏的知识推广、健康咨询等活动也开展得很好。罗氏总部的弗兰茨·胡沫博士解释道：“罗氏在中国始终坚持永续性发展。永续性发展的含义不仅仅在于罗氏对中国市场的持续投入，更在于不断寻找和开发能够服务于患者的创新产品以及严格执行绿色、环保和节能的发展措施，在自身发展的同时，也为中国制药行业的长期发展贡献一己之力。上海罗氏制药有限公司对于企业社会责任同样予以高度重视，不同于其他公司一般意义上的捐助活动，罗氏制药围绕着‘加强疾病认知、促进患者长期预防’的原则，以传播健康理念，更加关注对贫困地区的健康知识传播与教育工作。”

作为一家有着悠久历史的世界 500 强巨头制药公司，罗氏制药主动承担

策划和经营的企业社会责任。罗氏制药始终根据总部的要求，将这种责任与关怀的原则贯穿于各个领域的经营过程，并与中国当地政府和组织的全面健康和慈善事业的总体规划保持一致。

（一）生命健康理念下的社会责任

罗氏制药长期以来秉承从医疗出发到“责任与关怀”体系，基于自身的药物研制，在社会承诺上已经远远超越了对患者的医疗、预防和医药知识的社会普及，延伸到对环境、健康和生命质量提升方面。长期以来，上海罗氏制药有限公司在医药和诊断技术开发领域遵循“市场开发与社会关怀”，不仅致力于创建全民健康会合作联盟，努力支持和满足合作伙伴成长的需求，不断为患者带来优异的创新药品，并且进一步宣传预防癌症疾病和综合防治结合的理念，树立罗氏跨越“制药人”到“健康大使”的企业形象，涉及重大疾病治疗、预防、知识普及，对贫困地区医药援助，全民健康教育和环境建设等生命健康的各个领域，堪称全球医药行业投身社会责任与关怀的楷模。

（二）“医者仁心”情怀下的拳拳爱心

罗氏认识到经济、社会、环境和谐发展的重要性，上海罗氏制药有限公司在发展过程中始终以高度社会责任感作为精神源泉。在业务运营的同时积极投身并不断推动中国公益事业的发展，这正是罗氏永续性发展之道。上海罗氏制药有限公司将自己定位为承担中国全面健康的国际使者，秉持生命、健康和人道的理念，布局企业社会责任战略和行动方案。20多年的时间里，罗氏的各类社会责任活动既凸显罗氏的“生命健康”和“国际使者”理念，发挥了自身高质量和针对性的药物供应优势，又发挥了自身全球价值链网络的优势，协调全球范围内涉及全民健康的“所有利益相关者”，承担相应的责任，以求不仅在经济方面，也在社会、环境等领域获得可持续发展的能力，这是一笔非常可贵的道德资本。对于罗氏来说，赈灾扶贫、支持教育、热衷环保、患者关怀等都是其作为优秀企业公民的表现，罗氏深信，企业经营的成功与否与其社会责任息息相关，公众对企业的信任是企业取得成功的关键因素之一。

从 1994 年入驻上海至今的 24 年时间里，上海罗氏制药有限公司已多次为抗震救灾捐资捐药，还为中国贫困地区的教育事业做出了贡献。1998 年 1 月，上海罗氏制药有限公司向河北省张家口地震灾区捐助价值 250 万元人民币的抗生素；2003 年 5 月，为支持中国政府抗击非典，上海罗氏制药有限公司向全国医务人员捐助价值人民币 1000 万元的现金和药品；2002 年，上海罗氏制药有限公司员工发起“蓝天下的至爱”活动，通过义卖、拍卖、捐款等方式募集资金 32 万元，为海南省三亚田独镇建造了一所小学，取名“腾飞小学”。上海罗氏制药有限公司持续资助海南三亚腾飞小学，提高师资力量，改善硬件设施，资助资金已超过 130 万元。

除此以外，上海罗氏制药有限公司积极参与罗氏全球“儿童义走”活动，共计捐款超过人民币 200 万元。作为“儿童义走”项目的一部分，自 2010 年起，上海罗氏制药有限公司与中国预防性病艾滋病基金会合作，开展了援助贵州铜仁地区艾滋致孤儿童的公益项目。该项目旨在通过员工及公司的爱心捐助，资助因艾滋致孤儿童的生活与医疗费用，帮助他们在人生道路上健康成长。目前，有近 150 名贵州因艾滋致孤儿童获得项目的资助。上海罗氏制药有限公司还是行业内与慈善组织合作开展患者援助最多的公司之一，截至 2015 年 12 月 31 日，累计捐赠的药品已惠及 7.5 万名患者。此外，上海罗氏制药有限公司也在环保领域积极贡献力量。这一系列表现都体现了罗氏制药在中国的企业社会责任，树立了罗氏的良好形象。

（三）践行守护全民健康的责任

上海罗氏制药有限公司在社会公益活动上不仅扮演了一个“好医生”的角色，更是一个传播生命健康知识与理念的“好老师”。

在重大疾病防治领域，上海罗氏制药有限公司除了资金和药物的捐赠之外，将社会责任与员工志愿者活动充分结合起来，将具有专业知识的员工的爱心带给中国患者和弱势群体。在这方面，上海罗氏制药有限公司重点关注艾滋孤儿和乳腺癌患者，全面致力于推动疾病认知、预防和低收入患者的帮扶，尤其关注低收入的患者。自从 2012 年以来，上海罗氏制药有限公司连续三年组织员工前往贵州铜仁当地探访艾滋孤儿。在给予他们物质资助的同时，还送去了精神关怀。探访过程中，其在当地组织了美术、音乐、游戏等多种活动。

上海罗氏制药有限公司针对目前中国乳腺癌认知水平不高的现状，不断开展乳腺癌公众宣教活动，以帮助公众提升对乳腺健康的正确认知，倡导"早诊断、早检测"，促使乳腺癌患者通过规范化的治疗手段来积极抗癌。

2016 年 5 月以来，上海罗氏制药有限公司在社会责任上进一步关注乳腺疾病预防和健康知识推广，与地方政府和社会组织合作，呼吁社会关注乳腺健康，由乳腺癌患者、医护人员、志愿者及社会爱心人士组成的约 300 名"粉色使者"，在北京进行了一场攀登居庸关长城的"健康行走"活动。以乳腺癌为主的肿瘤患者全程管理项目"悦享健康行"也同时启动，该项目包含首个以为乳腺癌为主的肿瘤患者服务的线上 APP 平台，通过线上平台和线下康复志愿者，给予包括乳腺癌患者在内的肿瘤患者全程管理和贴心关爱。

针对乳腺癌防治的宣传，上海罗氏制药有限公司发起了 Run for HER（呼吁全社会关注乳腺健康）项目，这是上海罗氏制药有限公司与中国抗癌协会康复会、北京爱谱癌症关爱基金会联合发起的全国乳腺癌宣教项目。该项目在 2016 年 5 月在北京居庸关长城启动，产生了很大的社会影响。此后，全国 50 多个城市通过健步走方式引起社会对乳腺癌关注，呼吁女性定期进行乳腺健康检测。2017 年 Run for HER 项目又在鸟巢启动了全国乳腺癌抗癌明星评选活动，其中最重要的受众群体就是患者群体。目前已经吸引了全国 100 多家癌症康复组织，150 多万人次参与。

除此以外，上海罗氏制药有限公司也长期关注器官捐献与移植的宣传与推广。2015 年，上海罗氏制药有限公司与中国器官移植发展基金会共同启动了"阳光下生命的延续"——中国首个器官捐献和移植的公众教育宣传活动。之后三年来，上海罗氏制药有限公司以不同形式的活动，帮助公众了解器官捐献的现状和迫切需求，提升公民对器官捐献的认知及捐献意识。在6月11日的中国器官捐献日，上海罗氏制药有限公司员工以志愿者的身份在活动现场为市民进行器官捐献宣传工作，配合中国器官移植发展基金会联合各界举办“中国器官捐献日”系列宣教活动。上海罗氏制药有限公司近年来在疾病宣传和器官捐赠宣传活动上与多个慈善组织合作，开展了持续和多样化的公益项目，是中国医疗企业内与慈善机构合作最为活跃的跨国企业。

表1　中国罗氏制药在重大疾病和器官捐赠的宣传与知识普及活动

2008年至今	上海罗氏制药有限公司与中华慈善总会合作开展“特罗凯慈善援助项目”，向中华慈善总会捐赠特罗凯药品，用于资助经济困难并可从特罗凯继续治疗中受益的晚期非小细胞肺癌患者。截至2015年2月，中华慈善总会特罗凯慈善援助项目已惠及17000名患者。
2011年至今	上海罗氏制药有限公司与中国癌症基金会合作开展“赫赛汀乳腺癌患者援助项目”，向中国癌症基金会捐赠赫赛汀药品，用于资助经济困难并可从赫赛汀继续治疗中受益的HER2阳性乳腺癌患者。截至2015年2月，赫赛汀乳腺癌患者援助项目已惠及26000名患者。 同时，上海罗氏制药与中国癌症基金会、中国抗癌协会乳腺癌专业委员会共同启动“呵护她生命、关注乳腺癌”患者支持行动，通过首个HER2阳性乳腺癌患者援助计划以及其他一系列的行动，从疾病认知和经济负担两个层面帮助HER2阳性乳腺癌患者。
2012年至今	上海罗氏制药有限公司与中华慈善总会合作开展“安维汀慈善援助项目”，向中华慈善总会捐赠安维汀药品，用于资助经济困难并可继续从安维汀治疗中获益的转移性结直肠癌患者。截至2015年2月，中华慈善总会安维汀慈善赠药项目已惠及2300名患者。 上海罗氏制药有限公司与中国癌症基金会合作开展“赫赛汀胃癌患者援助项目”，向中国癌症基金会捐赠赫赛汀药品，用于资助经济困难并可继续从赫赛汀治疗中获益的HER2阳性胃癌患者。截至2015年2月，赫赛汀胃癌患者援助项目已惠及480名患者。
2013年至今	中国初级卫生保健基金会发起的“新希望－乙肝患者援助项目”，由上海罗氏制药有限公司向中国初级卫生保健基金会无偿捐赠派罗欣药品，用于资助经济困难并可继续从派罗欣治疗中获益的慢性乙型肝炎患者。截至2015年2月，中国初级卫生保健基金会乙肝患者援助项目已惠及800名患者。

续表

2013 年至今	中国初级卫生保健基金会发起的“用心爱 – 丙肝患者援助项目”，由上海罗氏制药有限公司向中国初级卫生保健基金会无偿捐赠派罗欣药品，用于资助经济困难并可继续从派罗欣治疗中获益的丙肝患者。截至 2015 年 2 月，中国初级卫生保健基金会丙肝患者援助项目已惠及 1700 名患者。 中国初级卫生保健基金会发起的“守护希望 – 类风湿关节炎患者援助项目”，由上海罗氏制药有限公司向中国初级卫生保健基金会无偿捐赠雅美罗药品，用于资助经济困难并可继续从雅美罗治疗中获益的类风湿关节炎患者。截至 2015 年 2 月，中国初级卫生保健基金会类风湿关节炎患者援助项目已惠及 2200 名患者。

数据来源：罗氏中国官网，http ://www.roche.com.cn/SocialResponsibility.html。

罗氏制药的社会责任事业伴随着上海罗氏制药有限公司投资项目伊始、扩展、建立研发中心和创新中心的整个历程。各种类型的项目见图 1。

图 1　罗氏制药的项目历程

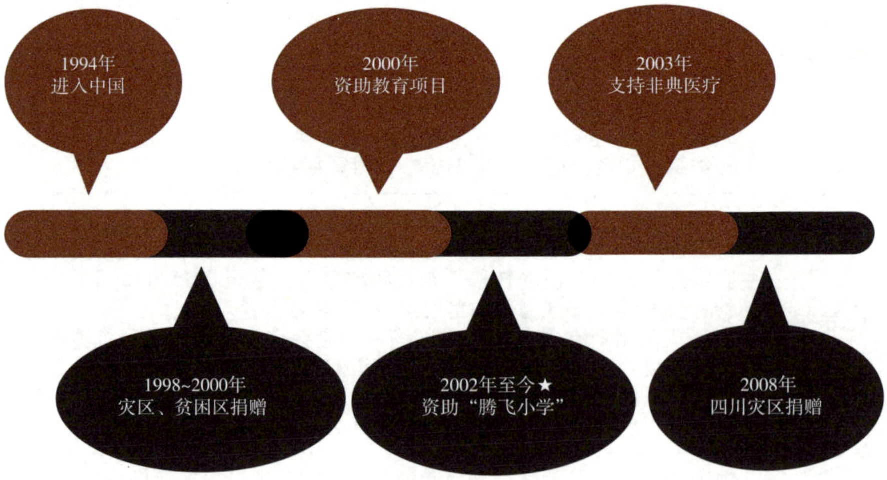

1994年
进入中国

2000年
资助教育项目

2003年
支持非典医疗

1998~2000年
灾区、贫困区捐赠

2002年至今★
资助“腾飞小学”

2008年
四川灾区捐赠

图 1　罗氏制药的项目历程(续图)

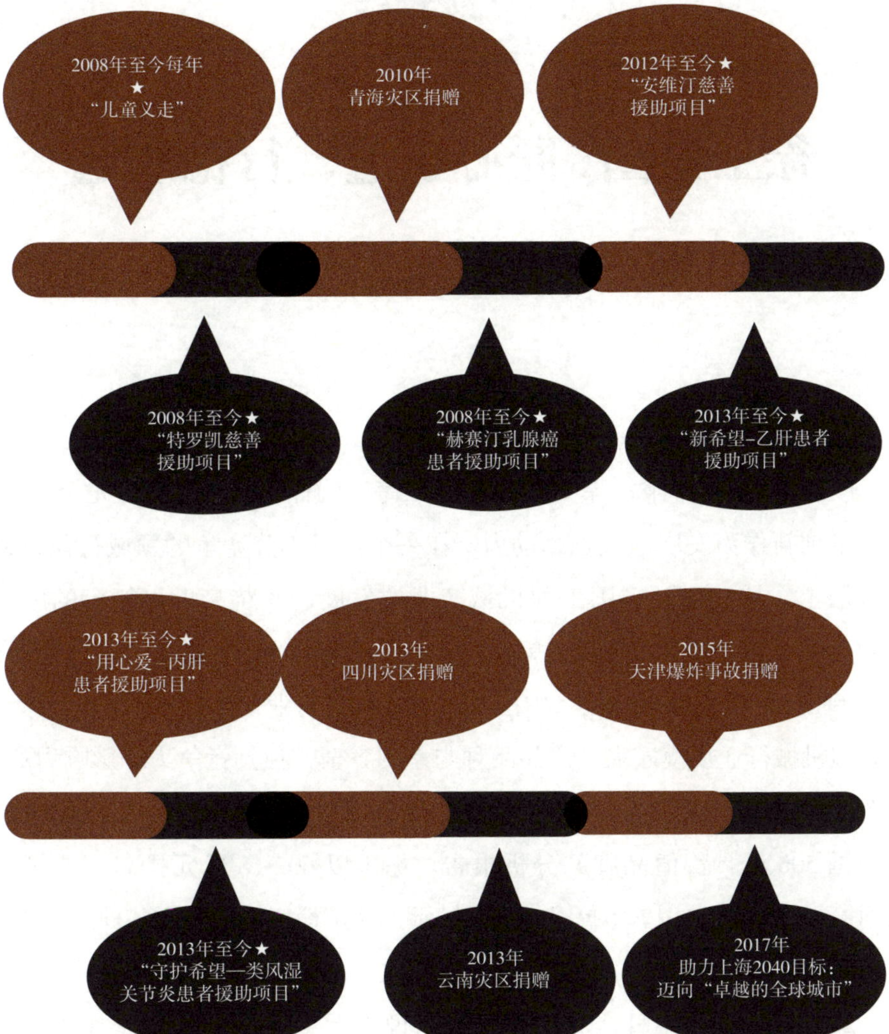

2008年至今每年★“儿童义走”

2010年 青海灾区捐赠

2012年至今★“安维汀慈善援助项目”

2008年至今★“特罗凯慈善援助项目”

2008年至今★“赫赛汀乳腺癌患者援助项目”

2013年至今★“新希望-乙肝患者援助项目”

2013年至今★“用心爱-丙肝患者援助项目”

2013年 四川灾区捐赠

2015年 天津爆炸事故捐赠

2013年至今★“守护希望—类风湿关节炎患者援助项目”

2013年 云南灾区捐赠

2017年 助力上海2040目标：迈向“卓越的全球城市”

XCMG
徐工集团

徐工集团：匠心正道，行稳致远

长江产业经济研究院

改革开放40年来，徐工集团身处淮海，胸怀世界，坚守匠心和正道，将改革创新作为发展的最强劲动力，在一个市场充分竞争的领域行稳致远，后来居上，持续引领中国工程机械产业的发展，并跻身世界舞台的中央。1989年集团成立以来，连续29年居全国行业第1位，从排不进全球行业前30位到2017年成为第6位（中国唯一进入世界行业前10的企业），成为中国工程机械行业规模宏大、产品品种与系列齐全、独具竞争力和影响力的大型企业集团。世界品牌实验室（World Brand Lab）于2018年6月发布《2018年中国500最具价值品牌》分析报告，徐工以602.18亿元排名行业第一，全国第66位，较2017年提升89.75亿元，这是徐工进入榜单以来连续第五年蝉联行业榜首。

2017年12月12日，对于徐工人来说，无疑是一个意义非凡的日子。这一天，习近平总书记十九大后首次考察就来到徐州徐工，并给予很高评价："今天来徐工看一看，我也是慕名而来。""我一直关注着徐工集团，徐工过去做得很好，是很重要、很成功地打造自己道路的国有企业、现代化企业。"习总书记此次视察是对徐工几十年来坚守匠心正道的最好褒奖。

一、改革一面旗

徐工坚持改革不动摇，是改革开放40年的见证者、践行者，是跟随国家改革发展步伐不断成长起来的杰出代表，已成为国有企业改革的一面旗帜。1989年至1996年的集团化和上市、1999年至2002年的“七项专项治理”“三项制度改革”和2011年至2016年的“汉风计划”“淬炼转型”，对于徐工改革历程而言，均具有“里程碑”意义。

（一）“里程碑”之一：集团化与上市

1989年，伴随着国家企业集团化改革，徐州市将一批主机企业和零部件企业进行分离，以“三厂一所”（徐州重型机械厂、装载机厂、工程机械制造厂和工程机械研究所）为核心层，组建生产经营型企业实体徐工集团。通过取消核心企业法人资格、推行股份制试点、积极吸收半紧密层进入紧密层等系列改革，探索形成了“以工程机械为核心，联合带动零部件以及协作厂家共同发展”的独特产业模式和“以资产为纽带、经营一体化”的集团化运营模式，成为中国工业企业改革的样板。当时在全国有“十个集团九个空，唯有徐工并不空”之赞誉。

集团成立后，通过多次资源调整和优化组合，在发展壮大原三大主机厂的基础上，孵化并调整混凝土机械、路面养护机械、筑路机械等主机产品，完善并发展了液压件、驾驶室、回转支承、驱动桥、齿轮箱、专用底盘等基础零部件，为徐工进一步做大做强奠定了坚实的产业基础。

同时，积极进行股份制改组和科学化管理体制构建，1995年列入国家百家建立现代企业制度试点企业，1996年徐工股份在深交所挂牌上市。

（二）“里程碑”之二：“七项专项治理”与“三项制度改革”

1999年，中国刚刚经历了亚洲金融危机，徐工也处于前所未有的矛盾和困境之中。一方面人心涣散，经营举步维艰；另一方面干部群众组织观念淡薄、享乐奢侈之风滋生。徐工走到生死存亡的紧要关头。为此，以王民为董事长的新一届领导班子大刀阔斧进行整顿，相继开展“七项专项治理”和“三项制度改革”，使企业走出了困境，重新焕发了生机和活力。

“七项专项治理”主要包括取消干部专车、清理通信工具、取缔小金库、紧缩差旅开支、规范业务招待、严控高档装修、清退超标住房。其中清理纠处 268 套超标住房，退房 12 套，收缴各类住房违规款 398 万元。经过整顿，当年就节约费用 1500 多万元，销售收入、利润同比分别增长 27.1% 和 45%。各种不良风气得到有效遏制，坚定了理想信念、凝聚了发展合力。

“三项制度改革”即“用工、人事、工资”改革，于 2000 年开展，是“七项专项治理”的深化，同样雷霆万钧，真砸“三铁”。副总以下领导岗位全部归零，重新通过公开竞聘上岗，321 名和 1176 名人员先后走上干部和技术管理岗位，一批作风正派、讲实话、做实事、有能力的骨干人才得到重用。

（三）“里程碑”之三：“汉风计划”与“淬炼转型”

2011 年，徐工提出做世界顶级企业的目标，为保障目标实现，邀请国际知名战略咨询公司对企业进行研究，提出调整建议，进而提出“汉风计划”对组织模式进行改革。核心是事业部制改革，即实施“大船变舰队”的全新发展模式，加强上市公司徐工机械经营型管控的总部平台建设，在总部、事业部之间实现集权有道、分权有序和行权有度，推动徐工的结构调整、战略优化和转型升级。目前集团的组织架构主要就来自当时的“汉风计划”。

2012 年至 2016 年，国内行业进入“五年锐降期”，其中 2014 年、2015 年更是断崖式下降，最低点时市场容量萎缩到仅有 2011 年高点时的 28%，上千家企业被压缩到不足原市场 1/3 的狭小空间内，大多数企业都在收缩调整，形势艰难在行业发展史上是第一次。然而在这期间，徐工没有徘徊，更没有退缩，而是选择坚守、选择迎难而上。行业“五年锐降期”反而成为徐工在不断调整转型中走向“国际化、精益化、补短板、可持续”的蜕变过程，也成为徐工在坚守创新中力推供给侧结构性改革、迈向高质量发展的“淬炼”过程。通过去产能、去杠杆、补短板、改模式等转型举措，将产业由“老三样”（起重机、装载机、压路机）发展出“新六样”（挖掘机、混凝土机械、桩工机械、矿业机械、重卡与环境产业），推行“三高一大”（高端、高附加值、高可靠性、大吨位）产品战略和“技术领先、用不毁”行动金标准等重大举措，为公司发展积淀了新的生命力。

选择坚守、选择知难而进，终将会迎来春天。2017 年，徐工主营收入创造历史新高，利润同比增长 350%。2018 年 1～4 月，继续保持了主营收入同比增长 57%、利润同比增长 147% 的强劲增长势头。

纵观几十年改革历程，徐工起起伏伏，不断向前。徐州是老工业基地，20 世纪 80～90 年代同期的 40 多家国有企业如今已销声匿迹，徐工在大浪淘沙中生存下来，可以说是国有企业改革成功的典范。如今徐工最大的变化是，不再是个体制僵化的老国企，而是拥有世界级管理架构的现代化企业。

二、创新常青树

改革释放活力，创新激发动力。习总书记视察徐工时指出：“关键技术、一些基础性的东西，人家是不会给你的，你跟人家要，有句话叫与虎谋皮，所以这些，还要立足我们自身，这方面要有耐心，要有定力去发展，这个就是创新驱动。”

徐工多年来一直坚持把科技创新作为推动企业发展的最大动力，重视科技不仅体现在日子好过的时候，即使 2015 年在日子最难过、管理层大幅自降薪水的时候，科技投入仍然保持在销售收入的 5%。目前累计拥有授权专利 5977 项、发明专利 1211 项，PCT 国际专利 25 件取得国外授权。国家发改委最新发布的全国 1300 多家国家级企业技术中心评价结果，徐工以 90.5 分的成绩位居综合评价第 46 位，行业第二名、第三名企业分列第 399 位、第 556 位，技术实力综合评价稳居工程机械行业第一位。之前发布的 2017

年江苏省创新型企业 100 强名单，徐工列榜单第一位。

（一）自主创新发展历程

徐工自建厂起就拥有自主创新基因。早在创立之初，1957 年就成功试制出第一台塔式起重机；至 1976 年，相继成功研发出 10 吨蒸汽压路机、5 吨汽车起重机、QY16 吨全液压汽车起重机等诸多国内首创产品。

进入 20 世纪八九十年代，徐工和其他国有企业一样走引进、消化、吸收再创新的路径，通过与外资企业合作，实施“以市场换取技术”。1994 年，与行业世界第一的美国卡特彼勒公司合资，在初期解决了中方资金不足、技术档次低、缺少高档产品等问题，但由于双方合资协议规定徐工不能再生产挖掘机、推土机等与合资企业相同的产品，徐工失去了一些独立自主发展的机会，以致后来逐渐退出合资。1999 年以来，逐步形成了“国家级企业技术中心”、徐工研究院、事业部及分子公司技术中心的三级科研体系。2011 年，徐工集团入选国家首批、江苏省首个国家技术创新示范企业。如今，更是走在了撬动全球创新人才与资源、实现开放式创新的新阶段。

经过几十年的积累，徐工已经在工程机械行业的前沿领域进入领跑阶段，标志着迈向从量的积累向质的飞跃、从点的突破向系统能力提升的重要时期。

（二）搭建创新生态系统

徐工的成功与其独特的技术创新生态系统分不开。2012 年，以“基于大型工程机械自主创新的徐工科技创新体系工程”荣获国家科学技术进步奖二等奖。一般奖项通常为单个产品或技术项目，而徐工则是以科技创新体系获奖，这显示出徐工的综合创新能力处于全国领先地位。

在“创新工程”中，徐工建立了“核心技术研发引导技术发展，科研与产业互为支撑，卓越质量与标准化管理保实施、促绩效”的创新机制和体系；形成了由高端人才领衔的金字塔形科技创新队伍；创建了国际一流的研发平台，使原始创新和集成创新取得了重大进展；规划建立了集基础研究、应用研究、检测与实验功能于一体的实验研究中心。

特别是在机制和体系创新方面，徐工创建了三级技术创新体系，以科技创新引领产业发展，以产业发展促进技术可持续创新；创新应用精益六西格玛理论，实施全过程质量控制，形成具有徐工特色的“持续变革系统（XPS）”；创新“产、学、研、用”机制和模式，构建开放式产业技术创新战略联盟；重点实施“五金工程”，培育自主创新人才，提升企业核心竞争力；推动行业标准制定，引领工程机械发展方向。

（三）坚持创新“群众路线”

习近平总书记强调人才是第一资源。徐工高度重视人才的作用，把人才作为核心竞争力。董事长王民表示，徐工处在“人才洼地”，但重视人才的思想必须是高地，不仅要想办法引人，更要想办法用人、留人。正因为如此，在行业内企业采取“挖人大战”，甚至出现“行贿门”等恶性竞争手段时，徐工一直都没有高管“见异思迁”。

目前在平均年龄34岁的22300多人的队伍中，有包括国家“千人计划”与“百千万人才”3人、国务院特殊津贴获得者26位、中外技术专家220多人，总数达6000多人，硕士博士占比达55%的工程师群体，有高级工以上人员占比超过50%的高技能人才群体，有包括6位全国劳模在内的先进人物群体，有达到“意志坚定、真才实学、吃苦耐劳、富有经验、善于创新、做出业绩”24字徐工企业家标准的上百人优秀企业家群体，他们都是打造“百年徐工”的中坚力量。

一是凝聚高端研发人才。徐工研究院是集团核心研发机构，是徐工国家级技术中心、国家级重点实验室、国家级工业设计中心的主体单位，承载着驱动创新发展的重任，为产品的高端引领提供技术保障。目前，该院汇聚了以博士为学科带头人、以硕士为中坚力量的具有高素质高水平的近500人科研队伍。依托研究院平台，徐工技术人才获国务院特殊津贴2人，江苏省突出贡献中青年专家、333 工程等高级技术专家 8 人，德、美等工程机械专家 100 余人，并积极从美英等国家引进外籍顶级专家，为“珠峰登顶”集聚全球智慧和力量。

二是注重培养技能人才。尤为重视基层一线的创新，为“小人物”搭建“大平台”。参加央视“挑战不可能”节目的起重机调试技师李戈表示：“央视口号‘心有多大，舞台就有多大’，对于我在徐工的成长而言，可以改成‘平台多大，心就有多大’。”事实上，这也是很多徐工人的心声。

深入落实顶级技能人才培养机制，为操作工人制定了从初级工、高级工、技师、高级技师到技术大师的培养体系和发展通道。全面启动实施“金蓝领 211”一把手工程，每年培养高级工 200 人、技师 100 人、高级技师 10 人。持续完善高技能人才海外研修机制，仅近 2 年就先后选送 50 名汽修、数控、焊接等一线技能精英赴美国、德国进行学习交流。

设有董事长质量奖、事业部创新奖等，激发一线技能工人的创新激情与创新意识。针对一线生产工艺难点，聚焦做小，开展“三小”“八小”创新活动。积极举办和参加大赛，举办焊工、数控工等各类工种技能竞赛，选送优秀技能人才参加外部竞赛。

目前公司内部评聘技能大师 12 人，创建了覆盖数控加工、焊接、高精尖设备维修等核心技能领域的技能大师工作室 10 个，其中国家级技能大师工作室 2 个。在全国、省、市各类技能竞赛中有 595 人次获奖，夺冠 98 人次，其中荣获全国技术能手的有 15 人，1 人荣获中华技能大奖。

在徐工，“大国工匠”风采尽显，“挑战不可能”成为可能，原因既在于企业为员工提供了施展才华的舞台，也在于员工“一根筋”追求卓越的精神，即使做“螺丝钉”，也要做最闪亮的那一颗。

三是精心打造外贸团队。为持续提升品牌全球美誉度和产品市场占有率，为海外客户提供优质高效的全方位服务，打造一支专业化、复合型的外贸团队已成为徐工国际化战略落地和竞争力整体提升的关键因素。在业界首提海外商务经理、海外产品经理、海外服务经理及海外市场经理的“四位一体”人才模式，以构建工程机械行业外贸企业的人才团队，为海外市场营销提供了组织保障和人才保障，提升了整体竞争力、市场掌控力、内部协同能力和市场管理精细化水平，为国内同行业的海外市场拓展提供了人才模式方面的借鉴。

（四）超前布局“互联网 +”

国外一些老牌的制造型企业早已将触角延伸到工业互联网领域，推动互联网、大数据、人工智能与实体经济的深度融合。

徐工工业的互联网以及云平台工程一直走在全国前列。早在 2009 年，就启动了基于企业内部的研发、生产、人事、财务等领域的信息化整体提升工程。2016 年 11 月，在上海宝马展会上发布中国首个工业云平台（Xrea），该平台是徐工与华为、阿里巴巴、中国电信联合打造，试图构建“互联网 + 云技术 + 制造”的一种新型工业经济发展模式。Xrea 工业云平台推动了徐工研发模式、制造模式、经营模式、服务模式以及组织模式等方面的变革，促进徐工向开放式企业创新转变。

该平台先后获得工信部“2017 大数据优秀产品和应用解决方案案例”、江苏省“2017 年度十大互联网创新力产品”第一名、2018 年“中国工业物联网十大工业云平台”前五名等荣誉。2018 年 6 月，作为“江苏省工业互联网第一张名片”，在长三角地区主要领导座谈会上，徐工和阿里云等 3 家工业互联网公司与中国信息通信研究院签署协议，未来将共同打造长三角工业互联网平台集群，推进区域数字经济和实体经济一体化发展，助力长三角世界先进制造业集群建设。

三、敢闯五洲路

走向“五大洲”，是徐工实现世界级企业目标的必然路径。现如今，徐工已不仅单纯从事一般国际贸易，还以整合全球产业价值链为目标，通过在国外开办工厂、并购企业和研发机构，将人员、资本和技术在国外落地扎根、开花结果，“洋朋友圈”不断扩大，“一带一路”越走越宽。“洋朋友”不再仅仅是徐工产品的用户，而且成为徐工的销售人员、生产人员、研发人员，成为徐工的“一分子”，成为徐工共生共长的伙伴。

（一）产品“走出去”

20 世纪 90 年代初，徐工就大胆走出去攀“洋亲戚”。1992 年 3 月 12 日，在有工程机械奥林匹克之称的第 23 届德国慕尼黑国际工程机械博览会上，首次出现中国企业身影，就是徐工。当时徐工可以说是蓬头垢面、衣衫褴褛，“没有大气的展位和精心的布置，也没有产品实物，只有一个小小的摊位和几张屈指可数的图片，这就是徐工在国外首秀的全部家当”。但这届德国展会为徐工带来了自营出口第一单，一位韩国客户怀着好奇心来徐工展台咨询，6 个月后即联系购买了 3Y8–10 型压路机，金额为 10650 美元，而且接下来的数单同样是来自这次展会上结识的客户。1997 年，徐工进出口公司正式成立，统一全集团的出口和国际化采购业务，从此徐工的国际化之路开始走上正轨，此后徐工出口收入和创汇一直保持行业第一。产品出口目前已达 178 个国家，国外销售占比达 30%，未来目标将达到 50%。据国家海关数据，徐工 2017 年全球市场出口总额居行业出口第一位，总额领先国内第二位企业 4.2 亿美元。其中，亚太区出口额同比增长 71%，首次成为中资品牌第一；非洲区（除北非）、西亚北非区、中亚区和“一带一路”市场出口额分别同比增长 130%、106%、59%、95%，均居行业第一。

（二）制造“走出去”

在海外出口业务取得辉煌业绩的同时，结合国际市场形势的变化和自身国际化战略发展的需要，在海外直接投资和跨国并购与合资合作上不断展开大手笔，积极实施多项战略性投资计划。2010 年，启动巴西项目，投资 2 亿美元建立生产基地，这是徐工第一个海外绿地建厂项目。之后，在海外并购上屡有斩获，2012 年更是一举拿下世界排名第二的混凝土机械制造商德国施维英公司，走上了国际化新里程。

巴西项目现已成为徐工正在努力打造的一个国际化样板，几十款适应性新产品下线。近几年，虽然巴西市场持续衰退，但由于扎根坚守与主动出击，已打开众多南美国家政府、军方等大客户的市场。2017 年，巴西工厂向南美 8 个国家的出口额同比增长 1.6 倍。2018 年初徐工巴西工厂中标价值 2.75 亿元人民币的巴军方项目，这是十几年来巴军方工程机械对外第一单。

目前徐工已形成拥有 5 大海外制造基地 10 大 KD（散装件）工厂 3000 多名外籍员工的“五大洲”布局。

（三）研发“走出去”

为实现“建国际一流研发平台，创世界级知识型企业”的科技目标，徐工制定了“持续提升研发平台的管控及运行水平，加快研发机构全球布局，促进各级研发中心的建设升级，整合与配置内外部研发资源，完善全球化组织架构”的举措。2012 年 7 月，徐工欧洲研发中心在德国成立，占地 1.64 万平方米，投资 3600 多万欧元，是徐工在海外建立的第一个研发中心。该中心现拥有 60 多位外籍工程师和 20 多位中国工程师，协同研发，目前高端液压阀为其主攻项目之一。继德国研发中心之后，徐工在美国、巴西、东欧、印度等地，相继设立以当地化产品研究为导向的海外工程技术中心，研制适宜当地标准、气候及用户使用习惯的产品，以满足当地用户的特殊需求。

分布全球的徐工海外研发中心，可以利用当地资源开发核心零部件、研发关键技术并反哺国内，与位于总部的徐州江苏工程机械研究院、各事业部技术中心、国家级高端工程机械智能制造实验室、大型综合试验场等一起，构成了徐工全力打造的世界一流研发创新体系的主阵容。这个体系目前全力攻关的很多项目如无人操控工程机械、高机动无人化军工装备等，将会深远影响徐工的未来，也必将会带动中国工程机械行业的快速发展。

四、初心不停步

习总书记在徐工考察期间，王民介绍说：“徐工力争在2025年进入世界前三，并希望一批中国企业进入前十强，这样中国才能跻身工程机械制造强国之列。”习总书记问：“要进入世界前三，你们有什么支撑？”王民回答：“我们将对标国际最高标准，加大研发投入，推动技术创新。”习总书记说：“你们还是有底气的。”

徐工永不停步迈向世界顶峰的底气从何而来？徐工前身是1943年成立的八路军鲁南第八兵工厂华兴铁工厂，此后不断创造着中国工程机械行业的无数个“第一”。作为工程机械的奠基者、开拓者、领航者，徐工的底气来自与国家同呼吸共命运，来自破除羁绊的深化改革，来自持续提升的技术创新，来自敢于“走出去”的远见卓识，更来自红色基因永续传承的初心守望！

（一）“一个人、一班人、一群人”

中国工业报社原任总编杨青曾经评论道：“徐工是一个令人尊重的企业，因为当一些企业已经放弃时，徐工仍在努力。做别人做不到的事，百折不挠万死不辞，这是徐工的范儿。因为徐工的头儿是王民。也许别的企业家不以为意，但王民却把‘身先士卒’当作人生的重要价值准则。”作为班长的王民靠党性和个人魅力把集团班子建设成为风清气正、率先垂范、坚强有力的领导集体。党员领导干部时时体现担当，在最困难时更是冲锋在前。2015年前后，行业进入“寒冬”期，最低点时国内市场容量萎缩到仅有2011年高点时的28%。在艰难时期，徐工班子带头降薪22%以上，中层干部自主降薪8%。徐工领导干部的率先垂范得到了群众及社会各界的广泛认可。在徐州市委组织部2018年初对集团班子2017年度考评中，152位干部和职工代表对班子民主测评总体评价无记名投票结果优秀率达99.3%。

（二）“担大任、行大道、成大器”

徐工特别注重将红色教育融入日常，将党建与生产经营紧密结合起来，把“四有”（有忠诚、有定力、有张力、有担当）、“四能”（能学习、能协同、能干事、能吃苦）分别作为干部和员工的座右铭，凝练出“坚守、改革、创新”徐工所特有的企业家精神，营造出浓厚的“担大任、行大道、成大器”的企业文化氛围，塑造出中国企业责任担当的脊梁。

正是因为有着这样的责任担当，徐工才能不断煅造出一批代表中国乃至全球先进水平的“国之重器”，如“世界第一吊”4000 吨级履带式起重机 XGC88000、“神州第一挖”700 吨大型矿用挖掘机、百米级登高平台消防车、13 层楼高的 8 万吨“大压机”等，在事关国家命脉、国家安全的重大装备制造领域处处有徐工制造的身影。

正是因为有着这样的责任担当，徐工才能打造出一大批“大国工匠”，有的成长为省市党代表、人大代表，有的成长为“技术能手”“国务院特殊津贴技能专家”，有的走出国门到德国宝马展等高端平台上展现精彩技艺，有的参加央视“挑战不可能”节目，还有的被选派执行军事任务，等等。

“大国重器”的社会责任“大担当”也是徐工由内而外的自然流露。四川汶川、青海玉树、四川雅安，每次天灾降临，徐工总是千里驰援，率先奔赴灾区，获得“全国抗震救灾英雄集体”称号。徐工的大爱精神，并不仅仅是危难时刻的舍生忘死，更多的是平实生活中自然流露的浓浓爱意，“徐工希望小学”“徐工春蕾班”“全球奖学金”“蓝梦童行”“非洲水窖”……哪里有困难，哪里就会有徐工坚实可靠的身影。

（三）“一半是亲戚，一半是朋友”

徐工人常说，在徐工“一半是亲戚，一半是朋友”。强烈的企业归属感，既是领导率先垂范，与员工融为一体的体现，也是企业时刻注重“徐工文化 DNA”的血脉传承，更是员工发自内心的自我认同。

董事长王民务实低调，对一线工人感情深厚，出国基本都是拎包就走，不带随行、不配秘书；平时和普通员工一样排队吃工作餐；对与职工身心健康最相关的厨房、洗手间卫生状况，亲自抓、亲自管；把市委、市政府批准用于购买飞机的3.7亿元用于建设人才公寓，让四海云集而来的年轻人一来就有个温馨的小窝；人才定销房的出售规矩，第一条就是领导干部一律不参与，全部福利让给职工。公司领导干部的率先垂范悄悄地感动、带动、影响着徐工的每一个人，让大家在灵魂深处就认同：这是我们自己的徐工，爱徐工，就要以身、以心、以行动去成就徐工。

徐工通过师徒制加速新员工“徐工文化DNA”的导入。导师带徒弟需要签正式协议，选拔有责任心、有技术、经验丰富的老员工作为导师，让新进员工一开始就能快速融入团队，形成了“一级培训促进文化认同，二级培训强化岗位认知，定期评价形成优胜劣汰，职涯规划提升内生动力”的新入职员工培养体系。在徐工工作满10年至40年的职工可分别获得一星至五星的年功纪念章，职工自豪感和归属感强烈。

徐工人朴实扎实、吃苦耐劳、谦虚谨慎的老本色代代相传。全国技术能手、江苏省技能大师李戈曾参加央视《挑战不可能》节目，通过操控430吨重的大吊车，来级级联动软连接的65吨和12吨小型起重机，最终垒起20米高台。李戈祖孙三代都从事机械制造调试，爸爸是老试车员，爷爷是新中国成立初期国家第一批八级工（注：八级工是当时工人技术最高水平）。祖辈和父辈作为徐工人的言传身教是李戈“挑战不可能”的密码之一。也正是因为有着这样的“亲戚圈”“朋友圈”，徐工才能如家庭般团结，助推徐工不断前行并挑战未来更大的不可能。

五、“前三”有挑战

实现世界行业“前五”“前三”珠峰登顶的宏伟目标，对徐工而言，机遇与挑战并存。随着经济温和复苏、更新周期延续、国内投资预期加大以及“一带一路”布局的有力支撑，工程机械行业面临难得的发展机遇。但是，登高远行者更加需要保持头脑清醒，时刻保持危机感，警惕“黑天鹅”“灰犀牛”的出现，谋当下，更需谋长远。

一是行业市场具有不确定性。从近期看，一方面，行业经过 2017 年冲刺上量、体系能力恢复及对未来增长预期充满信心，国内市场竞争烈度大增、节奏更快，行业市场竞争形势趋于严峻；另一方面，全球贸易保护主义抬头，贸易战冲突发生概率上升，工程机械行业同样面临冲击，国际市场不确定性加大。从长期看，工程机械行业受经济周期影响大，波动明显，在行业低谷时，承受力将会面临巨大考验。

二是技术超越有难度。当前中国工程机械台量规模空间基本见顶，未来竞争领域将转向行业价值空间，这就迫切需要提升产品技术含量、质量品质和附加值，徐工颇富远见，提出了“技术领先，用不毁”这条金标准来加快拓展价值空间。然而，现阶段要突破技术瓶颈，超越对手非常艰难。20 世纪 90 年代时，徐工团队参加国外工程机械展，可以拍照录像，对方毫不担心，然而时过境迁，现在他们均防备有加，甚至有些国外展会对徐工技术人员集体拒签。这显示出，徐工技术水平已达到新高度，对手感受到了徐工追赶的压力，但同时也表明学习对方技术的难度加大了。更为严重的是，发达国家不断加强技术壁垒，通过所谓专利保护手段，使我们即使靠自己的力量找到了有些核心技术的“实现路径”，但也必须另辟蹊径，这极大地增加了实现技术超越的难度。

三是资金风险压力大。从国内看，整个行业应收账款虽有强力压降，但总体规模仍然较大，二手车消化任务仍较艰巨，而市场回暖后的冲刺上量对去库存、降风险和当期经营都构成了新的压力。同时，生产成本增长较快，如中厚钢板、轮胎、蓄电池等原材料均价都有大幅度同比上涨，人工成本、服务成本、物流成本也有一定幅度上升，使企业整体成本控制、降本增效面临更大压力。此外，行业 5 年多持续下滑使工程机械行业上游的配套供应体系饱受冲击，再加上竞争强化、环保高要求以及去落后产能等压力，当前及一定时期内原材料与铸锻、表面处理等配套件供应交货期与质量不稳定，且价格上涨，部分核心零部件进口货源紧张，使行业内企业整个配套体系承受较大压力。从国外看，汇率的波动性极大地增加了工程机械行业“走出去”的风险，使得企业在海外的经营“步步惊心”。

六、启示和建议

徐工是我国制造业杰出代表，改革创新的不平凡历程和取得的巨大成就，具有非常强的代表性和引领性。习近平总书记视察徐工时说：“通过徐工，可以看到我们未来经济发展的一些特点。”

（一）匠心正道是徐工成长之“根”和“魂”

作为中国工程机械产业的奠基者、开拓者以及领导者的徐工，坚守“匠心正道”，风雨历程70余载仍然不忘初心，永远传承着红色基因，不断强化党的领导，矢志不渝地坚守实业，始终认为铸造“国之重器”责无旁贷、义不容辞。徐工坚守匠心正道，在新中国成立后艰苦创业时如此，在改革开放大潮中跌宕起伏时也如此。在低谷时能够不轻言放弃，苦修内功；在顺境时能够勇于开拓，锐意进取。

正是因为坚守着“根”和“魂”，与国家建设发展和改革开放同步前行、同频共振，徐工才能够不断更新迭代、凤凰涅槃，才能够逐渐成长为“航空母舰”级企业，真正担当起振兴中国工程机械产业的大任。

（二）“双轮”驱动加速徐工不断前行

企业体制机制的改革和技术创新是徐工不断加速前行的“两个轮子”。徐工的发展历程就是企业不断推进改革和创新的历程。

就改革而言，徐工始终坚持把改革作为实现登高望远最基本的路径，当向前行进受阻时，总能通过不断改革破除羁绊，激发继续前行的动力和活力。比如，集团化改革和上市，使徐工进入新的发展阶段，为建立现代化企业奠定了坚实的基础；“七项专项治理”“三项制度改革”更是让徐工从困境中重新走出来；“汉风计划”则是在顺境时就未雨绸缪，建立更加完善的组织架构；未来混改也必将成为徐工发展的新动力。

就创新而言，徐工更是不遗余力。“我一直梦想着给徐工插上工业互联网的翅膀”，董事长王民希望利用新科技让徐工这个超大吨位的“起重机”飞向世界的急迫之情溢于言表。徐工目前已经形成良好的创新生态系统，特别是在关键核心零部件突破上，走出了一条“自主创新 + 并购消化 + 联合与协作创新”三路并举的独特道路，构建了徐工集团全员参与的技术知识体系，打造了卓越的技术核心能力。徐工技术创新水平执国内行业之牛耳，在国际上已达到较高水平，这也是其实现世界行业“前五”“前三”的底气所在。

（三）国企优势是“大国重器”的强大支撑

体制灵活有活力是民营企业的突出优势，而徐工几十年来的发展经验表明，国有体制同样具有不可替代的优势，徐工充分利用国有企业的优势做大做强，成为行业的领航者。强大的政策支撑以及党建产生的凝聚力，都是徐工作为国有企业所具有的独特优势。因此，从体制机制而言，民营企业与国有企业各有优势，应各取所长、各避其短。目前徐工正在尝试推进混合所有制改革，国有属性和混改并不矛盾，企业的改革应契合发展的需要。创新体制机制，有利于注入新的活力，也有利于更大程度地激发企业作为市场主体的潜能。

需要提醒的是，要警惕重走纯民营化或者与外资合作而导致经营不善或者自主品牌丧失的“老路”，“春兰”空调、“三笑”牙刷等一些“老品牌”风光不再的惨痛教训历历在目。

（四）“教训”变成“教科书”才能“开疆拓土”

徐工的品牌影响力来自对品质的极限追求。“一台 20 世纪 80 年代的德国施维英泵车，到现在这台‘老爷车’仍然能照常施工”，徐工人以德国标准和“工匠”精神为榜样，提出了自己的“技术领先，用不毁”的金标准，要求产品达到可靠性、环境适应性、安全性、维修性、操控性、使用经济性“六个领先”，并落脚在产品的好用、管用、耐用、实用“四用”上，目的是在提升规模空间的基础上，进一步拓展行业价值空间，重点挺进中高端，提升产品技术含量、质量品质和附加值。

徐工人善于学习别人的长处，也源自自己的深刻教训。90 年代中期，徐工曾有 2 台机械出口美国，这是他们第一次打入美国市场，企业上下欢欣鼓舞，像“嫁女儿”一样举行了隆重的发车仪式。但经过 50 多天的海上颠簸，产品到达大洋彼岸时，由于海水、海风的侵蚀，产品油漆严重剥落，美方人员不相信是新车，当即要求退货。痛定思痛，从 1999 年开始，徐工持续开展“质量一号工程”，继而到现在全面强化落实“技术领先，用不毁”的金标准。

随着产品走向全球，产品质量“客户化、本土化”标准也成为徐工坚持的准则。“一带一路”沿线国家分布广，各国温差跨度有上百摄氏度：东南亚湿热、中东干热、中亚寒冷。针对差异极大的产品环境，徐工均能够根据不同需求进行适应性改进，提供高品质的“私人订制”服务。比如针对俄罗斯等区域低温环境气候的特点，徐工主持起草了《低温环境工程机械金属材料低温冲击性能试验方法》等 9 项低温环境工程机械系列标准，涉及材料、油品、液压等基本技术条件和试验方法。

（五）政府“放手”才能让“树木”变“森林”

徐工非央企，亦非省企，而是徐州市属国企，然而就是在这样的“经济洼地”“人才洼地”，徐工成长为世界级企业，这与徐州市委市政府非同一般的胸怀和远见是分不开的。

徐州市委市政府表示，对徐工除了支持还是支持，把握住党管企业领导干部这个“关键少数”，对企业经营一概“放手”，做到无摊派无打扰，真正做到让徐工“海阔凭鱼跃，天高任鸟飞”。

徐州市委市政府对国企管理层的年薪管理颇具气度，早在 2005 年，徐工董事长年薪为 28 万元，已是当地最高，2008 年又将年薪提高至 100 万元，超过了所有省属国企的高管。

徐州良好的产业生态环境，不仅让徐工成长为一棵“参天大树”，同时还带动了徐州工程机械产业“森林”的茂盛生长，形成了非常完善的行业产业链，被誉为“中国工程机械之都”，卡特彼勒、美驰车桥等越来越多的世界工程企业巨头和世界 500 强纷纷慕名而来。目前徐州已集中了规模以上工程机械企业 400 余家，10 余万从业人员，形成了具有国内领先和显著特色的工程机械生产制造体系。

“行百里者半九十”。要实现习总书记殷切期望的世界前三的珠峰登顶目标，徐工需要在体制机制改革、科技创新、人才引进以及市场开拓等诸多方面开启新征程，砥砺前行。为推动我国实体经济特别是制造业进一步增强国际竞争力，建议从国家层面对徐工以及整个工程机械行业提供更优的成长环境，推进国内工程机械产业转型升级，推动“大国重器”行稳致远，助力徐工成为世界行业标杆。

一是鼓励攻关核心技术。破解工程机械“空心化、智能化”这两大世界级课题，才能打破中国制造大而不强的僵局。包括徐工在内的机械制造行业核心零部件和关键技术目前仍然受制于人，建议支持将由徐工牵头组建的江苏省高端工程机械及核心零部件智能制造创新中心升级为国家级制造业创新中心的试点单位。从国家层面设立科技专项来解决发动机设计、液压件密封、金属热处理等关键问题，提高配套件的质量水平，夯实中国工程机械行业的产业技术基础。严格保护专利所有权，鼓励自主创新。鼓励跨国企业在中国投资研发中心和关键零部件制造中心，发挥外资研发技术的外溢效应。

二是营造公平有效的市场环境。行业内仍然存在“价格战”等无序竞争情况，不利于行业可持续发展。建议由政府牵头，行业协会辅助，制造企业和经销商共同参与，出台自上而下的行业监督管理细则，形成统一规范的市场监管体系。建立恶性竞争预警机制，严厉打击不正当竞争行为，引导市场良性发展。支持企业、科研院所、高校组建跨行业的关键共性技术研发平台和联盟，避免盲目竞争，增强行业竞争力。

三是加大金融支持力度。卡特彼勒之所以能成为行业世界第一，与其强大的金融支持是分不开的。在市场低谷时，卡特彼勒有充足资金支撑其回购产品，从而保证其强大销售力的可持续性。工程机械是高成本且有一定经营风险的行业，建议在规范信贷审查、加强风险防控的基础上加大信贷支持力度，建立产品回购制度。此外，目前中企在海外经营只能通过中信保一家机构进行担保，不能充分满足企业在海外发展的需求，建议增加金融担保机构数量，增强国内企业“走出去”的能力。

四是推动国产化替代。当前国内以徐工等为代表的工程机械产品质量和技术已接近或达到世界先进水平，并实现大批量出口。建议在“一带一路”和国内重大项目建设中，将徐工等工程机械类企业与中国大型能源、矿业央企合作，形成产业链、生态圈。比如协调神华、中煤平朔、西部矿业、五矿、中国电力建设、华润水泥、海螺水泥等能源、矿企集团，及中工国际、兵器工业、中国机械进出口集团、中国铁道建筑总公司等对外大型总承包商，对徐工等企业的大型成套露天矿业机械发展给予全力支持，实现已往使用国外品牌的国产化替代。

五是支持国企深化改革。将徐工等有条件有基础的国企列入国家“国企改革双百行动”试点企业，遵照习总书记视察徐工时提出的“着眼世界前沿，努力探索创新发展好模式、好经验”的期望，支持徐工推动改革实践和打造创新模式，为全国国企改革提供示范借鉴。

亨通集团：万物互联网络的筑路者

中国工程院

2015 年第二届世界互联网大会上，习近平总书记指出“互联网让世界变成了‘鸡犬之声相闻’的地球村”。互联网的诞生源于 20 世纪最伟大的发现——光纤通信。过去，中国光通信市场一直被国外所垄断。2010 年和 2016 年，以亨通集团有限公司（以下简称亨通集团）为代表的中国企业两次摆脱对国外的依赖，把光纤通信核心技术、全球最新技术掌握在中国人自己手上，确立了中国在世界光纤通信领域的话语权，推动了宽带中国、网络强国战略的实施，使中国光纤网络的容量、网速实现倍增，使光网建设成本降低了 50% 以上，为大数据、云计算、万物互联奠定了强大的通信网络基础。中国民营企业自主创新的科技力量，不仅为中国百姓的信息消费带来更多的获得感，也为全球光纤通信网络的建设做出了重要贡献。

2018 年全国两会期间，中央电视台《大国重器》专题报道了亨通集团依靠自主创新、系统集成等技术，为马尔代夫承建环岛跨海通信工程，将马尔代夫 200 多个岛屿连接成一张光纤通信网，推动该国从 2G 时代跨入了 4G 通信时代。亨通集团正是凭借行业最前沿的技术，在光纤网络，特别是海洋光网领域多次打破国外垄断，成为中国制造 2025、工业强基工程、智能制造、绿色制造示范企业，荣获中国工业大奖。

亨通集团究竟是一家什么样的企业？何以能突破国外的垄断？凭借哪些

核心竞争力驰骋国际市场？它为中国和世界带来了怎样的改变？带着这些问题我们调研组来到了位于太湖之滨的亨通集团深入调研。

亨通集团创建于1991年，28年来该集团从无到有，由弱变强，历经了从艰苦创业到自主创新，从中国制造到中国创造的跨越。现已成为中国光纤光网、智能电网领域规模最大的系统集成商与网络服务商、国家创新型企业、中国企业500强、全球光纤通信前3强。

一、摘取光通信皇冠上的明珠

2018年5月，习近平总书记在两院院士大会上指出，关键核心技术是要不来、买不来、讨不来的。只有把关键核心技术掌握在自己手中，才能从根本上保障国家经济安全、国防安全和其他安全。

我们的调研最先从亨通如何攻克核心技术开始。

“光棒”全称“光纤预制棒”，是可以用来拉制光纤的材料预制件，是制造光纤的核心原材料，材质为高纯度石英玻璃，直径一般为几毫米至几十毫米，光纤芯的直径一般为8μm～62.5μm，光纤的内部结构就是在预制棒中形成的。光缆的关键是光纤，而光纤的母体和瓶颈又是光棒。在光缆行业中，光纤预制棒、光纤、光缆所占整个行业链的利润为7∶2∶1，生产光纤预制棒的利润远超生产光纤和光缆的利润。

光棒是整个光通信产业链中高端、核心的技术。长期以来，这项核心技术一直被美国、日本等极少数国家牢牢掌控，国内90%以上光棒依赖进口。我国自上世纪70年代起就开始研发光纤预制棒技术，直到2003年仍没有取得实质性突破。

2003年8月，“能不能搞光纤预制棒研发，突破国外对中国的制约”成了亨通第四届发展战略研讨会主要议题之一。战略研讨会本就是务虚会，但这个议题却让会议氛围显得异常沉重。

亨通集团董事局主席崔根良一抛出这个议题，想请专家、院士们为亨通把把脉、建言献策，马上就有院士站出来讲："光纤预制棒项目投资大、风险大，国内缺乏开发经验。到目前为止，一些科研院所、企业进入该领域搞研发的都失败了。亨通没有必要冒这个风险！目前暂时还是以买光纤预制棒为妥。"还有院士说："国内搞光纤预制棒研究二三十年，国家也花了不少钱，这个技术都没有攻下，亨通技术力量没法跟国家研究院所比，同时要拿自己口袋里钱去搞研发，时间上耗不起，搞光纤预制棒等于烧钱！"

图 1　亨通自主研发光纤预制棒，打破国外光纤巨头的技术垄断

院士、权威专家的反对意见不是没有道理。当时谁也没有把握在这个项目上制胜，国内屡试屡败，无论是国家部委推动的项目，还是民间资金投入的项目，都没有成功的案例。会后，亨通集团决策层讨论中，也是反对意见居多。

既然有这么多反对意见，亨通没有马上做出决策，但调研摸底工作却在紧锣密鼓地进行中。

在日本，亨通的团队亲眼看见了一家研发光棒的企业，每天都是失败，每天都在烧钱。在国内，他们遇到赵梓森院士，赵梓森院士也告诉他们说，国内科研实力很强的一家企业做了很多年，拥有那么多的人才和资金，做的也还是多模光棒，单模的还是做不了。又说，国内另一家大型企业也都在研制光棒，几个亿投下去了，就是不见成功。院士的结论不言而喻了。

时隔一年，2004 年 9 月，亨通第五届发展战略研讨会在江西庐山举行。研制光棒的问题再一次摆到了专家面前。

听了崔根良这一年来的全球调研情况，有的专家坚决支持亨通要上这个项目，有的专家仍然担心；统计下来，还是反对意见居多。专家院士们见崔根良上光棒的决心很坚决，就建言，搞光棒风险很大！如果亨通决意要上，有三个建议可供参考：一是跟国外合作，这是上策；二是找国内同行合作，这是中策；三是完全靠自己研发制造，这是下策。

通过合资、融合创新确是一条路径。这种“借脑借船借势”的方式亨通是熟悉的。实际上在调研论证的过程中，已经开始试水实施，可是实际效果并不理想。

在前一次发展战略研讨会后，为实现制造光棒的理想，亨通就一直在寻找研制光棒成功的合作方。在一年多时间里，亨通的团队对全世界光棒企业都做了不同程度的接触谈判。崔根良带领团队曾创造了一个星期绕地球一圈考察了5个国家的纪录。结果跟当年找光纤项目合作一样，到处是“对不起”“不可以”“这是商业机密”“这是高端知识产权”“这是高科技核心技术”。

完成光纤项目是亨通推进产业升级和完善产业链的重要一步，而完成光棒制造，却是完善产业链的高端核心技术和我国光通信产业从中国制造迈向中国创造的关键台阶。随着国内光通信市场的不断升温，国外光棒通过合作等方式加大对中国市场的控制。13亿人的中国，光纤需求占全球的50%，绝不能被一根小小的光棒卡住“脖子”！

崔根良认为，光纤预制棒产业的研发，不仅事关亨通的发展，更重要的是关系到国家光通信产业的振兴大计。唯有自主创新，才能扭转受制于别人的局面，才能拥有自主知识产权，使我国光通信企业实现可持续发展。

崔根良认为，做企业本身就有经营风险，上项目搞创新更有风险，有风险不可怕，怕的是不考虑风险后果盲目去干，要把风险控制在企业可承受的范围内，必须要有风险评估，超出承受能力就不是风险，而是冒险！以亨通的实力，一次性投入6亿元用于光棒研发，即使失败了，也不会对亨通整体发展有致命的影响。更重要的是，“亨通靠自身力量已经成功研发制造出光纤，这让我对我们的技术团队与研发实力充满信心！”

然而，自主研制光纤预制棒是一个痛苦而漫长的艰难历程，相比于自主研发制造光纤，这次亨通研发团队感受到了前所未有的压力。没有理论，没有工艺，没有原料，没有装备。一切从零开始，从研发装备、工艺图纸、工艺配方、技术方案到产品方案，屡试屡败、屡败屡试，创新的路远比想象的艰难得多。

亨通集团光棒技术负责人之一江平解释道，光纤的制造是物理变化过程，而光棒的制造是化学变化过程。化学试验是严谨的科学，容不得半点差错。光棒研发制造涉及原料、温度、环境、工艺、装备等60多个试验因子，要按照统筹论、系统控制论方法，设计上百套试验方案，每套试验方案好比是解多元多次方程，其复杂程度可想而知。光棒从一个试验方案到试制品出来要15天到20天周期，中间每天要花费几十万元的研发费投入。所以，研制光棒的时间和资金成本很高。

2010年8月，经过100多名技术人员1500多个日日夜夜的研发，通过对成百上千次试验积累的几万个数据的分析，亨通最终摘得了这颗光通信产业“皇冠上的明珠”，完全掌握了光纤、光棒的核心技术，成为中国唯一掌握光棒尖端技术自主知识产权的民族企业，奠定了中国在世界光通信领域的地位并拥有了国际话语权。

当问及亨通之所以能摘取光通信行业“皇冠上的明珠”最深的体会时，光棒研发团队负责人之一肖华认为是亨通包容的创新文化。企业负责人尊重科学规律，为了不给研发人员压力，4年多的时间里从不到试验车间里来，直到光棒形成了具有完全自主知识产权的连续化学气相沉积（CCVD）技术并实现了产业化，才第一次走进试验车间向研发团队表示祝贺。

2017年亨通光棒的年产能达到2200吨，折合约6500万芯公里光纤，占全国市场的26%。值得一提的是，经过近5年的科研创新，亨通再次打破国外技术壁垒，成功研发了国际顶尖、全过程绿色环保的新一代光纤预制棒制造技术，成为全球第二、中国唯一拥有此项核心技术的企业。这项技术可实现氯废弃物零排放，显著提高了国内光纤预制棒制造企业的国际竞争力。

2017 年，亨通自主研发的 G.654 和 G.652 低损耗高强度海洋光纤成功完成 5000 米水深海底通信系统测试，这是国内海底光缆制造企业首次进行国际化海底通信系统试验。此举意味着亨通打破国际海底光缆制造商的垄断，为中国海底通信系统推向国际市场奠定了基础。

如今，亨通光纤产品占全球市场的 15%，占国内市场的 25%；在中国每 4 公里光纤中，就有 1 公里是亨通制造的。随着亨通新一代光棒数字化绿色工厂的建成投产，光纤产品的国际市场占有率有望达到 25%～30%。亨通让光纤的价格由 2010 年的每芯公里 1200 元，降低到如今的每芯公里 50 元，铺设成本降低了 90%，无论是平民百姓还是互联网大佬，都可以享受互联网快速发展带来的红利。同时，宽带接入速度由 2010 年的 1M 提高至如今的 50M，是原来的 50 倍。如果在网速稳定的情况下，缓存一部 2G 大小的高清电影，今天只需约 3 分钟，而在 2010 年却要等上 10 多个小时。亨通助力中国走过了 2G 时代、3G 时代、4G 时代，正在迈入万物互联的 5G 时代——不但为中国建设网络强国奠定了重要基础，更为实现中华民族的伟大复兴做出了贡献。

创新是亨通之魂，也是引领企业发展的最大动力。亨通的每一步发展都是通过创新发掘了新的机会，通过创新找到了新的增长点，通过创新超越了同行，跻身世界光通信的第一阵营。创新作为亨通发展的永恒主题，还要从亨通的创业之初开始谈起。

二、艰难的启航

几百平方米的破旧厂房，几台陈旧设备，一台报废铁炉，还有 120 多万元的债务。在资金、技术、市场、人才都十分匮乏的情况下，企业活下去已属不易，要发展更是难上加难。

苏州吴江，历史悠久，文化底蕴深厚，是“苏南模式”实现经济转型的代表地区之一。

得益于改革开放的春风，吴江乡镇工业起步于20世纪70年代，腾飞于80年代，做大做强于90年代。1990年吴江乡镇工业占全县工业比重71.4%，三分天下有其二。在全国100家产值超亿元的乡镇企业中，吴江有两家企业分别列第二名、第七名。

1991年2月28日，亨通集团的前身江苏吴江七都通信电缆厂正式成立。土生土长于吴江农民家庭、曾当过通信兵、在部队入党并荣立过三等功的崔根良临危受命担任厂长。工厂是在因亏损而倒闭的农具厂厂址上建设起来的：几百平方米的破旧厂房，几台老掉牙的机器设备，一台报废的铁炉，这就是当时的全部家当，离创办一个工厂的要素条件还差得很远，处境非常艰难。

一无资金，二无技术，三无人才，四无市场，崔根良的手里只攥有一纸批文和一块土地，还有120万的外债。无资金，崔根良便“借鸡生蛋”。他拿出了他原先办厂的老办法，其实也是当时许多乡镇企业起步时的“三个一点”：一是向银行贷点，二是向社会借点，三是向员工集点。经过“三个一点”，崔根良解决了创办电缆厂的启动资金。除了“三个一点”，崔根良还多了一点，他用寻求股份合作的方式解决了注册资金。无技术、无人才怎么办，他开始四处拜师学艺，寻找品牌，寻找靠山。“不要对方投资，只要对方投技术和技术人员，帮助培训员工，指导生产就行。”如此，与江苏省通信线缆总厂实现合作，成立江苏通信电缆厂吴江分厂。

厂子有了，牌子有了，技术、人才也有了，靠山有了，该生产了，但走进空空的大车间里，没有一台能够维持正常生产的机械设备。买新设备，没资金，想都别想；事实上，连买二手设备的钱都不够。只能买废旧的机械设备，拉回到车间里改造、拼凑、组装。

经过一番苦战，吴江七都通信电缆厂当年投产当年见效，年销售额达450万元，生产出的第一批电缆产品销往江苏、安徽等几个省市，创利税87万元。

“天地间荡起滚滚春潮，征途上扬起浩浩风帆”，这句《春天里的故事》

中的歌词象征着上世纪 90 年代初涌动的中国改革开放的热流，也象征着亨通事业的跃跃腾飞。邓小平同志的南方谈话，充分肯定了乡镇企业的重要作用，为乡镇企业创造了良好的外部发展环境。亨通开始扬帆远航。

亨通的新目标是生产光缆。1992 年亨通与邮电部武汉邮电科学院合作，实现“借梯登高”：双方合资兴建长江光缆联合公司，一举填补了江苏省光缆项目的空白。与此同时，他开始选派有文化、有灵性的优秀员工前往武汉邮电科学院学习。同年亨通拉出华东地区第一根合格的光缆。

“当时光缆市场是邮电电信垄断的，可以说没有市场，我们只是做了一个技术与产品的储备。”崔根良回忆到，这是当时生产与市场的写照，但机遇总是留给有准备的人。一个偶然的机会，崔根良结识了一位来自日本的投资商。中国扩大对外开放后，这位投资商代表日本妙香园株式会社投资 150 万美元，与亨通合资创办了吴江妙都光缆有限公司。

崔根良用日本投资商投下的资金，当即带着技术设备专家，从美国、英国、德国、意大利、日本、芬兰、奥地利等国家进口了几十台（套）先进生产设备和检测仪器，大大提升了亨通的装备水平，为光缆产品的质量提升和出口海外奠定了坚实的基础。至此，亨通完成了“借船出海”第一阶段的目标。

“借鸡生蛋”“借梯登高”和“借船出海”，这“三借”使亨通实现了三级跳。这“三借”也应验了中国古代“借东风”的说法，所谓借风之“力”达行事之“势”是也。亨通灵活大胆地在企业发展的道路上，巧妙地实施“三借”，实现了企业发展的阶段性目标，完成了企业自身的提升和品质。1995 年，亨通的通信电缆产销量跃居全国第一。

随着改革开放的不断深入，人民生活水平的日益增长对各种基础设施提出了更高的要求。20 世纪 90 年代中期，广播电视系统开始布局光缆网络，并向全国招标。广电的光缆铺设刚刚起步，没有固定的供应商。亨通的光缆质量高、价格低，一下子切进了广电光缆的市场。国家“九五”计划设立了“八纵八横”的光缆干线工程，这使市场需求量急增，亨通的光缆事业一下子进入快车道。从此，亨通在中国的光缆行业里，越走越深，越走越远，越走越广阔。

1996 年 1 月，亨通成功晋级为国家级企业集团。十年磨一剑，一朝试锋芒。亨通集团从此站在了新的历史起点上！

20 世纪 90 年代初期，苏南乡镇企业获得普遍赞誉的“走遍千山万水，吃尽千辛万苦，费尽千言万语，历尽千难万险”的“四千四万”精神，说到底是一种市场精神，撬开了中国市场经济的缝隙，其历史作用是巨大的。其实，“四千四万”精神注重的就是两件事，一是找原料，二是卖产品。这些都是指向企业外部的，而亨通却在“四千四万”基础上又提出“四敢”“五高”，即“敢攀高峰、敢创大业、敢为人先、敢争一流；高起点、高标准、高科技、高水平、高效率”，把对企业外部市场的敏感和对企业内部管理、科技进步的重视协调起来。这使亨通集团能够迅速甩开同行，在国内通信行业崭露头角，并开始逐渐成为领军者。

三、赢得世界光通信的话语权

“问渠哪得清如水，为有源头活水来”。企业之源头活水就是创新，创新是企业提高经济效益的根本途径；唯有通过创新，企业才能持续焕发生机与活力。“亨通要想跻身世界光通信之林，必须要有自己的产业竞争力，要有自己的撒手锏！”

1992 年亨通上马光缆项目后，就开始深度关注光缆技术与行业的发展趋势。光缆的主要原料是光纤，光纤是由光纤预制棒拉丝而成。然而，当时光纤拉丝技术和光纤预制棒制造技术都掌控在外国人手里，因此，光纤的市场与价格也掌握在外国人手里，外国人说涨就涨，说跌就跌。那时，亨通集团生产光缆的光纤原料也是 100% 从国外进口。曾经当过三年通信兵的崔根良意识到，光纤传输必定优于电传输、光纤通信一定会替代电传输，不能自喜于通信电缆取得全国销量第一的成就，也不应满足于光缆批量销售的业绩，要转型发展光纤！

1995 年，亨通集团正式决策要制造光纤。在当时，光纤只有美国、法国和日本几家国际大公司拥有制造光纤的核心技术。亨通高层多次讨论，经过深思熟虑，决定分两步走，先干光纤，然后再干光棒。亨通的第一招仍然是想用“借鸡下蛋，借梯登高，借船出海”的老办法，像很多中国企业那样，以市场换技术，以市场寻求外企的合作。

在接下来的 5 年时间里，亨通的公关团队先后与日本、美国、法国等几家国际大公司谈光纤拉丝技术的合作，一次次地谈判，一次次地失望，又一次次地燃起希望，而希望又终归破灭。

有一家日本公司曾向亨通集团伸出了橄榄枝。这家日本公司既有成熟的光纤拉丝技术，又有世界最强的光纤预制棒研制生产能力。崔根良率队来到日本，在谈判中，日方谈判人员直接拿出一份合作协议，指着协议说：你们要想合作可以，按既定协议内容执行……

后来谈及此事，崔根良深有感触地说：“这哪里是什么谈判？谈判是公平的，是双方协商的，眼前的这个场景，就是通知我们来日本签个字。”同时，日方还提出今后必须长期采购日方公司的光纤预制棒。看来亨通与这些国际大公司实现平等合作是根本不可能的事情，对方就是要利用他们的知识产权和核心技术作为诱饵，用无休止的谈判来拖延亨通上光纤的时机。亨通发展光纤的路到底怎么走？

正值此时，在中央高层和社会改革力量的推动下，一场大规模的产权改革在 1999 年进入高潮。经上级批准，按照改制政策的规定，亨通集团改制为亨通集团有限责任公司，成功召开首届董事会，通过引入现代企业制度，亨通的发展呈现出“光电速度”。

2000 年 12 月 28 日，亨通集团首届发展战略研讨会在上海召开。在亨通集团的发展历程上，几乎每一次的重大决策都是在发展战略研讨会上做出的，发展战略研讨会不仅使亨通实现稳步发展、赢得效益，更是将亨通的发展从一个台阶提高到一个新的更高的台阶、将亨通的事业不断向前推进、构筑起做大事业、打造“百年亨通”的平台和大势。在首届发展战略研讨会上，知名通信专家周仲麟说：“光纤是光缆的必需原材料，现在全国都要依靠进口，就像被人掐住脖子。亨通要想跻身世界光通信之林，必须要有自己的产业竞争力，要有自己的撒手锏！”专家的讲话坚定了亨通集团上马光纤的决心。既然不能通过市场获取技术，那就自力更生研发光纤的制造技术，自己生产光纤！

2001 年全球互联网泡沫的破裂，对世界经济产生了深远的影响，对中国光通信行业也产生重大影响。机遇与挑战并存，正因为在那段时间投资低迷、物价走低，国外光纤设备价格下降，亨通建设光纤厂房就比同行至少节省了 30% 的投资成本，更意外的收获是，外资在中国的光纤厂经营惨淡，效益急速下滑，减产关张，一大批优秀的光纤技术人才随之流出，亨通立即敞开胸怀，招揽精英，吸引了一大批高素质专业人才加盟亨通的光纤研制生产行列。

通过购买国外光纤拉丝设备，在消化吸收基础上对设备按照工艺要求进行调整改造，亨通技术团队经过半年的技术攻关，终于拉出了自己的光纤。不过令技术团队焦虑的是，丝是拉出来了，但光纤指标合格率偏低。接下来，技术团队夜以继日，不断地改造装备，不断地更换材料，不断地调整参数，又经过一年半的苦战，终于使光纤指标达到了世界同行业的先进水平。

亨通从消化吸收再创新，再到自主研发，全面掌握了光纤拉丝技术，确立了自己的自主知识产权，也构建起了光纤光缆产业链配套的能力，光纤项目在运营的第二年，便开始赢利，并以 30% 的年复合增长速度实现赢利。

更值得一提的是，亨通光纤是按照高于国际标准来组织生产的。因为当时所有的标准都被外国人掌控，每个数字标准后面对应的，都是外国厂商的利益！亨通要杀出一条血路，把自己的产品做到极致，做到无懈可击，甚至要超过国际标准！

2006 年 11 月，在国际电信联盟日内瓦会议上，第一次颁布了 G. 657 光纤标准，作为中国专家组成员之一的亨通光纤时任总经理高安敏，带去的亨通光纤技术指标，不但符合国际技术标准，而且还高于国际标准。在获得了市场的同时，又博得了业内的赞誉！这意味着：从此，在世界光通信领域，中国企业有了话语权。

四、工欲善其事必先利其器

习近平总书记说：“只有把大国重器掌握在自己手中，才有底气笑对世界风云变幻，才有信心实现中华民族伟大复兴中国梦。”亨通人深谙其道，企业只有掌握了重大技术装备，才能保证在激烈的市场竞争中立足于不败之地，才能成为通信高端制造业的领跑者。

工欲善其事必先利其器。亨通从2000年自主研发制造光纤开始就注重装备的研发，在购买光纤拉丝设备时，亨通就派技术人员到设备供应商那里接受设备安装调试培训，让技术人员了解光纤拉丝设备和控制系统的技术。光纤拉丝设备由20多个部件和拉丝塔控制系统组成，亨通采取化整为零、各个击破的方法，用了近7年的时间掌握了光纤拉丝设备和拉丝塔控制系统的技术。亨通人不止步于能造拉丝设备，紧紧围绕产能效率、工艺质量和客户需求进一步对拉丝设备进行研发和改造，致力于做得更好。通过二期、三期光纤拉丝设备的自主攻关，技术团队的研制水平达到了炉火纯青，不仅大大提升了装备效能和质量，而且使企业实现了低成本扩张。亨通自己研发制造的光纤拉丝设备成本在800万元左右，而进口设备需要2000多万元，而且自己研制的设备在性能和可靠性方面完全可以与进口设备媲美。

2006年，当亨通准备购买设备来攻克光纤预制棒研发制造技术时，突然发现买不着了。由于光纤预制棒设备是专业设备，不是商用设备，而此时的亨通已让国外的同行感受到了威胁，把亨通视为主要竞争对手了。引进消化吸收再创新的老路是走不通了，亨通只能走自主开发之路。设备自己造、工艺自己配，设备和工艺之间根据问题互相改进，相互促进，形成了良性循环，更加有利于攻克制造光棒的关键技术和关键工艺。现在，亨通集团不仅拥有国内唯一的光纤预制棒生产核心技术及自主知识产权，其生产装备还实现了近 100% 的自主研发。亨通累计自主研发了 92 套装备，其中生产设备 80 台套、试验设备 7 台套、检测设备 5 台套，包括世界最大尺寸 6 米超长光纤预制棒延伸设备 2 台套，在行业中始终保持装备的竞争领先优势。

拉丝速度与光棒尺寸是决定光纤拉丝效率的两大关键指标，亨通自主研发的光纤拉丝、光棒制造等核心装备，不仅将拉丝速度提升了一倍以上，在行业最尖端的光纤预制棒制造上更是开发出了直径 200 毫米、长度达 6 米的全球最大尺寸光棒，单根光棒拉丝长度达 1.5 万公里，创下世界纪录。

2013 年 12 月，经过多轮扩产的亨通集团建成了全球最大单体光纤产业基地，年产能规模 3000 万芯公里——直至今天，仍是世界上唯一超过 3000 万芯公里的单体工厂。工厂有 52 条光纤拉丝生产线，每天产量可达到 11 万～12 万公里，合格率达到 99%。而工厂里的生产设备基本都是亨通制造的！

在产业基地的 9 个省级“智造”车间里来回走上一圈，几乎看不到工人。然而，在车间一角的控制室，亨通光纤集中监控系统却在时时记录着每一台设备的生产状况、控制目标、进度、温度等主要工艺参数。同时，系统还会自动根据设备在关键节点上的生产步骤和突发故障发出提醒和报警，实现远程工艺配方给定、导入和设备访问。正是这一中心控制的生产模式，给亨通创造了巨大的效益。

“智能化是传感技术、自动化技术和网络技术的高度融合，也是高科技跟人类智慧的高度融合。亨通智能化建设，就是要实现柔性化制造、定制化生产，满足客户个性化需求。”崔根良介绍，“但智能制造不是一蹴而就的，需要有一定的基础，光有自动化流水线、装备了‘机器人’，并不能认为已经实现了智能制造。对企业而言，智能制造是一个完整的系统。”

2015 年，亨通光电研发中心历时 8 个月自主开发的芯棒集中控制系统正式投用，把芯棒车间所有设备产生的近 2 万个信号集中到一个平台，实现生产管理集中控制，车间自动化水平再提升 30%，生产能效提升 30%，人力减少 20%，产品档次和附加值不断攀升，在光通信行业创造了一个新的智能制造样本。

从光纤拉丝装备的引进消化吸收再创新，到光棒制造装备的自主开发，再到光纤光棒生产的智能装备，在十几年的时间里，亨通集团培养出了一支近 3000 人的装备研发队伍。如今的亨通集团，不仅能制造光纤光棒制造装备，自己建设的数字化、绿色化光纤光棒工厂正在向亨通在全世界的九个生产基地进行推广。

“我们的光棒从生产到加工工艺，到技术装备、软件开发等环节，全部是自主研发的，技术上已经全部吃透。”不断追赶标杆的过程，其实是不断获得和积累核心技术的过程。必须强调的是，就亨通所在行业而言，一个企业如果没有核心技术和关键装备其存在的价值就不是很大。未来中国的企业一定会走技术引领发展的道路。“如今我们已经储备了一定的核心技术，取得了发展的后劲，未来还将按照‘储备一代、推出一代、成熟一代、淘汰一代’的模式来构建我们的研发体系。”

智能制造是建设制造强国的主攻方向。四年来，亨通围绕智能工厂建设，提出“能用机械手不用人手、能用机器人取代工人”，推动“机器换人、人机互动、物物互联”的制造模式创新，通过“先进制造 + 互联网”的系统集成，实现个性化定制、柔性化制造、快捷化交付。先进制造标准体系正在亨通海外产业基地被复制，实现了产品质量与智能制造的高度融合，提升了中国制造的世界品质。集团也先后荣获国家两化深度融合示范企业、中国工业大奖、全国质量标杆、中国出口质量安全示范企业称号。下一步，亨通将世界级先进制造为标杆，以锻造制造领域“大国重器”为抓手，努力打造具有全球竞争力的光通信制造高地。

五、通海通天通世界

“看着世界地图做企业，沿着一带一路走出去。”亨通将坚定不移地与“一带一路”倡议同频共振，铺就一条直达国际化企业的“亨通路”。

占据了产业竞争制高点，就有了全球同台比拼的底气！

一个企业发展到一定规模以后，只有全球定位、融入全球市场，才能锻造出国际化企业。国际化是打造百年亨通的必由之路。“企业要做强，必须要参与全球技术、品质的竞争；企业要做大，必须要全球市场定位。”崔根良的定位很明确。

2001 年，亨通开始涉足海外市场，首先在发展中国家市场捞到了第一桶金。2005 年亨通光电多芯束软光缆出口到美国市场。2011 年，亨通争取到埃及投标资格进入埃及电信市场，如今已经成为埃及电信主要的光纤通信产品供应商。

2013 年，习近平总书记提出“新丝绸之路经济带”和“21 世纪海上丝绸之路”的倡议。亨通集团牢牢把握国际合作的战略机遇，通过独资或并购设立产业制造基地，实现了从布局全国转向布局全球，打开了企业发展的世界版图。提出“看着世界地图做企业，沿着一带一路走出去”，确立了市场国际化、产业国际化、品牌国际化“三步走”方针，实施 50% 营收来自海外，50% 产业在海外，50% 人才为国际化人才的“555”国际化战略，大踏步走向世界，拉开了企业全球化运营格局。

“当前中国综合国力、影响力在上升，有政治上、外交上、金融上、财政上等支持，是开展国际合作的最佳时机。”崔根良信心满满地说，“中国已从资本输入转型为资本输出的时代，也是中国企业走出去的最好时机。”从 2012 年开始，亨通集团通过投资、收购方式先后在巴西、南非、西班牙、葡萄牙、印尼、印度、埃及创建光通信海外产业制造基地，其中还收购了有 107 年历史的欧洲老牌企业，50 多年历史的印尼老牌上市公司。为亨通快速实现产业国际化奠定了坚实基础。

亨通在全球化布局的同时，高度重视海外人才培养，并形成了一套从自主培养到引进吸收的国际化人才体系。亨通在国际化人才培养方面不断放“大招”，一批优秀人才脱颖而出，亨通外籍专家查尔斯·布朗就其中之一。

布朗博士毕业于英国贝尔法斯特女王大学，是全球海洋通信领域的知名专家，曾长期服务于国际通信巨头，在通信海缆界有着极高的知名度。2014年6月，亨通基于产业发展需要，向布朗伸出了“橄榄枝”。当时，他受邀来到中国，参观了亨通的海缆基地，详细了解了亨通光通信产业基础、规模与国际地位，忍不住竖起大拇指。让布朗折服的是，亨通的技术人员全部用英语交流，浓厚的国际化氛围倍感亲切，布朗当即表示加盟亨通。其后，布朗为亨通在海底通信领域的技术创新、产品研发、国际标准制定等方面做出了突出贡献，助推亨通不断拓展国际市场。

2016年12月16日，由亨通海洋光网公司承接的马尔代夫马累海缆项目正式交付启用。该项目是亨通海洋承接的单个订单中总长最长、单根长度最长（达318公里）的国际海缆订单，同时此举也创造了国际最长海光缆的记录。该项目承担着“提高马尔代夫的数字化程度”的崇高使命，项目海缆总长1200公里，连通马尔代夫的200多个岛屿。这一通信工程为马尔代夫提供了4G骨干网技术支持，使该国一次性实现向4G通信的跨越，为全球海洋通信递上了一张中国名片。

2018年6月28日，亨通中标智利海底光缆项目，中标总长度2790公里。至此，亨通承接的国际跨海海底光缆工程总长度突破1万公里，成为全球少数几家过万公里的海缆企业。

亨通还先后承建了俄罗斯深海智能电网、跨亚马逊智能电网、埃及总统府保密通信网等一大批国际项目，为中国制造赢得了世界声誉，为全球光纤网络和能源互联网建设提供了中国方案，贡献着中国智慧，展现了中国力量。

从纯粹产品出口，到参与欧美国家的工程总承包（EPC）项目，再到海外并购，亨通集团历经了从“市场国际化”到“资本国际化”再到“品牌国际化”的“三步曲”。

通过“走出去”战略，利用国内国际两大市场、两大资源、两大资本，亨通集团跻身全球光纤通信前三强，成为世界通信互联网领域的中国品牌。

目前，亨通已在海外创建了9个产业制造基地，拥有外籍员工超5000人，在海外创建了34个全球营销技术服务中心，亨通的光纤网络与业务品牌已覆盖 130 多个国家和地区，全球光纤网络的市场份额达 15%。

“我们打开海外市场，就是从‘一带一路’沿线国家开始的。如今，我们海外营收的 2/3 来自这些地区，这也成为亨通品牌迈向世界的桥头堡。”崔根良介绍道，亨通的国际化已走过 18 个年头，虽然期间遇到了种种困难、曲折和教训，但国际化的信念从未动摇过，因为，只有走出去，才能在国际产业分工当中赢得发展空间。

崔根良认为，走向全球化不仅是国家也是中国企业做强做大的必由之路。亨通实践表明，企业今天不国际化，明天就会成为别人国际化的一部分，只有全球定位，整合国际国内的市场、资源、资本，才能实现企业生产要素和资源配置的优化，实现质量和效益的提升；也只有参与全球技术与市场同台竞技，才能不断提升企业的创新能力和市场竞争能力。

六、结语

到底是什么创造了亨通奇迹？是太湖之滨的这片富庶之地，是吴人的勤劳与智慧，是企业领军者独树一帜的战略眼光，还是从干将莫邪起，传承两千多年的大国工匠精神？一方水土养一方企业，亨通的成长壮大固然离不开苏州两千多年文化的滋养与传承，但亨通能有今天的发展，更是秉时势而创新、顺潮流而光大，自加压力、抢抓机遇、砥砺前行的鲜明写照。是改革开放造就了亨通，它所创造的一项项奇迹，也为中国光通信发展史谱写了依靠创新、依靠中国人自身力量，实现中国光通信产业从大到强，引领全球光通信发展的崭新篇章。

改革开放，成就了中国经济的振兴与崛起，推动着中国从富起来迈向强起来。改革开放，也成就了中国民营企业的兴起、崛起与壮大，成为中国经济的半壁江山。亨通集团 28 年来坚守实体制造业，以“敢攀高峰、敢创大业、敢为人先、敢争一流”的“四敢”精神为动力，不断做强做大做优，走出一条迈向国际化发展之路。这正是中国优秀民营企业自主创新、自强不息，靠奋斗在发展大潮中不断崛起的一个缩影。

28年来，亨通集团以创新促转型，以转型促发展，全面实施原创性创新、系统性创新、集成性创新、开放性创新，构建起以战略创新、人才创新、技术创新、机制创新、产融创新的“五位一体”创新生态体系，正在打造先进制造与工业互联网系统集成的“三化”智能工厂（工厂智能化、管理信息化、制造精益化）；形成全球领先的光纤通信全产业链（光棒－光纤－光缆－光器件－光网络及海洋光网络），并瞄准世界前沿和全球化定位，掌握了全球光通信关键核心技术和一大批自主知识产权成果，推动着在“一带一路”沿线国家及全球市场的发展。这一切为亨通抢占发展制高点、打造发展新引擎、构建产业生态链、推动升级转型提供了持续发展动能，更为亨通实业报国、实业强国战略实施，推动中国从制造向创造转变，提高中国制造的全球竞争力和国际影响力再做新贡献。

风雨三十年，创新铸就辉煌。面向未来，依然初心不改。新一代科技革命和产业变革交汇融合，催生着智能社会、平台共享、数字经济时代的到来。通信产业是当今世界迅猛发展的高科技行业，尤其光通信的发展，将世界带入全光网、万物互联时代。在这样一个科技日新月异、产业大变革、企业潮起潮落的经济全球化时代，创新依然是亨通制胜未来的法宝，激发亨通发展的新动能。亨通将继续围绕新一代5G通信、大数据物联网、网络安全、智能化等领域，聚焦量子通信、光纤传感器、太赫兹毫米波、硅光子芯片等战略性新兴产业，通过自主研发掌握关键核心技术，赢得发展制高点和主动权。“世界步入质量时代，中国进入了高质量发展时代，企业发展更要聚焦发展的高质量”，亨通集团党委书记、董事局主席崔根良说。

“今天，我们身处中国经济正走向世界舞台中央的伟大时代，身在一个新经济、新业态不断涌现的创新时代，身处在科技革命产业升级转型的大变革时代，我们要把挑战和机遇化为动力和信心，坚持新发展理念，坚持高质量发展，不忘初心，勇于担当，为中国经济发展和国家的强盛做出应有的贡献”，崔根良的话掷地有声。

义乌小商品城：小商品撬动大世界

浙江大学区域协调发展研究中心

义乌，一座面积仅为1105平方公里的小城，却创造了城镇居民人均收入连续10年全国第一、内贸网商密度全国第一、外贸网商密度全国第二、快递业务量占全国1/30、外贸出口占全国1/62的传奇。从最初的“鸡毛换糖”到现在的世界“小商品之都”，义乌在改革开放40年的历史进程中，坚持把党政有为与尊重群众首创精神相结合，把发挥政府这只“有形的手”与市场这只“无形的手”的作用有机结合起来，弹奏出了一曲美妙的协奏曲。

浙江中国小商品城集团股份有限公司正是连接“有形的手”与“无形的手”的纽带。此次调研选取义乌小商品城，旨在全面总结改革开放40年来的发展经验，深入分析当下发展的机遇与挑战，为中国企业继往开来、转型升级提供借鉴，为中国特色社会主义产权、使用权和经营权改革贡献智慧。

一、踩着改革和开放的节点奋力前行

（一）基本情况介绍

浙江中国小商品城集团股份有限公司创建于1993年12月，系国有控股企业。2002 年 5 月 9 日，公司股票在上海证券交易所挂牌交易，现有总股本 54.432 亿股。2017 年，公司实现营业收入 100.17 亿元，资产总额 238.61 亿元。目前公司有下属 18 家分公司、55 家参控股公司，拥有员工 5000 余名。

公司是中国商贸领域的龙头企业之一。一直以来，公司以服务全球小微企业为宗旨，搭建共享式贸易服务平台。依托优越的商业环境和得天独厚的市场资源，公司以独家经营开发、管理、服务市场为主业，大力发展电子商务、大数据、供应链、金融、会展、旅游、房地产、酒店等相关行业，为市场生态圈赋能。

当前，公司正依托国家“一带一路”建设，加速人才与体制机制创新，向线上线下融合、进口出口联动、境内境外打通的综合贸易服务商转型，聚焦培育新经济、新业态、新动能，进一步推进市场创新转型。与此同时，公司积极参与义乌社会信用体系的建设，搭建以信用为核心的大数据平台，加快推动互联网技术深度融合到市场贸易的各个环节。

展望未来，公司将以改革为契机、以开放为引领，聚焦“数据 + 金融 + 贸易”三大战略，进一步开放平台、开放资源、开放数据，积极引入战略投资者，推动各种力量、资本的强强联合，为全面打造世界“小商品之都”贡献力量。

（二）财务数据分析

如图 1 所示，浙江中国小商品城集团股份有限公司（以下简称“小商品城”）近 9 年的资产总量整体呈上升趋势，供给侧结构性改革以来，由于负债总量下降，资产总量有所下降，但净资产总量稳步上升且在近几年维持了较高增速的净资产增长率。

如图 2 所示，小商品城 2017 年主营业务收入中房地产销售占七成，成为收入驱动的主要因素，主要系钱塘印象与浦江绿谷一期本期集中交付以及荷塘月色等存量销售所致，但毛利率减少 9.39 个百分点（24.98%），回笼资金 16.7 亿元，实现利润 12.64 亿元；市场经营收入 20.82 亿元，同比下

图 1　小商品城资产结构分析

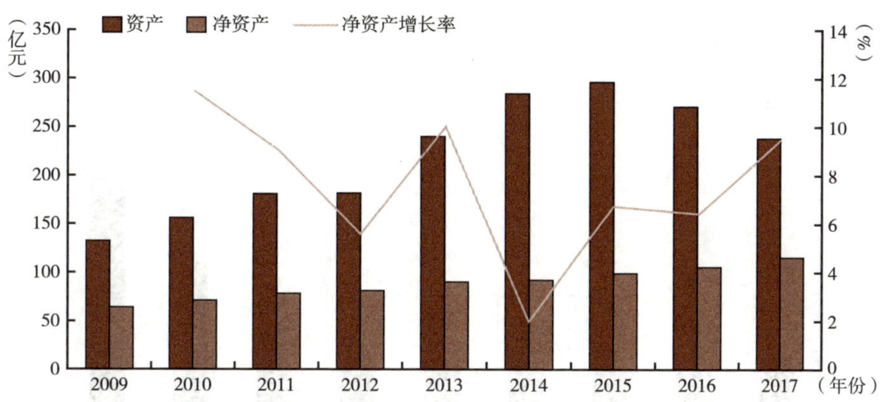

降 8.20%，毛利率减少 8.07 个百分点（55.43%），主要系公司对部分优质商户降租以及新增海城公司折旧等成本增长较快所致；商品销售收入下降 26.87%（3.62 亿元），毛利率略减 0.02 个百分点（2.35%），主要系商城外贸发生信用证事件后，暂停相关业务所致；酒店服务收入增长 2.11%（2.14 亿元），毛利率减少 4.43 个百分点；展览广告收入略增 0.26%（1.1 亿元），毛利率减少 3.26 个百分点，两者收入规模较小且毛利率为负，对公司业绩贡献较小，主要为小商品城的贸易提供服务。总体而言，小商品城作为国企，其主营业务在于市场经营与商品销售，但相关板块主要是为小微企业提供服务，利润有限，需要依靠房地产板块盘活资金。

图 2　小商品城 2017 年主营业务收入

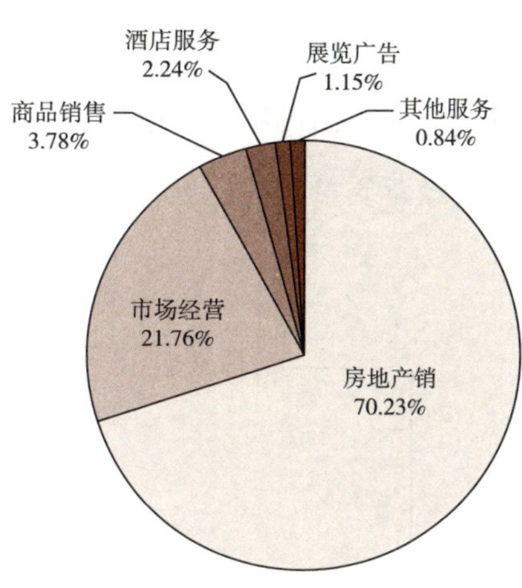

如图 3 所示，小商品城近 9 年的主营业务收入总量以及收入增长率整体呈增长趋势，净利率在成本走高的影响下，整体呈下降趋势，但近期期间费用端有所改善，净资产收益率近几年有所回升。通过杜邦体系分析，主要系资产周转速度提升所致，在一定程度上受利润率改善的影响，同时去杠杆的

过程弱化了净资产收益率的进一步上涨。

图 3　小商品城盈利能力分析

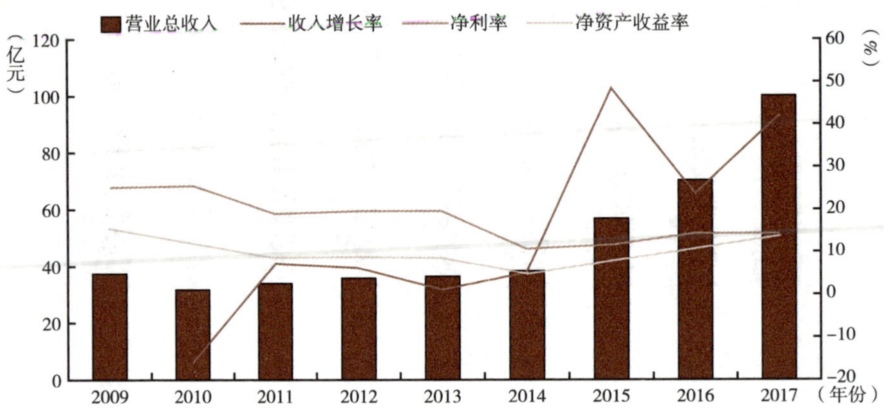

如图 4 所示，小商品城经营现金净流量占营业收入比重波动性较大，主要系房地产销售周期性的影响，结合应收账款管理质量，剔除其影响，总体而言经营质量较为稳健。

图 4　小商品城盈利质量分析

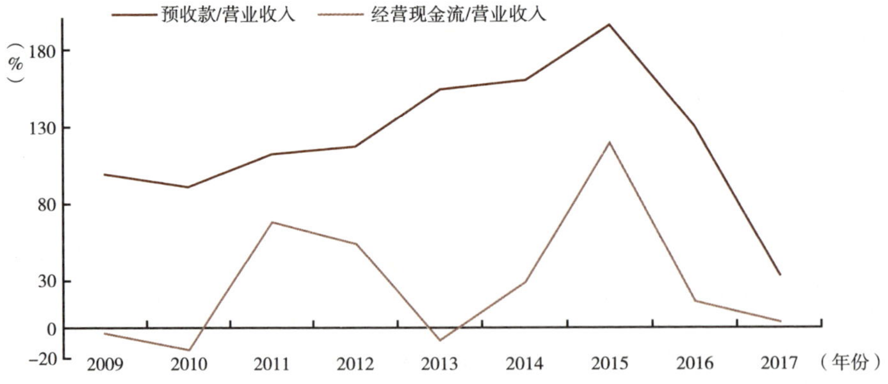

如图 5 所示，小商品城现金流量呈一定周期性，受房地产板块影响。2015～2016 年经营活动现金流较大，基本覆盖投资与筹资的现金流出，在盈利的同时扩张市场、偿债分红，企业运营较为健康。2017 年经营活动现

金流减少，筹资需求增加。从投资活动的细分项目看，整体投资力度仍然较大，维持了对战略板块布局的投资。

图 5　小商品城现金流量净额分析

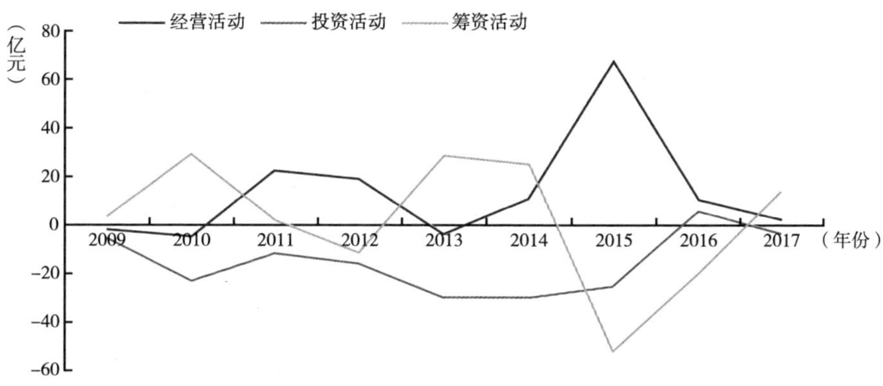

如图 6 所示，小商品城的资产负债结构随着去杠杆推进，逐步走向健康，负债占总资产的比重下降，流动资产对流动负债的覆盖率不断提升，总体偿债压力下降，财务风险下降。但经营现金净流量对负债的覆盖波动较大，且覆盖率较低，流动负债占总负债近八成，存在一定的短期债务压力，考虑其行业龙头地位对应付账款、预收账款等的影响，风险系数较小。

如图 7 所示，小商品城整体的资产运营效率随着供给侧结构性改革“去

图 6　小商品城财务风险分析

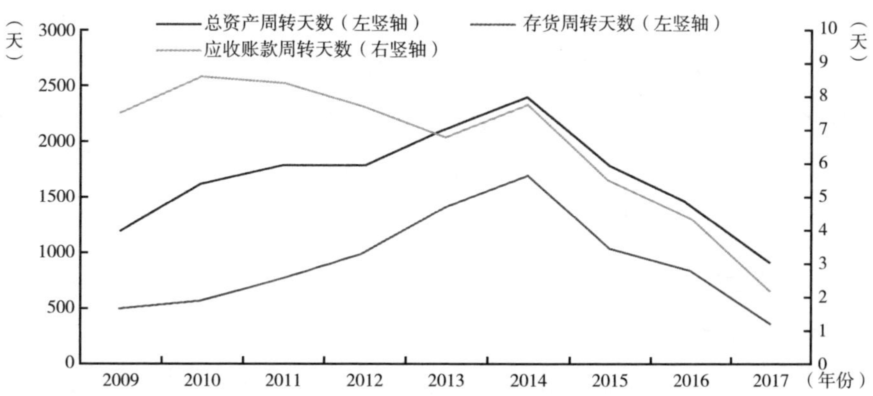

库存”的号召有所改善，近几年库存周转天数整体呈下降趋势，且应收账款管理也呈积极态势。但总体而言，受制于房地产板块的影响，整体资产周转率仍然较低，有进一步改善的空间。

图 7　小商品城营运能力分析

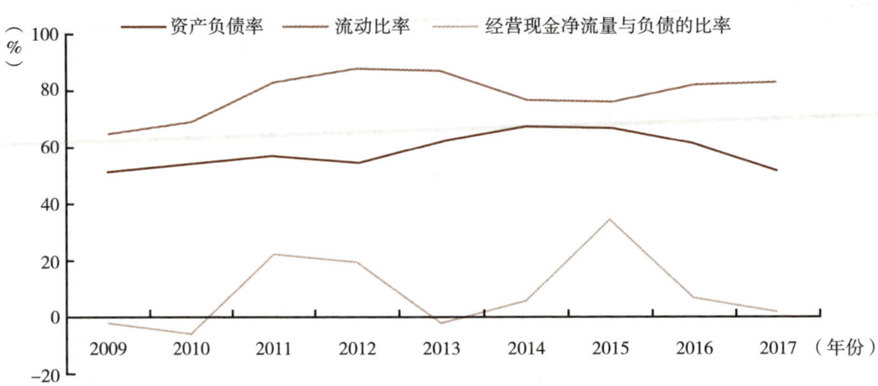

总体而言，小商品城在 25 年的发展过程中实现了收入与净资产的稳步增长，并且作为国企，近期发展响应供给侧结构性改革的号召，不断完善“去杠杆”“去库存”，整体的财务风险下降、资金周转效率改善。但小商品城的核心业务——市场经营与商品销售，在营业收入中占比过小，利润欠佳，而受周期性影响较大的房地产板块在营业收入中占了大头，成为收入和利润驱动的主因。因此，小商品城应借助“一带一路”等政策东风，从商品输出转向品牌输出，扩大海外市场的布局，增加市场经营板块占收入的比重；同时，应着力由原有的成本优势转向创新优势，扩大小商品城贸易商品的核心竞争力与销售量，扩大商品销售板块占收入的比重。通过收入结构的调整，进一步完善小商品城现金流的管理，进一步彰显龙头地位，扩大品牌效应。

（三）发展史

1. 企业诞生

义乌市是全国著名的“市场大市”。从 1982 年开放小商品市场开始至

2001年，义乌市工商局建设了包括第一代至第四代市场在内的众多城乡市场，建立了一系列市场管理制度，创造了许多宝贵的市场管理经验。1993年6月，义乌市工商局建立了义乌市市场综合服务公司，同月成立下属企业义乌市中国小商品城恒大开发总公司，12月由义乌市中国小商品城恒大开发总公司等6家单位筹集股金1.05亿元创办了浙江中国小商品城股份有限公司。2000年1月，原属市工商部门管理的夜间保卫、车辆管理、消防、卫生保洁、门卫值班等工作，由小商品城接管，市场的开发、摊位的租赁均由小商品城负责。

2. 企业成长

公司自1993年成立以来，经过25年的发展，业务布局逐步形成三大板块，即市场主业、会展业、服务业。

（1）市场主业。公司以独家经营开发、管理、服务小商品城为主业，带动相关行业发展。在上级政府的正确领导下，公司踩准各个时期我国宏观经济发展节点，立足改革开放，奋力前行。特别是2001年以来，公司大力发展市场基础建设，创新市场功能，先后建成国际商贸城一、二、三、四、五区市场，篁园服装市场及生产资料市场，致力于将小商品城打造成国际一流的现代化贸易平台。

（2）会展业。公司会展业起步于1995年，20多年来依托独特的市场优势、扎实的产业基础、发达的现代服务业、完善的配套设施，坚持“以贸兴展，以展促贸，展贸互动”的发展特色，会展业得到持续健康快速发展，成为国内外具有一定影响力的新兴会展城市，连续多年被评为中国最具魅力会展城市、中国十大最佳会展城市和十大品牌会展城市。公司坚持市场化、专业化、品牌化、国际化的发展方向，加快会展业转型升级，不断提高综合竞争力和品牌影响力，努力打造成重要的国家级会展平台和国际会展名城。

（3）服务业。在国际贸易综合改革试点引领下，公司在探索实践中明确了发展战略，即“以市场为核心，以资本运作为纽带，打造现代贸易服务集成商”。

紧扣这一发展战略，公司通过完善市场综合服务体系，进一步巩固提升市场的核心竞争力。顺应有形市场与无形市场联动发展趋势，公司创新电子商务发展模式，构建“以实体市场为依托、线上线下一对一”的具有义乌特色的电子商务平台。为提升市场金融服务水平，公司增设投资管理分公司，推出本外币兑换、小额贷款、商位质押贷款等贸易增值服务，积极探索金融投资新领域。为贯彻落实国家“走出去”发展战略，公司搭建中非贸易平台，致力于建成我国首个“商贸流通”型境外经贸合作区。依托得天独厚的市场资源和优越的商业氛围，公司培育经营房地产、酒店、国际贸易、广告信息等相关服务业态，从而不断拓展公司和市场发展新空间。

秉持“做强做大公司、反哺市场发展”理念，公司坚持以“创新、提升、发展”为主线，以构建市场综合服务体系为抓手，全力打造现代贸易服务集成商，进一步提升市场软实力。

（四）腾飞崛起的线索

1. 按照需求导向提供服务

改革开放 40 年来，小商品城从诞生到现在的“买全球，卖全球”，一步步走向国际型的小商品集散地，最终成为行业龙头。在这一过程中，小商品城自始至终做好了一件事——服务小微企业。小商品城敏锐地洞察小微企业的需求，锐意进取，为其提供最优质的服务，包括市场、资源、渠道、基础设施等，从而不断增强供应端与采购端小微企业的实力，最终达到壮大市场的目的，为自身的集散平台奠定了行业地位。

2. 顺应发展需要共同成长

在初期，小微企业需要集中的市场进行交易，小商品城建设了市场经营场所，管理市场，给了小微企业自主经营运作的环境；在中期，小微企业需要集中的管理服务，小商品城对小微企业进行归类，统筹管理，提供网格化全面服务，降低了小微企业运营成本；在后期，小微企业需要扩大规模，小商品城提供各类基础设施，帮助小微企业做好商品贸易，抓住成长机会。在未来，小商品城会耕耘好国外市场，利用好新兴技术，继续服务小微企业。

（1）市场管理。为了加强对市场的管理，小商品城采取了市场商位依约管理、分类管理、打造诚信市场、实行划行规市等一系列措施，有效维护了市场秩序，营造出诚信、公平、和谐的市场氛围，成为行业典范。

①市场商位依约管理。小商品城制定并实施了《国际商贸城诚信文明经营积分管理规定》和《国际商贸城商位使用权转让、转租管理规定》等，对有损市场声誉的不诚信经营行为进行处罚，有效净化了“小商品海洋”，维护了市场声誉与秩序，并在后续的管理中适应新时期、新形势的要求，进行动态修订和补充。

②市场商位分类管理。小商品城的商位所有权归公司所有，经营户只享有商位使用权，租赁到期后考核合格的经营户优先享有续租权。在市场管理过程中，小商品城对商位进行分类管理，商位类型主要包括定向安排、招投标、定向招商、临时租用四大类。通过商位分类，达到维系老商户持续经营、经营户优胜劣汰、调节市场内产业结构、引进优质商户、盘活欠繁荣商户等目的。

③打造诚信经营的市场环境。一直以来，义乌市场紧紧抓住经营主体这个核心，大力构建全方位诚信体系。一是通过《市场诚信保障体系联动响应机制》等相关规定，完善投诉渠道，建立多部门联动响应体系；二是成立治理委员会、行业自律组织等，广泛开展教育活动，维护行业经营秩序；三是建立市场征信体系，以及以政府数据、市场数据以及电商数据为核心的数据体系，开发各类信用产品，构建信用数据库，向社会提供企业信用信息查询等服务；四是通过“摇响拨浪鼓 · 同圆中国梦”“我诚信，我吉祥”两项工程，以小商品为载体，传播社会主义核心价值观，助力诚信体系建设。

④实施划行规市。小商品城在遵循市场发展规律的前提下，坚持“划行规市，分类经营”的原则，推进市场结构调整和合理布局。通过划行规市，避免商户利用地段差异盲目哄抬价格，防止商品在不同地段价格相差悬殊，以此达到维护采购商利益、便利市场管理的目的。

划行规市是小商品城管理市场的至宝，它使市场具备了三个中心：价格发现中心、新品发现中心、客户维系中心。这一举措，一是有利于商品的集聚效应，增加人流、物流和信息流，使同类商品在同一区域经营，无论是品种还是质量、价格，客商在采购过程中能一目了然、货比三家；二是有利于促进经营户充分竞争，倒逼经营户提升商品档次与质量，压缩假冒伪劣产品的生存空间；三是有利于对市场系统的规范管理，维护市场经营秩序的稳定；四是有利于夯实地区产业基础，促进行业有序健康发展。

（2）整合资源。小商品城充分发挥其集散、服务功能，在不断完善市场管理的同时，整合各类资源并形成了“网格化管理、组团式服务”格局，以降低商户日常运营过程中的隐性成本。

通过与各类社会部门的沟通，目前市场内工商、国税、地税、质监、公安、司法、法院、律师、综治、商会、劳协、消防等各类管理服务机构一应俱全，建立了市场开发经营、商位管理、商品质量管理、知识产权保护、诚信文明经营、商户教育培训、客户投诉处理等一系列市场综合管理制度，并形成各部门协同监管体系，确保市场安全、有序、文明、和谐运行。此外，各市场公司也面对社会招引配套用房，以满足经营户、采购商日常生活需求和配套功能服务，其中有超市、文印店、书报刊点、修配锁、广告策划中心、药房、医务室、票务中心、快递服务点等。

（3）设施保障。小商品城提供的基础设施种类繁多，并且都致力于服务商品贸易和市场经营。以下列举五个比较有代表性的设施，即旗下酒店、会展中心、物流、广告服务、金融服务。

①旗下酒店。旗下酒店的打造便利了异地客商的采购活动、参展商的居住等。小商品城旗下 7 家酒店布局于各小商品市场附近，并且酒店客房充足，拥有多功能厅，能承接各类会议，同时具备完善的娱乐休闲设施，能够满足商务人士的差旅需求，为其提供全面而周到的服务。

②会展中心。会展中心的建立为国际、国内的商品流通和经济技术交流提供了一个充满商机和魅力的全新舞台，进一步拓宽了小商品市场内商户的

销售与采购网络范围，并进一步提升了小商品城的品牌效应。义乌国际博览中心展馆功能方充分考虑了人流、车流和信息流的畅通，场馆全面进入现代智能网络时代，宽带传输应用于展馆的整体布线，观众登录系统、电脑查询系统、安全检查系统智能化程度高。品牌展会有中国义乌国际小商品(标准)博览会（中国三大出口商品展之一)、中国（义乌）文化产品交易会、中国国际旅游商品博览会、中国义乌国际森林产品博览会、中国（义乌）国际装备制造业博览会、义乌消费品交易会、中国国际五金电器博览会、中国义乌进口商品展等。

③物流。小商品城旗下控股义乌中国小商品城物流配送有限公司（以下简称“物流配送公司”)，紧紧围绕“以市场为核心，以资本运作为纽带，打造现代贸易服务集成商”的战略目标，依托小商品市场的巨大资源优势和小商品城的品牌效应，凭借小商品城多年形成的市场管理经验，积极开展品牌输出、管理输出和资本输出业务，构建遍及全国的小商品加盟市场，拓展国内贸易平台，努力拓宽市场经营户销售渠道。同时，物流配送公司以“发展公司，服务市场”为宗旨，在国际商贸城设立了短驳服务网点，为来自全国各地采购商提供便捷、方便、廉价、优质的服务；在国际商贸城周边建成了标准化管理的仓储 15500 平方米，并实行 24 小时全天候安全值班和全电脑监控管理，为市场经营户提供安全、便捷的仓储租赁服务，进一步完善了市场服务功能。此外，物流配送公司还整合了一批专业物流企业，如公路铁路货运专线、联托运公司、菜鸟、顺丰等快递公司以及“义新欧”国际货运专列等，通过义乌物流网调度平台，推进统筹分包和业务联动，构建优质畅通的物流网络体系。

④广告服务。小商品城旗下控股浙江义乌中国小商品城广告有限责任公司（以下简称“广告公司”)，专业从事广告设计、制作、发布、代理，以及各类商业性活动策划，独家拥有小商品城各个市场以及义乌四大展会的广告媒体经营发布权。广告公司拥有户外广告媒体面积约 2 万平方米，场内广告媒体面积约 1.5 万平方米。同时，广告公司拥有较强的广告设计、策划和制

作发布实力，积极致力于为客户建构未来发展的品牌基石，为拥有国际雄心的中国民营企业提供全方位的品牌推广及设计服务，包括户外广告规划开发与发布、品牌形象建设与设计推广、导视系统研发与工程定制、大型活动全案策划与推广等。

⑤金融服务。小商品城与北京清华控股有限公司开展金融战略合作，组建了义乌惠商紫荆资本管理有限公司。义乌惠商紫荆资本管理有限公司全权负责惠商紫荆母基金的日常运营及投资管理，其服务模式如图 8 所示。

图 8　小商品城金融服务模式

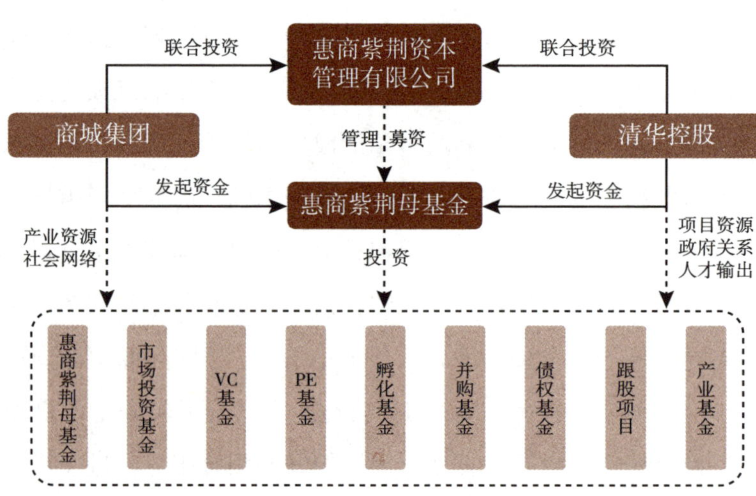

（五）基本经验提炼

四十年风雨兼程改革开放路，二十五载跌宕起伏峥嵘发展史。小商品城历经市场风云变幻仍“威风不减当年”，必有其发展崛起之秘诀。回顾公司诞生、成长、崛起历程，“三大法宝”造就了公司鼎立之局面：一是踩准了改革开放的几个重要时间节点；二是合拢各方资源，提供无微不至的服务；三是不断提升小商品城集散辐射功能。

1. 踩准改革开放节点

邓小平同志1992年的“南方谈话”在全国掀起了一轮改革开放的热潮，也改变了义乌小商品市场如同政策夹缝中蔷薇般顽生的状况，被国家工商总局正式授予“义乌中国小商品城”称号。在此背景下，义乌党委、政府于1993年通过管办分离的经济管理体制改革，成立了浙江中国小商品城集团股份有限公司。由此，小商品城直接推进了第四代全室内市场建设，抓住了市场化改革与工业化推进的历史机遇，把市场业态提升为摊仓结合、摊厂结合、店仓结合等，带动了义乌工业化与城市化进程，并确立起全国专业市场的龙头地位，形成了全国性的分市场、小商品配送中心和物流网络。

中国2001年正式加入WTO，2004年浙江省召开第一次对外开放大会，使得中国整体国民经济和浙江省经济社会发展进入一个全新的国际化时代，也为义乌小商品城带来了难得的第二次战略性历史机遇。小商品城自2001年开始持续推进第五代国际商贸城建设：国际商贸城一区市场在2002年营业，二、三、四、五区市场分别于2004年、2005年、2008年和2011年营业，形成了规划面积32.4平方千米、商户6万多的市场平台，此后又建设了篁园服装市场、国际生产资料市场。与此同时，小商品城将市场业态加速提升到以国际贸易、电子商务、洽谈订单、商品展示、现代物流等为主，致力于打造国际一流的现代化贸易平台。

结合全国整体进程看，义乌市场建设与业态发展三个阶段的时间节点，精确踩牢了20世纪80年代、90年代及21世纪初的改革开放节拍及阶段转换节奏。同时，在一次次嬗变中，义乌不停地抢占改革开放先机，赢得转型发展主动权，不断提升地位影响。当前，小商品城正高标准推进五星级旗舰市场建设，以应对新时代平台功能创新与业态升级的挑战。

2. 合拢各方服务资源

义乌党委、政府通过小商品城这一有效合拢市场与政府之手的独特载体，积极探索中国特色社会主义制度下，政府和市场协同发力、推动经济社会繁荣发展之路，形成了政府调配公有资源、把握发展方向、引导有序竞争，市场参与公有资源盘活、根据需求自主配置非公有资源的互促共进机制。正是因为合拢政府和市场之手，探索创新所有权、使用权和经营权“三权分置”的改革，小商品城有效发挥了资源的效应，全面激发了市场的活力。

同时，小商品城推动市场发展建设的过程中，推动了衍生服务业（涵盖金融、保险、担保、交通运输、通信、广告、咨询、餐饮、住宿、购物旅游等）的蓬勃发展，创造更多消费需求，提高市场对整体经济发展的贡献度。此外，小商品城还利用衍生服务体系服务下属市场，推动其商品贸易的发展。

小商品城推动义乌市场从区域性的小商品批发市场发展成为全国性的小商品流通中心，成为跨区域、连城乡的商品集散中心和层次结构分明的小商品市场体系，确立了其在全国专业市场中的龙头地位，并在全国主要大中型城市建立了分市场和小商品配送中心，形成了全国性的物流网络。其主要经营业态是：通过摊仓结合、摊厂结合、店仓结合等方式完成交易；通过托运实现人到货到；支票和信用卡成为主要支付方式。此外，小商品城积极推动以国际贸易、电子商务、洽谈订单、商品展示、现代物流等为主的新型业态的迅速发展，会展、金融、物流、购物旅游、中介等现代服务业蓬勃兴起，现代化服务和管理体系日益完善。

3. 提升集散辐射能力

小商品城并未孤立地建设专业市场，而是充分发挥集团资本、人才、信息等优势，积极推动产业联动发展，以旗下市场带动工业，以工业支撑市场，实现了市场与产业联动发展，引导商业资本向工业拓展，大力发展与专业市场关联度紧密的工业产业体系，构建了“小商品、大世界，小企业、大集群，小产业、大市场”的工业发展格局，推动旗下各市场、集散中心进一步向小商品流通中心、制造中心、研发中心的方向发展。

此外，小商品城贯彻落实“一体两翼”（以商贸服务业为主的主城区，以加工业为主的两个副城区）构想，促进企业向工业园区集中，以实现园区集聚、产业提升；同时积极推进科技创新，发展高新技术和用高新技术及先进适用技术改造传统产业，鼓励、扶持高新技术项目的引进和高新技术企业的发展，引导企业增加技术改造投入，引进国内外先进适用的新技术、新设备、新工艺，开展技术改造。

其次，在政府的领导下，在小商品城的推动下，蓬勃发展的市场引领着日益兴旺的“义乌经济圈”，义乌市场锻造和带动了义乌本地产业的发展，还牵引着浙江中部地区众多的特色产业区块，形成了一个跨区域的“义乌经济圈”，辐射范围超出浙江省直到全国各地。

小商品城的集散辐射能力，提高了资源利用率，充分利用了“规模效应”，降低了产品单位成本，使越来越多的“浙江制造”“中国制造”经此销往海外。

二、本着创新和服务的宗旨转型发展

（一）新时代再出发的理念转化——从成本优势到创新优势

随着市场越来越透明、信息越来越对称，义乌商品的低成本优势逐渐被削弱，同质化竞争日益严峻，商品溢价空间越来越小，倒逼企业必须从原有的成本优势模式转向创新优势模式，这也对中国制造的源头——创新设计提出新要求，即在向创新模式转化的过程中，做到有重点的创新、前瞻性的创新。

通过对出口贸易数据的分析，各行业出口目的国结构多元，但刚需行业出口量最大。整体而言，义乌出口行业大致可分为两个层次：一是以美国为首的欧美国家，主要从义乌进口服装、化妆品、印刷品、画类等弱刚需行业产品；二是以印度和两伊为首的发展中国家，主要从义乌进口餐厨卫用具、日用百货等强刚需行业产品，以及机械、原材料、辅料等适于发展初级加工业的产品。

因此，对于刚需行业的创新，应成为小商品城管理的重点。刚需产品的相对弹性需求较小，往往在一段时间内比较固定。但目前的刚需产品如餐厨卫用具，同质化严重，市场竞争激烈，如何在市场中抢占份额显得尤为重要。这类商品由于存在大量替代品，会因个人喜好而影响市场销售。因此，针对这部分刚需产品，要做好文创、设计，使得从小商品城出口的商品能从众多商品中脱颖而出。

此外，除了文创等创新领域，小商品城还着力布局具有前瞻性的科技创新领域的商品，如精密度较高的机械配件、含带科技附加值的日用仪器等，以使小商品城在商品贸易中更具竞争力。

1. 完善顶层设计，提高商品附加值

逐步完善顶层设计，在创新、设计、文化等板块加大布局，为现有商户提供相应服务，以提高市场原创商品比例，提升小商品附加值。

目前，小商品城围绕中小制造商、供应商、采购商与创意设计提供方之间的痛点和需求，制定《创新设计产业的十项举措》，打造设计应用服务集成平台——宾王 158 文创园，引进服装与饰品两大行业的国际设计机构 73 家，大力招引文创设计师、设计企业、新材料供应商入驻，对接市场主体碎片化的创新需求。同时，以设计为纽带提升市场品位，在国际商贸城各大市场建设创新设计中心，通过项目化的运营来促进创新设计产业与市场的融合，招引了台湾文创、杭州控客、中国美院、重庆小样、蓝宇科技五家在创意设计、科技创新、产品孵化等领域具有一定优势的创新型企业入驻，进一步激发了小商品创新设计产业活力，提升了市场创新设计水平。

2. 打造特色品牌，树立行业标杆

着力打造市场认可的区域型优质品牌，以增强商品的核心竞争力。目前，小商品城已汇集了大量市场公认的优质商品，打造了“浙江制造”“好品义乌”等区域型公共品牌。拥有这些区域品牌形象标识就代表义乌市场 21 万供应商的“行业标杆”和“领导者”，是高品质、高水平的“代名词”。“好品义乌”首站落地辽宁抚顺，截至目前已实现 800 多万的商品采购。

目前，为进一步助力品牌打造，“浙江制造品牌建设功能中心”已于 2017 年 10 月落户国际商贸城三区，该功能中心将成为一个集发布、展示、认证、检测、创意、物流、金融等多功能于一体的综合性区域品牌平台，目前“中心”共展示浙江区域优秀企业信息191家（其中认证企业83家、培育企业108家），展示企业产品30家。小商品城选取采用新模式、新业态、新产品、新技术的商户，通过各类宣传载体广告宣传，树立典型，引导商户树牌创牌意识，整体提升市场核心竞争力，目前已完成5期50余例商户典型案例素材收集工作。

通过努力，品牌意识在小商品城的商户中正不断得到加强，已出现一些国际性的优质品牌。以进口馆的“开拓五金工具”为例，该企业主营五金工具，由德国代工，但自营品牌，在确保高质量的同时，打响企业名号，不断扩大贸易规模，目前产品涉及10个行业2000余种，远销全球170多个国家和地区。

3. 营造创新氛围，构建展示平台

通过创意沙龙、讲座培训、产品展示等方式，营造市场创新创意氛围。二区市场组建运营专项管理团队，着力打造二区科技产品集聚区及行业“爆款”阵地，创品汇创意产品已由136类增至200类，并组织标兵型商户现身说法，引导商户转型升级。

搭建科技型、创新型、品牌型中小微主体交流展示服务平台。一区完成创新创意设计展示对接服务中心机构选址，二区谋划创新创意设计角，完成产品展示及设计角方案初稿，篁园市场搭建服装设计师原创经营区，目前已协同宾王公司完成服装设计师原创经营区落地方案。

通过举办境外对接会，帮助创新产品拓展发展中国家市场乃至中东欧市场，吸引更多的海外采购商直接来小商品城采购下单，从而提升高端商品的份额，大力促进市场的转型升级。

4. 巩固商品聚集优势，优化行业整体布局

近年来，公司多举措招引新行业，不断巩固“一站式、产品多、种类全”的市场核心优势，市场行业由原先的47个增加到59个，累计新增行业12个。其中，国际生产资料市场新增家电、软装等行业，五区新增酒店

用品、宠物用品等行业，四区新增礼品包装行业，篁园市场新增服装订制行业。2017 年，共计招引经营主体 1801 户，定位商位 3009 个，五区和生产资料市场招商工作取得重大突破。

同时，公司积极推进细分行业集聚经营。一区东引导集聚形成了布艺头饰、儿童头饰、合金及其配件等经营集聚区。四区把部分偏僻区开发成帽类、文胸内衣品牌集聚经营区，招引行业“隐性冠军”入场。五区不断推进床上用品、针织原材料、纺织品等行业经营区域整合集聚，引进沪江路汽摩配企业 40 家。国际生产资料市场以促进灯具行业繁荣为突破点，根据行业关联性启动软装行业招商，定位 114 家 417 个商位，引进江滨路家电行业，定位 43 家 150 个商位。

（二）新挑战下的动能转化——从商品输出到品牌输出

旧模式下小商品城依靠自身商品集散的地位，从事大量商品批发业务，使得供应端厂家的生产规模化效应急剧提升，资源要素的单位成本下降，形成出厂价和批发价的倒挂，依靠有形产品的低买高卖赚取利润，主要依赖成本优势。

而当下，不仅应该维护好集散功能，做好商品输出，更应该做好品牌输出，实现从提供有形商品到提供无形服务的转变。利用多年发展形成的龙头地位和品牌效应，在“走出去”融入“一带一路”的过程中，给商户带去市场渠道、供应商、金融服务等，实现高质量转型。

1. 小商品城对外贸易现状

小商品城作为全球小商品的集散地，外向度高达 65%，但就场内交易来说，更多的是停留在前端交易，只是经营户把商品交给外贸公司，真正的外商资源掌握在外贸公司手上，这并不是纯正的对外贸易。同时，在不断增强的小商品生态圈中，供应商、贸易公司、报关清关公司三者之间分工明确，而商户在其中的角色仅仅是供应商而已，与采购商、报关清关公司的联系并不紧密，反而是外贸公司与其合作关系较为紧密。可以说，外贸公司几乎垄断了后端资源，这也是未来小商品城在品牌输出的过程中，需要重点攻克的领域。

小商品城的商户呈金字塔状分布，金字塔的下层正在不断被剥离。根据目前市场贸易情况，生意好的商户较少，差的较多，两极分化越来越明显。调研显示，生意好的部分已进入上升通道，是因为这部分商户已经转型，数量很少；还有一部分正在转型或在想转型的道路上；余下部分未转型的就是金字塔下层，会慢慢被剥离。从 7.5 万个供应商思维上来判断，短期内能真正快速反应、配合小商品城“走出去”的只有前面两部分，并且真正有思维、想转型的商户对海外市场意愿强烈、需求迫切。因此，小商品城应抓住这部分商户，做好品牌输出。

2. 小商品城内外部优势

作为在商品集散、批发领域有垄断地位的地方性国企，小商品城拥有几十年积累的企业品牌知名度优势，这赋予了小商品城诸多制造业领域的影响力、号召力。但客观来讲，真正优势资源已经很少。目前，小商品城的三大核心优势资源如表 1 所示。

表 1　小商品城的三大核心优势资源

优势资源	具体内容
资本层面的融资优势	拥有稳定的现金流和上市公司这一强大的融资能力
庞大的无形资产优势	品牌：“义乌中国小商品城”的品牌在国内外的强大影响力； 公共关系：地方性明星国企，具有广泛深入的政府公共支持； 行业资质：经过多年积累，小商品城在经营地产、广告、商业配套、物流仓储等方面有较好的资质和资源
部分领域的运营管理经验	积累了一定相对成熟可靠的经验，但经济环境日新月异，一旦脱离创新，就不一定适应海外拓展

一方面，随着人民币的贬值、国际格局的变化，以及国家“一带一路”建设的推进，在各级政府全力支持企业“走出去”的背景下，政策性银行、基金等政府资源支撑的力度会越来越大；另一方面，基于国际格局的变化，

众多国内外资源型企业来寻求合作，包括泰国 TCC 集团（世界 500 强）、马来西亚成功集团（马来西亚排名前五的企业）、碧桂园集团、万达集团、路桥集团、太和集团、美国 SGI 公司、西班牙 WINNING STAR、柬埔寨皇家集团、泰国 V 集团等顶级资源型企业，涉及领域广泛。

3. 小商品城的品牌输出

小商品城在"走出去"的过程中，要充分整合、放大现有优势，即整合积累的核心资源，充分利用企业强大的融资能力，以资本为支撑，促使多渠道、多元化"走出去"战略的落地。

一些发展中国家和地区的专业市场发展刚刚起步，有着新一轮的重大发展机遇，特别是东南亚、南亚、中东等地区，在未来几年内，可以作为海外"走出去"战略的重点区域。而一些发达国家和地区，如美国、英国、西班牙等，尽管在某种程度上已经实现了信息对称、渠道成熟，但在商品流通领域中的物流和供应链仍蕴藏着一定的机遇。因此，小商品城应充分利用市场运营管理、小微企业服务成功经验，抓住新的市场机遇，培植海外市场，输出品牌，做好服务。

在"走出去"的过程中，小商品城应参与建设、经营、管理海外市场及销售渠道。由于东南亚等发展中国家的专业化市场处于起步状态，在商品渠道以及市场运营上存在缺陷，而小商品城作为这一领域的国际龙头，其品牌效应可想而知。通过市场的培植，引入国内优质商户，在延伸小商品城贸易的辐射度、提升其市场份额的同时，通过小商品贸易带动周边小加工业、小制造业等的发展，并提供就业岗位。同时，由于小商品城的品牌效应，银行等金融业服务也会聚集，因此应对小微企业提供金融支持，帮助其扩大规模，待市场逐渐成形，部分国内商户则可以掌握海外的销售渠道，扩大贸易量，部分商户可以转租、转让给当地或海外其他商户，从而巩固和扩大小商品城在海外市场管理与销售渠道上的行业地位，逐渐把握后端交易，完成从商品输出到品牌输出的转变。此外，还可以适度参与开发商业地产，利用品牌与融资优势，寻找合适的合作伙伴，共同开发，实现投资收益。

在延伸小商品城的商品辐射度，扩大对外贸易的同时，逐步完善海外仓的建立。目前，优质的跨境电商企业均设置了较为现代化的海外仓。目前，随着对外贸易的进一步发展，海外仓也从传统的代收和发运仓库向集中转、退换货、维修、分销、金融于一体的新兴仓库转化。海外仓的设立使销售渠道更为扁平化，将供应商和采购商联系在了一起，让卖家不出国门实现本地化，也使入驻当地市场的国内卖家能更好地开展贸易服务。

在“走出去”的模式上，既可以选择轻资产模式，又可以选择重资产模式，还可以选择混合模式。

轻资产模式：品牌输出、服务输出、资源输出、较少的资本输出，主要有特许经营、非股权形式的战略联盟等模式。

重资产模式：重大的资本输出，主要有合资、独资、收购、并购等股权投资方式。鉴于海外投资的特殊性及企业的国际化程度，独资方式不适合，收购与并购应谨慎使用。

混合模式：根据项目实际，可以选择品牌输出、股权或非股权形式的战略联盟、合资或收购股权等各种形式的组合。就现阶段而言，混合模式的成功率较高，可以开放对接合作渠道，资源相互匹配，实现 1+1 大于 2，依托各类合作的探索，不断完善商业模式，同时实现人才储备、数据储备，为后期快速转型打好基础。

4. 小商品城“走出去”商业模型

根据对前述内容的理解，拟定了小商品城海外“走出去”的模型，如图 9 所示，同时确定了未来的工作思路。

第一，尽快推进“轻资产”模式合作，推进项目快速落地。以项目促发展，探索国内分仓体系的合资、海外仓、东南亚商业拓展合资、东南亚电商领域合作与服务输出模式。

第二，策划“重资产”模式合作，重点关注东南亚市场，与合作伙伴合资组建东南亚商业拓展公司，扎根东南亚，立足未来，广泛寻找合适项目，报集团公司决策。

图 9　小商品城"走出去"商业模型

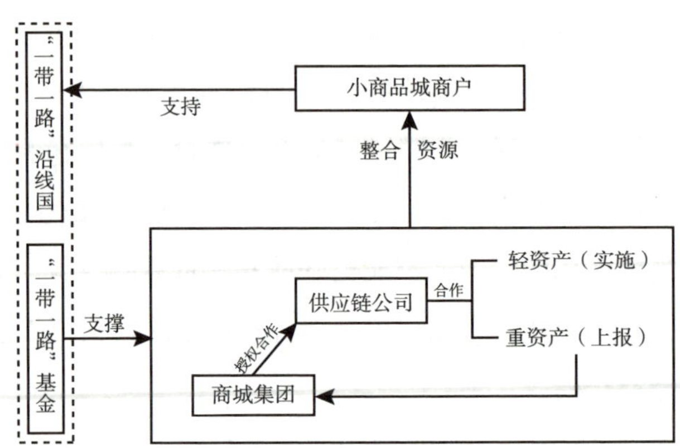

第三，充分利用"一带一路"政策红利，在获得政策支持的同时，积极布局"一带一路"沿线的发展中国家，深耕"义新欧""捷克站"等项目，抓住其专业市场崛起的机遇。尽快推进成立"一带一路"基金，支持"走出去"战略落地实施。

第四，整合现有的供应商资源，建立一批有想法、想创新、敢拼搏的核心供应商队伍，推动集团"走出去"项目顺利开展。

（三）新形势下高质量发展的转型——从传统批发到新型批发

小商品城核心的 B2B 贸易由于其打通上下链（上链供应商、下链采购商）渠道的特殊性，与 B2C 有着本质的区别。因此它不需要像淘宝一样日过万单，亦无须在线上展示经营的所有产品，它需要的是深挖自己行业里的大型采购商，即批发渠道的收集。最终成为 B2B 领域独角兽的，可能未必是以交易为主的平台，而是渠道商汇聚的平台。B2B 与 B2C 在沟通洽谈方式、业务交易等方面也有着本质的区别，B2B 的沟通更详尽、更深入、更透彻，且部分环节需要在线下实现；B2B 平台需要能够充分展示企业的生产资质、生产能力、管理能力及部分优质产品。因此，互联网对批发领域的冲击并没有像对零售领域的冲击一样强烈，因为大单批发更基于对商家与产品的信任，需要线下市场的配合。

传统批发市场发展已进入平台期，增长变缓已成事实，唯有升级换代才能强者恒强。小商品城作为实体专业市场的龙头，也应着眼于布局新兴技术，实现市场转型升级。因此，小商品城应利用电子商务、大数据、区块链、人工智能等新兴技术，在未来的发展中，更精准智能地匹配供需，提供更优质的智慧物流、仓储、销售等服务，从劳动密集型、资源密集型逐步转向资本密集型和科技密集型；同时，借助前端新兴科技，为供应端和采购端的小微企业提供更全面、及时、精准的服务，实现从“传统批发”到“新批发”的蜕变。

近年来，小商品城顺应创新战略趋势，充分运用信息化、大数据、人工智能等技术手段，深度切入供应链和贸易链的各个环节，不断推进线上线下深度融合的智慧市场建设，夯实实体市场信息化基础，创新市场服务功能，提升贸易便利化水平，构筑商贸领域新生态。

1. 建设智慧市场基础设施

不断推进智慧市场基础设施建设，部署多渠道数据采集方案，支撑大数据业务发展。

一是构建有线与无线相促相融的市场网络新环境，以提升网络运营效率，实现市场网络用户数据可管可控，满足市场大数据的采集与推送需求。

二是积极探索和应用各类新技术，开放市场基础数据及应用场景，帮助市场经营户实现精准数据营销。提供室内导航导购产品，帮助采购商获取更充分的市场营销信息，从而更快捷地进行找货、比货，降低其时间、资金等成本；运用人脸识别、无线探针等新技术尝试记录采购商采购痕迹。

三是加速提升市场信息化服务水平。根据各市场信息化需求及基础设施情况，推出智慧停车、智慧用电、高配电等系列智慧化项目，实现系统联网和在线统一支付功能。

2. 构建大数据中心

以应用为牵引，自主研发和引进吸收并重，建立基于上网设施及 APP

应用的行为数据采集体系，构建小商品城大数据中心，开放数据资源。

建立网络行为数据采集系统，掌握市场经营户与采购商网络行为习惯，实现网络日志的实时采集、实时更新，并利用全网爬虫技术从淘宝、京东等平台获取义乌市场的商品数据，从而实现市场碎片化数据的重新整合。同时设立大数据公司，利用大数据技术，通过对采购商、供应商行为数据的收集、整理和分析，刻画完整的采购商、供应商画像，并对其进行标签化整理，从而将描述从数据层级转化为标签层级，实现两端数据的精准匹配，为小商品市场赋能，推动智慧市场建设。

3. 打造四大线上平台及工具

以服务为根本，以技术为手段，强力打造电商服务、市场服务、SaaS服务、信用服务四大平台，深耕“义支付”自有产品，深度切入供应链和贸易链的各个环节，创新市场服务功能，提升贸易便利化水平，促进线上线下融合发展。

（1）电子商务平台——义乌购。义乌购是一个依托实体市场、服务实体市场，以诚信为根本，线上线下融合发展的专业B2B电子商务平台。在义乌购上，所有网上商铺都有相对应的实体商铺，商铺可以登录义乌购发布商品信息、管理订单、在线交易等，并通过全景视角技术真实展示实体商铺全貌及其琳琅满目的商品。同时，利用义乌购打造网上诚信体系，推出义乌购网上营业执照，实现可管、可控、可溯源的诚信交易保障。该平台使全球采购商更方便、快捷、全面地了解小商品城的市场、商品和商人，进一步提升了小商品城的全球知名度和影响力。

（2）市场综合服务平台——拨浪鼓。拨浪鼓是一个市场综合服务平台，旨在引导市场经营户转变传统贸易方式，培养并强化市场经营户信息化意识。

积极落实“最多跑一次”服务，开通PC端和移动端双渠道在线办理及缴费，便利市场经营户线上操作，目前已实现商位费、空调费、宽带费、流动车辆缴费等十项在线缴费业务。同时将通过对现有缴费业务的梳理和总结，提出业务规划建议，不断优化完善支付系统。

开展征三退三开票业务，以“在线申请代开发票”为核心服务，积累真实交易数据，促进市场规范交易，进一步探索在线结汇等贸易金融服务产品创新。

开展拨浪鼓金融服务业务探索，结合一区东扩贴息政策，开发推出商位质押贷款及贴息管理系统。通过该系统与各相关方内部业务系统对接，协同处理后形成统一、规范、友好的响应结果，由拨浪鼓平台反馈给商户，以此实现集团内部业务协作，同时实现跨业务线的数据集中沉淀管理。

（3）客户 SaaS 服务平台——义采宝。义采宝以为国内专业批发市场商户提供优质 SaaS 服务为目标，坚持打造让采购更轻松、生意更好做的产品，帮助提高线下实体批发市场的采购效率，提升市场经营户移动经营体验，积累移动交易数据。其中，商户版移动端为市场经营户提供在线化、软件化的商户 SaaS 服务平台，帮助商户更加方便快捷地管理自己的商铺生意和客户；采购商版移动端可以线上一键求购，将交易流程线上化，为采购商提供便捷的采购批发工具，提高采购效率。

（4）综合信用平台——义征信。公司推出全市统一的信用信息共享平台，对接各政府部门和金融机构的信息报送，形成了前置机、系统直连以及电子报表等报送方式，确保线下数据持续稳定入库。目前归集了全市 58 个政府部门、118 家金融机构信用数据累计约 1.7 亿条，构建了具有地方特色的数据体系。

同时，公司自主研发了“义乌市信用信息核查平台”“义乌市企业信用查询平台”和公司门户网站等平台，为政府部门、金融机构以及社会群众提供信用查询服务。为进一步做好征信业务的市场化工作，公司后续还将面向全市各大金融机构积极推出个性化合作模式，开发并上线征信产品等。如与义乌农商银行、宁波银行、建设银行等金融机构合作开发并上线了各具特色的信贷产品，创新了信用应用的形式，为普惠金融提供了有力的数据支撑。

（5）自有支付工具——义支付。深耕义支付自有品牌产品，小商品城自主研发具有独立知识产权的支付系统，于 2013 年 11 月取得检测报告和认证证书，并在后续的证书年检和续展认证中，做好系统的升级完善工作，得到了中金国盛认证中心的肯定。2017 年根据中国人民银行最新的系统检测标准，对支付系统进行了升级改造，完善了清算结算系统和风控反洗钱系统，应用功能做了较大的整改和提升。

展望未来，公司继续坚持以实体市场为核心，以服务为根本，以技术为手段，以数据为驱动，深入挖掘市场主体需求，提供基础数据和基础服务，助力中小微企业，以开放平台协同整合各方资源，全力构建创新驱动的小商品市场生态系统。

三、总结

改革开放 40 年来，中国在不断发展，小商品城也未尝停下脚步。小商品城从诞生以来，精耕市场，做好了小微企业的服务，跟随着小微企业发展的步伐，动态调整战略与市场举措，扶植了会展、酒店、金融等一系列业务，帮助小微企业做大做强。这也是小商品城勇立潮头的关键，值得耕耘市场的企业借鉴与参考，同时也值得西部欠发达市场以及发展中国家的市场学习。

“脚踏大地，眺望星空”，这正是小商品城的真实写照。对于未来，小商品城将以前瞻性的眼光，实现集团自身从成本优势向创新优势的转变，从商品输出向品牌输出的转变；在鼓励创新政策的号召下，享受“一带一路”政策红利，输出更具附加值的高端产品，进一步服务海外的小微企业，培植海外的市场，夯实和提升商品集散的国际龙头地位。

同时，小商品城将逐步实现从“传统批发”到“新批发”的蜕变，战略性地布局互联网、电子商务、区块链、人工智能等新兴技术领域，为供应端和采购端的小微企业提供更全面、及时、精准的服务，借以壮大自身的海内外市场。

相信在集团自身的努力下，在政府的协助下，在世界这一巨大的市场中，浙江中国小商品城集体股份有限公司将跟随中国腾飞的脚步，走得更高更远。